国家社科基金后期资助项目
出版说明

后期资助项目是国家社科基金设立的一类重要项目，旨在鼓励广大社科研究者潜心治学，支持基础研究多出优秀成果。它是经过严格评审，从接近完成的科研成果中遴选立项的。为扩大后期资助项目的影响，更好地推动学术发展，促进成果转化，全国哲学社会科学工作办公室按照“统一设计、统一标识、统一版式、形成系列”的总体要求，组织出版国家社科基金后期资助项目成果。

全国哲学社会科学工作办公室

国家社科基金
GUOJIA SHEKE JIJIN HOUQI ZIZHU XIANGMU
后期资助项目

政府反竞争行为的反垄断法规制研究

A STUDY ON ANTI-MONOPOLY REGULATION OF GOVERNMENTAL RESTRICTION ON COMPETITION

张占江　著

上海三联书店

目　录

图目录

表目录

绪论

一、问题缘起

对经济的致命损害往往并不是源自企业的反竞争行为，而是源自“公权力对市场竞争的破坏”。几乎每一期《法与经济学》杂志都有一篇文章揭示：貌似大公无私的管制，包括政府对环境和工作场所安全的保护，事实上是施惠于势力庞大的企业；或者只不过是部分企业创设卡特尔或者“寻租”的结果。[①] 一些管制目标本身是正当的，但由于选择了不适当的方法与策略，导致目标无法实现，被“自我挫败”，这就是当今美国法学界最负盛名学者之一，桑斯坦（Sunstein）所指出的政府干预经济普遍要面临的“管制国悖论”。[②] 只要存在政府干预经济的现实可能性，倡导市场理性的反垄断法就会面对如何评价政府反竞争行为的课题。[③] 所以，对政府行为的反垄断法调整并不是中国或转型国家特有的问题，而是一个世界性的问题。[④]

事实上，政府限制竞争问题在我国更为突出。针对所有制结构、经营规模、经营期限、所在地域的歧视性准入政策，还比较明显；歧视性的税收优惠、政策补贴、融资（信贷）政策、政府采购政策、政府定价政策、能源环境

---

① 参见[美]凯斯・R・桑斯坦：《权利革命之后：重塑规制国》，钟瑞华译，中国人民大学出版社 2008 年版，第 52 页。

② 管制国悖论，是指一些管制目标本身是正当的，但由于选择了不适当的规制方法与策略，导致目的无法实现，被“自我挫败”。参见[美]凯斯・R・桑斯坦：《权利革命之后：重塑规制国》，钟瑞华译，中国人民大学出版社 2008 年版，（代译序）第 5 页。

③ 在本书中“反垄断法”与“竞争法”，“反垄断执法机构”与“竞争执法机构”同义；同理，“反垄断主管机构”与“竞争主管机构”同义，有时也称为“反垄断主管机关”或“竞争主管机关”。另外，书中提到的管制法一般是指，确认和规范国家对特殊领域干预的法律规范，由专门机构具体实施。

④ 参见叶卫平：《司法审查与行政性垄断规制》，《法学》2009 年第 1 期，第 118 页。

政策，仍然大量存在；地方保护、地区封锁、行政性强制交易、指定性交易等各种行政性垄断行为，还时有发生。对竞争秩序最致命的损害正是源于这些政府自身法律制度安排的失当。①

传统上反垄断法只关注私人的限制竞争行为，使得政府限制竞争失去了反垄断法的约束。尽管反垄断执法成绩斐然，但市场竞争环境并未真正得到有效改善，产生"有效执法的悖论"。所谓有效执法的悖论，是指反垄断执法有效地禁止了私人限制竞争行为的规制，但企业转而寻求通过政府实施竞争限制，有效执法只是改变了限制竞争的方式。②

对私人串谋行为的成功规制在一定程度上刺激企业寻求反垄断立法的除外（豁免），或谋求通过政府的管制措施阻止竞争对手的进入或扩张。从 20 世纪末以来，世界上各个法域的竞争政策普遍将竞争者之间直接的固定价格、分配客户，或划分地理市场行为作为严重的犯罪对待。反垄断执法机构积极调查卡特尔，起诉其成员以及惩罚企业和个人。③ 一旦查证企业彼此密谋商定交易条件，就可能面临着日益飞涨的民事罚款、私人三倍赔偿和刑事处罚。

对于潜在的卡特尔成员来说，谋求抑制竞争对手的政府干预远比进行纯粹的私人合谋更具诱惑力。私人之间的反竞争协议很容易因为各自利益的冲突而自动瓦解。政府限制竞争更加持久，它有能力阻止新的市场进入和保证产量限制的遵守。④ 政府干预可以给予反垄断执法上的豁免，并赋予政府监督企业是否遵守政府价格限定、产出限制和进入条件限制的权力。企业面临着竞争的挑战，经常首先寻求政府的庇护。在反垄断法实施过程中，必须充分警惕竞争者可能会设法通过政府限制竞争行为来获取自身利益。⑤

如果反垄断法的实施只将固定价格的私人投入监狱，却使得政府固定

---

① Ulf Böge, *Speech on the Occasion of the Opening Session of the Seoul Competition Forum 2004: State-Imposed Restrictions of Competition and Competition Advocacy 2* (Apr. 20, 2004), http://www.bundeskartellamt.de/wEnglisch/download/pdf/04Seoul_e.PDF, last visit on Jun. 20, 2019.

② James C. Cooper, William E. Kovacic, *U. S. Convergence with Intrnational Competition Norms: Antitrust Law and Public Restraints on Competition*, Boston University Law Review, Vol. 90, No. 4(2010), p. 1561.

③ OECD, *Cartels: Sanctions against Individuals*, OECD Journal of Competition Law and Policy, Vol. 9, No. 3(2007), pp. 36 - 46.

④ 参见[美]盖尔霍恩，科瓦契奇，卡尔金斯：《反垄断法与经济学》(第 5 版)，任勇，邓志松，尹建平译，法律出版社 2009 年版，第 42 页。

⑤ R. Hewitt Pate, *Competition and Politics*, pp. 7 - 8, http://www.usdoj.gov/atr/public/speeches/210522.pdf, last visit on Jun. 20, 2019.

价格行为合法化，就根本不可能彻底解决限制竞争问题，而只是改变了限制竞争的形式而已。对此，FTC 前主席 Timothy J. Muris 深有感触："如果没有有效的手段来对谋求政府限制行为做出预判，也不采取有效措施阻止政府默许此类要求，竞争执法则只不过是改变了同谋的形式而并不减少其危害性。"①反垄断法只是关注纯粹私人限制竞争，无异于要阻断一个具有两个分支的污水河流，却只是阻断一个支流，最终所有的污水都将涌入未被阻塞的河道，整个河流的流量、流速可能根本未受影响。② 因此，在竞争政策领域有这样一条不成文的经验：竞争政策在规制私人限制竞争上取得成功，增大了企业寻求政府限制竞争的风险。③

毫无疑问，传统反垄断法规范的是企业的商业行为，④然而，世界上的任何国家都存在政府对竞争的重大限制，⑤而且，这种限制极易逾越其必要、合理的边界。对于反垄断法对政府干预的作用，学术界曾经弥漫着这样一种悲观的看法：对于政府限制的性质和范围怎样才是合适的，反托拉斯法一般不应提出自己的意见，哪怕做出反托拉斯判决的人认为这项政府限制是过分的，或者是不明智的。⑥ 而国际经验表明，反垄断法对政府限制竞争的有效规制取得了极大的成效。竞争法经历了从对市场与政府截然区分到意识到对竞争的损害可能源自政府、源自政府与私人力量的勾结，并规制政府行为的演变过程。⑦

---

① See Timothy J. Muris, *Principles for a Successful Competition Agency*, University of Chicago Law Review, Vol. 72, No. 1(2005), p. 170.

② See Timothy J. Muris, *State Intervention/State Action-A U. S. Perspective*, www.ftc.gov/speeches/muris/fordham031024.pdf, last visit on Jun. 20, 2019.

③ See Timothy J. Muris, *State Intervention/State Action-A U. S. Perspective*, www.ftc.gov/speeches/muris/fordham031024.pdf, last visit on Jun. 20, 2019. 只将反垄断法的作用局限于私人限制竞争的规制，也是对其产生的初衷的背离，无法真正实现其维护有效竞争的立法目的。反垄断法的最根本属性在于通过排除市场内的竞争障碍，通过有效竞争的实现，追求效率和其他目标。政府与私人都是限制竞争的来源，如果只是规制私人限制竞争，那么就会有很多私人限制竞争行为被贴上政府限制的标签、逃脱法律的制裁，其结果只不过是反垄断法改变了限制竞争的形式罢了。

④ 反垄断法最初的确针对的是那些侵略性的企业。这些企业家以牺牲农民、消费者和其他市场参与者的利益为代价来建立属于自己的商业帝国，破坏了社会公益。

⑤ [澳]艾伦·费尔斯(澳大利亚竞争与消费者委员会前主席)：《行政垄断的规制——中国、澳大利亚、美国和欧盟之比较》，叶高芬译，载王晓晔编：《反垄断法实施中的重大问题》，社会科学文献出版社 2010 年版，第 309 页。

⑥ [美]霍温坎普：《联邦反托拉斯政策：竞争法律及其实践》(第 3 版)，许光耀，江山，王晨译，法律出版社 2009 年版，第 786 页。

⑦ Eleanor M. Fox, Deborah Healey, *When the State Harms Competition: The Role for Competition Law*, Antitrust Law Journal, Vol. 79, No, 3(2014), p. 769.

从本质意义上讲，禁止政府对竞争的损害构成了中国深化经济体制改革的内在主线。《中共中央关于全面深化改革若干重大问题的决定》提出“发挥市场在资源配置中的决定性作用”，旨在最大程度地发挥竞争机制的作用。《中华人民共和国国民经济和社会发展第十三个五年规划纲要》（以下简称《纲要》）提出“清理废除妨碍统一市场和公平竞争的各种规定和做法”；国务院印发的《“十三五”市场监管规划》（以下简称《规划》），更是第一次明确提出“实行竞争中立制度，避免对市场机制的扭曲”。改革的顶层设计说到底就是要以“最大程度保护竞争的价值导向”规范政府对经济的干预。

但遗憾的是，我国仍残留着很强的政府干预的惯性，经济体制改革呈“碎片化”“冲突化”和“非规范化”的态势。首先，削减行政审批、建立市场准入负面清单、消除对竞争性产品的价格管制等举措只在个别领域释放了市场活力，未能从根本上解除政府对竞争的限制或扭曲。① 在所有可能影响市场运行的因素中，政府的行政权力仍然长期地、有力地、大幅度地扭曲、撕裂、分割和限制市场。② 其次，尽管《纲要》明确提出“调整各类扭曲的政策和制度安排”，但专项补贴、税收减免、土地优惠、金融信贷支持等公共政策仍大量存在。政策间的冲突严重抑制了竞争机制作用的发挥。法律适用机构一再强调反垄断法平等地适用于所有企业，可对公共企业的执（司）法仍面临诸多与之冲突的制度障碍。③ 最后，哪怕是弥补市场失灵，诸如，国企履行公共服务义务获得的补贴、享受的优惠措施，也因缺乏统一约束标准或国际通行的制度话语表达，多被贴上“贸易保护主义”的标签。这不仅导致竞争被不当削弱，还极大地影响了对外开放的进程。

导致困局的原因在于相关市场化的改革举措缺乏统一的法律框架支撑。其一，哪些政府扭曲必须禁止。哪些政府扭曲不可避免，并非基于对其竞争影响的法律分析，而是“碎片化”“非规范化”的政策选择。既有的研究也仅是从规避风险出发，被动回应国际贸易谈判中的竞争中立要求，缺

---

① 以要素市场为例，资本配置主要受国家金融机构的控制；劳动力市场竞争较为充分，但仍受到户籍制度和落后的国家社会保障体制的制约。参见[美]威廉・科瓦西奇，[英]林至人，[英]德里克・莫里斯：《以竞争促增长：国际视角》，中信出版社 2017 年版，第 5 页。

② 参见刘志彪：《建设统一市场是中国经济“开放的第二季”》，《学习与探索》2013 年第 12 期，第 5 页。

③ 在深圳斯维尔诉广东省教育厅涉嫌行政垄断案，以及国家发改委查处的山东省交通厅、云南省通信管理局、安徽省蚌埠市卫计委、四川省卫计委、浙江省卫计委行政垄断案中，相关企业无不以政府的制度安排作为抗辩理由。

乏基于保护竞争本身主动对接国际贸易发展趋势的制度设计。[1] 这不仅不利于提升经济效率，而且造成在国际贸易谈判中的不利地位。其二，面对政府干预的惯性，目前避免和纠正政府对竞争的扭曲主要依靠行政系统的内部沟通，缺乏以充分的法理为依据的制度路径，不仅效果难获保障，而且偏离了法治化的改革方向。

随着我国向市场经济转型的深入，改革的重点变为夯实市场经济的制度基础、改善治理与减少腐败、降低大量的反竞争壁垒所构成的威胁。本书的主旨在于在承认政府直接干预的缺陷的前提下，通过反垄断法的精神、原理，减少不必要、不合理的政府限制，促进合理的公共干预方案的形成和有效实施。或者说，是以竞争法为尺度，建立面向竞争的政府监管体系。因此，本书的研究具有重大的理论和实践意义。

二、分析模型

在反垄断理论的最前沿，存在一个适用于政府反竞争行为规制的策略模型。这一模型首先是由艾伦·费尔斯教授提出(见图 0 - 1)。[2] 他创造性地将管理学上商业策略模型引入反垄断领域，结合反垄断法发挥作用中

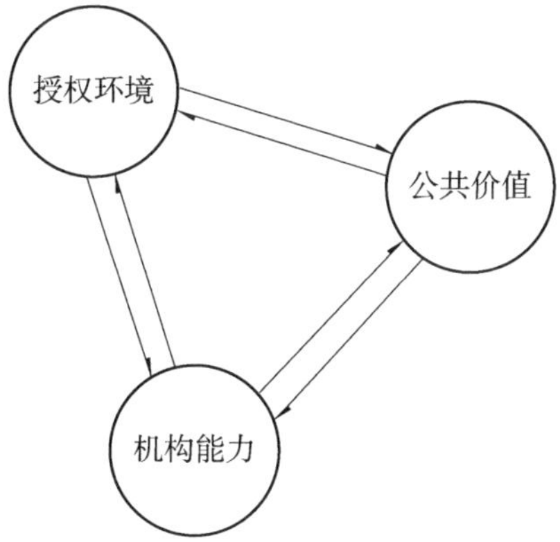

图 0 - 1　反垄断法规制的基本策略模型

① 参见胡改蓉：《竞争中立对我国国有企业的影响及法制应对》，《法律科学》2014 年第 6 期，第 171 页；唐宜红，姚曦：《竞争中立：国际市场新规则》，《国际贸易》2013 年第 3 期，第 58 页；李晓玉：《"竞争中立"规则的新发展及对中国的影响》，《国际问题研究》2014 年第 2 期，第 132—135 页。

② Allan Fels, *A Model of Antitrust Regulatory Strategy*, Loyola University Chicago Law Journal, Vol. 41, No. 3(2010), pp. 489 - 520.

涉及的关键要素，建立了反垄断规制的基本策略模型。他通过回顾澳大利亚《贸易实践法》(TPC)的制定和实施的演进过程，尤其是 TPC 适用标准的变化、适用范围的拓展、ACCC 权限的扩大，及这些变化内在的关系的分析，论证了这一模型的合理性。①

模型的建立旨在为研究反垄断规制政府反竞争行为提供有效的分析工具，深化对政府限制竞争这一复杂现象背后的动机、福利后果的理解，同时也为建立、完善反垄断法规制政府限制的理论和制度体系提供坚实的基础。当然，这一模型对运用反垄断法解决所有的政府、私人限制竞争问题都具有解释力。它有助于甄别实践中限制竞争问题存在的原因、合理性与非合理性，提出针对性解决问题的方案，以及为完善反垄断法规则本身，提供思考的维度和方向。本书侧重运用这一模型分析政府限制竞争行为问题。

(一) 策略模型的要素

反垄断法对限制竞争行为的规制，需要考虑下列因素：反垄断法的特性和目标(公共价值)；法律环境(授权环境)；反垄断执法机构拥有的权限、工具(机构能力)。这些问题的系统考量可以归入下列三个要素组成的规制策略模型。

1. 公共价值

公共价值，强调的是反垄断法应该做什么，也就是政府通过反垄断法为公众创造什么样的价值。公共价值取决于公众的需求。当然，也离不开反垄断法自身特性决定的能力范围(本书关于公共价值讨论的主要方面，见图 0－2)。

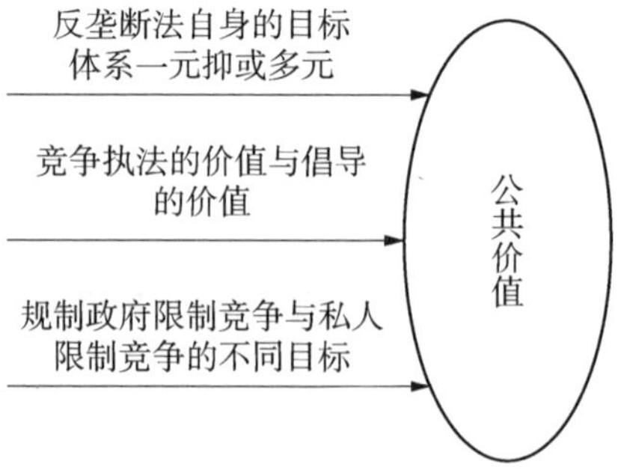

图 0－2　公共价值要素

① Allan Fels, *A Model of Antitrust Regulatory Strategy*, Loyola University Chicago Law Journal, Vol. 41, No. 3(2010), pp. 506－518.

从反垄断法诞生之日起，关于反垄断政策目标的争论就一直没有停止。保护小企业、缩小贫富差距、实现社会公平、促进政治民主、保护消费者福利，客观地说，这些目标在反垄断法的发展历史中都留下了自己的痕迹，只不过或浓或淡。时至今日，关于反垄断法目标的争议还在继续，但是，一个建立在经验基础上的基本共识已经形成："促进消费者福利和自由市场经济的运行是反垄断法仅有的目标……其他的经济、社会目标更适宜由其他的制度实现。"[①]进一步来说，反垄断法的目的是促进竞争或者至少是减少反竞争行为对竞争的阻碍，实现经济效率。[②] 竞争是市场经济的核心，很多问题的解决尽管不是直接由反垄断法来实现，却又必须依靠反垄断法对竞争的促进和对效率的提升。

反垄断法能够起到的作用和创造的公共价值是有限的，我们不能指望着反垄断法能够解决经济运行中的所有问题。它促进经济效率的提升，使得贫穷者获得在没有竞争情况下享受不到的福利，但不能直接转移财富。公平对于其他政府公共政策（例如教育、健康等领域），一直存在且往往是其首要甚至唯一目标。而竞争政策从某一方面似乎是不公平的：它可能会导致某些人失去工作；但从另一个角度看竞争政策又有利于公平，它为竞争者提供机会。在竞争政策缺失的情况下这些竞争者由于垄断者和卡特尔成员的行为可能根本就无法参与竞争。实践中，为保护小企业和促进结果的公平，反垄断法实施常常会偏离上述共识，反而做出不利于竞争的决定。

一个非常重要和非常棘手的问题随之产生，既然反垄断法的目标是存在局限的，那么，如何看待反垄断法的目标与政府直接干预经济的目标之间的区别，如何处理可能存在的矛盾？本书主张采取一种更为灵活的态度：因为竞争执法与竞争倡导的约束性不同，可以对二者的目标进行区分；针对政府限制竞争行为不同于私人限制竞争行为的特性，对二者的规制目标也要做出区分。

合理界定反垄断法对政府限制竞争行为的规制目标至关重要。过高或过低的目标界定对于规制合法性和实际效果都会产生直接的影响。过高的目标，容易忽视政府限制的合理性，也可能导致反垄断规制自身失去合法性。例如，否定同位或高阶法中的限制竞争安排。过低的目标，可能

---

① ICN, *Report on the Objectives of Unilateral Conduct Laws*, *Assessment of Dominance/Substantial Market Power*, *and State-Created Monopolies*, 2007, p. 31.

② Allan Fels, *A Model of Antitrust Regulatory Strategy*, Loyola University Chicago Law Journal, Vol. 41, No. 3(2010), p. 497.

根本无法撼动不合理政府限制竞争的存在，起不到规制的效果，甚至可能导致反垄断法自身效力被削弱，损害竞争。例如，一些行业管制规则中的安排明显不合理地限制了竞争，却排除反垄断法适用，如果反垄断法的规制不能否定其效力，竞争必然受到削弱。

反垄断法规制目标的界定不是绝对的，除了源于现实的规制需求，还要受到反垄断执法机构所具有的实施能力的制约。

2. 授权环境

授权环境，是指现实的情况（经济、政治环境）、现有的法律（尤其是宪法）留给反垄断法的作用空间，主要关注反垄断执法机构的权力来源及其合理、合法性问题。反垄断法的有效适用取决于社会经济、文化以及法律的环境。[①] 而授权环境最终通过宪法、法律、执法机构权限授予及公共价值表现出来。[②]

本书并不打算就所有影响授权环境的要素进行全面分析，主要关注如下几个方面（见图 0－3）。第一，经济环境。在国家经济政策体系中竞争政策所处地位的高低及经济发展中表现出来的竞争障碍的严重程度，是决定授权环境的现实基础。当自然垄断性行业内大部分业务具备可竞争性而现有的制度又不允许竞争时，[③]引入竞争和适用的反垄断法的诉求就会非常强烈。第二，政治环境。毫无疑问，政治环境是影响反垄断法的重要因

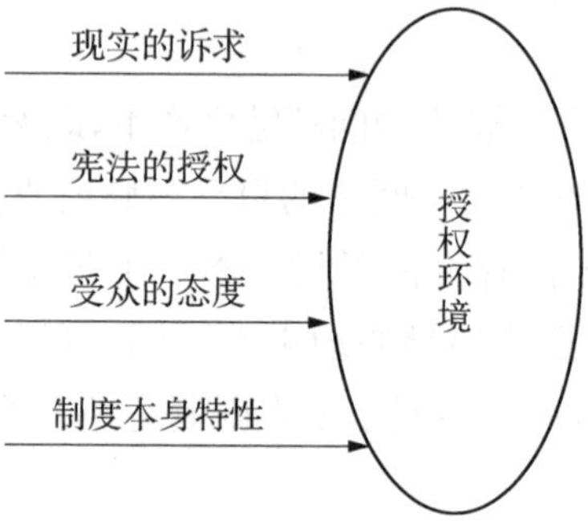

图 0－3　授权环境要素

---

① Pradeep S. Mehta, *Competition Policy in Developing Countries: An Asia-Pacific Perspective*, Bulletin on Asia-Pacific Perspectives (2002/03), p. 84. https://www.unescap.org/sites/default/files/Bulletin02-ch7.pdf, last visit on Jun. 20, 2019.

② Allan Fels, *A Model of Antitrust Regulatory Strategy*, Loyola University Chicago Law Journal, Vol. 41, No. 3(2010), p. 498.

③ 在我国，这些领域低效率、自身却享受高福利。参见杜海涛，曲哲涵，鲍丹：《你的口袋里有多少福利》，《人民日报》2010 年 10 月 14 日，第 18 版。

素。美国华盛顿政府的变化会影响反垄断法的适用和执行。[①] 反垄断法涉及不同参与者和利益群体，反垄断机构可能会承受政治压力，从法律有效实施的角度来看，让其远离这些压力十分必要，这就需要强化反垄断机构的独立性。第三，宪法的授权。反垄断法必须在宪法规定的作用空间内行事，遵守宪法的基本原则和规定。当然，反垄断法发挥作用离不开与其他法律的有效衔接，避免被削弱。新生法律通常在政治上处于弱势，缺少实施上的支持。[②] 第四，受众的态度。在很多情况下，受众对于反垄断法的态度是暧昧的。大多数人(企业)希望他们的供应商、客户和竞争对手受到严格的反垄断法的约束，但却不希望反垄断法适用于自身。因为这可能意味着对自身利益的损害。例如，消费者考虑到价格降低，会支持竞争的存在，但涉及就业等问题时，也会希望自身所在企业免于竞争的冲击。第五，组织严密的大型企业集团的压力。反垄断执法涉及的财产数额巨大，面临指控的又往往是拥有巨大市场力量(包括国家力量渗入的垄断国有企业)，而垄断诉讼受益者常常是弱势企业或分散的消费者。几乎所有国家都要面对强势大型企业或在位垄断企业的游说。他们反对反垄断法的严格适用，或者表面接受反垄断法的一般适用但背地里寻求豁免优待。

在反垄断法对限制竞争行为进行规制时，考虑其授权环境非常重要。这涉及到对反垄断法自身的合理性、合法性的认识，也有助于确定反垄断法对各种限制竞争行为的作用边界，同时赢得更广泛的政治和法律上的支持，减少其他法律及其实施机构的阻碍。

3. 机构能力

机构能力，是指反垄断执法机构的实现目标的资源、权限、工具、组织安排等，也就是反垄断执法机构实际能够做什么(见图 0-4)。政府在追求一定的价值目标时必须要拥有与之匹配的能力要素。对于政府制定、实施法律导致的限制竞争的规制，既要考虑政府在反垄断之外其他干预经济的目的，尊重专门管制机构在特定领域的权威，又要确保其不超越必要的限度；不仅要有事后救济、制裁，还要有事前预防、引导。反垄断法提供的是一种竞争的理念，一系列促进、维护竞争秩序的行为规范、指南和告诫书。[③] 这就要

---

① 对于这种变化的一个简要分析，参见[美]盖尔霍恩，科瓦契奇，卡尔金斯：《反垄断法与经济学》(第 5 版)，任勇，邓志松，尹建平译，法律出版社 2009 年版，第 486—493 页。

② Allan Fels, *A Model of Antitrust Regulatory Strategy*, Loyola University Chicago Law Journal, Vol. 41, No. 3(2010), p. 500.

③ 参见赵晓光：《反垄断法是一部什么样的法律》，载中国世界贸易组织研究会竞争政策与法律专业委员会编：《中国竞争法律与政策研究报告 2010 年》，法律出版社 2010 年版，第 23 页。

求反垄断执法机构必须具备多样的实施工具，拥有足够的权限。如果反垄断机构不能履行其应有的职责，受众将逐渐失去对其有效性的信心。①

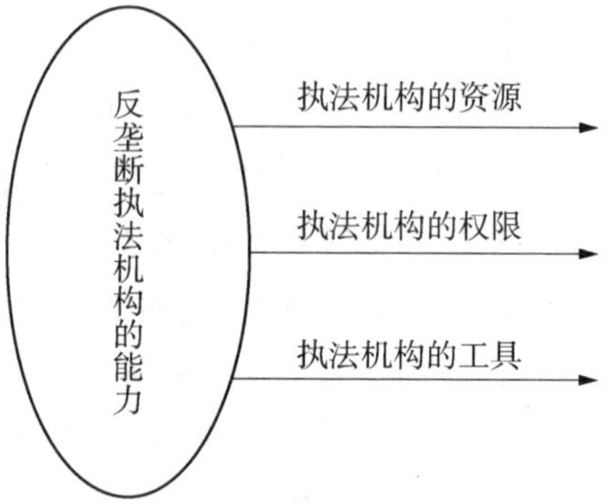

图 0-4 机构能力要素

拥有竞争法国家的经验表明：竞争法律规则在现实的生活世界中始终遭遇不同程度的执行乏力、被漠视、被拒斥，甚至被虚化的风险。这种风险的消除并不能简单地通过强化执法而实现。因为大量社会成员（甚至包括一些执法者）对这些法律规则所代表的政府立场本身就缺乏足够的认同。单纯“铁腕”执法不仅受制于有限的资源，而且可能引发政府与社会的严重的对立、冲突。②

现代反垄断法的实施不仅仅限于追究违法者的责任，威慑潜在违法者；还应包括事前对政府和私人行为可能导致的竞争法后果做出评估，及时表明态度，最大限度降低其触犯法律的风险；同时，向有关主体就如何避免限制竞争和纠正违法行为提出自己的意见和建议，改善竞争环境。总结各国的反垄断法实施的经验，符合上述要求的实施工具，可以归纳为如下三类（见图 0-5）。③ 当然不是每个国家都同时拥有这三类工具，也不是在每个个案中都要同时使用这三类工具。对于政府限制竞争行为的规制而言，目前应用最普遍的是竞争倡导。但就长远来看，健全这三类工具将是

① Pradeep S. Mehta, *Competition Policy in Developing Countries: An Asia-Pacific Perspective*, Bulletin on Asia-Pacific Perspectives (2002/03), p. 81. https://www.unescap.org/sites/default/files/Bulletin02-ch7.pdf, last visit on Jun. 20, 2019.

② 参见王锡锌：《中国行政执法困境的个案解读》，《法学研究》2005 年第 3 期，第 38 页。

③ 英国及我国台湾地区将现代反垄断法实施工具归纳为四类，这主要源于对竞争倡导界定不同。本书认为竞争倡导包含竞争机构事前提出预防反竞争行为的建议和事后提出如何救济反竞争行为的建议（这也符合国际竞争组织对竞争倡导范围的界定）。因此，将现代反垄断法实施工具归纳为三类。OFT, *Annual Report*, 2008, pp. 24-25；台湾地区公平交易委员会：《竞争政策白皮书》，2011 年，第 13—15 页。

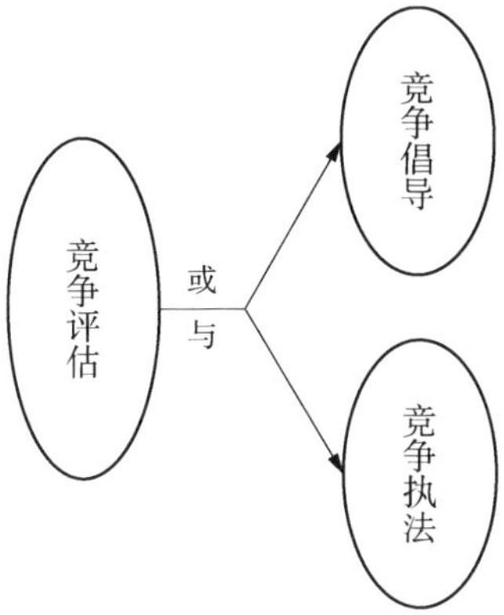

图 0-5　现代反垄断法的实施工具

现代反垄断法的发展趋势。

第一，诊断工具(Diagnostic Tools)：竞争评估。即发现政府行为存在的限制竞争问题，并对造成问题的原因做出判断的工具。这是进一步采取反垄断规制措施的基础。第二，预防工具(Preventative Tools)：竞争倡导。即竞争主管机构实施的除执法以外所有改善竞争环境的行为。[①] 反垄断执法机构提出的意见真正发挥作用，与其提出意见的方式、时机等因素也密切相关。第三，执行工具(Enforcement Tools)：竞争执法。反垄断执法机构否定政府实施的限制竞争行为的效力，是维护反垄断法权威的最后保障。这需要尊重有关政府机构权威，又不纵容其不当限制竞争，由此，执法对象、条件、尺度的把握必须仔细权衡。

竞争评估是前置性的工具，主要是发现潜在和已经存在的竞争问题，分析其原因，提出更好的解决方案。倡导和执法是将解决方案付诸实现的工具。一般而言，评估的过程也包括提出改进建议的过程，很难和倡导截然分开；而执法和倡导在个案中也往往是交织适用的，只是在反垄断机构的措施是不是具有拘束力上存在不同。

当然，决定机构能力的要素，还包括机构的独立性、所具备的人员和所获的预算等。政府通常会通过设立独立的竞争主管机构来显示对竞争政策的承诺和支持。独立竞争主管机构本身代表着一种公信力、持久性和权威性。独立性的存在可一定程度上抵御政治压力，坚持基于竞争原则的判断，但是这种独立性肯定不能脱离授权环境。

---

① ICN, *Advocacy and Competition Policy*, 2002, pp. i-ii.

(二) 策略规制模型的解释

模型各个要素之间的箭头指向表示了可能存在的因果关系：例如，公共价值由授权因素决定，反垄断执法机构的能力也由授权环境决定。除其他因素外，公共价值的大小由反垄断执法机构能力决定。事实上，三个变量之间影响总是双向的。当箭头指向三个圆且彼此相连时代表各个要素之间处于一种均衡状态。但均衡并不意味着就是一种理想状态，这取决于是在什么样的公共价值水平上达到的均衡。

当箭头偏离某个圆时，表明要素之间处于一种非均衡的状态。例如，公共价值可能与授权环境之间存在偏差(如图 0－6 所示)。这可能是由于反垄断执法机构强有力的实施活动触犯了既得利益集团的利益，他们推动授权环境做出改变。而授权环境的改变会削弱执法机构的能力，诸如减少对执法机构的资源配置、变动领导人、限缩其适用范围和限缩执法机构的权限。执法机构也可能通过对立法机构、其他管制机构的竞争倡导，提升授权环境。还有一种可能就是公众对于授权环境施加影响，尽管这种力量有时很难与既得利益集团的作用抗衡，但是当公众的诉求达到极为普遍和迫切的程度时，最终将是更广泛的利益获得满足。

公共价值和反垄断执法机构的能力之间也可能存在偏差(如图 0－7 所示)。反垄断法制定之初可能设定很高的价值体系，这可能源于现实社会的需求。就我国而言，在电力、石油等关键领域的市场开放，不仅是民众的期望，更是政府经济改革的重点。[①] 但是反垄断执法机构可能并不具备实现这样目标的权限和针对性的制度工具。

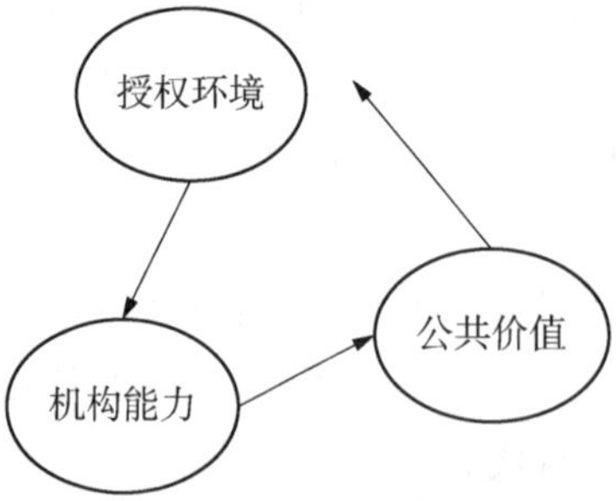

图 0－6　授权环境与公共价值的偏离

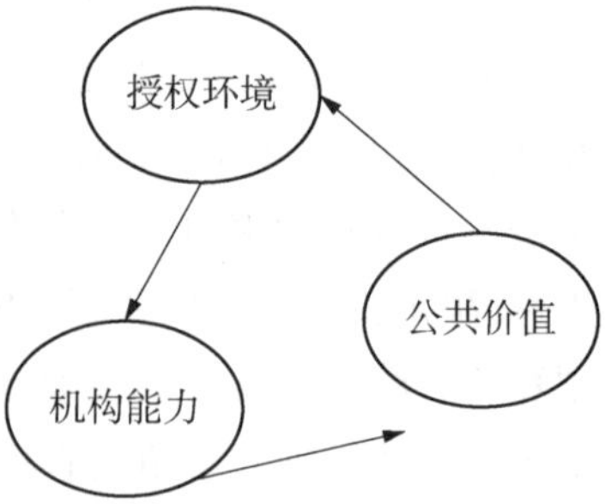

图 0－7　机构能力与公共价值的偏离

① 参见《国务院关于鼓励和引导民间投资健康发展的若干意见》。根据这一文件，国家鼓励民营资本进入电信、电力、石油等垄断行业。

一方面,反垄断执法机构可以通过对立法者的竞争倡导改善授权环境,提升自己的能力,获得更多的资源、更多的实施工具;还可以通过对其他管制机构的倡导,为反垄断法赢得更多的作用空间。另一方面,它可以提升公众对反垄断法的认知。这既可以通过稳健的个案执法实现——案件的结果的裁决合理性可以引起公众关注,进而改变授权环境;当然,还可以通过对公众的倡导,增长其竞争及竞争法知识,有效揭露、抵制和反驳利益集团的谎言和俘获行为。简言之,竞争倡导可以推动授权环境向更高公众价值、更强的执法能力方向转变。

(三) 模型的适用

对政府反竞争行为的规制,首先考虑反垄断法应该做什么,也就是规制要达到什么样的目标。这一目标肯定不能脱离反垄断法本身的目标范围,因为我们是在用反垄断法解决问题;也不能违背宪法对反垄断法的授权(宪法对反垄断法本身地位和作用的限制);还不能不当地削弱其他法律的目标。

然后,我们需要考虑实现这一目标的反垄断执法机构所应具备的能力,也就是它是否有相应的权限和工具来实现这样的目标。如果没有,是不是因为反垄断法本身没有被赋予这样的能力。如果是,那么这就涉及另一方面的问题,必须要考虑反垄断法赖以建立的授权环境,尤其是宪法的基础。宪法是否准许反垄断法承担类似的任务,并赋予其合法性。如果宪法为反垄断法发挥类似作用预留了空间,而现行反垄断法没有类似的规定,就必须考虑反垄断法本身的完善。

最后,在用这一模型解释反垄断法对政府限制竞争行为的规制时,我们要考虑其他的政府机构对于反垄断法实施的态度。对竞争的限制以及对反垄断法实施的抵触很大程度上来源于其他政府机构。合作者积极的合作,例如自然垄断性行业与管制机构的合作,可以大大提升反垄断执法机构的能力和反垄断法实施的效果。这就需要建立反垄断执法机构和其他管制机构的合作机制。

总之,从策略分析的视角研究反垄断法对政府限制竞争行为的规制,强调的是根据反垄断法所面临的外部环境、现实需要和政府限制竞争行为自身特性,合理界定规制目标,选择规制路径,优化规制工具的适用,以取得最佳的规制效果。

三、研究现状

相对于私人反竞争行为的规制而言,国内外对政府反竞争行为的研究和执法实践要落后得多。这一现象在我国表现得尤为突出。

(一) 国内研究现状

国内对于政府限制竞争问题的研究主要从三个视角展开。第一个视角是从禁止行政性垄断角度切入。① 目前对于行政性垄断的反垄断法规制及其功能定位还存在认识上的分歧,归纳起来大体有五种观点。第一种观点是反垄断法规制观,包括两个分支:一体规制观和应当规制观。其中一体规制观认为,行政垄断应当纳入反垄断法的规制范围,并且反垄断法在行政垄断和经济垄断过程中,应当采取同样的规制方式,并不因为行政垄断和经济垄断的权力来源不同而区别对待。这样做的原因是反垄断法并不过多关注垄断行为的形成过程,只要该行为产生了排除或者限制市场竞争秩序的后果,就当然受到反垄断法的规制。② 应当规制观并没有明确表明是否应当对行政垄断和经济垄断采取同样的规制方式,而是主张反垄断法不仅要规制行政性垄断,而且,反垄断执法机构应享有调查和审理这类案件的权力。③ 该观点也是当前经济法学界的主流观点。④

---

① 按学界通例,本书对“行政垄断”和“行政性垄断”不区分使用。

② 邓保同:《论行政性垄断》,《法学评论》1998 年第 4 期,第 64—65 页;许光耀:《行政垄断的反垄断法规制》,《中国法学》2004 年第 6 期,第 125—127 页;王欣新,王斐民:《中国反垄断法调整范围的立法思考与建议》,《法学杂志》2005 年第 1 期,第 32 页;史际春,赵忠龙:《行政垄断及其规制的再审视》,《社会科学》2011 年第 9 期,第 86—87 页。

③ 参见王晓晔:《行政垄断问题的再思考》,《中国社会科学院研究生院学报》2009 年第 4 期,第 49 页。

④ 国家工商行政管理局条法司编:《现代竞争法的理论与实践》,法律出版社 1993 年版,第 255—256 页;张守文,于雷:《市场经济与新经济法》,北京大学出版社 1993 年版,第 357—358 页;王晓晔:《社会主义市场经济条件下的反垄断法》,《中国社会科学》1996 年第 1 期,第 73 页;王晓晔:《依法规范行政性限制竞争行为》,《法学研究》1998 年第 3 期,第 90—91 页;王晓晔:《入世与中国反垄断法的制定》,《法学研究》2003 年第 2 期,第 131、134 页。曹士兵:《反垄断法研究——从制度到一般理论》,法律出版社 1996 年版,第 244—245 页;王家福:《加快中国反垄断立法的进程》,载季晓南编:《中国反垄断法研究》,人民法院出版社 2001 年版,第 7 页;盛杰民,袁祝杰:《经济转型与竞争立法》,载杨紫烜编:《经济法研究(第 2 卷)》,北京大学出版社 2001 年版,第 57 页;盛杰民:《规制行政性限制竞争行为是中国〈反垄断法〉的必然使命》,《工商行政管理》2001 年第 (转下页)

第二种观点是体制改革观。根据是否认可反垄断法的作用，又分为两种不同的认识。其一，认为反垄断法是规制行政垄断的一种非常重要的方式，并论证了其可行性和必要性。但是主张解决行政垄断问题的根本途径是继续深化经济体制改革和政治体制改革。① 其二，由于行政垄断现象是由行政体制本身不完善所决定的，所以认为反垄断法不能有效规制行政垄断。行政垄断的最终解决途径只能是深化体制改革，即包括经济体制改革与政治体制改革在内的全面体制改革。②

第三种观点是综合治理观。该观点将行政垄断归因于行政权力的越位和错位，最终解决行政垄断问题需要政治手段、经济手段和法律手段三种方法综合使用，不可偏废。政治手段注重转变政府职能，坚持市场经济导向；经济手段主要是完善财政制度；法律手段是完善与市场经济发展相关的实体法体系和程序法体系。反垄断法作为法律手段之一，具有举足轻重的作用。③

第四种观点是法律治理观。该观点同意综合治理观所认为的行政垄断的形成有深刻的政治体制、经济体制和社会原因，但同时认为这些原因都可以通过法律途径得到解决。因此，解决行政垄断问题不是某一部法律所能完成的，必须采用综合的法律治理手段，需要包括宪法、行政法、经济法、诉讼法等所有法律部门共同规制，④“必须建立一个以协商合作制为核

（接上页）9 期，第 20 页；盛杰民，袁祝杰：《动态竞争观与我国竞争立法的路向》，《中国法学》2002 年第 2 期，第 24—25 页；叶卫平：《行政垄断规制悖论解析——兼谈行政权与经济调节权分际》，《时代法学》2006 年第 6 期，第 32 页；中国人大常委会法制工作委员会经济法室编：《〈中华人民共和国反垄断法〉条文说明、立法理由及相关规定》，北京大学出版社 2007 年版，第 36—38 页。

① 漆多俊：《中国反垄断立法问题研究》，《法学评论》1997 年第 4 期，第 55—56 页；王保树：《论反垄断法对行政垄断的规制》，《中国社会科学院研究生院学报》1998 年第 5 期，第 55—61 页；黄欣，周昀：《行政垄断与反垄断立法研究》，《中国法学》2001 年第 3 期，第 102—105 页。

② 陈秀山：《现代竞争理论与竞争政策》，商务印书馆 1997 年版，第 224 页；吴宏伟：《试论我国行政性垄断及其消除对策》，《法学家》2000 年第 6 期，第 65—66 页；沈敏荣：《反垄断法的性质》，《中国法学》1998 年第 4 期，第 78—80 页；王为农：《关于我国反垄断立法的再思考》，《中国法学》2004 年第 3 期，第 109—112 页。

③ 曹士兵：《反垄断法研究——从制度到一般理论》，法律出版社 1996 年版，第 248—249 页；王旸：《论反垄断法一般理论及基本制度》，《中国法学》1997 年第 2 期，第 97—98 页；邓启惠：《我国市场经济中的垄断与反垄断问题研究》，《经济评论》1998 年第 1 期，第 48—49 页；胡鞍钢，过勇：《从垄断市场到竞争市场：深刻的社会变革》，《改革》2002 年第 1 期，第 27—28 页。

④ 郑鹏程：《论法律对行政垄断的综合规制》，《求索》2003 年第 1 期，第 69、71 页；薛克鹏：《行政垄断的非垄断性及其规制》，《天津师范大学学报（社会科学版）》2007 年第 3 期，第 9—14 页；孟雁北：《我国禁止行政性垄断行为制度历程探析》，《国际商报》2010 年 4 月 28 日，第 14 版。

心的法律调控体系”。[①]

第五种观点是行政法规制观。该观点从调整范围、规制手段、制裁措施等方面进行分析，认为反垄断法不适合解决行政性垄断问题。行政性垄断从根本上说是行政违法行为，所以行政法因其控权法的本质而对于解决行政垄断问题具有天然优势，能够承担规制行政垄断的任务。[②]

随着反垄断法实施不断暴露出的新问题，对行政性垄断规制问题的研究逐步深入，在一些重要问题上取得了进展。例如，有学者主张在规制标准上摆脱行政法的色彩，真正体现竞争法属性；[③]另有学者注意到行政性垄断“兼具经济违法和行政违法双重违法性”，[④]主张在禁止政府相关行为之外，同时追究作为行政性垄断参与者的经营者的反垄断责任。[⑤]

国内对于政府限制竞争问题的研究，第二个视角是对反垄断法与管制关系的关注。有学者将管制（即政府行政权力对经济的直接干预）作为中性的概念，在此基础上研究反垄断法与政府管制制度的关系。其核心观点是：从竞争的视角看，反垄断法是一般法，管制立法是特别法，这一点对于整个反垄断体系和管制体系内的规范性文件的效力关系，具有最为基础的作用，它决定了国家促进和限制竞争两类权力的基本法律界限，也决定了这两类权力调和过程中反垄断制度的积极主动作用，还构成了反垄断法对管制主体、管制规范立法主体具体和抽象行为的豁免、审查、责任制度等一系列反垄断具体制度运行和实施的基石。[⑥] 进一步而言，有学者从四个层面探讨对竞争政策与管制政策的协调：政府管制领域的竞争法适用（尤其是：适用除外和相关行为的豁免）；反垄断主管机构与管制机构管辖权划分；反垄断主管机构与管制机构管辖权协调；反垄断法对政府管制行为本

---

① 郑鹏程：《行政垄断的法律控制研究》，北京大学出版社 2002 年版，序言第 1 页。

② 杨仕兵，许艳艳：《对反垄断法中规范行政垄断的质疑》，《皖西学院学报》2002 年第 3 期，第 49—51 页；李伯侨，吴晔：《行政垄断的反垄断法反思》，《广西社会科学》2006 年第 2 期，第 73—77 页；郭庆珠：《反行政垄断应单独立法》，《法制日报》2006 年 1 月 16 日，第 8 版；刘大洪、殷继国：《论行政垄断的行政法规制——兼评反垄断法说》，《安徽大学法律评论》2006 年第 1 期，第 70—77 页。

③ 参见徐士英：《竞争政策视野下行政性垄断行为规制路径新探》，《华东政法大学学报》2015 年第 4 期，第 32 页。

④ 郑鹏程：《行政垄断的法律控制研究》，北京大学出版社 2002 年版，序言第 1 页。

⑤ 张晨颖：《行政性垄断中经营者责任缺位的反思》，《中外法学》2018 年第 6 期，第 1649—1650 页。

⑥ 参见张江莉：《反垄断制度与政府管制》，北京师范大学出版社 2011 年版，第 198 页。

身的适用。[①]

但是，对该如何追究管制之下的企业反竞争行为的反垄断责任，或者说，如何在对这些企业的反竞争行为执法时，排除不合理的政府行为因素的影响，缺乏深入、系统的研究；更加忽略了对这类企业反竞争行为的禁止，对于规制政府反竞争行为的价值。

国内对于政府限制竞争问题的研究，第三个视角是对公平竞争审查制度的建构。相关研究集中在对制度界定、制度意义、审查标准、审查机构、审查机制、理论基础及具体领域适用等方面，[②]但是在这一制度本身的定位，尤其是与反垄断法的关系上还存在不同的认识。一些学者经常将其与反垄断法并列起来，[③]而另一些学者则主张将其视为反垄断法的一种内生制度，既有实质的评价意义，又有实施上的工具意义。[④]

（二）国外研究现状

国外对政府反竞争行为的研究缺乏系统性，集中于如下相关的具体问题。

第一，提出了较为合理的理论模型。澳大利亚竞争主管机构（ACCC）前任主席艾伦·费尔斯教授提出了一个反垄断规制的策略模型。这一模型对于通过反垄断法寻找现实竞争问题产生的原因、解决问题的方案和反思反垄断法本身的不足，提供了有效的分析工具。[⑤] 它对从反垄断法的角度解决政府限制竞争问题尤其具有指导意义。因为他不仅限于在反垄断规则内部思考问题，而是考虑了现实的社会需求（公共价值）及宪法、公众

---

① 参见肖竹：《竞争政策与政府规制——关系、协调及竞争法的制度构建》，中国法制出版社2009年版，第4、120—241页。

② 参见张守文：《公平竞争审查制度的经济法解析》，《政治与法律》2017年第11期，第2—10页；王先林：《公平竞争审查制度与我国反垄断战略》，《中国市场监管研究》2016年第12期，第11—14页；孟雁北：《产业政策公平竞争审查论》，《法学家》2018年第2期，第118—134页；孙晋，袁野：《共享经济的政府监管路径选择——以公平竞争审查为分析视角》，《法律适用》2018年第7期，第60—67页；丁茂中：《公平竞争审查的激励机制研究》，《法学杂志》2018年第6期，第95—104页；朱凯：《对我国建立公平竞争审查制度的框架性思考》，《中国物价》2015年第8期，第26—29页。

③ 参见陈林：《公平竞争审查、反垄断法与行政性垄断》，《学术研究》2019年第1期，第110—112页。

④ 参见刘大洪，邱隽思：《推动民营经济发展背景下的公平竞争审查制度改进研究》，《法学论坛》2019年第2期，第53页；张占江：《中国法律竞争评估制度的建构》，《法学》2015年第4期，第80页。

⑤ Allan Fels, *A Model of Antitrust Regulatory Strategy*, Loyola University Chicago Law Journal, Vol. 41, No. 3(2010), pp. 489 - 520.

的态度和政府干预本身的合法性(授权环境)以及反垄断执法机构自身的权限、工具(机构能力),并且,在动态环境下通过各个要素间的制约关系寻找解决现实问题的最优方案。

第二,形成了对政府干预经济的更为客观和合理的态度。尽管从20世纪70年代开始,对政府干预经济的批评似乎成为一种学术时尚,但桑斯坦教授却对政府干预持一种积极的态度。他既指出了管制引发的问题,承认"管制国悖论"的存在;同时,又强调通过宪政手段和法律解释技术,重塑管制。他主张,一方面要充分利用政府干预来增进个人自治和经济福利,实现民主政府的社会抱负,促进公平地分配;另一方面在策略的运用上,要能够适应私人市场的灵活性,尊重个体的自治和主动性,充分发挥竞争的潜能。尽管,桑斯坦解决管制问题的重心并没有涉及反垄断法,但是他的观点和提出的解决方案,为反垄断法规制政府限制竞争提供了宪法的思考方向和法学方法上的指引。

第三,形成了反垄断法规制政府反竞争行为的初步共识。全面的竞争政策除了要关注企业限制竞争行为,还要关注政府限制竞争行为。目前,欧洲学术界普遍认为,不处理市场中的国家干预措施的竞争政策是不全面的,通过竞争法规范公权力的行使甚至成为了欧洲竞争法的特色。① 一直固守反垄断法主要规制私人限制竞争这一传统的美国,也深刻意识到:必须要像欧盟及韩国等国家和地区一样加强和完善反垄断法对政府反竞争行为的规制。②

第四,对政府反竞争行为产生的原因进行了较为深入的分析。视角主要包括从立法、执法和司法三个领域的分析,③及从公共选择理论的角度分析。④ 形成的一个基本结论:政府可能由于被俘获或是决策失误导致对竞争不必要、不合理的限制。

第五,对反垄断法规制政府限制竞争的路径做了深入的探讨。相关研究比较了美国、欧盟和韩国等国家和地区在规制政府限制竞争行为方面的

---

① Alison Jones, Brenda Sufrin, *EC Competition Law*, Oxford University Press, 2001, p. 530.

② James C. Cooper, William E. Kovacic, *U. S. Convergence with International Competition Norms: Antitrust Law and Public Restraints on Competition*, Boston University Law Review, Vol. 90, No. 4(2010), pp. 1556 - 1557.

③ D. Daniel Sokol, *Limiting Anti-Competitive Government Interventions that Benefit Special Interests*, George Mason Law Review, Vol. 17, No. 1(2009), pp. 127 - 135.

④ Michal S. Gal, Inbal Faibish, *Six Principles for Limiting Government-Facilitated Restraints on Competition*, Common Market Law Review, Vol. 44, No. 1(2007), pp. 69 - 76.

制度措施和效果;[1]详细分析了欧盟利用反垄断法处理政府限制竞争积累的经验,并总结出极具操作性的六条制度实施原则;[2]主张利用竞争评估甄别政府对竞争的不当限制;[3]具体介绍了美国从竞争执法和竞争倡导两个方面规制政府反竞争行为的情况。[4] 从这些研究可以总结出,目前反垄断法对政府反竞争行为的规制无外乎两条路径:通过对法制定、实施的竞争评估发现政府反竞争限制;通过竞争执法和竞争倡导处理政府反(限制)竞争问题。

当然各个国家在两条路径之间可能各有侧重,或者同时并重。澳大利亚的制度最为全面和系统,也可能是最有效的。其《国家竞争政策》(NCP)致力于排除澳大利亚各级政府及其部门的限制竞争措施,并成为许多国家仿效的典范。美国则侧重通过竞争倡导路径解决政府限制竞争问题。俄罗斯的竞争执法在处理同样的问题时,地位更加突出。

在竞争评估方面,经济合作与发展组织(OECD)及其成员积累了丰富的经验。OECD 在 2005 年公布的《管制品质与绩效的指导原则》报告中建议:对于拟采取(现有)管制措施或法规,进行竞争影响评估;定期检视这些管制措施对市场进出、流通、定价、产量、商业联合的影响,以确保其收益大于成本,同时,对竞争限制最小化;各种经济管制都应被废止,除非这些措施可以被明显证明是保护广泛公共利益的最佳工具。欧盟采纳了相关建议作为评估指导方针,检视欧盟年度工作计划的所有立法及拟实施政策,以提高管制水准。截至目前,OECD 总结各国的主要相关理论成果与实践经验相继颁布了《竞争评估工具》(2007)、《竞争评估指南》(2010)、《竞争评估原则》(2010)、《竞争评估步骤》(2010)等研究报告。报告阐明了竞争评估的意义、范围、方法、框架(流程),具有较强的实用性。但是,对公共政策之于市场竞争可能的负面影响大多都是从定性分析着手,缺乏具体量化分析;加之,竞争所产生的效率、创新、低价、与多样化等好处,不会马上

---

① James C. Cooper, William E. Kovacic, *U. S. Convergence with International Competition Norms: Antitrust Law and Public Restraints on Competition*, Boston University Law Review, Vol. 90, No. 4(2010), pp. 1556 - 1610.

② Michal S. Gal, Inbal Faibish, *Six Principles for Limiting Government-Facilitated Res-traints on Competition*, Common Market Law Review, Vol. 44, No. 1(2007), pp. 80 - 117.

③ OECD, *Competition Assessment Guidance*, Version 2. 0,2010.

④ Deborah Platt Majoras, *State Intervention: A State of Displaced Competition*, George Mason Law Review, Vol. 13, No. 6(2006), pp. 1175 - 1187; Timothy J. Muris, *State Intervention/State Action-A U. S. Perspective*, 2003, pp. 1 - 22, www. ftc. gov/speeches/muris/fordham031024. pdf, last visit on Jun. 20,2019.

显现，而需要随时间推移逐渐明朗。因此，注重管制政策对竞争影响的量化分析，尤其是其所产生的市场长期成本、效益，是未来研究的重点和趋势。

在竞争倡导方面，美国积累了丰富的制度经验，形成了较为完整的制度体系，并且在能源、电信等领域取得了显著的效果。国际竞争网络(ICN)专门成立了倡导工作小组，在总结各国的理论研究及实践经验的基础上，形成了非常完善的竞争倡导理论和制度体系，包括倡导的目标、倡导的内容、倡导的工具、倡导时效性评估等内容，并制定了竞争倡导示范条款，供各国选择和借鉴。①

第六，对反垄断法规制政府限制竞争行为的作用有了更为清晰和合理的认识。反垄断法对政府反竞争行为的规制，既包括促进形成有利于竞争的规则，也包括确保法律实施中充分考虑竞争因素。② 总的来说，反垄断法在存在竞争性管制的领域，起到幕后制约和监督作用(watch-dog role)，③起到预防反竞争行为发生、监督政府干预有效实施和纠正政府反竞争行为的作用。④

此外，在经典的反垄断著作中，对反垄断法和管制关系理论分析以及处理方法，尽管可能与现实的规制需求存在差距，但其背后蕴含的精神和原则仍是极其有价值的。⑤

总之，已有的研究，对本书的研究提供了很好的支撑。但就整体而言，目前的研究还没有形成一个完整的体系，对于反垄断法规制政府反竞争行为的机理、理论基础、规制标准、制度路径等缺乏深入和准确的把握，对于国外经验的借鉴停留在简单的制度移植层面，缺乏对其制度构造的法理的

---

① ICN, *Advocacy and Competition Policy*, 2002; ICN, *Advocacy Provisions*, 2003; ICN, *Assessment of ICN Members' Requirements and Recommendations on Further ICN Work on Competition Advocacy*, 2009.

② Michal S. Gal, Inbal Faibish, *Six Principles for Limiting Government-Facilitated Restraints on Competition*, Common Market Law Review, Vol. 44, No. 1(2007), pp. 69 - 117; See James C. Cooper, William E. Kovacic, *U. S. Convergence with International Competition Norms: Antitrust Law and Public Restraints on Competition*, Boston University Law Review, Vol. 90, No. 4(2010), pp. 1567 - 1610.

③ Michal S. Gal, Inbal Faibish, *Six Principles for Limiting Government-Facilitated Restraints on Competition*, Common Market Law Review, Vol. 44, No. 1(2007), pp. 69 - 107.

④ Eleano M. Fox, *An Anti-Monopoly Law for China-Scaling the Walls of Government Restraints*, Antitrust Law Journal, Vol. 75, No. 1(2008), p. 194.

⑤ 参见[美]霍温坎普:《联邦反托拉斯政策:竞争法律及其实践》(第3版)，许光耀，江山，王晨译，法律出版社2009年版，第18—20章。

深入、全面的认知。对上述问题进行理论分析，并提出可行性方案正是本书努力的方向。

四、研究思路

在研究思路方面，本书按照“规制什么——为什么可以规制——如何规制”的逻辑展开，最终落脚点是提出“中国方案”。

(一) 规制什么：对政府反竞争行为的界定

作为一个全新的概念，政府反竞争行为的内涵和外延（与相关概念的区别）到底该如何界定？这是书第一章要集中解决的问题，也是整个课题研究展开的基础。

与私人反竞争行为相对，所谓政府反（限制）竞争行为，在欧盟法上称为“政府扭曲”，在美国反垄断法上称为政府导致（强制实施）的反竞争行为，在中国竞争法上称为“滥用行政权力排除、限制竞争”行为。在法治背景下，它是指“在政府干预经济运行过程中，其制定、实施法律行为有意或无意导致的对竞争的限制”。其本质上强调的是“公权力对竞争的损害”。市场本身存在缺陷，即使发达经济体也不能完全排除政府干预的存在，而有政府干预就会损害竞争。所以，政府反竞争行为是一个中性的概念，其是否应该禁止关键是看其是否逾越政府与市场的合理边界。

类型化是反垄断法行为规制的基本方法。借鉴欧盟法上的附属理论，并基于行为的构成结构，可以将政府反竞争行为划分为单层政府反竞争行为与双层政府反竞争行为。前者是直接由政府实施，不指向特定企业的反竞争行为，诸如政府援助、与企业共谋的政府采购、限制商品（服务）的自由流通；后者由政府与特定企业共同实施，也就是，同时表现为特定企业的反竞争行为，诸如“‘政府—公共企业’反竞争行为”、“‘政府—国有企业’反竞争行为”。这种类型化区分的意义在于，分别采取直接规制、间接规制两种路径进行规制。换言之，可以在规制企业反竞争行为时，审查考虑导致其反竞争效果的政府行为的合理性。

(二) 为什么可以规制：以反垄断法进行规制的正当性

规制公权力首先想到的是行政法，为什么政府反竞争行为需要纳入反垄断法的规制范围？以规制企业反竞争行为著称的反垄断法，是否能够胜任？同样是对市场经济介入，又为什么反垄断法能够规制其他政府机构干预市场的行为？简言之，通过反垄断法规制政府反竞争行为的合理、合法性何在？这是所有制度构造的基础。

针对上述问题，本书第二章从产业经济学的可竞争市场理论、SCP范式完善理论，揭示了公共政策是独立地决定市场绩效的内生变量，反垄断法本身越来越强调对这一要素的考量，从而论证了政府反竞争行为完全可以纳入反垄断法的规制范围；而通过将竞争自由与宪法基本权利、基本原则相联系，证明了反垄断法具有规制政府反竞争行为的合法空间（也证明了竞争政策在国家经济政策体系中处于基础性地位）。

（三）如何规制：反垄断法的制度架构

是否通过反垄断法规制行政性垄断是立法过程争议极大的问题，虽然《反垄断法》最终采取了专章立法的模式，但并不意味着理论和制度设计上的分歧彻底得到了解决。事实上尽管在立法中被寄予厚望，但从实际实施效果来看（2008—2018年只处理了183起案件），与制度设计的最初期望还有很大的差距。究竟该依据什么样的标准、沿着什么样的路径、依靠什么样的工具进行规制，是决定规制有效性的关键问题，也是亟待反思和解决的问题。这是书第三章至第七章要解决的问题。

关于规制标准的确定，由于政府反竞争行为的双重属性，理应以行政法对政府行为评价为基础，但最终落脚于经济法对政府行为规制的独特视角。而规制路径的厘清关键在对反垄断法制度机理的准确把握，这既涉及到从纵向角度对法律历史（尤其是作为欧盟竞争法产生基础的秩序自由主义理论）的梳理，还涉及到从横向角度对先进法域制度经验的比较。关于规制工具，则主要是现代反垄断法不断适应规制实践的需求而发展形成的，同时又受到各司法辖区具体制度环境的影响。

（四）规制建议：中国的制度方案

寻求中国的制度方案，需要有一个清晰、稳固的理论范式作为支撑。这一理论范式能够将法理、规范及其国家经济治理逻辑巧妙融合在一起。本课题借鉴了具有前沿性、权威性的策略分析框架，最后第八章按照价值定位（法律定位、规制标准、规制范围和其他法律冲突）、授权空间（主要考虑宪法授权）、机构能力（规制路径、规制工具和权限优化）这三个要素，提出规制建议。

五、研究结论

本书的重要观点或对策建议如下：

第一，反垄断法规制政府反竞争行为与发挥市场在资源配置中的决定性作用、更好发挥政府作用，具有内在一致性。它不是要禁止任何政府对经济的干预，而是强调国家经济治理应最大程度地避免限制或扭曲竞争。我国相关改革呈现出的“碎片化”、“冲突化”和“非规范化”态势，原因就在于对反垄断法的地位和机理缺乏准确把握，致其构造和适用出现了偏差，无法为禁止政府不合理地损害竞争提供框架支撑。

第二，“公权力破坏市场竞争”的行为与政治制度无关，在市场经济发达的国家同样存在，但很少像中国这样将其限定为“滥用行政权力排除、限制竞争”（“行政性垄断”）。这极大地曲解了行为的本质，限缩了反垄断法在规制政府行为方面的作用空间。

第三，对政府损害竞争行为的反垄断法规制，绝非中国或转型经济体的特性，而是各法域的普遍选择，但其发挥作用的程度与具体的经济环境密切相关。经济转型强化了反垄断法对政府行为的规制功能，它实际上构成了经济体制转型的“推进剂”（扫除改革障碍、巩固改革成果）。尽管我们一直将反垄断法誉为“经济宪法”，却极大地低估了它在这方面的作用。

第四，市场力量是企业行为或政府行为单独或共同作用的结果，立足于“保护竞争过程不受扭曲”的反垄断法，内在地具有规制政府反竞争行为的功能。

第五，中国反垄断法对政府反竞争行为规制的不足，很大程度上源于对反垄断法制度机理缺乏深入和准确的把握，忽视了反垄断法本身固有的对政府行为的规制功能，在借鉴和适用反垄断规则方面出现了偏差。

第六，中国反垄断法目前的最大问题就是“专门规制模式”与“二元主义”，致使对政府行为的规制脱离反垄断法的一般框架，以及对政府反竞争行为与企业反竞争行为的规制的相互割裂，进而导致在规制范围、规制标准和规制权限配置等方面存在极大的缺陷。专门规制行政性垄断的制度设计凸显了中国规制政府损害竞争行为的决心，但只是“看起来很美”，而效果并不理想，固守这一制度藩篱无异于作茧自缚。

第七，要全面、有效地禁止政府对竞争的损害，必须通过法律解释重塑反垄断法的规则体系，将专门规制定位为一种特别法化的制度设计，形成专门规制与一般规制结合的制度体系。该框架立足于反垄断法的内在机理，给予反垄断执法机构进行相应规制的普遍授权。在直接规制层面，全面评估政府行为对竞争的影响(竞争审查)，提出避免或纠正政府扭曲的建议(竞争倡导)；在间接规制层面，追究政府庇护或纵容之下的企业反竞争行为的反垄断责任，排除政府扭曲的影响(竞争执法)。

第八，我们强调反垄断法对政府行为的规制作用，必须立足于行为“竞争效果”标准本身，绝不能逾越竞争标准而直接探讨政府行为的合理性、合法性。民主语境下政府权力的行使可能存在不少缺陷，但是解决这些缺陷并不是反垄断法的首要任务。

第九，中国语境下的政府对竞争的损害是一个体制问题，很多损害竞争的措施并未得到全国人大的立法授权或中央政府的明确批准。在此情形下，即便是最理想的反垄断法也不能完全克服这些体制障碍，而必须通过在法治框架的支撑下，全面推进体制改革加以解决。但无论如何，基于与宪法的紧密联系以及竞争政策在整个国家经济政策体系中的基础性地位，反垄断法理应成为国家经济治理的根本准则，成为引领以竞争为导向的协调一致的国家现代化监管体系建构的“航标”。

第十，反垄断法对政府反竞争行为的规制，本质上就是强调其作为一种“对干预的干预”，在约束政府权力、厘清政府与市场边界方面的主动性和权威性。在制度上体现为：提供了政府干预保护竞争的价值导向、衡量政府干预合理性的标准、规制政府反竞争行为的路径和工具体系，最终将其对竞争的损害压缩在最小的范围内。

六、主要创新

本书在内容上的创新主要体现在：

第一，提升了对政府反竞争行为问题的认识高度。“公权力破坏市场竞争”的行为与政治制度无关，在其他市场经济发达的国家同样存在，但很少像中国这样赋予“公权力限制竞争”以“滥用行政权力排除、限制竞争”(“行政性垄断”)这一特定的概念和涵义。这极大地曲解了公权力限制竞争行为的本质、限缩了反垄断法的作用空间。

本书从发挥市场在资源配置中的决定性作用、促进国家经济治理现代化和经济的高质量发展的层面，把握反垄断法对政府反竞争行为的规制的本质，而不是局限于从“滥用行政权力排除、限制竞争”的角度解决公权力对竞争的损害问题。

第二，形成了完整的反垄断法政府行为规制的理论体系。传统反垄断法理论集中研究对企业反竞争行为的规制，忽视了对作为另一个独立市场力量来源的政府反竞争行为的研究。中国目前对政府反竞争行为规制上的不足，很大程度上是由于对反垄断法律制度机理、规制的法理基础等问题缺乏深入和准确的把握，才在借鉴和适用反垄断规则方面出现了偏差。

本书的研究，建立关于政府反竞争行为如何界定、规制法理基础是什么、从哪些路径规制、按照什么标准规制、通过什么样的工具规制，以及在体系上如何与企业反竞争行为的规制兼容等问题的完整的理论体系，并由此深化对整个反垄断法机理的理解，丰富和完善了整个反垄断法的理论体系。

第三，完善了反垄断法规制政府反竞争行为的制度体系。中国反垄断立法目前的最大问题就是“专门规制模式”与“二元主义”，致使对政府行为的规制脱离于反垄断法的一般框架，以及对政府反竞争行为与企业反竞争行为的规制相互割裂，进而导致在规制范围、规制标准和规制权限配置等方面存在极大的缺陷。因此，尽管专门规制行政垄断的制度设计凸显了中国规制政府损害竞争行为的决心，但只是“看起来很美”，所发挥的作用并不理想，固守此一制度藩篱无异于作茧自缚。

本书论证了对政府反竞争行为的规制，仍然适用禁止“非市场化（或与市场不兼容）的市场力量的形成和滥用”的原理，或者说，仍适用反垄断法的一般分析框架。申言之，对政府反竞争行为的规制标准应该回到“竞争影响效果”的标准上，只是需要针对政府行为的特殊性设计相应的规制工具。所以，本书主张通过法解释重塑反垄断法的规则体系，完善直接和间接规制互为补充的一般规制架构，并建立竞争评估（公平竞争审查）、竞争倡导和竞争执法衔接的实施体系。

第一章　规制对象：反垄断法体系内的政府反竞争行为

第一节　政府反竞争行为的内涵与外延

一、政府反竞争行为的界定

政府限制(反)竞争行为(govermental restraints on competition)，[①]在欧盟法上亦称政府扭曲(竞争行为)，是与私人(企业)限制竞争(private restraints on competition)相对的概念，是指在政府干预经济运行过程中，其制定、实施法律行为有意或无意导致的对竞争的限制。[②] 越来越多的反垄断执法机构基于对政府限制竞争影响的评估，通过执法和竞争倡导，减少政府对竞争的不合理限制。

任何国家都存在政府对竞争的限制。大量的研究发现，为维护消费者权益进行的立法，实际上起到的却是从消费者向受到优待的企业(领域)转移财富的作用。[③] 学者们很早就洞悉了这一现象。20 世纪 50 年代，Walter Adams 和 Horace Gray 发现大量的公共政策损害了竞争过程，呼吁国家竞争政策的密切关注。与此同时，Donald Turner 和 Carl

---

① 政府限制竞争行为，在英文文献中有多种表达方式，也称对竞争的公共限制(Public restrictions of competition)，或者政府促成或者施加的竞争限制(state facilitated or imposed restraints on competition)。

② D. Daniel Sokol, *Limiting Anti-Competitive Government Interventions that Benefit Special Interests*, George Mason Law Review, Vol. 17, No. 1(2009), p. 119.

③ 对这一问题的深入研究，参见 D. Daniel Sokol, *Limiting Anti-Competitive Government Interventions that Benefit Special Interests*, George Mason Law Review, Vol. 17, No. 1 (2009), p. 120。

Kaysen 在一场著名的竞争法和经济学论战中指出，“法律除外涵盖了国家经济的重要领域”、“竞争政策的例外情况的经济理由”非常值得怀疑。60 年代初，Gabriel Kolko 对二十世纪的前十年打着公共利益旗号的管制发起了挑战，认为这些管制措施主要是其支持企业阻碍竞争对手以实现自身经济目的的反映。70 年代初，更有研究毫不留情地谴责了对通讯、电力、国际贸易、公共采购和运输领域的联邦管制的反竞争效果。①

对各种形式的政府干预导致的限制竞争风险的认知，使得各国竞争主管机构形成了规制反竞争的政府行为的广泛共识。FTC 前主席 Timothy Muris 明确提出，竞争主管机构要将规制政府限制竞争作为工作重点。他不无忧虑地表示，如果纵容官商勾结和政府限制竞争，由此产生巨大的代价，将很快吞噬反垄断执法机构几十年来针对卡特尔和其他明显的私人限制竞争行为的有效执法带来的成果。② 此后，德国卡特尔局前主席乌尔夫·博格(Ulf Böge)也表达了类似的担忧。他毫不讳言：“绝大多数限制竞争行为不是源于私人，而是由于政府本身的法律、管制或具体行政行为，这才导致了对消费者和整体经济福利的损害。”③

二、与行政性垄断的区别

我国与政府限制竞争行为最接近的概念是“行政性垄断”。行政性垄断，是指行政机关和法律、法规授权的具有管理公共事务职能的组织滥用行政权力，排除、限制竞争。④ “公权力破坏市场竞争”的行为与政治制度无关，在其他市场经济发达的国家同样存在，但很少像中国这

---

① James C. Cooper, William E. Kovacic, *U. S. Convergence with International Competition Norms: Antitrust Law and Public Restraints on Competition*, Boston University Law Review, Vol. 90, No. 4(2010), pp. 1558 - 1559.

② Timothy J. Muris, *Looking Forward: The Federal Trade Commission and the Future Development of U. S. Competition Policy*, Columbia Business Law Review, Vol. 2003, No. 2(2003), p. 385.

③ Ulf Böge, *Speech on the Occasion of the Opening Session of the Seoul Competition Forum 2004: State-Imposed Restrictions of Competition and Competition Advocacy 2* (Apr. 20,2004), http://www.bundeskartellamt.de/wEnglisch/download/pdf/04Seoul_e.PDF, last visit on Jun. 20,2019.

④ 参见《反垄断法》第八条。

样赋予"公权力限制竞争"以"行政垄断"这一特定的概念和涵义。[①] 行政垄断的概念无法完全概括和准确说明现实中存在的政府对竞争的限制行为。

首先,概念的内涵与范围不同。按照法律的界定,行政性垄断的主体在我国一般被认为是行政机关以及法律、法规授权的具有管理公共事务职能的组织。[②] 而政府限制竞争行为的主体更为广泛,立法机构、行政机构甚至司法机构都可能限制竞争。[③] 有可能实施限制竞争行为的立法机关既包括中央立法机关,也包括地方立法机关,只不过中央立法机关制定的规范性文件,由于立法层级的原因大多不受反垄断法审查。[④] 至于司法机关,在很多国家它具有依据反垄断法审理案件的职能,因而各国反垄断法并不直接指向司法机关,但它对竞争的限制仍可能存在,例如,对本属违法的垄断行为裁定不违法。[⑤] 行政性限制竞争除了滥用权力以外,还包含其他形式的违法行为,例如行政越权性行为、行政失职行为。

其次,违法的判断标准不同。[⑥] 滥用行政权力是行政法上的判断标准,而不是反垄断违法标准。[⑦] 反垄断法的规范是禁止性的,而非授权性的,不可能是滥用了反垄断法赋予的权力。判断滥用与否的准据法是赋予被审查行政主体行政权力的其他法律。判断相关行为是否违反反垄断法的唯一标准是行为是否限制竞争且没有正当理由。现有的规定混淆了不同法律制度的规范范围与标准。

再次,法律性质不同。经验表明,政府对市场干预及由此产生的对竞争的限制如果是基于弥补市场失灵的需要,是不可避免的。在现代反垄断法视野内,政府限制竞争是中性的概念。反垄断法并不是一概排斥政府限制竞争行为,而是根据是否超过弥补市场失灵的必要界限需要而区别对待。与此相比,行政垄断的性质在我国现在已经被特定化为一种违法行为,而且是一种双重违法行为(既违反行政法,又违反反垄断法)。二者性质的不同决定了我国《反垄断法》对行政垄断的规制是非常严厉的,不仅明

---

① 曲创,石传明,臧旭恒:《我国行政垄断的形成:垄断平移与政企合谋》,《经济学动态》2010 年第 12 期,第 36 页。

② 参见《反垄断法》第八条。

③ 在本书中政府是个广义概念,包括立法、行政和司法机关。

④ 焦海涛:《公权限制竞争行为的反垄断法规制模式》,《经济法论丛》2008 年第 2 期,第 115 页。

⑤ 同上。

⑥ 参见张江莉:《反垄断制度与政府管制》,北京师范大学出版社 2011 年版,第 299 页。

⑦ 同上书,第 291—293 页。

确禁止各种“滥用行政权力排除、限制竞争”的行为，还对这些行为没有设置任何豁免规定。①

三、与企业反竞争行为的区别

与私人企业通过“更优的产品、商业上的智慧（business acumen）或历史偶然”②获得垄断地位不同，政府限制实现垄断就是通过政府力量建立削弱竞争的市场进入障碍。在许多方面，政府实施限制竞争比私人限制竞争更容易实施。政府限制不需要偷偷摸摸或秘密维持卡特尔的成本；也更能有效阻止对手进入市场。企业不需要持续地监测市场内出现新的竞争对手，而仅仅依赖于政府制定的制度（例如，仅提供数量有限的许可证），就可以达到阻止对手进入的目的。私人卡特尔常常受困于作弊，公共卡特尔则没有这样的缺陷。一经查出，作弊者可以通过政府程序受到制裁。③

政府限制竞争比私人限制竞争对竞争的损害更严重。首先，在反垄断法除外适用的领域内，相关企业可以肆无忌惮地限制产出，拒绝与竞争对手交易，提高价格。政府的支持会纵容具有市场力量的企业更加明目张胆地攫取垄断利润。④ 其次，政府限制允许某个领域排除反垄断审查，将导致其他领域的经济扭曲，尤其是，很可能导致豁免的产品或服务与竞争的产品或服务之间的交叉补贴。

政府限制竞争的存在还增大了反垄断法对私人限制竞争的执法困难。政府限制扭曲竞争的过程，将对企业产生事实上的补贴。补贴减少了对企业的预算约束，降低了企业效率最大化的激励。反垄断执法者和私人诉讼原告将这些补贴纳入成本的估算非常困难，而真正成本的确定对于排他性行为（如掠夺性定价）的规制必不可少。

竞争政策在规制私人限制竞争上取得的成功，增大了企业寻求政府限

---

① 焦海涛：《公权限制竞争行为的反垄断法规制模式》，《经济法论丛》2008 年第 2 期，第 115 页。

② Verizon Communications Inc. v. Law Offices of Curtis V. Trinko, LLP, 540 U. S. 398, 407(2004).

③ Timothy J. Muris, *State Intervention/State Action-A U. S. Perspective*. www. ftc. gov/speeches/muris/fordham031024. pdf, last visit on Jun. 20, 2019.

④ Pietro Crocioni, *Can State Aid Policy Become More Economic Friendly*? World Competition, Vol. 29, No. 1(2006), p. 92.

制竞争的风险。[1] 熟悉美国联邦贸易委员会在健康服务领域反垄断执法情况的人都可以发现,医师固定价格垄断案件越来越多。例如,仅2002年5月至2003年10月间,委员会已提起16起医师涉嫌共谋操纵价格提高消费者成本的案件。[2] 这些案件涉案医师的数量有的甚至多达1200人。案件绝大多数以同意令形式得到解决。委员会打击医师之间固定价格安排的努力,引发了一阵强劲游说之风,希望在国家和州政府获得医师集体谈判价格行为(physician collective bargaining)的反垄断豁免。在2002—2003年间,委员会对三个这样的法案发表了看法,并成功地使得阿拉斯加、[3]华盛顿[4]和俄亥俄州[5]中止了相关立法。

四、与政府管制的区别

从效果上讲,竞争法理论上的政府管制被视为政府反竞争行为。尽管对于管制的界定仍有分歧,但其实质内涵都是强调对市场的根本介入和取代,也就是对竞争过程的破坏。

美国著名管制经济学家卡恩(Kahn)最先揭示了,为了实现良好的经济绩效,管制作为基本的制度安排,"实质是以政府命令取代竞争"。[6] 维斯卡西(Viscusi)教授和史普博(Spulber)教授从微观角度表达了与卡恩教授相一致的观点。维斯卡西认为,管制界定是政府基于强制力的制裁手段而对个人或组织的自由决策施加的一种外在限制。[7] 史普博则指出,管制是行政机构制定并执行的直接干预市场资源配置机制或间接改变企业和

---

① Timothy J. Muris, *State Intervention/State Action-A U. S. Perspective*, www. ftc. gov/speeches/muris/fordham031024. pdf, last visit on Jun. 20,2019.

② Timothy J. Muris, *State Intervention/State Action-A U. S. Perspective*, www. ftc. gov/speeches/muris/fordham031024. pdf, last visit on Jun. 20,2019.

③ FTC Staff Letter to the Alaska House of Representatives on Senate Bill 37(Jan. 18, 2002), http://www. ftc. gov/be/v020003. htm, last visit on Jun. 20,2019.

④ FTC Staff Letter to the Washington House of Representatives on House Bill 2360 (February 8,2002), http://www. ftc. gov/be/v020009. pdf, last visit on Jun. 20,2019.

⑤ FTC Staff Letter to the Ohio House of Representatives on House Bill 325,2002, http://www. ftc. gov/os/2002/10/ohb325. htm, last visit on Jun. 20,2019.

⑥ Alfred E Kahn, *The Economics of Regulation: Principles and Institution*, The MIT Press, 1988, p. 20.

⑦ 参见陶爱萍,刘志迎:《国外政府规制理论的研究综述》,《经济纵横》2003年第6期,第60页。

消费者供需决策的特殊行为或一般规则。①

日本著名管制经济学家植草益按照政府对微观经济活动干预的路径，将政府管制分为直接管制和间接管制。② 所谓间接管制，是指政府并不直接介入经济主体的决策而仅制约阻碍市场机制发挥职能的行为。③ 反垄断法就属于这种间接管制。它以尊重市场机制为前提，针对阻碍市场机制正常运作的因素加以排除，以健全市场机制。④ 反垄断法只是借对自治的适度限制，来纠正被扭曲的自治，实际上是要建立一个更健全的自治环境，⑤而直接管制，却以政府直接介入经济主体决策为特点，限制乃至排除了市场机制的作用。因此，这种直接的管制实际上是对市场机制的一种取代或否定。例如，政府对于市场的管制，最为典型的两种表现便是市场准入的控制和价格的控制。其中，对市场准入的控制，等于是政府人为地制造垄断；至于价格控制，则无异于形成一种由政府的强制力维系的价格卡特尔。⑥

正是基于对市场及竞争本身的取代或扭曲，直接管制与政府反竞争行为具有很大的重合性，在竞争法上很多时候可以相互替代。包括美国和欧盟在内的先进法域，反垄断法对于政府反竞争行为的规制集中体现在与管制关系的处理上。

五、与竞争中立的区别

政府行为竞争中立并不是一个传统的反垄断法上的术语，而是现代反垄断法在市场化、全球化背景下，为全面禁止政府对竞争的损害而引入的

---

① 参见[美]丹尼尔・F・史普博：《管制与市场》，余晖等译，上海人民出版社 2017 年版，第 64—65 页。

② 参见[日]植草益：《微观规制经济学》，朱绍文，胡欣欣等译，中国发展出版社 1992 年版，第 20—21 页。

③ 陈彤：《管制抑或竞争：选择权应该交给谁？——探析"州政府行为豁免原则"背后的问题意识》，《北大法律评论》2006 年第 00 期，第 510 页。

④ 著名的日本经济法学者金泽良雄持同样的观点。他认为，政府管制是在以市场机制为基础的经济体制下，以矫正、改善市场体制内在的问题为目的，政府干预和干涉经济主体活动的行为。参见陶爱萍，刘志迎：《国外政府规制理论的研究综述》，《经济纵横》2003 年第 6 期，第 60 页。

⑤ 参见苏永钦：《走入新世纪的私法自治》，中国政法大学出版社 2002 年版，第 151 页。

⑥ 参见陈彤：《管制抑或竞争：选择权应该交给谁？——探析"州政府行为豁免原则"背后的问题意识》，《北大法律评论》2006 年第 00 期，第 510 页。

新概念。针对日益突出的国企垄断问题，澳大利亚率先提出这一概念并将其界定为“政府(及其拥有企业)的商业活动不得因其公共部门所有权而享有额外的竞争优势”。[①] 与这种基于特定问题的描绘式的定义不同，英国竞争机构在普遍意义上强调“任何企业都不得单纯因其所有权或控制权而获得竞争优势”，并在更深层次上揭示了竞争中立是要求“政府干预要为所有企业提供‘一个公平竞争的环境’”。[②]

多数情形下的政府行为竞争中立是国际贸易谈判的一个核心议题。《跨太平洋贸易与投资伙伴协议》(TPP)、《跨大西洋贸易与投资伙伴协议》(TTIP)谈判都将竞争中立问题纳入其中，要求缔约国就与之相关的问题作出承诺，减少各种贸易壁垒、不一致的监管规则、政府援助以及具有专门指向的政府采购等制度安排，从而为本国企业争取一个更加有利的市场竞争环境。

尽管所处语境存有差异，但问题都聚焦于禁止政府给予特定企业“非市场化的竞争优势”(unmarketlike advantages)，并由此扭曲企业之间的公平竞争。就此而言，竞争中立实际就是尊重市场的权威，由竞争本身决定竞争之结果。更确切地说，其本质就是强调国家经济治理应最大程度地避免限制或扭曲竞争，[③]也就是，最大程度禁止政府反竞争行为。由此，政府行为竞争中立，实际上是禁止政府反竞争行为的结果。前者是目标，后者

① Deborah Healey, *Competitive Neutrality: Addressing Government Advantage in Australian Markets*, in: Josef Drexl, Vicente Bagnoli (eds.), *State-Initiated Restraints of Competition*, Edward Elgar Publishing, 2015, p. 3.

② OFT, *Competition in Mixed Markets: Ensuring Competitive Neutrality*, Working Paper(OFT1242), p. 4, p. 10(2010), http://webarchive.nationalarchives.gov.uk/20140402165629/, http://oft.gov.uk/shared_oft/economic_research/oft1242.pdf, last visit on Jan. 22,2018.

③ 一直以来，竞争中立议题主要针对国企享有的不公平竞争优势。作为经济转型国家，中国国企的确经常得到政府给予的补贴、税收减免、融资优惠，导致其他企业在与之竞争中处于劣势。然而，问题并不止于此。由于地方政府之间的恶性竞争，我国的外资企业和一些地方企业同样经常拥有其他企业不具备的额外优势。之所以国企一直成为关注的焦点，是因为发达国家希望通过抑制我国国企，为其本国企业争取更大的发展空间。(参见张琳，东艳：《主要发达经济体推进“竞争中立”原则的实践与比较》，《上海对外经贸大学学报》2015年第4期。)深层次上的竞争中立是对国家经济治理的要求。只有政府“为所有市场主体提供相同的制度环境(a level playing field)”，才能避免给予任何企业“非市场化”竞争优势，才可最大程度地发挥竞争机制的作用。OECD, *State Owned Enterprises and the Principle of Competitive Neutrality*, DAF(COMP)2009/37, http://www.oecd.org/newsroom/43125523.pdf, last visit on Jan. 22,2018；冯辉：《竞争中立：国企改革、贸易投资新规则与国家间制度竞争》，《环球法律评论》2016年第2期，第152—163页。

是实现路径。

需要明确的一点是，多（双）边协定中的竞争中立的程度和范围是缔约国彼此妥协的结果，区别于单一经济体内的市场化改革措施。为了尽可能地提高经济效率，后者力求实现所有企业的公平竞争。各种歧视性产业政策、地方保护、部门（行业）垄断等都要被禁止。一项权威的研究表明，全球各大经济体取得的所有主要发展成就几乎都依托市场竞争和自由贸易环境，[①]所以，竞争中立已成为对政府行为的一致性要求。

竞争是一个不可预知的过程，它之所以有价值"完全是因为它不同于任何人刻意达致或原本想达致的那些结果"。[②] 对竞争过程任一环节的干预都构成"政府扭曲"，[③]但这并不是说竞争不受政府的任何约束。理论和经验证明，绝对的放任意味着市场主体即使为了垄断目的也可以行使合同自由，最终会"导致不自由的自由"。[④] 与"政府扭曲"等同的"政府干预"具有特定的含义。在此点上，无人比哈耶克说得更清楚，他将这样的政府干预限定为以特定结果为目标而决定市场主体数量、商品价格等因素的直接干预，尤其体现为具有专门指向的产业政策，以及具有歧视性的财政和税收政策。[⑤] 经合组织（OECD）将其归纳为，歧视性的税收、不一致的监管规则、针对特定企业的借贷（贷款利率）优惠或具有明确指向的补贴（政府援

---

① 参见［美］威廉·科瓦西奇，［英］林至人，［英］德里克·莫里斯：《以竞争促增长：国际视角》，中信出版集团 2017 年版，第 3 页。

② ［英］弗里德利希·冯·哈耶克：《作为一种发现过程的竞争——哈耶克经济学历史学论文集》，邓正来译，首都经济贸易大学出版社 2014 年版，第 35 页。

③ Martti Virtanen, Pekka Valkama, *Competitive Neutrality and Distortion of Competition: A Conceptual View*, World Competition, Vol. 32, No. 3(2009), pp. 397-398. 竞争中立不仅禁止政府对特定经营者的保护，还禁止打着消费者旗号的不必要的政府干预。例如，曾有一个德国法令禁止企业显著地标明降价，而法国 Rocher 公司在德国投放的商品目录中恰好包含一则这样的广告。Rocher 以该法令切断了其与德国消费者的联系、破坏了竞争过程的完整性为由，诉至欧盟法院。德国政府称"这项禁止是为了保护消费者不受价格比较的广告诱惑而作出非理性的选择"，但该抗辩被欧盟法院拒绝。"截断竞争过程等于剥夺了企业正当的商业机会"，从根本上损害了市场主体实现商业价值的权利。而"企业提供的商品或服务不令消费者满意，消费者可以迅速转换供应商。只要足够谨慎、充分搜集信息，根本不需要特别保护。"［比］保罗·纽尔：《竞争与法律：权力机构、企业和消费者所处的地位》，刘利译，法律出版社 2004 年版，第 6—7 页。

④ 参见方小敏：《竞争法视野中的欧洲法律统一》，中国大百科全书出版社 2010 年版，第 91 页。

⑤ D. Daniel Sokol, *Tensions between Antitrust and Industrial Policy*, George Mason Law Review, Vol. 22, No. 5(2015), p. 1247；参见孙彦红：《欧盟产业政策研究》，社会科学文献出版社 2012 年版，第 10—24 页；［德］何梦笔编：《秩序自由主义》，董靖等译，中国社会科学出版社 2002 年版，第 7 页。

助)、倾向性的政府采购等。[1]

第二节 政府限制竞争的原因

政府限制竞争源于政府对市场经济的直接干预,也就是管制。[2] 而管制普遍被认为是纠正市场失灵的重要手段,由此对竞争的限制常常具有不得不为的必要性。只是,现实中的由于政府被俘获、政府决策失误导致管制本身经常是不必要、不合理的,进而导致政府对竞争的限制也是不必要、不合理的。本书重点关注的正是导致这些政府限制竞争产生的原因。这些原因的不同进一步决定了政府反竞争行为合法性的不同。

一、弥补“市场失灵”

政府限制竞争经常是基于纠正市场失灵的需要。市场失灵是现有的技术条件下,自由竞争不能产生有效率的资源配置的现象。在这种情况下,考虑通过管制提升社会福利。最典型的市场失灵是自然垄断。当由一家以上企业满足市场需求的成本大大增加时,支持市场内竞争(区别于对市场的竞争)不符合社会需要。相反,对企业价格和其他交易条件的直接管制来控制市场力量,将提升产出与分配效率。

作为管制理由的市场失灵的类型很多。例如,经济主体之间的显著信息不对称。这种不对称将导致消费者无法做出明智的决定。而这种明智的决定是供应商之间价格和质量竞争的重要激励。在这种情况下,管制就是必须的,以保证最起码的质量水平,或者确保消费者得到与消费行为相关的损害或收益的信息。健康和安全管制就属于这一类。管制也可能是基于纠正外部性(不能获得合理补偿的、溢出的对第三方的影响)的存在。通过设置质量和技术标准,可以限制这种外部性。污染程度和特许区域管

---

① OECD, *Competitive Neutrality: A Compendium of OECD Recommendations, Guidelines and Best Practices*, 2012, pp. 15 - 69, http://www.oecd.org/daf/ca/50250955.pdf, last visit on Jan. 22,2018.

② 参见[日]植草益:《微观规制经济学》,朱绍文,胡欣欣等译校,中国发展出版社 1992 年版,第 20—21 页。

制属于这一类。此外,管制也可能解决分配问题或其他广泛的社会目标。[①] 例如,在竞争不能实现普遍服务的领域,管制干预是必要的。管制往往是使效率和公平的考虑相互协调。

管制可能导致对竞争的限制。在大多数情况下,管制和竞争法是相辅相成的:它们影响企业行为的维度并不冲突。[②] 例如,确保消费者了解食品属性的标签与禁止食品生产企业之间的卡特尔并不冲突。相反,通过解决信息不对称、促进市场准入和促进网络竞争,管制可以增加竞争。然而,在某些情况下,由于提高社会福利方式不同,管制和竞争也可能产生冲突。例如,加油站分区限制,通过限制加油站的数量和距离导致限制竞争。

并不是所有管制都限制竞争。对市场进入壁垒的考察是反垄断分析的重要维度,但并非所有形式的政府管制都能有效地阻碍进入。不能仅仅由于存在着管制,就认为存在着进入壁垒。例如,卡车司机一般必须获得驾驶执照,但对那些通过了考试的人来说,只要交一点点钱,这种执照是很容易得到的。没有理由认为这种执照本身会阻碍进入。管制行为,只有当其具有某种限制作用或"瓶颈作用"时,才构成进入壁垒。[③] 对政府管制导致的进入壁垒的认定与其他进入壁垒的认定方法一样,即,看看它所造成的情况是不是使某些垄断违法行为有可能发生。例如,在 Hospital Corporation 案中,第七巡回法院指出,按照政府的管制要求,该医院必须获得一个"市场需要证书"(certificate of need),这一要求可以构成巨大的进入壁垒。[④] 因为,在该案中,由一项合并所产生的通谋会导致产出减少,产能过剩。但想进入该市场的企业要想对"市场需要"进行证明,则必须证明现有企业的产能已经充分利用了。因此,管制本身可以构成进入壁垒。[⑤] 管制要构成进入壁垒,并不是必须明示地对进入予以禁止,也不是必须像 Hospital Corporation 案那样,规定进入的条件。有时管制之所以

---

① Francois Lévêque, *Antitrust and Regulation in the EU and US*, Edward Elgar, 2009, p. 31.

② Michal S. Gal. Inbal Faibish, *Six Principles for Limiting Government-Facilitated Restraints on Competition*, Common Market Law Review, Vol. 44, No. 1(2007), p. 72.

③ [美]霍温坎普:《联邦反托拉斯政策:竞争法律及其实践》(第 3 版),许光耀,江山,王晨译,法律出版社 2009 年版,第 585 页。

④ Hospital Corp. of Am. v. FTC, 807 F. 2d 1381,1387(7th Cir. 1986), cert. denied, 481 U. S. 1038,107 S. Ct. 1975(1987); United States v. Rockford Memorial Corp., 717 F. Supp. 1251 (N. D. Ill. 1989), affirmed, 898 F. 2d 1278(7th Cir.), cert. denied, 498 U. S. 920,111 S. Ct. 295(1990).

⑤ 参见[美]霍温坎普:《联邦反托拉斯政策:竞争法律及其实践》(第 3 版),许光耀,江山,王晨译,法律出版社 2009 年版,第 585 页。

会抑制市场进入，主要是由于要遵守该管制，必须达成一定的规模经济。例如，如果法律要求使用空气清洁设施，但这种设施只有在大工厂才能用，则要想有效进入市场，可能就必须建立大工厂。许多经济学著作认为，有些管制制度，如基于职业安全、健康与保护环境的管制，会提高小企业的经营成本，从而会阻碍进入。[①]

从历史上来看，管制的作用绝不容小觑。中世纪后，西方社会的经济政策就是在对市场的信心强与弱之间摇摆。当对市场信心减弱时，政府干预增加；反之政府干预减弱。[②] 毫无疑问，管制作为提高福利的政策工具，在某些情况下是正当的、合法的。

二、政府被“俘获”

现实中的很多竞争限制都源于立法机构或管制机构被特殊利益集团“俘获”。尽管管制初衷是增进社会公共利益，但现实中许多管制是被管制产业的企业基于自身的利益主动谋取的结果，背离了最初的公共利益目标。[③] 这样的管制被采用的主要原因，源于利益集团对立法和管制者的政治压力。[④]

利益集团都有强大的自利动机和能力来影响立法和管制机构，使管制为自己的利益而不是社会利益服务。奥尔森在《集体行动的逻辑》一书中的研究揭示：

组织规模与其追求利益的动力和能力呈负相关。规模小的、利益一致

---

① J. B. Wiener, *Global Environmental Regulation: Instrument Choice in Legal Context*, Yale Law Journal, Vol. 108, No. 4(1999), pp. 677 - 788.

② Herbert Hovenkamp, *Antitrust and the Regulatory Enterprise*, Columbia Business Law Review, Vol. 2004, No. 2(2004), pp. 335 - 364.

③ Richard A. Posner, *Theories of Economic Regulation*, The Bell Journal of Economics and Management Science Vol. 5, No. 2(1974), pp. 335 - 358.

④ 在经济学领域对这一问题的研究，参见 James Buchanan, Gordon Tullock, *The Calculus of Consent*, University of Michigan Press, 1962; Mancur Olson, *The Logic of Collective Action*, Harvard University Press, 1965; George Stigler, *The Theory of Economic Regulation*, Bell Journal of Economics and Management Science, Vol. 2, No. 1(1971), pp. 3 - 21; Sam Pelzman, *Toward a More General Theory of Regulation*, Journal of Law & Economics, Vol. 19, No. 2(1976), pp. 211 - 240. 在反垄断领域对这一问题的分析，参见 Michal S. Gal, *Reality ites (or Bits): The Political Economy of Competition Policy in Small Economies*, in Barry Hawk (ed.) *International Antitrust Law and Policy*, Juris Publishing, 2002, p. 605。

且组织良好的生产商集团，能够从有利于自身却不利于社会整体（消费者）的立法或管制中获取更大的收益；而消费者的情况却恰恰相反。就导致管制建立往往并不是因为管制有效率，而是因为同质性强的、相对规模较小的受管制的企业集团能够非常有效地表达和实现其利益诉求，而这通常以牺牲同质性不强、组织松散的竞争受益集团（如消费者集团）的利益为代价。毕竟"竞争仅仅拥有一群捏不拢的支持者"[①]。管制俘获使得特定的利益集团从立法机构或管制机构那里获得偏袒，其结果是，实施俘获的企业将有利于自身的条件纳入经济的基本法制与规章结构中，立法代表的是少数人而非多数人的利益。

从目标特性的角度分析，收益的广泛性和长期性的特征，导致了管制在实践中被扭曲适用的政治压力。[②] 管制原本要追求的公共利益通常并不是均匀分布在具体领域，也非短时间就可以充分显现出来。例如，降低发电、输电成本可能会造福整个社会，并可能导致长时间的受管制企业的结构性变化。也就是说，管制通常代表的是社会的广泛和长远的眼光，超越了在特定行业调整的暂时阵痛。然而正是长期目标的实现通常需要政治上的坚决，但政治家们要真正做到这一点并不容易，毕竟政绩考核和职务升迁是频繁的。利益集团可以通过对这些方面的决定性影响左右政治家的决策。政治家们可能会牺牲普遍和长远的社会利益而支持具体和短期的企业利益。

管制俘获实际上是为企业提供保护伞，使其免受竞争威胁。[③] 利益集团向管制者支付"价格"，导致产业里或是产业间出现了进入壁垒、差别补贴等一系列无效率的政府保护措施，很多行业由实施俘获的企业所垄断，国家经济成为了俘获经济。[④] 2000 年 9 月，乔尔·赫尔曼、丹尼尔·考夫曼等人在世界银行的支持下对 20 个转轨国家中的 3000 多家企业进行了《商业环境与企业业绩调查》，并出具了一系列关于转轨国家俘获问题的调

---

① Roger G. Noll, Bruce M. Owen, *The Political Economy of Deregulation: Interest Groups Regulatory Process*, American Enterprise Institute, 1983, p. 161.

② 美国现代著名的公法学者桑斯坦就认为：无论是立法阶段还是在实施阶段，管制都受到集体行动难题的困扰。理论上制定法可以划分为：与分散的众多受益人以及组织严密的的受管制阶层有关的制定法；与分散的众多受益人以及分散的众多受管制阶层有关的制定法；与组织严密的受益人以及分散众多的受管制阶层有关的制定法；与组织严密的受益人以及组织严密受管制阶层有关的制定法；[美]凯斯·R·桑斯坦：《权利革命之后：重塑规制国》，钟瑞华译，中国人民大学出版社 2008 年版，第 116—119 页。

③ 夏俊：《管制者：别被"俘获"》，《中国电信业》2005 年第 5 期，第 80 页。

④ 参见卢正刚，赵定涛：《转轨国家政府俘获理论与中国公共管理变革》，《北京行政学院学报》2005 年第 5 期，第 3 页。

查报告。报告显示，转轨国家存在的共同特点是，政府官员和垄断企业借助私有化之机，相互勾结、掠夺瓜分国家公共财产，致使政府的政治过程被垄断资本操纵。[1]

从企业的角度看，企业为了减少竞争风险会极力争取有利于自身的管制方案。制定法失灵的两个罪魁祸首就在于集体行动的难题和企业采取策略性行为。[2] 竞争对企业来说意味着一种风险，随时可能被对手淘汰出局。企业都试图制定自我保护机制来防范和管理竞争引发的风险。企业的策略可能是发挥竞争优势，向合作者（消费者或相关企业）提供无可匹敌的产品或服务，从而在市场中发展、壮大；企业也可能阻碍竞争机制的运作来达到自我保护的目的。[3] 前一种策略的典型手段是创新，后一种策略主要体现为阻止竞争者的出现、发展和延续，政府的管制政策就是可以实现这一策略的有效手段。谋求准入管制，可以阻止竞争对手出现；谋求竞争手段（如价格、广告）管制，可以阻止竞争对手发展；谋求过高（例如，技术、成分）标准管制，可以阻止竞争对手延续。在激烈的市场竞争中，技术上和管理上的创新带来的垄断地位不容易长期保持，随着别的强有力竞争者的加入，超额垄断利润会逐步消失。唯有政府干预市场形成的经济租金可以长期保障企业的超额收入，这就诱发了企业家为获取或保持政府给予的垄断地位而争相向政府官员寻租的动机。

斯蒂格勒列举了四项企业主要寻求政府提供的政策：现金补贴、进入控制、对替代品和互补品的影响和价格固定。[4] 通过政府的这些形式的管制，就会产生垄断。斯蒂格勒进一步指出，第一类政策不是游说活动的主要目标，因为如果现金补贴的受益人名单不是受到限制的，那么一个企业拿到的现金补贴会因为不断增多的竞争对手而减少。在有些时候，替代品控制不是十分有效，限制性定价也不是在每一个产业里可行的，特别是对于那些不同质量、不同价格、产品差异化大的行业。因此，控制进入是一个

---

① Joel S. Hellman, Geraint Jones, Daniel Kaufmann, Mark Schankerman, *Measuring Governance, Corruption, and State Capture: How Firms and Bureaucrats Shape the Business Environment in Transition Economies*, World Bank Policy Research Working Paper No. 2312. https://papers.ssrn.com/sol3/papers.cfm? abstract_id=236214, last visit on Dec. 8, 2011.

② 参见［美］凯斯·R·桑斯坦：《权利革命之后：重塑规制国》，钟瑞华译，中国人民大学出版社2008年版，第78页。

③ 参见［比］保罗·纽尔：《竞争与法律：权力机构、企业和消费者所处的地位》，刘利译，法律出版社2004年版，第93页。

④ 参见［美］G. J. 斯蒂格勒：《产业组织和政府管制》，潘振民译，上海三联书店1989年版，第212—215页。

产业寻求政治保护的最主要的政策，也是最为有效的措施。[①] 通过发放许可证、不公平的标准、进口配额或者关税来阻止潜在竞争者进入，保护了对市场的某种程度上的垄断权。由于市场供给减少，市场竞争不充分，必然在更高价格上达到市场均衡，从而保证了超额垄断利润长期稳定地存在。

美国管制实践证明了，许多行业管制往往并没有纠正市场失灵，[②]而是企业寻求垄断的结果。[③] 航空市场要求政府来固定价格和限制进入，它们与卡车进行的管制一样，都是在位企业认为没有管制会导致“过度”竞争；对铁路限制价格歧视的管制，是因为价格管制不会导致铁路卡特尔集团的破灭；对美国电话电报公司（AT&T）实行的管制，目的是想结束在电话公司中产生的竞争。同样的情况，在出租车服务、远洋运输等严格管制的行业中也存在。因此，管制似乎是为了让某些企业获得更高的利润，并不是从公共利益最大化角度出发。

在我国经济实践中，经常会发现政府及其所属部门应本地企业要求，对外地商品设定歧视性收费项目、实行歧视性收费标准、规定歧视性价格，或对私营企业和非直属企业实行歧视，而对外资企业和直属企业实行优惠待遇（如税收优惠、补贴）；纵容国家授权享有独家经营权利的企业利用其控制地位或专营专卖地位抵制或拒绝交易，损害消费者利益；[④]限制企业购买原材料、生产设备以扩大生产规模，限制企业在其他地区设立生产经营场所或分支机构，限制企业的经营范围。

总之，在政府为干预经济而制定、实施法律过程中，一方是受管制的市场主体，另一方是实施管制的政府官员，前者渴望利用管制谋取垄断，后者急于从管制中提高收入。私人寻租形成管制需求，政府寻租形成管制供

---

① 倪子靖，史晋川：《规制俘获理论述评》，《浙江社会科学》2009 年第 5 期，第 100 页。

② Richard A. Posner. *Theories of Economic Regulation*, The Bell Journal of Economics and Management Science Vol. 5, No. 2(1974), pp. 335 - 358; Edward L. Glaeser and Andrei Shleifer, *The Rise of the Regulatory State*, Journal of Economic Literature, Vol. 41, No. 2(2003), pp. 401 - 425. http://www.economics.harvard.edu/faculty/shleifer/files/rise_reg_state.pdf, last visit on Jun. 20, 2019.

③ George J. Stigler, Claire Friedland, *What Can Regulators Regulate? The Case of Electricity*, Journal of Law and Economics, Vol. 5, No. 1(1962), pp. 1 - 16; Harold Demsetz, *Why Regulate Utilities?*, Journal of Law and Economics, Vol. 11, No. 1 (1968), pp. 55 - 65.

④ 例如，中国电信、中国联通涉嫌在宽带接入及网间结算领域利用自身具有的市场支配地位阻碍或影响其他经营者进入市场。

给。寻租、[1]贿赂等腐败活动正是源于政府权力的过分运用。基于此，现实中管制政策可能会与最大限度地促进社会公共利益的管制、与竞争的最佳组合状态，相差甚远。而且，这种实实在在的管制不完善导致的危害，很可能和市场失灵危害不分伯仲。这经常作为要求放松管制或对管制体制进行重新设计的理由，也可以作为反垄断法规制减少不必要、不合理管制导致的政府限制竞争的理由。

三、政府决策失误

政府对问题的错误诊断和拙劣干预方案，很可能导致政府不必要、不合理的限制竞争。政府是有限理性的。政府决策者都希望能够做出惟一的最佳选择，但是在制定决策时往往会发生许多决策者预料之外的事情，使决策者很难选择最佳方案。美国对食品添加剂使用的管制就是一个明显的例子。根据禁止在食品添加剂中使用致癌物质的德莱尼条款(Delaney Clause)的规定，“任何添加剂若被发现经人或动物食用后致癌，或者在经过适于判断食品添加剂安全性的检测后被发现在人或动物中致癌，均不得被认为是安全的……”，[2]不能获得食品和药品安全管理局的批准。由于一些致癌物质的致癌性是相当微小的，这一禁令造成了两个完全与初衷背离的不幸后果。一方面，大大改善的现代检测技术使基本安全但却稍有致癌风险的物质无法进入市场，而以前致癌危险更大的物质却因为当时粗糙和原始的检测技术被批准而得以进入和把持市场，从而限制了竞争、创新。另一方面，一些生产商开始使用比低风险致癌物质更加危险的食品添加剂。由此，德莱尼条款适用造成的死亡极有可能超过其防止的死亡，完全损害和背离管制最初设定的目标，成为“最臭名昭著”的联邦健康立法。正是基于此，《食品质量保护法》(1996)部分废除了德莱尼条款。[3]当政府限制是基于对单一事件或短期公众呼吁的仓促回应，缺乏持续的分

① 布坎南认为，所谓寻租，是指“那些本来可以用于价值生产活动的资源被用于只不过是为了决定分配结果的竞争。”Robert D. Tollison, Robert D. Congleten, *The Economic Analysis of Rent Seeking*, Edward Elgar Publishing Company, 1995, p. 371. 也就是说，它是某些个人或者利益集团通过对政府政策施加影响，从而获得政府所创造的垄断租金的行为。

② 《1958年联邦食品、药品和化妆品法》，SEC. 409(C)(3)(A).

③ 关于德莱尼条款引发的问题及其解决对策的详细分析，参见钟瑞华：《从绝对权利到风险管理：美国的德莱尼条款之争及其启示》，《中外法学》2009年第4期，第580—588页。

析，或者在技术复杂领域进行细致入微的决定时，决策失误的情况尤为可能。

当然，从更普遍意义来看，错误诊断和拙劣公共方案可能是因为决策依据的信息不完全所致。管制的效率必须建立在政府信息完备的基础上，而事实上，任何由人组成的机构的信息和计算能力都是有限的，政府也不例外。“市场上产品千差万别，消费者的需要各不相同，市场供给、需求、价格变化无常，最先进的计算技术也难以迅速、及时地收集和处理这么复杂的信息。”[①]要解决这一问题，只有通过竞争的市场。竞争能够揭示的信息是其它任何方式都无法知道或得到的。没有人能够预见事实出现之前哪个生产者将被证明最有效率，只能由竞争过程本身确定。竞争是市场尝试克服或者至少是尽可能地克服自身问题的有效方式和方法，这是整个文明史能够证实的结论。[②]

政府的错误决策很可能有意或无意地导致对竞争不必要、不合理的限制。为了在管制中获得最大的利益，利益集团通过所拥有的信息优势，影响管制机构和立法者的决定。管制机构不能完全获取企业拥有的信息、行业情况极大影响了管制的效果。高效率的企业伪装成低效率，报告更高的成本参数，以便能获得更多的政府补贴。[③] 根据国家发改委公布的统计数据，2011 年 1 至 9 月份，全国炼油行业净亏损为 11.7 亿元，而此前中石化、中石油公布的财报显示，它们的总亏损高达 645 亿元，竟超过行业总亏损的 55 倍多。[④] 实际上，两大油企是上下游一体化经营，下游销售的利润已经完全填补了其强调的炼化板块亏损。炼油板块亏损加上化工和销售的环节后，反而实现了 122 亿元的利润。两大企业炼油厂压低价格是另有深意。一方面可以给发改委施压提高油价，另一方面又可以摆出亏损姿态向国家申请补贴，但从整体运营情况来看，石油公司却赚得盆满钵满。[⑤]

---

① 转引自夏大慰，王步芳：《新奥地利学派：产业组织学的行为流派》，《山西财经大学学报》2004 年第 5 期，第 72 页。

② Hayek, F. A, *New Studies in Philosophy Politics Economics and the History of Ideas*, Routledge & Kegan Paul, 1978, p. 180.

③ Laffont, J. J., Jean Tirole, *Using Cost Observation to Regulate Firms*, The Journal of Political Economy, Vol. 94, No. 3(1986), pp. 614 - 641.

④ 张胜波：《两桶油与发改委数据“打架”亏损额相差逾 55 倍》，《南方日报》2011 年 11 月 28 日；《中石油中石化隐现利润转移链条》，《21 世纪经济报道》2011 年 11 月 29 日。

⑤ 尹一杰：《谁赚了 633 亿？“两桶油”隐现利润转移链条》，《21 世纪经济报道》2011 年 11 月 29 日，第 17 版。

第三节　政府反竞争行为的类型化

对政府限制竞争行为的类型化，是为了采取针对性的规制策略。就行政性垄断的分类而言，根据不同的标准存在不同的类型划分。例如，基于行为的具体表现形式，行政性垄断被区分为地区垄断（块）、部门（行业）垄断（条）和行政性强制行为。基于行为的性质，行政性垄断被区分为具体行政行为和抽象行政行为，二者的区别在于行为的对象是否为"特定相对人"或"反复适用"。

依照行政性垄断中是否有市场主体介入，行政性垄断可以分为"单一型"和"混合型"。前者是指没有市场主体的介入，只有行政主体单方故意实施垄断行为；后者是行政主体与市场主体存在共谋，共同实施垄断行为。[①]《反垄断法》第33、34、35条所规定行政机关和法律、法规授权的具有管理公共事务职能的组织滥用行政权力实施的种种"地方保护主义"行为，如歧视性收费、技术要求、检验标准、专门行政许可、关卡，排斥或限制外地经营者的招投标，排斥或限制外地经营者设立分支机构等等行为，都属于典型的"单一型"行政性垄断行为。《反垄断法》第32条、第36条分别规定的行政机关和具有管理公共事务职能的组织滥用行政权力"限定或者变相限定单位或者个人经营、购买、使用其指定的经营者提供的商品"、"强制经营者从事本法规定的垄断行为"，则属于"混合型"的行政性垄断行为。[②]

根据欧盟法上的附属理论，政府反竞争行为被区分为两类，一类具有附属性，指的是致使特定企业（尤其是，国有企业、公共企业）经济垄断行为发生或强化特定企业经济垄断行为负面影响的各种类型的国家限制竞争措施，如强制企业固定价格。[③] 另一类不具有附属性，指的是没有明确指

---

① 顾全：《行政性垄断行为的可诉性与诉讼安排》，《法律适用》2012年第9期，第93页。

② 参见顾全：《行政性垄断行为的可诉性与诉讼安排》，《法律适用》2012年第9期，第93—94页。

③ 由欧盟法律实践可知，附属性国家限制竞争行为主要包括四种形式：(1)欧盟成员国指令特定企业从事经济垄断行为；(2)欧盟成员国为特定企业从事经济垄断行为提供便利条件；(3)欧盟成员国强化特定企业从事经济垄断行为产生的影响；(4)欧盟成员国向私法性质的经济参与主体转嫁国家责任。Vgl. Lange, *Die Anwendung des europäischen Kartellverbots auf staatliche Eingriffe in das Marktgeschehen*, in: EuR 2008, 3, 6; Reinstadler, *Staatliche Wirtschaftsregulierung und europäisches Kartellrecht*, in: ZeuS 2005, 479, 483; Korah, *An Introductory Guide to EC Competition Law and* （转下页）

向、不与特定企业反竞争行为相联系的政府损害竞争行为，如歧视性征税。①

由于市场经济往往是政府与市场共同作用的混合经济，很多企业行为或多或少受到政府的干预。在这种情形下，企业的反竞争行为一定程度上都是政府行为的结果。而国有企业、公共企业（或被授予特权的企业），受到政府行为影响最为明显，以至这些企业的行为往往作为政府行为的延伸。此外，由于转型经济的特殊背景，一些特定企业或行业协会还可能实施某些政府管理经济的职能，从而损害竞争。对这些企业反竞争行为的规制，成为了行政垄断问题的另一个面向。

基于实施公权力的本质或作为公权力实施的延伸，本书将政府反竞争行为划分为单层政府反竞争行为与双层政府反竞争行为。前者直接由政府实施，而后者同时表现为特定企业的反竞争行为。

一、基于行为构成的类型化

（一）单层政府反竞争行为

1. 国家援助

为保证各成员国企业之间的公平竞争，防范欧盟各成员国利用公共资源扭曲企业之间公平竞争，在设立例外豁免条款与许可保留条款的前提下，欧盟对于国家援助行为适用一般性禁止。② 所谓国家援助，是指欧盟成员国通过优待某些企业或某些生产部门的方式，直接提供或利用成员国资源提供的具有扭曲竞争影响或危险的任何类型的直接性或间接性优势，并且此类优势妨碍或能够妨碍欧盟各成员国之间的贸易。③ 它可以细分为积极补助与消极补助两种子类型。所谓积极补助措施是指欧盟成员国

（接上页）*Practice*, Oregon, 2007, pp. 218 - 224。转引自翟巍：《欧盟公平竞争审查制度研究》，中国政法大学出版社 2019 年版，第 127—128 页。

① 按照学者的界定，不具有附属性质的成员国间接限制竞争行为通常包括欧盟成员国在质量、国家安全、税收与价格领域采取的立法行为与行政管理行为。Kilian, Europäisches Wirtschaftsrecht, München, 2008, S. 181 f. 转引自翟巍：《欧盟公平竞争审查制度研究》，中国政法大学出版社 2019 年版，第 136 页。

② Witt, Beihilfenrecht, http://hwb-eup2009. mpipriv. de/index. php/Beihilfenrecht, besucht am 14. 08. 2018；参见《欧盟运作条约》第 107—109 条。

③ Wiki, Beihilfe (EU), Stand: 03. 05. 2018. 转引自翟巍：《欧盟公平竞争审查制度研究》，中国政法大学出版社 2019 年版，第 31 页。

公权力机关给予企业或行业在正常市场条件下无法获得的经济利益的举措。所谓消极补助措施是指欧盟成员国公权力机关采取的减免企业或行业正常运营成本或负担的措施。[①]

依据国家援助行为对于欧盟内部市场竞争机制的影响程度，欧盟国家援助行为既可能构成间接限制竞争行为，又可能构成直接限制竞争行为，其主要形式包括：(1)国家税收优惠；(2)国家对国有企业投资；(3)国家低息贷款；(4)国家担保；[②](5)国家以低于市场价的价格向企业提供经营所需不动产；(6)国家以高于市场价的价格购买企业产品与服务；(7)国家通过补贴消费者等方式间接补贴企业；[③](8)国家债务减免。[④]

2. 作为共谋方的政府采购

政府采购是一个对竞争具有重大意义的领域。反竞争采购行为通常涉及到政府官员的共谋，这既可能体现为设置专门针对特定投标者的投标件又可能是直接选择特定投标者作为中标者。有关项目通常涉及对人民群众的幸福至关重要的经济核心领域，比如房地产、教育、道路建设以及其他基础设施。

这类行为在一些国家反垄断法中所具有非常重要的地位。[⑤] 在日本，有一部专门法规规定了各种涉及中央或地方政府的串通招投标行为。为了防止串通招投标，这部法规授予日本 JFTC 进行改革的权力，还要求部门或机构的首长对责任人员行为负责。[⑥] 在希腊，竞争委员会有责任向检察官通报有关反竞争协议(尤其是卡特尔)案件中，公共采购的腐败行为。[⑦]

---

① 翟巍：《欧盟竞争法视野下的国家补助规制机制》，《竞争政策研究》2015 年第 3 期，第 80 页。

② 王晓晔：《反垄断法》，法律出版社 2011 年版，第 306—307 页。

③ 翟巍：《欧盟竞争法视野下的国家补助规制机制》，《竞争政策研究》2015 年第 3 期，第 81 页。

④ Vgl. BMWi, Beihilfenkontrollpolitik, https://www.bmwi.de/Redaktion/DE/Artikel/Europa/beihilfenkontrollpolitik.html, besucht am 13.08.2018. 转引自翟巍：《欧盟公平竞争审查制度研究》，中国政法大学出版社 2019 年版，第 33 页。

⑤ 打击政府采购腐败行为的重任总是落到运用刑法的检察机关身上。也有很多国家或地区采购中的腐败行为规定在其他法律之中，甚至只是规定在其他法律之中。在香港，主要是贿赂条例，而不是竞争法规制这种行为。在新加坡，是合同法、反腐败法和具体的采购立法将采购和投标行为包括在内。但是在事实上，它在反垄断法中具有非常重要的地位。

⑥ 腐败的政府官员还会面临刑事起诉。

⑦ Eleanor M. Fox, Deborah Healey, *When the State Harms Competition: The Role for Competition Law*, Antitrust Law Journal, Vol. 79, No. 3(2014), pp. 769 - 798.

俄罗斯2012年调查了4000多件有关政府和地方当局行为的申诉书，其中超过2400件的申诉书是有关政府机构违反招投标的反垄断要求的指控。其中，“大多数申诉书(594件)与不合理地限制参与投标有关，365件与违反程序规定中标者有关，322件与为参与投标者创造有利于其自身的条件有关。”①

在波兰，相同条件下针对投标者的歧视待遇或者具有反竞争效应的情况下，竞争法授权竞争与消费者保护办公室的主席，可以提起反垄断诉讼。② 在立陶宛，竞争法的第4条禁止公共管理部门采取授予特权或者差别对待的行为，③同时竞争委员会有权要求政府部门废除或者修改此类措施。这个条款具有普遍的效力。实践中，大部分侵犯第4条的行为涉及政府在没有任何竞争的情况下授予采购合同的违规操作，这种非法的授权都是针对国有企业的。④

在西班牙，当国家竞争委员会怀疑招投标行为涉及某个行政机关时，它可能会要求行政机关调整其行为以符合竞争标准。如果没有得到令人满意的回应，竞争委员会可能会采取司法行动。⑤

TFEU第37条包含了一个政府采购的特别规定，虽然形式上不是一个反垄断条款，但却实实在在地起到了反垄断条款的作用。“成员国应当改变任何一个商业领域的国家垄断，以保证货物在成员国之间的采购和销售的条件被非歧视性对待。⑥”具有商业特征的政府垄断，导致从其他国家进口的货物的采购或销售遭到歧视，是非法的。

中国《反垄断法》第34条明确规定，禁止行政机关和法律、法规授权的具有管理公共事务职能的组织滥用行政权力，以设定歧视性资质要求、评审标准或者不依法发布信息等方式，排斥或者限制外地经营者参加本地的招标投标活动。

3. 政府限制商品或服务的自由流通

为了禁止地方保护主义，禁止通过本地保护性措施形成区域性的贸易

---

① Fed. Antimonopoly Serv. of The Russian Fed'N, Report of The Federal Antimonopoly Serverice Competition Policy in 2012 at §2.3.1(2013), en. fas. gov. ru/reports-and-analytics/reports-and-analytics_3 0982. html, last visit on Jun. 20,2019.

② See Eleanor M. Fox, Deborah Healey, *When the State Harms Competition: The Role for Competition Law*, Antitrust Law Journal, Vol. 79, No. 3(2014), pp. 769 - 798.

③ Ibid.

④ Ibid.

⑤ Ibid.

⑥ TFEU art. 37(1).

壁垒，阻碍统一市场的建立，很多国家（地区）的竞争法中确立了自由流通原则。一般情况下，在竞争法中包含类似条款的国家，是因为缺少类似于美国宪法中的商业条款，或类似于欧盟条约中的自由流通强制性规定。

墨西哥联邦经济竞争委员会在监督、禁止限制阻碍市场自由流动方面发挥着重要作用。在墨西哥宪法体系下，政府和市级当局无权制定对跨州的人或者商品收税的法案或者规则。① 竞争委员会有权启动一个程序去确定是否有涉及该违法的发生，同时地方政府有义务尽早地就潜在的可能的违法行为咨询总检察官。②

中国《反垄断法》第五章禁止"滥用行政权力限制竞争"，重点禁止设置地区之间的商业壁垒。其第33条禁止行政机关和法律、法规授权的具有管理公共事务职能的组织滥用行政权力，实施妨碍商品在地区之间的自由流通的下列行为：(1)对外地商品设定歧视性收费项目、实行歧视性收费标准，或者规定歧视性价格；(2)对外地商品规定与本地同类商品不同的技术要求、检验标准，或者对外地商品采取重复检验、重复认证等歧视性技术措施，限制外地商品进入本地市场；(3)采取专门针对外地商品的行政许可，限制外地商品进入本地市场；(4)设置关卡或者采取其他手段，阻碍外地商品进入或者本地商品运出；(5)妨碍商品在地区之间自由流通的其他行为。第35条禁止行政机关和法律、法规授权的具有管理公共事务职能的组织滥用行政权力，采取与本地经营者不平等待遇等方式，排斥或者限制外地经营者在本地投资或者设立分支机构。

(二) 双层政府反竞争行为

1. "政府—公共企业"反竞争行为

依据《欧盟运作条约》第101条与102条规定的字面解释，如果国家等公法意义上的主体没有从事营利性业务，那么对于它们限制竞争的相关垄断行为就无法直接适用《欧盟运作条约》这两条规定。③ 换言之，即使欧盟

---

① Constituci ́on Pol ́ıtica de los Estados Unidos Mexicanos [C. P.], as amended, arts. 105, 117, Diario Oficial de la Federaci ́on [DO], 5 de febrero de 1917 (Mex.).

② Ley Federal de Competencia Econ ́omica [LFCE] [Antitrust Law], as amended, arts. 14 - 15, Diario Oficial de la Federaci ́on [DO], 24 de diciembre de 1992 (Mex.). 与采购领域一样，这里的违法行为是对市场的歧视性封锁，属于"歪曲竞争"的主要类型。竞争扭曲是一种被引入欧盟和其他司法管辖区竞争法的贸易理念。歧视性的封锁往往导致价格上涨，但证明价格上涨可能不是导致违法的一个要素。

③ Bruhn, in: Danner/Theobald, Energierecht, München, 2008, Einführung zu den Art. 81 und 82 des EG-Vertrages, Rn. 13 f. 转引自翟巍：《欧盟公共企业领域的反垄断法律制度》，《法学》2014年第6期，第55—56页。

成员国采取的国家限制竞争行为在显著程度上促使或导致了公共企业或特权企业垄断协议行为与滥用市场支配地位垄断行为的产生，因而明显妨碍了《欧盟运作条约》第 101 条与 102 条具体适用的实际效力，但这类国家行为并不能直接受到第 101 条与 102 条规定的规制与处罚。① 为了弥补这一漏洞而创设了附属理论。根据这一理论，具有附属性质的成员国间接限制竞争行为一般指能够对于"以《欧盟运作条约》第 101 与 102 条为代表的欧盟反垄断法条款适用的实际效力"产生间接负面影响的国家限制竞争行为。②

依据欧洲法院的司法判例，欧盟成员国这类促使、导致、强化"公共企业或特权企业实施违反欧盟反垄断法的经济垄断行为"的国家行为主要表现形式为国家限制竞争行为，既包括国家立法行为与抽象行政行为（如颁布指令、规章），又包括行政管理与委托等具体行政行为。③ 这类国家限制竞争行为可以细分为四大类型，包括"通过指令等方式强制公共企业或特权企业从事经济垄断行为"、"利用授予特许经营权等手段为公共企业或特权企业从事经济垄断行为提供便利"、"强化公共企业或特权企业从事经济垄断行为产生的限制竞争影响"、"向私法性质的市场经营者转嫁国家责任（公共义务）"。④

在 1991 年第 C-41/90 号案中，欧洲法院判定一家劳务机构在职业介绍领域具有垄断地位并滥用该地位实施排除、限制竞争的行为，违反《欧洲经济共同体条约》第 86 条（现《欧盟运作条约》第 102 条）的规定。法院认为，依据《欧洲经济共同体条约》第 90 条第 1 与 2 款（现《欧盟运作条约》第 106 条第 1 与 2 款）的规定，由于该劳务机构滥用市场垄断地位行为并非自发实施，而是基于国家强制，所以，该强制性国家行为构成了附属性的国家

---

① Vgl. Lange, Die Anwendung des europäischen Kartellverbots auf staatliche Eingriffe in das Marktgeschehen, in: EuR 2008, 3, 6. 转引自翟巍：《欧盟公共企业领域的反垄断法律制度》，《法学》2014 年第 6 期，第 55—56 页。

② Vgl. Kilian, Europäisches Wirtschaftsrecht, München, 2008, S. 182.

③ Wiedemann, in: Wiedemann, Kartellrecht, München, 2008, §2, Rn. 12b; Jung, in: Calliess/Ruffert, EUV/EGV, Kommentar, München, 2007, Art. 86 EGV, Rn. 18.

④ Vgl. Lange, Die Anwendung des europäischen Kartellverbots auf staatliche Eingriffe in das Marktgeschehen, in: EuR 2008, 3, 6; Reinstadler, Staatliche Wirtschaftsregulierung und europäisches Kartellrecht, in: ZeuS 2005, 479, 483; Korah, An Introductory Guide to EC Competition Law and Practice, Oregon, 2007, pp. 218-224. 转引自翟巍：《欧盟公共企业领域的反垄断法律制度》，《法学》2014 年第 6 期，第 56 页。

限制竞争行为。[①]

在 Port of Genoa 案中，意大利政府通过立法的形式赋予热那亚港口运营码头工作的排他性权利，要求码头工作必须由意大利籍的工人承担。意大利政府这一做法被认为违反了欧盟法律。在热那亚港口拥有特权的 Merci 公司，抵挡不住诱惑而滥用这种优势——提供劣质的卸货服务[②]。

中国《反垄断法》第 36 条禁止政府“强制经营者从事本法规定的垄断行为”。在国家发改委指导查处的一起行政垄断案件中，云南省通信管理局滥用行政权力组织四家电信企业达成了价格垄断协议，明显限制、排除了相关市场的竞争。四家企业的反竞争行为并未因云南省通信管理局出面组织而得到豁免，仍被处以上一年度相关市场销售额 2%的罚款。[③] 同时，云南省通信管理局也被认定违反了《反垄断法》第 36 条“滥用行政权力，强制经营者从事本法规定的垄断行为。”

2. “政府—国有企业”反竞争行为

在一些国家，政府管理者与市场参与者两种身份是混同的。国有企业很多时候承担了一定的政府职能。囿于竞争法主要规制企业行为、公权力行为不受其约束的传统观念，在强调竞争法适用于所有企业的前提下，一些国家行为会被纳入国有企业行为范畴受到竞争法的规制。由于身份的混同，这样的反竞争行为也可视为双层结构的简化。

国有企业违反反垄断法的案件包括传统的违法（参与卡特尔），还包括通过政府公权实施的限制竞争行为。立陶宛最高法院认为，国有公司 AB Lietuvos paštas 持有保留邮件服务的专有权，通过滥用其优势地位试图将两位竞争者驱逐出密切相关的发票打印、装订和包裹市场。在墨西哥，联

---

① Urteil des Gerichtshofes (Sechste Kammer) vom 23. April 1991. Klaus Höfner und Fritz Elser gegen Macrotron GmbH. Ersuchen um Vorabentscheidung: Oberlandesgericht München-Deutschland. Rechtssache C－41/90. Sammlung der Rechtsprechung 1991 I－01979. Korah, An Introductory Guide to EC Competition Law and Pratice, Hart Publishing, 2007, p. 229.

② Case C－179/90, Merci Convenzionali Porto di Genova SpA v. Siderurgica Gabrielli SpA, 1991 E. C. R. I－5889, 19. Many cases are in accord. See Case C－18/88, R'egie des T'el 'egraphes et des T'el'ephones v. GB-Inno-BM SA, 1991 E. C. R. I－5941; Case C－462/99, Connect Austria, 2003 E. C. R. I－5197. 在另一起案件中，希腊政府赋予国有电力公司对一种稀有的矿物独占权利，该矿物构成了保障电力供应的一种必不可少的成分。欧盟委员会认为希腊政府违反 TFEU 条款 106(1)与 TFEU 第 102 条。Case C－553/12P, Comm'n v. Dimosia Epicheirisi Ilektrismou (DEI), 2014 E. C. R. , § 57.

③ 参见“云南省通信管理局滥用行政权力排除限制竞争案”，案件来源国家发展和改革委员会网站，http://www. ndrc. gov. cn/fzgggz/jgjdyfld/jjszhdt/201506/t20150602_694802. html，最后访问时间：2019 年 6 月 20 日。

邦竞争委员会(现在重组为墨西哥联邦经济竞争委员会)禁止国有石油垄断企业(墨西哥国家石油公司),要求为其服务的加油站只能销售自己的润滑剂,阻断了作为竞争对手的润滑油制造商产品的主要销路[①]。澳大利亚法定授权机构拒绝允许持有营业执照的潜在竞争对手进入其电力线路,就构成竞争法上的滥用行为[②]。

二、基于行为主体的类型化

政府干预导致的限制竞争可能源于制定法本身存在的缺陷,也可能是源于制定法实施中存在的问题。而法律实施包括行政机构的法律实施和司法机构的法律实施。理论上将政府权力行使可能导致竞争限制类型化为三类:立法限制竞争;行政机构法律实施限制竞争和司法机构法律实施限制竞争。

这样的类型化可能存在的争议是将司法机构纳入讨论范围。本书所以如此是基于下列理由。第一,最新的反垄断法研究和实践关注了反垄断法对司法机构行为的作用。[③] 尤其是 ICN 积极提倡的竞争倡导制度中,一个重要的对象就是针对司法机构的倡导。[④] 事实上,案件审理结果是否客

---

① OECD, *Competition Law and Policy in Mexico: An OECD Peer Review 21 (2004)*, www. oecd. org/daf/competition/prosecutionandlawenforcement/31430869. pdf, last visit on Jun. 20,2019; See also Leon Ricardo Elizondo Castro, *Landmark Cases Related to Proceedings Commenced by the CFC for Monopolistic Practices*, United States-Mexico Journal Vol. 9(2001), pp. 90 - 92. 墨西哥联邦竞争委员会对墨西哥石油公司处以罚款,要求加油站使用墨西哥石油公司的坦克卡车和工会人员来运输他们已经购买的汽油。Resoluci´on, Pemex-Refinanci´on, Expte. DE - 024 - 2010, 20 de agosto de 2013 (Mexico), www. cfc. gob. mx: 8080/cfcresoluciones/docs/Asuntos%20Juridicos/V75/9/1761112. pdf, last visit on Jun. 20,2019.

② NT Power Generation Pty Ltd. v. Power and Water Auth., [2004] 219 CLR 90 (Austl.).

③ 例如,D. Daniel Sokol 分析了司法可能导致的竞争限制。D. Daniel Sokol, *Limiting Anti-Competitive Government Interventions that Benefit Special Interests*, George Mason Law Review, Vol. 17, No. 1(2009), pp. 127 - 135. William Holmes 认为,在美国法院的判决中,依据州行为原则可以从反托拉斯法中得到豁免的政府行为主要有三种形态:第一,国家立法、法院判决以及联邦行政执法行为;第二,地方政府的行为,包括地方政府发布行政规章制度;第三,依据国家法律和表现国家意志的私人行为。可见,立法、行政机构法律的实施和司法机构法律的实施都可能产生或延续政府限制竞争。William Holmes, *Antitrust Law Handbook*, West Group, 2001, p. 657.

④ ICN, *Advocacy Provisions*, 2003, pp. 38 - 40.

观、公正,判决结果能否得有效执行,确实影响到自由、公平的竞争环境的建立。第二,反垄断法对司法机构发挥作用的方式是在尊重司法独立的前提下,致力于最大限度地提升法院审理竞争案件的能力。而对于行政机构实施的限制竞争,反垄断机构更多利用强制性执法手段进行规制。第三,有利于整个公权力的行使都充分考虑竞争的价值,最大程度地推进竞争。

(一) 立法机构的反竞争行为

立法阶段产生的限制竞争,是指法律制度设计缺陷致使其不当地限制、扭曲了竞争,而且或明或暗地排除反垄断法适用或赋予相关主体无需承担反垄断责任的待遇。这种法律制度的设计不当,也称"立法失灵",主要表现为:有些制定法是纯粹的利益集团转移的产物,不会促进任何有价值的公共目标;有些制定法建立在对问题的错误诊断、不充分信息和拙劣的政策分析的基础上。[①]

首先,对特定利益集团利益的关注超过了对社会整体利益的考量,这正是过多的反垄断法除外(豁免)产生的一个重要原因。[②] 反垄断机构对政府干预经济的影响力较弱。根据公共选择理论,反垄断法背后没有组织良好、力量强大的能推动竞争的"选民"。[③] 与有利于某一行业或利益群体的具体政策不同,反垄断法能够带来的好处非常分散。增加的福利可能惠及每一个消费者,无论是企业或个人,只是幅度可能并不大,但总的社会福利增进却可能是巨大的。而由相对同质的个体所组成的小的特定利益集团,尤其是生产商集团,更能有效地表达和实现其意愿。对于生产商而言,对其赖以生存的领域实施管制,免于竞争法适用对其影响是相当大的。他

---

① [美]凯斯·R·桑斯坦:《权利革命之后:重塑规制国》,钟瑞华译,中国人民大学出版社2008年版,(代译序)第5页、第96—110页。

② Sam Peltzman, *Toward a More General Theory of Regulation*, Journal of Law & Economics, Vol. 19, No. 2(1976), pp. 211-240.一种虽未获普遍认可,但是获很大程度认同的结论是,作为管制过程中两种相互对立的利益,生产者利益往往凌驾于消费者利益之上。

③ 当然这是假设的。反垄断的目的在本质上是有利于竞争,而且竞争是提高效率的有效手段。例如,目前的美国反托拉斯法是基于芝加哥学派的主张。William H. Page, *The Chicago School and the Evolution of Antitrust: Characterization, Antitrust Injury, and Evidentiary Sufficiency*, Virginia Law Review, Vol. 75, No. 7(1989), pp. 1221, 1228.然而美国反托拉斯法经历过平民主义驱动的执法阶段。See Richard Hofstadter, *What Happened to the Antitrust Movement?*, in: *The Paranoid Style in American Politics*, 1967, pp. 195-196.

们更有游说立法者的激励，也更容易谋求到立法的"优待"。

有许多可以说明公共选择如何对立法产生不利影响，而限制竞争的实例。例如，《罗宾逊—帕特曼法案》的通过，可以在很大程度上解释为公共选择发挥的作用。该法案的目的是保护竞争者。① 法案首先是由美国批发食品商协会在 1935 年年会上提起，最初的命名反映的正是特定利益集团寻求保护的本意——"批发食品商保护法"。② 特别是，该法案是由政治上组织得非常好的小型零售商群体提起，试图减少 A&P 的百货连锁店利用其规模优势，通过价格歧视或买方力量，从供应商获得比其规模小的竞争对手更好的交易条件。

反垄断法中的豁免或者其他管制法中规定管制机构的排他性管辖权极大地限制了反垄断执法机构的执法权限，制约了反垄断执法机构规制政府限制竞争行为的能力。《新加坡竞争法》(2004)规定，该法不适用于政府、任何法定机构和任何代表政府的私人的反竞争行为。而且，该法还规定了大量的除外领域，例如邮政、铁路、货运。③ 在其它领域，对相关行业企业的竞争审查也是被豁免的(例如电信、能源)。这些领域的部分国有企业(例如，政府持股的 Temasek Holding Pte.)反竞争行为非常突出。有学者指出，我国反垄断法第 7 条的规定也面临着产生类似问题的风险。④

"立法失灵"不仅表现为反垄断法内部不当的除外或豁免适用的规定，反垄断法制定或实施后，公共选择的作用也使得某些管制立法得以通过，而这些管制法也会不当赋予一些领域反垄断法适用除外或豁免。美国的经验表明，除外或豁免是非常顽固的，通过国内立法对其约束非常困难。一个法定的豁免纳入反垄断制度体系之后，救济这种行为更加困难，因为利益集团的游说努力总是试图保住这些豁免。确实，这样的豁免带来的巨大利益巩固现有的利益群体，甚至可以创造更多的利益集团。既得利益群体在豁免庇护下，可以为所欲为进而高枕无忧。

美国 1980 年颁布实施的软饮料品牌间竞争法(Soft Drink Interbrand Competition Act)就是反垄断法通过后，相关利益群体主动寻求豁免而获得通过的法律。该法案授权消除软饮料瓶装厂商之间的竞争，是对 FTC

---

① F. M. Scherer, David Ross, *Industrial Market Structure and Economic Perforemance*, 3ed, Houghton Mifflin Company, 1990, pp. 515 - 516.

② Margaret M. Zwisler, *Volvo Trucks v. Reeder-Simco: Judicial Activism at the Supreme Court?*, Antitrust, Vol. 20, No. 3(2006), p. 41.

③ Competition Act 2004, Bill No. 22/2004, at § 33(4).

④ Eleanor M. Fox, *An Anti-Monopoly Law for China — Scaling the Walls of Government Restraints*, Antitrust Law Journal, Vol. 75, No. 1(2008), p. 192.

针对软饮料瓶装厂商之间划分销售区域的反竞争行为提起诉讼的回应。在该案中，瓶装厂商限制销售区域内不同软饮料品牌间的竞争。① 作为对联邦贸易委员会宣布装瓶专营权安排协议非法之决定的回应，特殊利益集团努力通过国家立法给这种行为披上了合法外衣。②

立法机构并不是唯一受到公共选择影响的机构，这种影响在其他机构中普遍存在。③ 但立法机关通过制定除外适用终止日期的落日条款，大大减少了公共选择问题。落日条款要想延续，利益集团必须重新通过立法的政治辩论证明豁免权延续的正当性。这有助于发挥问责制的作用，最大可能减少除外或者豁免的数量。④

其次，有些立法不当限制了竞争，还可能是因为法律制定是建立在错误诊断、不充分信息和拙劣的政策分析的基础上。在更一般的层次上，管制方案为三种普遍存在的错误诊断和拙劣政策设计所累。⑤ 第一，依赖行政命令和控制策略而不依赖允许市场激励存在的灵活策略。例如，在环境保护领域，命令和控制策略通常会体现为：对污染源提出“最佳可得技术”的管制要求。这使得新产品处于不利地位，阻碍了投资，陈旧和肮脏的生产得以持续下去。而且阻碍了技术的发展，因为任何技术的提高，都源于“最佳可得技术”规则，而在将来成为整个行业所需遵循的新技术标准，那些进行技术革新的企业丝毫不能从中获取任何收益。相当多的证据表明，政府依赖市场激励，要求污染者购买排污权，既能够促进技术发展，又能够让那些能够以最低成本减少污染的人承担这项工作，从而更有效地保护环境。第二，没有认识到貌似有益的干预方案可能存在的副作用。上文提到的禁止在食品添加剂中使用致癌物质的德莱尼条款就是说明这一问题的典型事例。这一禁令造成了对竞争的意外限制。大大改善的现代检测技

---

① In re Coca Cola Co. , 91 F. T. C. 517(1978).

② 该法案通过后一段时间，司法部掀起了一波查处装瓶商之间固定价格行为的高潮。这不足为奇，该法有利于合谋。Harold Saltzman, Roy Levy, John C. Hilke, *Transformation and Continuity: The U. S. Carbonated Soft Drink Bottling Industry and Antitrust Policy Since 1980*, 139(1999). http://www. ftc. gov/reports/softdrink/softdrink. pdf, last visit on Jun. 20, 2019.

③ 反垄断执法机构当然也不能例外。Donald I. Baker, *Antitrust and Politics at the Justice Department*, Journal of Law & Politics, Vol. 9, No. 2(1993), p. 291. 只不过如后文论述的那样相对于管制机构这种影响较小。

④ George K. Yin, *Temporary-Effect Legislation, Political Accountability, and Fiscal Restraint*, New York University Law Review, Vol. 84, No. 1(2009), pp. 192 - 194.

⑤ 更为具体的分析，参见[美]凯斯·R·桑斯坦：《权利革命之后：重塑规制国》，钟瑞华译，中国人民大学出版社 2008 年版，第 98—101 页。

术使基本安全但却稍有致癌风险的物质无法进入市场，而以前致癌危险更大的物质却因为当时粗糙和原始的检测技术被批准而得以进入和把持市场，限制了竞争、创新。第三，立法中管制手段和管制目标不相匹配，导致对竞争的显著影响。例如，政府过去曾经以价格和配额管制处理民航业中存在的问题，但技术、需求的变化早就决定了竞争更有效率，适用反垄断法更具合理性。这种策略选择的失当，一度导致了航空业的过高成本、超额的利润以及消费者的不便。

此外，制定法也可能因为时过境迁而限制竞争。不断革新的技术和不断变化的需求改变了法律起草时所依赖的前提。例如，我国已有的自然垄断性行业立法及相关法律多是垄断经营的市场结构的产物，规制行业有效竞争的制度严重缺失。现有行业法律规范的立法理念多是为了保证国家基础设施的安全，而不是为了规范产业中各主体的行为，缺乏对各种垄断行为的规范和制约。我国《电力法》制定时，整个电力行业在垄断条件下具有效率，而现有技术、需求条件下，只有输电、配电才具有自然垄断性，发电、售电都是可竞争的，因此，《电力法》很多制度设计限制了竞争的引入和展开。尤其是，时至今日电监会并不具备电价监管权，这一权限还掌握在国家发改委手中。[①] 但后者不参与需求管理及运行成本的监控，与被监管企业间存在严重信息不对称，有关价格形成的许多因素都无法控制，制定、调整电价的科学性较差。电监会的电价监管权缺失正是导致监管乏力和制约有利于竞争的最高限价监管建立的主要症结。

（二）行政机构的反竞争行为

行政机构的反竞争行为，是指在法律实施过程中没有充分考虑竞争因素而导致的对竞争不必要的限制（“泛管制”）、不合理的限制（“滥管制”）。这种法律实施中对竞争因素的忽略，也称法律“实施失灵”，[②]其产生的原因和立法阶段产生竞争限制的原因一致，也可能是基于管制机构被俘获、

---

① 自2011年12月1日起，国家发展和改革委员会发布通知，将全国燃煤电厂上网电价平均每千瓦时提高约2.6分钱，将随销售电价征收的可再生能源电价附加标准由现行每千瓦时0.4分钱提高至0.8分钱；对安装并正常运行脱硝装置的燃煤电厂试行脱硝电价政策，每千瓦时加价0.8分钱，以弥补脱硝成本增支。上述措施共影响全国销售电价每千瓦时平均提高约3分钱。居民生活用电试行阶梯电价制度，80%的居民户电价不作调整。http://www.sdpc.gov.cn/xwfb/t20111130_448408.htm，最后访问时间：2011年12月1日。

② 参见[美]凯斯·R·桑斯坦：《权利革命之后：重塑规制国》，钟瑞华译，中国人民大学出版社2008年版，(代译序)第5页、第111页。

决策失误(依据的信息不充分,或对问题的错误认识、判断)。

首先,法律实施机构在面临几种可能的方案时,可能没有选择对竞争损害最小的方案,导致对竞争的不合理的限制。例如,深圳市公安局基于电动自行车的交通事故大幅上升,影响到深圳城市的通行效率,于 2011 年 5 月 26 日发布《关于在部分区域道路禁止电动自行车及其它安装有动力装置的非机动车行驶的通告》,[①]从 6 月 6 日到 12 月 5 日,深圳的电动自行车禁止驶入主要市区。有关部门称设立这一管制是依据《交通安全法》关于公安机关交通管理部门可以对机动车、非机动车、行人采取疏导、限制通行、禁止通行等措施的规定。但快递公司在终端配送中目前主要使用电动车作为交通工具,这样的限制明显加大了深圳快递企业和部分自建物流电子商务企业的运营成本,[②]直接导致深圳快递商品大量积压,甚至对全国的快递运输都产生了极大的负面影响。[③] 很显然,这样的禁令限制了快递甚至整个邮件递送领域的竞争。实际上,完全可以在最大限度提高交通通行率、降低交通事故率基础上,对于可能产生严重限制影响的快递等领域给予例外准许通行,同时加强管理;或者规定一定过渡期以便其做出合理应对,再对其禁行。正是基于此,深圳从 2012 年 4 月 1 日开始试行的新的电动车禁行方案,邮政、报业、快递等民生特殊行业不在限制之内。交警通过统一车身颜色、建立备案制度等多种措施进行管理。[④]

其次,法律实施机构可能超过法律授权、不必要地限制竞争。广东省某市政府曾经在推广应用卫星定位汽车行驶记录仪时,强制全市汽车 GPS 运营商将所属车辆的监控数据通过新时空公司上传并交纳费用,构成滥用行政权力排除、限制竞争。该案中的市政府,指定新时空公司的卫星定位汽车行驶监控平台为市级监控平台,其他 GPS 运营商的车辆监控数据必须通过新时空公司提供数据接入服务。新时空公司经市物价部门核准,向其他 GPS 运营商收取数据接入费用。对于抵制市政府的指定行为的 GPS 运营商,通过对其车辆不予核发道路运输证、不予通过定期年审进行处罚。

---

① 《深圳突然禁止电动自行车在市区行驶遭质疑》,http://politics. people. com. cn/GB/14562/14863694. html,最后访问时间:2019 年 6 月 20 日。

② 即使企业可以通过多开门店应对,也不一定能迅速租到合适的房子,而且很多小型速递企业不一定能负担这方面的费用。

③ 目前广东省的快递服务量已经占到全国快递总量的大约 1/4,深圳又占据着广东快递服务的一大部分市场。一旦最后一公里出问题,有可能导致大面积延误甚至瘫痪,对全国的快递网络都将造成影响。黄树辉:《成本上升恐引发快递业涨价》,《第一财经日报》2011 年 6 月 8 日,第 B01 版。

④ 《深圳电动车下月起限行,快递等特殊行业不限》,http://politics. people. com. cn/GB/70731/17512391. html,最后访问时间:2019 年 6 月 20 日。

最终，广东省政府作出认定，上述指定行为"违反《反垄断法》第八条、第三十二条和《道路交通安全法》第十三条的规定，属于滥用行政职权，排除、限制竞争。[①]

另一个典型的滥用行政权力限制竞争的例子是"地方保护主义"。地方政府设置区域壁垒以阻止来自其他地区的货物进入本地。地方政府有很大激励实施这样的行为，毕竟它们的税收收入和就业很大程度地依赖本地企业。因此，很多司法辖区，尤其是转型经济体，在他们的竞争法引入了要素自由流动条款。他们担心本地保护性的限制阻碍了与本国其他地区的交易，破坏了改革。但发达国家通过宪法或者其他法律的规定来解决这个问题。例如，美国宪法中的商业条款，以及欧盟条约中的商品、货物、服务和资本的自由流通的强制性规定。

（三）司法机构的反竞争行为

司法机构的反竞争行为，是指通过法院裁判或判例法使相关方获得豁免，或导致的反竞争行为的存在或延续。[②] 法院判决导致的竞争限制更多是由于自身在竞争专业知识上的缺乏。

糟糕的司法裁决拓宽了政府不当限制的空间。[③] 美国最高法院在1943年的帕克诉布朗案中提出州行为豁免原则，[④]就是一个典型的例证。案件起因是，加利福尼亚州的葡萄干生产商为回避价格竞争，向加州农业部的请愿，推动该州制定了一部控制该州葡萄干生产、销售的《农业分配法》。此项法律允许葡萄干生产商固定价格和限制生产数量。布朗是该州一个葡萄干种植者和包装食品生产商。他在该法生效之前即签订有葡萄干销售合同。他认为法律的执行将使其不能履行合同而遭受巨大经济损失。为阻止该法实施，布朗以该计划违反商业条款和《谢尔曼法》为由，向

---

① 有关该案的详细案情和处理的程序、结果，参见林科聪：《工商机关首次依据〈反垄断法〉建议纠正地方政府滥用行政权力排除、限制竞争行为案——对某市政府滥用行政权力排除、限制竞争案的分析》，《工商行政管理》2011 年第 15 期，第 64—68 页。

② Steven C. Salop, David T. Scheffman, *Raising Rival's Costs*, The American Economic Review, Vol. 73, No. 2(1983), pp. 267 - 271.

③ Richard Wainwright, Andre Bouquet, *State Intervention and Action in EC Competition Law*, in: Annual Proceedings of The Fordham Corporate Law Institute: International Antitrust Law & Policy 2003, Juris Publishing, 2004, p. 551; Case C - 198/01, Consorzio Industrie Fiammiferi (CIF) v. Autorita Garante della Concorrenza e del Mercato, 2003 E. C. R. 1 - 8055; Fernando Castillo de la Torre, *State Action Defence in EC Competition Law*, World Competition, Vol. 28, No. 4(2005) p. 430.

④ 317 U. S. 341,350 - 51(1943).

联邦地区法院起诉加州农业部长帕克等人，质疑管制计划的合法性。地区法院认为这项法案构成了对州际贸易的非法干预和不当限制，遂颁发了禁止令。其后，帕克上诉到联邦最高法院，要求推翻初审判决。作为一个联邦制国家，美国的各州在性质上类似于主权国家，可以基于实现本州的政治、经济以及社会目的独立制定适用于本州的法律制度。由此，美国反托拉斯法统一适用与联邦制度下州独立性出现了尖锐的对立，为了调和这一矛盾，美国最高法院针对该案做出了一个对美国反托拉斯法具有极大影响的判决。该判决指出，“国会不要求州服从谢尔曼法，因此，州可以自己的名义，以私人不被允许的反竞争方式从事管理或者行为。”①

帕克案的法律效果使得反竞争的州法及其私人受益者免受反垄断法的审查，从而受到了公权的庇护。在加利福尼亚酒类产品零售商诉米德科铝业公司案中，②最高法院提出了一个针对私人相关主体的双管齐下的检测标准(a two-pronged test)，以确定哪些受到州管制的行为可以适用反垄断法豁免。根据双管齐下的测试标准，相关私人主体要想主张反垄断豁免就必须证明其受质疑的行为：“作为州政策被清晰陈述和肯定表达”；该政策必须由州本身加以“积极监督”③。

州行为原则为政府限制竞争埋下了“祸根”。作为一个普遍的打击政府限制竞争计划的一部分，FTC 政府行为特别工作组对州行为豁免进行了全面研究。特别小组的调查发现，对贸易的政府限制导致了严重的反竞争效果，其研究的目的就是关注如何更好地限制州行为豁免使其不超过必要的限度。特别小组报告的结论是，随着时间的推移，法院对州行为原则的实际限制能力大大削弱了。“清晰表述”和“积极监督”的要求都是变化的，对其解释也存在争议，有时导致了豁免的不当扩张。④ “积极监督”的标准仍是不明确的。由于缺乏透明性，积极监督的条件没有充分限制基于州行为原则的豁免。⑤ “清晰表述”同样缺乏确定性。一系列案例，特别是那些已到达最高法院的案例，对“清晰表述”的解释很容易导致对竞争的更

---

① Parkerv. Brown, 317 U. S. 341, 350－351(1943).

② California Retail Liquor Dealers Ass'n v. Midcal Aluminum, Inc. 445 U. S. 97(1980).

③ 445 U. S. 97(1980).

④ John T. Delacourt, Todd J. Zywicki, *The FTC and State Action: Evolving Views on the Proper Role of Government*, Antitrust Law Journal, Vol. 72, No. 3(2005), p. 1087.

⑤ 特别小组建议积极监督必须作狭义解释。积极监督必须满足三个要求：(1)详细的事实记录，包括通知，及政策的批评听证机会；(2)有关优点的书面决定；(3)具体的评估，即，私人行为如何满足州的实质性标准的定性和定量评估。

大范围的取代。[①] 最高法院对“清晰表述”做了扩大化的解释。在 Town of Hallie v. City of Eau Claire 案中，[②]最高法院认为，当州法使得反竞争的行为是“可预见的结果”时，“清晰表述”的条件就得到了满足。这一标准导致法院放纵了明显的反竞争行为。

第四节　政府反竞争行为的反垄断法评价

一、评价标准

反垄断法以“是否最大限度地维护竞争”作为评价政府反竞争行为的唯一尺度。也就是说，它对政府反竞争行为的规制是基于这些行为所产生的竞争影响，这一点不同于对管制的司法审查，后者更多的是以管制法本身作为基准；也不同于行政法上对公权力的合法性约束。反垄断法上的政府行为评价侧重行为的实质的市场效果，而行政法上的评价（或者对管制的司法审查）侧重形式上的权力行使的合法性。

在美国判例法中，规范行政权力滥用或任意行使与实施反垄断法是彼此独立、平行的控制政府限制竞争的两种方式。[③] 政府限制竞争可能分别构成权力滥用或反垄断法的违反，或者两者兼有。[④] 例如，在泰勒药案中，根据肯塔基酒类公平交易法规定，限定转售酒精饮料的最低涨幅被认为违反反垄断法，但没有构成“权力的任意使用”；而在肯塔基牛奶销售案中，肯

---

① Todd J. Zywicki, *Report of The State Action Task Force*, http://www.ftc.gov/os/2003/09/stateactionreport.pdf, pp. 26－34, last visit on Jun. 20, 2019. 清晰表达取决于“是否清楚表明在特定领域用管制取代竞争”。S. Motor Carriers Rate Conference, Inc. v. United States, 471 U. S. 48, 64（1985）; Darren Bush, *Mission Creep: Antitrust Exemptions and Immunities as Applied to Deregulated Industries*, Utah Law Review, Vol. 2006, No. 3(2006), pp. 761, 767.

② 471 U. S. 34(1985).

③ Donald K. Kazee, *Sherman Act and the Arbitrary Power Section of the Kentucky Constitution as Applied Kentucky Fair Trade Laws*, Northern Kentucky Law Review, Vol. 20, No. 2(1993), pp. 297－234.

④ Taylor Drug, 635 S. W. 2d 319, Kentucky Milk Marketing Anti-Monopoly Commission v. Kroger Co.; Donald K. Kazee, *Sherman Act and the Arbitrary Power Section of the Kentucky Constitution as Applied Kentucky Fair Trade Laws*, Northern Kentucky Law Review, Vol. 20, No. 2(1993), pp. 297－234.

塔基牛奶销售法禁止牛奶低于成本销售，这符合反垄断法的规定，但被认为构成“权力的任意使用”。

总的来说，对于分析管制权是否被滥用与分析是否违反反垄断法，完全依据不同的思路和构成要件。反垄断规制也不同于管制内部自我控制，在管制制度不完善的情况下，亟需外部监督。即使管制制度完善，管制历史经验和理论表明，管制机构还是很容易被“俘获”。从清除“泛管制”、“滥管制”角度来看，反垄断的规制更有效。实践中，在相关领域没有放松或取消管制前，法律对政府促进竞争与限制竞争的权力范畴界定模糊，依赖反垄断法这种规制作用，推动竞争的引入与实现，不乏成功的范例。例如，电信领域首先是通过反垄断法审查、评估管制相对于竞争的弊端，然后在个案中适用反垄断法引入竞争，再推动整个行业管制放松、法律政策的竞争化修订。所以，市场经济国家自然垄断性行业市场化改革中，电信领域效果最为显著。

反垄断法的目标是个一元多层次的体系，但促进竞争是实现其他目标的基础。竞争本身只是手段，并不是反垄断法的终极目标。只是由于竞争无限接近于效率，所以常常将效率或竞争表述为反垄断法的最重要目标。反垄断法的目标之间可能存在矛盾，不能兼得。政府干预经济的目标除了包含促进竞争，还有诸如安全、环境保护等考虑。如果说管制法只要是不分轻重地促进反垄断法多重目标中的任意一种，即可通过审查，那么，恐怕只有极个别的管制法才会因与反垄断法相矛盾而无法获得适用。反之，如果管制法必须同时促进多重目标的实现才能通过审查，那么，恐怕所有的管制法都将被排除适用。反垄断法对政府限制竞争的规制只是从竞争的角度对管制制度做出评价。这种评价如果得出的结论是负面的，并不必然意味着整个管制制度都是不合理的，在竞争与其他价值目标之间的取舍，以及管制制度其他目标自身存在合理性的判断，必须由最高立法机构做出。

竞争主管机构无法对相互冲突的目标进行权衡。它不具备评估所有的社会政策影响的全面知识和工具。它是专门针对反竞争行为，不太可能客观地评价非经济目标的重要性。相比较而言，管制机构在这方面则比较擅长，因为它们本来的使命就是对更广泛的目标进行权衡。[①] 解决更广泛的社会问题，不是竞争主管机构的任务。例如，分配问题本质上更多地是

---

① Francois Lévêque, *Antitrust and Regulation in the EU and US*, Edward Elgar, 2009, p. 32.

政治问题，由致力于提升普遍社会福利的公正的管制者进行权衡较为恰当。[①]

将维护竞争作为唯一的评价尺度，有利于最大限度地避免或减少价值判断的随意性，避免反垄断法对政府直接干预经济的过度干涉。一方面，反垄断执法机构在指出管制机构措施不必要（合理）限制竞争时，需要确定其它措施对于管制机构具有适用性，且能同样有效地达成所要实现的目的。另一方面，管制需要复杂的专业知识、信息，就某项管制措施，反垄断执法机构就其对竞争的影响提出异议及改进建议，但需要尊重管制机构基于自身的专业性判断。管制机构基于这个原因不接受反垄断机构的意见或建议时，可以做出详细的论证、说明，以利于取得共识。

二、肯定性评价

在政府反竞争行为是基于弥补市场失灵所必须而且将对竞争的损害降到最低的情况下，反垄断法会对政府反竞争行为做出肯定性评价。政府反竞争的制度安排和措施的效力不会因为与反垄断法的规定相冲突而受到任何影响。

虽然在大多数实践情形下，国家援助行为能够导致扭曲欧盟内部市场竞争机制与损害欧盟内部市场的负面后果，因此国家援助行为受到《欧盟运作条约》第 107 条第 1 款的一般性禁止，[②]但是由于若干合理理由的存在，一部分国家援助行为具有“良好”的属性，其产生的正面影响通常大于负面影响。由于这部分国家援助行为对于实现关键的经济或政治目标而言，通常不可或缺，所以在《欧盟运作条约》第 107 条第 2 款、第 3 款的框架下具有合法性。依据《欧盟运作条约》第 107 条第 2 款与第 3 款的规定，一部分有利于实现关键经济或政治目标，并且不会过度妨害竞争的国家援助行为可以得到欧盟国家援助法律制度豁免。[③] 例如，在包含普遍经济利益服务在内的特定经济领域，欧盟成员国基于实现社会公益目标而实施的特

---

① Francois Lévêque, *Antitrust and Regulation in the EU and US*, Edward Elgar, 2009, pp. 41,48.

② BMWi, Handbuch über staatliche Beihilfen, Handreichung für die Praxis von BMWi-EA6, Stand: Januar 2016, S. 9.

③ Vgl. BMWi, Handbuch über staatliche Beihilfen, Handreichung für die Praxis von BMWi-EA6, Stand: Januar 2016, S. 9.

定类型的国家援助行为，可以豁免欧盟国家援助法律制度的适用。[①]

在一定条件下，政府对竞争的限制属于反垄断法"适用除外"的领域。为了纠正外部性、信息不对称、公共物品短缺等市场失灵而进行的管制，常常不可避免地削弱市场竞争。例如，对产品质量、数量、耐用性及安全方面的要求，对企业投入或技术的管制，对生产场所健康和安全的管制以及环境管制，都是一种标准管制，尽管这些管制的目的本身并不在于准入限制，但却间接限制了市场进入。达不到标准者不能进入相关市场，严重违反标准者被驱逐出市场。这些管制本身的存在是必要的，其对竞争的限制也是必要的。

因此，反垄断法或管制法中常常明确规定某个领域或某种行为不适用反垄断法（简称，"明示豁免"）。例如，美国对保险行业、金融领域、海洋运输、航空运输、铁路运输领域不适用反垄断法；对诸如商标软饮料的许可（trademarked soft drink licensing）、国际民用航空联盟、医疗保健、汽车运输商之间的集体协议和教育有关的具体行为给予豁免。[②]

在一定条件下，企业遵守政府反竞争性的制度安排而从事了反垄断法禁止的行为，豁免适用反垄断法。根据欧盟《欧盟运作条约》（TFEU）的规定，"TFEU 第 101、102 条只适用于企业自主决策限制竞争行为……如果国家法律要求企业从事限制竞争行为，或者法律消除了企业竞争行为的空间，上述竞争规则并不适用。"[③]

三、否定性评价

很多情形下，政府反竞争行为会超过必要、合理限度，受到反垄断机构的否定性评价。这可能源于立法者或管制机构对管制对市场条件影响的错误评估。这种错误评估可能是由于管制机构和被管制者之间的信息不

① Marnich, Das „Almunia-Paket" aus kommunaler Sicht, http://www.dstgb.de/dstgb/Home/Kommunalreport/Archiv%202013/Europ%C3%A4isches%20Beihilfenrecht%20in%20der%20kommunalen%20Praxis/DStGB-Vortrag%20EU-Beihilfenrecht%20DAWI-Almunia-Paket.pdf, Stand: 04. 02. 2015, S. 10.

② ABA, Handbook on the Scope of Antitrust, American Bar Association, Section of Antitrust Law, 2015, pp. 275 - 344.

③ Joinde Cases C - 359 and 379/95 P, Commission andFrance v. Ladbroke Racing[1997] ECRI625 para. 33. E. Blomme, *State Action as a Defence against 81and 82 EC*, World Competition, Vol. 30, No. 2(2007), p. 243.

对称；也可能是由于管制者分析动态市场的专业知识的缺乏。当然，也可能是公权滥用的结果，所谓的“权力资本化”或“权贵经济”，都是这类行为的典型。在我国，最常见的表现就是我们一直所批评的“行政性垄断”。[1]

竞争机构的否定性评价，很可能会导致相关政府机构因其反竞争行为承担不利后果。这种不利后果的形式在不同司法辖区的表现并不一致，对于已经做出的制度安排，可能会因为与反垄断法冲突而归于无效；对于拟订中的制度草案，可能会因为反垄断机构的修改建议而得到修正。在有些司法辖区，相关机构甚至可能会因为滥用行政权力限制竞争而面临竞争机构的起诉。[2]

竞争机构的否定性评价，还很可能会导致相关企业的反竞争行为即使具备其他法律依据也要承担反垄断责任。在欧盟范围内，TFEU 第 106 条明确规定反垄断法适用于公有企业和那些被授予特权或排他性权利的企业，并规定了成员国在禁止有关企业的反竞争行为方面的广泛的义务。TFEU 第 106 条与第 101 条(反竞争协议)、第 102 条(滥用市场支配地位)是一个紧密联系的整体。根据 TFEU 第 106(1)，成员国政府既不能制定也不能维持针对公共企业和那些被成员国政府授予特权或排他性权利的企业的与条约(尤其是反歧视和反竞争规则)相冲突的措施。TFEU 第 106(2)规定，从事公共利益服务的企业或具有收益垄断性的企业(revenue-producing monopoly)也必须受到竞争法规制，而且，“迄今为止，竞争规则适用并未妨碍这些企业自身特定职能的实现。”[3]在这一框架下，“如果有关企业仅仅是通过利用被授予的特权就导致滥用行为，或者企业承认这种排他性授权是造成滥用行为的主要原因，那么，该成员国就是违法的(尤其违反了 TFEU 第 102 和第 106 条第 1 款的禁止性规定)。”[4]

按照美国反垄断法的理论，对于企业的行为，在适用反垄断法时一般会考虑，该行为是由政府管制促成(“强制”)获批准的，还是由基本上是私人自主行为造成的。如果是后者，则应将其视为“市场”行为，很难主张反

---

① 焦海涛：《公权限制竞争行为的反垄断法规制模式》，《经济法论丛》2008 年第 2 期，第 114 页。

② 印度竞争委员会(CCI)控告负责铁路运营的铁道部提高各种铁路服务收费、不提供铁路终端服务以及对携带某些物品的强加禁止等滥用行为。See Eleanor M. Fox, Deborah Healey, *When the State Harms Competition: The Role for Competition Law*, Antitrust Law Journal, Vol. 79, No. 3(2014), p. 791.

③ Undertakings designated to provide services of general economic interest or having the character of a revenue producing monopoly are generally undertakings granted special or exclusive rights.

④ Case C-163/96, Silvano Raso, 1998 E. C. R. I-533, 27.

垄断豁免。[①] 如果是前者，则还要进一步考虑下列问题：(1)受指控的行为是否属于管制机构管辖权的范围；(2)该行为是否已实际提交给管制机构进行审查；(3)管制机构是否对可能产生的反竞争效果进行了适当的审查；(4)这种情况下适用反垄断法是否会导致与适用管制法冲突，或阻碍管制程序运行；(5)对于某个具体请求的评价，反垄断执法机构是否拥有管制机构所通常不具备的特殊专业知识。[②]

总之，政府反竞争行为并不必然是非法的。通过竞争影响分析审查"是否将竞争损害降到最低"，是判断政府反竞争行为是否违反反垄断法的标准。

---

① National Gerimedical Hosp. v. Blue Cross, 452 U.S. 378, 101 S. Ct. 2415(1981). 在该案中，由于没有哪个管制机构被授权对受指控的行为进行监管，因此不予豁免。

② 参见[美]霍温坎普：《联邦反托拉斯政策：竞争法律及其实践》(第3版)，许光耀，江山，王晨译，法律出版社2009年版，第788页。

第二章　规制正当性：多维视角的论证

第一节　宪法上的正当性

一、秩序自由主义的方案

秩序自由主义(Ordo-liberalism)，持续影响了二战后欧洲竞争法的建立和实施。[①] 该理论主张建立国家干预下的自由竞争秩序，并为如何建立这一秩序提供了答案。

在秩序自由主义构建的理论体系内，国家政策被区分为“过程”和“形式”两类，分别对应政府对经济的直接和间接干预。直接干预针对经济运行过程本身，影响价格、数量；间接干预仅仅创造使这些过程得以有效运行的“形式”或“结构条件”(例如，开放市场、契约自由、私有产权、政策连续性和稳定性等)。[②] 在自由放任的情形下，国家不确立经济秩序，也不干预经济过程；在中央计划经济中，国家既控制经济秩序又控制经济过程。秩序自由主义主张建立一种介于二者之间的交换型经济秩序，其实质就是以竞争为主要特征的市场经济秩序。[③] 竞争被认为与人的基本权利相联系。详言之，国家不让市场过程的参与者随意决定经济活动的形式，而确定自由竞争作为基本经济秩序；[④]政府只在极个别情形下“直接命令”(direct)经

① Barry E. Hawk, *System Failure: Vertical Restraints and EC Competition Law*, Common Market Law Review, Vol. 32, No. 4(1995), p. 977.

② 例如，市场进出自由、合同自由、政策的连续性等。

③ 参见[美]戴维 J. 格伯尔：《二十世纪欧洲的法律与竞争》，冯克利，魏志梅译，中国社会科学出版社 2004 年版，第 476 页。

④ [德]何梦笔编：《秩序自由主义》，董靖等译，中国社会科学出版社 2002 年版，第 5 页。

济“过程”。[①]

秩序自由主义者认为，这样的经济秩序才是确保经济效率和人的尊严的唯一途径。[②] 竞争是所有企业通过真实的绩效建立竞争优势，而且唯有通过满足消费者需求所实现的绩效才对企业成功具有决定性意义。这种绩效竞争观清晰地表明了对非市场化的竞争优势及特权的排斥。现代反垄断法理论进一步从保护消费者利益的角度发展和补充了这一理论。他们认为，竞争确保消费者享受更低的价格、更多的选择。不是每个人都是直接的生产者，但是每个人都是消费者。所以消费者经济福利的实现是人权实现的重要方面。更重要的是，有效市场竞争促进消费者与生产商之间的利益平衡。在消费者以最低价格获得所需产品和服务的同时，生产商逐步获得足以维持它们生存的最低财务回报。双方都没有被剥夺，也不能剥夺对方。因此，竞争是建立公平社会过程中的重要组成部分。[③]

秩序自由主义强调市场经济秩序不能自发地出现和维持，企业和政府都可能损害竞争。一方面，在国家只确定保证个人自由的一般法律原则而不负责确立经济秩序的条件下，自由经营往往导致垄断，而垄断组织常常用自定的营业条件取代国家的法律，或者利用自己的契约自由来破坏别人的营业自由。[④] 竞争本身孕育着毁灭竞争的力量，任何企业都有摆脱竞争约束的强烈愿望，对此，政府必须禁止卡特尔及滥用市场支配地位等排除、限制竞争行为。因此，竞争一直被视为一个需要被规范引导的过程，它需要一个相应的包含竞争规范的具体的竞争制度。[⑤]

另一方面，政府本身也经常损害竞争。在确立竞争秩序之外，国家需要对经济进行有限的直接干预。秩序自由主义关注人的尊严和自由，而不单纯是经济效率。以竞争为特性的市场秩序虽然是经济上最有效率的秩序，但不具备内在的伦理性。它是一个“技术工具”，可以用来为社会创造

---

① David Gerber, *Constitutionalizing the Economy: German Neo-Liberalism, Competition Law, and the New Europe*, American Journal of Comparative Law, Vol. 42, No. 1 (1994), pp. 39 - 40, 47.

② Ibid., p. 296.

③ 参见[美]威廉·科瓦西奇，[英]林至人，[英]德里克·莫里斯：《以竞争促增长：国际视角》，中信出版集团2017年版，第88页。

④ 颜鹏飞，程传阁，崔孟修：《德国弗莱堡学派研究——兼评德国社会市场经济模式》，《经济评论》1998年第2期，第35页。

⑤ 陈晓东：《社会市场经济与和谐发展：中德市场竞争政策——“中德对话”第三次研讨会观点综述》，《中国工业经济》2008年第8期，第153页。

财富，但不能自动带来一个“好的”社会，需要社会政策作为对经济政策的补充，使之符合伦理。[①] 但是，政府对经济的直接干预，存在巨大的风险：被管制者势力强大，足以让管制者的目标服务于它们的私利；而且，对经济过程的调节难以把握。“垄断的形成很可能是政府自己鼓励下的产物。”[②]专利政策、贸易政策、税收政策都可能为垄断的形成提供便利；管制也可能导致垄断，“如果取消费率管制，很多领域的价格卡特尔都难以继续存在。”基于此，“反竞争策略的深度根源不应仅在私人领域寻找，而应同时追溯到作出政府干预决策的政治领域。”[③]从实际效果上看，严重、持久的竞争损害往往是源于政府缺乏远见或者企业千方百计说服政府给予其垄断特权或帮助其扩大垄断特权。

因此，市场经济秩序的构造必须以整个经济体内部的最大化的合意为基础，所有的制度安排都需围绕促进和保护竞争的目标，这就需要宪法的最高权威将维护竞争秩序作为一种合意固定下来，确保政府制度构造的统一。在此意义上而言，秩序自由主义者所定义的市场经济秩序是一个没有特权、非歧视的宪法秩序。[④]

秩序自由主义虽对政府干预保持高度警惕，但并不排斥所有政府对经济干预的存在。国家干预下的自由竞争秩序的建立，是秩序政策和过程政策的合理组合；秩序政策高于过程政策，过程政策受到秩序政策的制约。[⑤]在“过程”与“形式”两种政策之间，秩序自由主义者强调，政府一般“应限于塑造经济秩序，保护和促进竞争，不应超越此界限而试图以统制方式干预经济过程”。[⑥] 他们也认可在特定的经济环境下，政府对竞争的扭曲（例如，赋予企业垄断经营权）不可避免，只是须与整体竞争秩序保持一致，秉持中立和“竞争损害最小原则”（例如，通过公开招标授予企业排他经营权）。整体而言，自由竞争是基本经济秩序的主要面向，政府干预只是修正或补充，二者是原则与例外的关系。

---

① 朱宇方：《德国“社会市场经济”反思——一个秩序政策的视角》，《德国研究》2009 年第 4 期，第 58 页。

② Viktor J. Vanberg, *The Freiburg School: Walter Eucken and Ordoliberalism*, in: *Freiburg Discussion Papers on Constitutional Economics*, No. 04/11, 2004, p. 14, http://econstor.eu/bitstream/10419/4343/1/04_11bw.pdf, last visit on Jan. 22, 2018.

③ Ibid.

④ 参见[德]维克托尔·J. 范贝格：《弗莱堡学派：瓦尔特·欧肯和秩序自由主义》，李鹤，陈晨，李隽译，载姚中秋主编：《自发秩序与理性》，浙江大学出版社 2008 年版，第 260 页。

⑤ [德]何梦笔编：《秩序自由主义》，董靖等译，中国社会科学出版社 2002 年版，第 5 页。

⑥ 冯兴元：《弗莱堡学派代表人物欧肯其人及其经济思想》，《学术界》2014 年第 3 期，第 46 页。

每个国家的经济体制在结构上都有所不同，在历史上也非一成不变。[①] 在自由竞争与政府干预之间存在无数个可能的均衡点，具体在哪里实现均衡需要交由特定时代的立法者确定。究竟禁止限制、排除竞争的哪些行为，这个负面清单只能由具体的法律来规定。对竞争损害并不完全是私人一方对另一方权利的损害，也不单纯是国家干预对私人权利的侵害，故很难将其纳入私法或公法的范畴。规制企业市场力量形成和滥用对整个经济秩序的影响，需要一个新的法律机制——反垄断法，它被赋予了建立和维护竞争秩序的直接责任。

反垄断法既要保护社会不受私人经济权力滥用的危害，又要保护个人不受政府权力的侵害。[②] 尤其是，政府机构掌握着限制自由的权力，必须减少和约束这种政府权力。在保护竞争这一维度上，反垄断法具有约束政府行为的合理性。经济竞争要为理想的社会提供基础，需要一个政府保护的法制框架，反垄断法在其中居于核心地位[③]。正如学者所言，法律既保护经济自由，也有助于实现社会公平与社会整合，而竞争法处于这个方案的中心位置。[④] 它当然不是被赋予绝对优先于其他可能与竞争冲突的政策安排的地位，而是要最大程度避免公权力对竞争的损害。

秩序自由主义关于反垄断法在整个维护竞争秩序的法律体系中居于中心地位的观点还可以从另一个角度来佐证。他们倡导用全面的观点看待一个国家的法律、政治和经济系统，用“整合的政策眼光，把每一种决策理解为一个更大的整体的一部分，它的意义和作用来自这个整体。”“经济政策协调一致，以其为基础，建立和运行竞争秩序”，[⑤]这样竞争秩序才得以真正形成和发挥最大的威力。产业政策、货币政策和贸易政策等诸多政府直接约束经济运行的管制政策，都应来自同样的基本原则，围绕竞争这一市场经济的基本经济秩序建立和执行。

---

① 参见吴秀明：《竞争法研究》，元照出版有限公司 2010 年版，第 199 页。

② David Gerber, *Constitutionalizing the Economy: German Neo-Liberalism, Competition Law, and the New Europe*, American Journal of Comparative Law, Vol. 42, No. 1 (1994), pp. 36 - 37, 49.

③ [美]戴维 J. 格伯尔：《二十世纪欧洲的法律与竞争》，冯克利，魏志梅译，中国社会科学出版社 2004 年版，第 309 页。

④ 同上书，第 328 页。

⑤ Eucken, Grundsätze, p. 304, p. 305. 转引自[美]戴维 J. 格伯尔：《二十世纪欧洲的法律与竞争》，冯克利，魏志梅译，中国社会科学出版社 2004 年版，第 308 页。

二、宪法基本原则的授权

根据秩序自由主义理论，建立并维持一个合理的经济秩序，是一个立宪选择问题。[①] 在民主、法治和发展市场经济条件下的宪法基本原则肯定了秩序自由的方案，确切的说，确认了反垄断法规制政府反竞争行为的合法性。

（一）基于基本人权原则

宪法基本人权原则是反垄断法对政府反竞争行为规制的主要依据。基本人权原则，是指每个人都应该享有生命、自由和追求幸福等基本权利和自由，这些权利都是神圣的、与生俱有的、平等的，宪法和法律应该给予保护，任何国家机关与个人都不得加以侵犯。在宪法上重点体现为对公民的基本权利的确认和保护。基本权利的核心是自由权。[②]

竞争自由是个人自由在经济领域的自然延伸，是个人自由的重要组成部分。[③] 在经济生活中，人们始终面临着一种难以克服的困境，即人类的心智有限和信息不完全，需要一种信息发现和传播的机制，才能在劳动分工极其复杂的情况下，充分利用分散性知识和适应环境不确定性与行为不确定性的具体情势。这种机制就是建立在价值规律之上的竞争机制。[④] 如哈耶克所言，竞争是一个探索发现过程，“驱使并激励其它生产者运用我们并不拥有的那种知识”，并“采取只有他们自己才能够确定其结果的行动。”[⑤]换言之，企业不断开展旨在确定客户偏好的研发活动，寻找能够最有效地满足客户需求的方法；从长远来看，更重要的是要预测未来的需求，发现并制造出能够最好地满足这种需求的产品和工艺。概言之，市场竞争最重要的特征之一就是为生产商满足客户的当前和未来需求揭示必要的

---

① David Gerber, *Constitutionalizing the Economy: German Neo-Liberalism, Competition Law, and the New Europe*, American Journal of Comparative Law, Vol. 42, No. 1 (1994), pp. 25 - 26.

② 郝铁川：《宪法的核心权利及其经济支撑》，《华东政法大学学报》2010 年第 6 期，第 3 页。

③ 胡甲庆：《反垄断法的目标和规范标准》，《学术探索》2004 年第 4 期，第 49 页。

④ 同上。

⑤ ［英］弗里德利希·冯·哈耶克：《法律、立法与自由》（第一卷），邓正来等译，中国大百科全书出版社 2000 年版，第 372 页。

信息。[①] 市场经济就是一种自由竞争的经济，其主要协调机制是自主行为者根据自己的偏好交换有保障的财产权利。[②]

保护竞争的观念发轫于保护自由的观念。[③] 亚当·斯密认为，追求个人利润的自由个体之间的竞争性交往产生财富；政府对私人经济决策的管制，会导致国家更加贫弱。因此，政府只适宜充当“守夜人”的角色，给予市场主体最大限度的自由。但是，“无节制的竞争”带来的各种社会问题以及经济危机的出现，使得“看不见的手”失去了魔力。19 世纪初，竞争被誉为人类的改造者，及创造财富、消灭贫困、减少贫富差别和保障自由的普罗米修斯。但是，就是这个世纪后二三十年里，它又频繁地被指责为人类的背叛者。

竞争法源自自由主义传统。放任的竞争倾向于自我毁灭。竞争法就是阻止这种竞争过程退化的手段。它按照一定的竞争模式的标准防止垄断性权力的形成；尽可能消除既有的垄断地位；如果难以消除，则要对其行为进行规制，以此创造、维护和强化竞争。竞争要求经济活动的参与者享有自由，但是法律本身限制行动又减少自由。反垄断法不是将目光局限于受其限制者受到的短期法律影响，而是着眼于不受这种限制所造成的长期后果。反垄断法既保护社会不受私人经济权力滥用的危害，又要保护个人不受政府权力的侵害，扩展了古典自由主义的视野。

秩序自由主义将对经济行为自由的限制与对竞争的限制等同起来。[④] 市场主体的广告自由、交易契约自由、价格竞争自由等与竞争行为有关的自由，都被纳入言论自由等明确列举的基本权利以及兜底性基本权利条款的保护范围。[⑤] 如果政府的行为限制市场主体的竞争，而市场主体的行为属于基本权利保护的范畴，则这种限制就意味着对基本权利的侵害，除非有宪法上的理由，否则就是违宪的。

引申来看，由于反垄断法是通过维护竞争秩序的方式保护自由的机

① [美]威廉·科瓦西奇，[英]林至人，[英]德里克·莫里斯：《以竞争促增长：国际视角》，中信出版集团 2017 年版，第 87—88 页。

② [瑞士]T. 斯托福：《市场经济的宪法》，郑鹏程，郭兰英译，中国方正出版社 2009 年版，第 11—12 页。

③ [美]戴维 J. 格伯尔：《二十世纪欧洲的法律与竞争》，冯克利，魏志梅译，中国社会科学出版社 2004 年版，第 19 页。

④ Vincent Verouden, *Vertical Agreements and Article 81(1)EC: The Evolving Role of Economic Analysis*, Antitrust Law Journal, Vol. 71, No. 2(2003), p. 536.

⑤ 更为具体的分析，参见吴秀明：《竞争法研究》，元照出版有限公司 2010 年版，第 131—216 页；[德]罗尔夫·施托贝尔：《经济宪法与经济行政法》，谢立斌译，商务印书馆 2008 年版，第 128—136 页。

制，而政府反竞争行为是通过限制竞争的方式限制自由的机制。因此，政府反竞争行为不能侵害基本权利就集中体现为，反垄断法作为一种“对限制的限制”，严格约束政府反竞争行为的范围，进而维护宪法对基本权利的保护。简言之，宪法基本人权原则在“维护自由”这一维度将反垄断法和政府对竞争的限制联系在一起。

例如，反垄断法对特殊职业资格管制的审查有助于维护劳动权。劳动权作为一项基本权利，赋予劳动者享有在不同的行业、不同的用工单位和不同的地点让渡自身劳动力使用权的自由。在医疗服务、法律服务等特定领域内，消费者与医生、律师等职业者之间存在严重的信息不对称，为了确保消费者能够获得一定品质的服务，国家往往对职业者最低学历、在职年限、职业资格获取、服务价格等进行限制，制定标准。这样的管制可能会侵害劳动权，造成市场进入障碍。因此，除非确实是基于维护消费者的利益或社会公共利益所必需，否则这样的管制必须取消。①

（二）基于比例原则

宪法上的比例原则确立了反垄断法对政府反竞争行为规制的基本尺度。基本权利是市场经济运行的前提，却很容易被滥用而侵害其他公民基本权利和公共利益。② 为保护基本权利本身和维护社会公利益，国家在一定的条件下限制企业营业自由、契约自由或财产权，由此引申出管制存在的合理性。而管制本身又极易超越必要、合理的限度。比例原则在于确保个人权利即使在“必要”的情况下受到限制，也不至于受到“过度”的侵害。③

根据这一原则，要在公权力限制基本权利的目的和手段之间进行衡量；手段不当会直接影响制度利益的实现和制度的法律效力。④ 政府干预经济运行而限制企业竞争极易超越必要、合理的限度。反垄断法的规制就是看，基于公共利益所采取的管制“手段”是否是达到其“目的”所必须；在所有能够达到目的的“手段”中是否对竞争自由“损害最小”；“目的”与“竞争损害”是否能够“相平衡”。

---

① 基于此，根据《国务院关于第六批取消和调整行政审批项目的决定》（国发〔2012〕52 号），广电总局取消了对广播电视新闻采编人员资格的认定。

② 参见胡肖华，徐靖：《论公民基本权利限制的正当性与限制原则》，《法学论坛》2005 年第 6 期，第 6—7 页。

③ 聂鑫：《宪法基本权利的法律限制问题：以中国近代制宪史为中心》，《中外法学》2007 年第 1 期，第 66 页。

④ 梁上上：《制度利益衡量的逻辑》，《中国法学》2012 年第 4 期，第 86 页。

（三）基于经济中立原则

经济中立原则限定了反垄断法对政府反竞争行为规制的外在边界。宪法对经济制度不宜规定得过多、过细，经济政策应由政府根据经济形势灵活掌握，自主决定。这就是宪法上的经济中立原则。[①]

经济是多变的，经济的发展是一种无法预设结果的发现过程。经济体制的发展路线和经济活动的具体内容，很难由也不宜由宪法预先做硬性规定。经济部门实际发展方向与内容，应让市场自主决定；或者说，让不同经济形势下的立法者依经济发展的情势相机拟定对策来决定。市场经济的优点只能在高度尊重市场分散决策与自律的特质的经济体制下，才能充分发挥。

宪法作为政治法律制度结构的核心，最需要的是稳定。它对经济制度不宜规定得过多、过细。经济政策应完全留给执政党和政府根据经济形势灵活掌握、自主决定。宪法如果过多、过细对经济制度作了规定，“违背经济中立，不是宪法阻碍了经济发展，就是经济发展损害了宪法的最高权威，迟早会引起宪法危机”[②]。

宪法的经济中立原则在各国宪法理论和实践中得到了广泛的认可。德国在宪法中确认社会福利国原则，但宪法未就经济制度做直接规定，换言之，并未指定一个特定的经济制度或社会秩序作为唯一的途径。只要是不违社会福利国的目的，任何的可能的经济秩序，甚至经济统制（如第二次世界大战后，曾为了贯彻福利国的理念，提倡“社会市场经济制度”）都是合宪的。

1905 年在自由主义盛行之时，美国联邦最高法院在 Lochner v. New York 案的判决中认定，对于工作时间加以管制的纽约州法与宪法增补条款第十四条正当法律程序相悖，宣告其违宪。最高法院著名大法官霍姆斯（Holmes）却在其不同意见中表示：“宪法并无意于实现一个特定的经济

---

① 从另一个角度看，所谓经济中立，就是宪法作为竞争的基本规则，并不涉及社会经济制度和国家经济政策，对各种经济主体一律给予平等保护。德国联邦宪法法院在 1954 年投资援助一案的判决中说：“基本法在经济事务上的中立立场仅仅在于这样的事实：即‘制宪权’并没有采纳某种特定的经济制度。这样立法机关就可以在不违背基本法的前提下，实行它认为合乎具体情况的经济政策。”[美]路易斯·亨金，阿尔伯特·J. 罗森塔尔编：《宪政与权利》，三联书店 1996 年版，第 174 页。转引自赵世义：《经济宪法学基本问题》，《法学研究》2001 年第 4 期，第 39 页。

② 赵世义：《经济宪法学基本问题》，《法学研究》2001 年第 4 期，第 40 页。

理论”。[①] 也就是说，他认为美国宪法中并未选取干涉主义或自由主义之类的经济理论作为指导经济实践的一成不变的依据，法官更不应根据自己的经济理念来判断某一立法是否违宪。

接下来的案例完全印证了霍姆斯大法官的观点。十九世纪三十年代，美国遭逢自由放任经济带来的经济大恐慌。罗斯福新政以福利国家取代自由放任的市场经济，并采取了一系列管制措施。1934 年美国最高法院在 Nebbia v. New York 一案中，认定管制牛奶价格的纽约州法合宪，并主张宪法增补条款第十四条并不能限制政府为了增进公共利益所采取的立法管制。该案结束了自由放任的时代，揭开了美国经济体制新篇章。美国最高法院在两案中截然相反的态度，恰恰说明宪法不应在管制与自由之间做固定的取舍。宪法规范的重点在经济体制变化的界限与极限问题，而中间广阔空间之实际定位权交给代表民意的立法者。[②]

宪法的经济中立原则决定了，在维护自由竞争的反垄断与限制自由决策的管制之间，并无固定的取舍；竞争与管制之间的优势变化，取决于具体经济形势的变化。二者之间具体的比例或组合方式，依赖政府依据具体经济形势做出选择。

第二节　经济学上的正当性

一、可竞争市场理论

可竞争市场理论（Theory of Contestable Markets）最明确的关注要对传统管制的作用进行限制，[③]为减少不必要的政府限制、制定和实施更为合理的公共干预方案提供了理论上的指引。

美、英等主要西方发达国家自 20 世纪 70 年代纷纷陷入经济“滞涨”，由此引发了理论界对凯恩斯主义的全面反思，可竞争市场理论就是这一时代背景的产物。它由美国著名经济学家鲍莫尔（W. J. Baumol）以及帕恩

---

① Lochner v. New York, 198 U. S. 45,75.

② 吴秀明：《竞争法研究》，元照出版有限公司 2010 年版，第 206 页。

③ ［美］霍温坎普：《联邦反托拉斯政策：竞争法律及其实践》（第 3 版），许光耀，江山，王晨译，法律出版社 2009 年版，第 783 页。

查(J. C. Panzar)和韦利格(R. D. Willing)等人在芝加哥学派产业组织理论的基础上提出。其主要观点是,即使是寡头市场,甚至是独家垄断市场,只要保持市场进入的完全自由,不存在特别的进出市场成本,潜在的竞争压力就可能迫使任何市场结构条件下的企业采取竞争行为。也就是说,如果政府的管制政策允许潜在进入者存在,良好的生产效率和技术效率等市场绩效,在传统哈佛学派理想的市场结构以外仍然可以实现。因为,任何能使垄断企业获取高于资本正常收益的垄断定价行为,都会立即招致其他竞争者的进入。[①] 在这种环境条件下,包括自然垄断在内的高集中度的市场结构条件下也是有效率的。因此,它为那些常识上认为竞争不起作用的市场创设了一种"竞争模型",为反托拉斯法在那些一度受到价格管制,而现在正在放松管制的市场中的适用扫清了障碍。[②]

可竞争市场理论成立的一个重要条件是:潜在进入者退出市场时,没有沉没成本。沉没成本,是指企业进入市场所投入的、退出该市场时不能收回的那部分投资。其大小决定了企业从市场中退出的难易程度,从而影响着企业的进入决策。沉没成本越大,企业退出越困难,企业的进入决策越谨慎,[③]现存企业面临的竞争压力就越小。在沉没成本为零的条件下,即使是一个短暂的赢利机会也会吸引潜在进入者进入市场参与竞争,而在价格下降到无利可图时,它们会带着已获得的利润离开市场。[④]

可竞争市场理论不是一般的反对国家干预,而是主张重新审视市场和政府的作用,强调潜在竞争对在位企业行为的约束,重视政府直接干预导致的市场竞争障碍,并据此评价管制的必要性、合理性。现实中真正符合可竞争市场理论假定条件的产业并不多,尤其是沉没成本为零的假定很难满足。这导致该理论在适用范围方面存在一定的局限性,将其作为惟一评价尺度很难对行为的竞争影响做出准确判断。尽管如此,可竞争市场理论

---

① 夏大慰:《产业组织与公共政策:可竞争市场理论》,《外国经济与管理》1999 年第 11 期,第 9 页。

② See P. W. Huber, M. K. Kellogg, J. Thorne, *Federal Telecommunications Law*, Aspen Publishers, 1999. D. I. Baker, B. Baker, *Antitrust and Communications Deregulation*, Antitrust Bulletin, Vol. 28, No. 1 (1983), pp. 1 – 38. M. Cohen, *The Antitrust Implications of Airline Deregulation*, Antitrust Bulletin, Vol. 28, No. 1(1983), p. 131.

③ 夏大慰:《产业组织与公共政策:可竞争市场理论》,《外国经济与管理》1999 年第 11 期,第 10 页。

④ 除此之外,可竞争市场理论的成立至少还应具备如下条件:企业进入和退出市场是完全自由的,进入者能和在位者一样获得同样的技术、以同样的价格购买资本,即在位者没有生产技术、成本等方面的优势;潜在进入者假定在位企业的价格水平不变来计算利润,决定是否进入。

对反垄断法适用、管制政策思路的转换及措施调整产生的重大影响，却是毋庸置疑的。对形成有效的管制而言，即使现实中不存在完全的可竞争性，可竞争理论也比完全竞争理论更具指导意义。完全竞争一直作为市场结构和绩效的衡量基准，是政府管制和反垄断的理论基础。但完全竞争并不适合规模经济和范围经济显著的少数厂商运营有效的情况，而可竞争市场理论可以适用于寡占和自然垄断市场，并且，可竞争市场的寡占行为并不依赖厂商预期和推测变化，而取决于更易于分析的潜在竞争压力。可竞争市场可以作为替代完全竞争的衡量基准。[①] 尤其是，可竞争市场理论以促进可竞争性原则为指导，构建管制政策，将管制的重心放在消除妨害可竞争性、损害经济效率的各种进入障碍方面。

根据可竞争市场理论，政府决定或行为可能对竞争的限制构成了市场竞争的障碍，阻碍了更好市场绩效的形成。几乎每个人都同意，政府的管制、许可和进入限制是最大的、最有效的进入壁垒之一。[②] 最强有力的进入障碍常常是有效限制其他企业进入特定市场的法律性限制（例如，用以阻止在某地理区域进行新房建设的空气质量控制）。[③] 而且，与源自市场的障碍不同，政府对竞争的限制是市场自身难以克服的。[④] 按照过程竞争理论的理解，[⑤]私人垄断是实际竞争或潜在竞争的具体表现和暂时结果。单个企业的垄断地位以及相应的利润在开放的竞争过程中终将趋于消失。而政府对市场机会的直接禁止或限制，可能完全或部分消除替代产品，消除潜在竞争，真正威胁竞争过程，损及动态效率。政府管制壁垒所产生的垄断，能够而且确实已直接排斥了实际竞争和潜在竞争。经验表明，“政府

---

① See Baileyee Baumolw J, *Deregulation and the Theory of Contestable Markets*, Yale Journal on Regulation, Vol. 1, No. 2(1984), pp. 111 - 137. 国内对这一问题的梳理，参见闫星宇：《可竞争市场理论综述》，《产业经济研究》2009 年第 1 期，第 70—71 页。

② 并非所有形式的政府管制都能有效地阻碍进入。因此，不能仅仅由于存在着管制，就认为存在着进入壁垒。例如，卡车司机一般必须有一张经营驾驶执照，但对那些通过了考试的人来说，只要交一点点钱，这种执照是很容易得到的。因此没有理由认为这种执照本身会阻碍进入。管制行为，只有当其具有某种限制作用或“瓶颈作用”时，才构成进入壁垒。

③ [美]盖尔霍恩，科瓦契奇，卡尔金斯：《反垄断法与经济学》（第 5 版），任勇，邓志松，尹建平译，法律出版社 2009 年版，第 60 页。

④ See R. Hewitt Pate, *Competition and Politics*, 2005, pp. 7 - 8, http://www.usdoj.gov/atr/public/speeches/210522.pdf, last visit on Jun. 20,2019.

⑤ 过程竞争理论将竞争理解为一个争胜动态过程，关注其发现知识的功能，认为市场势力等被新古典经济学贴上不完全竞争或垄断标签的活动，实际上都是有效率的争胜竞争形式。（对过程竞争理论更为详细的梳理，参见王廷惠：《市场过程理论的过程竞争：与新古典经济学完全竞争的对比》，《上海经济研究》2005 年第 1 期，第 17—30 页。）

限制是对竞争最为有效和持久的限制。”[①]

可竞争市场理论大大拓展了竞争作用的范围，压缩了管制存在的空间，为反垄断法评价政府限制提供了新的指导原则。[②] 例如，目前及今后很长时间内，电力产业中的输电环节仍将维持电网公司垄断经营。为约束垄断企业行为，可以在输送电环节引入竞争，开放输电市场，允许直供进入输电领域。这样，电网公司的规模经济并未受到影响，依然在规模经济中经营，但随着低成本发电企业获得潜在外部机会效益逐步增大，电网公司被迫让渡其垄断利润给发电企业。开放输电市场，使得发电企业获取与电网公司“讨价还价”的能力。输电市场的博弈过程中，电网公司在实现自己利润最大化时，不得不考虑发电企业的策略，只有满足发电企业的可能收益水平，才能实现市场均衡。在可竞争的输电市场中，电网公司利润被迫减少到零，发电企业获得正常利润，改善了社会的电力消费福利水平。[③]

从反垄断法的精神来看，合理的管制就是创造一个没有沉没成本的可竞争市场环境。例如，在具备可竞争条件的领域：放开市场准入，实施激励性的价格监管，对垄断产业进行重组。如果可竞争市场条件没有得到满足主要是由于沉没成本所致，那么管制就必须减少沉没成本的数量。例如，加速折旧，税收优惠，鼓励旧物、旧厂、废品再利用，鼓励发明创造和资源共享和实行自由贸易等，便于资本流动和促进企业之间合并重组，提高产出水平和资产流转的机会。[④] 基于降低进入、退出壁垒对促进竞争目标的重要意义，在沉没投资比较低、耐用和昂贵资产比较容易转移的市场，根据反垄断法原理，放开准入、减少政府限制，是合理的选择。

当然，依据可竞争市场理论并不能极端地认为，无约束的市场能够自动解决一切经济问题，所有的管制都是有害的。完全可竞争市场只是现实世界的一种理想情形，人们不能把从完全可竞争市场中得到的规范结论无条件地应用于现实。现实经济的各个产业与完全可竞争性接近程度是不同的。在判断管制是否合理之前，首要的是关注管制针对的领域是否受人

① FTC, *The FTC in 2007: A Champion for Consumer and Competition*, pp. 18(2007), http://www.ftc.gov/os/2007/04/ChairmansReport2007.pdf, last visit on May 5, 2010.

② 参见汤吉军：《可竞争市场理论及其对我国自然垄断行业改革的启示》，《产业经济评论》2010 年第 2 期，第 124、128 页。

③ 参见王先甲，韩东，王广民：《基于可竞争市场理论的输电市场管制机制设计》，《系统工程理论与实践》2007 年第 6 期，第 116 页。

④ 汤吉军：《可竞争市场理论及其对我国自然垄断行业改革的启示》，《产业经济评论》2010 年第 2 期，第 129 页。

为进入障碍的保护以及其可竞争性程度如何。① 只有当现实产业的可竞争性条件存在时，才能有效利用可竞争性理论的结论来分析潜在竞争者对现有厂商行为施加的压力，并进一步评价管制的必要性、合理性。

可见，可竞争市场理论对于反垄断法规制政府限制竞争的真正启示在于，管制要努力创造出一个没有沉没成本的可竞争市场环境。政府的竞争政策的焦点不应针对市场结构，而应重点考察是否存在充分的潜在竞争压力。确保潜在竞争压力存在的关键是要尽可能降低沉没成本。为此，必须排除一切人为的、不必要的进入和退出壁垒。②

二、产业经济学分析范式

任何法律体系都需要在逻辑上自洽，如果内在的冲突无法协调，则必定会带来适用上的混乱。③ 反垄断法对政府限制竞争行为的规制如果超出了其固有的分析范式，无疑说明其不具备规制合理性。而理论和经验表明，反垄断法对政府限制竞争行为的规制完全可以纳入反垄断法的一般规制范式。

（一）在传统 SCP 范式之外的制度因素

产业组织经济学的“市场结构-市场行为-市场绩效”范式（Structure-Conduct-Performance，简称 SCP 范式）一直是竞争分析的主流框架。从哈佛学派到芝加哥学派再到后芝加哥学派，尽管在谁决定谁的问题上激烈交锋，但并未否定各个因素之间的内在联系，最终只是促成了 SCP 范式的修正，使其地位更加牢固。④

哈佛学派最先将产业分解为市场结构（S）、企业行为（C）和市场绩效（P）三个基本要素，并以经验性研究为基础建立单向因果联系的 SCP 范

---

① 闫星宇：《可竞争市场理论综述》，《产业经济研究》2009 年第 1 期，第 71 页。

② 夏大慰：《产业组织与公共政策：可竞争市场理论》，《外国经济与管理》1999 年第 11 期，第 11 页。

③ 李剑：《论结构性要素在我国〈反垄断法〉中的基础地位——相对优势地位滥用理论之否定》，《政治与法律》2009 年第 10 期，第 122 页。

④ See Markus Thomas Münter, *Empirical Facts, Economic Theory and Everyday Experience in Industrial Organization: Three Sides of the Same Story*, in: Dennis C. Mueller, Alfred Haid, Jürgen Weigand, *Competition, Effciency, and Welfare: Essays in Honor of Manfred Neumann*, Kluwer Academic Publishers, 1991, pp. 279 - 297.

式。根据这一范式，集中度的高低决定了企业行为方式，而企业的行为方式又决定了市场绩效。只有三四个企业的市场，必然导致过度的产品差异化、价格合谋和阻碍新企业进入市场等寡头垄断行为，造成资源配置的非效率。虽然市场结构决定企业行为、企业行为决定市场绩效，但市场结构处在因果关系链的源头，在市场运行中起决定性作用。行为分析并不是作为反竞争威胁的独立性因素。[①] 按照这样的逻辑，获得理想的市场绩效，最重要的是要通过公共政策来调整和改善不合理的市场结构，[②]限制垄断力量的产生、发展，保持市场适度竞争。

但是，今天的“哈佛学派”主要是指那些20世纪30年代到60年代的经济学家和反垄断者著作的合辑，而不是一种构成最近30年来反垄断分析特征的哈佛方法。晚近的哈佛学派已经摒弃了限制竞争行为是一定市场结构必然结果的观点，主张对行为进行更仔细的审查；[③]而且，认识到了三个因素之间相互依赖，既存在正向因果关系，也存在逆向反馈关系。

与早期哈佛学派强调结构干预不同，芝加哥学派一开始就强调应将反垄断的重点放在对企业行为的分析上。他们主张最低限度的政府干预，坚信企业的进入能解决大部分竞争问题。有效竞争所需要的企业数量远远少于哈佛学派所认为的数量。即使市场在短期内会产生进入壁垒，但从长期来看，进入壁垒会因市场机制的自我调节而消失。只有政府施加的法律限制才构成真正的进入障碍，[④]事实上，政府和法院也并不能先验地知道市场的最优结构是什么。因此，政府应该放松管制。反垄断法应着重禁止卡特尔等企业间价格协调的行为和分配市场行为。因为这些行为才严重损害竞争，而市场自身又难以克服。

芝加哥学派对于市场的推崇、对政府过度干预的质疑是值得肯定的，但他们关于进入壁垒的定义过于狭窄。除政府进入管制之外，企业非效率行为同样会导致市场进入障碍。芝加哥学派很大程度上低估了这类企业的反竞争行为。而且，某些市场结构的反竞争性可能比芝加哥学派所想象

① See Herbert Hovenkamp, *The Antitrust Enterprise: Principle and Execution*, Harvard University Press, 2008, pp. 36 - 37.

② 李琳：《中国银行业市场化与监管政策：从产业组织理论角度的分析》，山东大学2005年博士学位论文，第15页。

③ See Herbert Hovenkamp, *The Rationalization of Antitrust*, Harvard Law Review, Vol. 116, No. 3(2003), pp. 917 - 944.

④ See Richard A. Posner, *The Social Cost of Monopoly and Regulation*, The Journal of Political Economy, Vol. 83, No. 4(1975), pp. 907 - 828.

的要大得多。例如，如果消费者被“锁定”到售后零件维修服务市场，即便是那些缺少支配地位的企业也可能索要垄断高价。[①] 投资也不会像期望的那样迅速地向竞争性结果的方向发展。最重要的是，相对于哈佛学派的SCP范式，芝加哥学派并没有形成一个完整的理论框架，他们最大的贡献在于对早期SCP范式的建设性批评。[②]

与芝加哥学派过分信赖市场自身的力量不同，后芝加哥学派看到了现实市场的不足，指出了一些为芝加哥学派所肯定行为的反竞争性。由于信息不对称的存在，企业策略行为可能导致垄断。例如，在位支配企业会采用过度投资来建立过剩产能等手段，向潜在对手发出威胁，使其相信自己一旦进入市场，在位企业会立即扩大产出、降低价格，让其无利可图，从而吓退对手。而且，根据博弈论的观点，企业并不是被动地对给定的外部条件做出反应，而是试图以策略行为改变市场结构和绩效。这样，早期哈佛学派的SCP范式的单向关系被打破，而代之以逻辑上的循环和反馈的互动关系。但是，后芝加哥学派仍然认可在评价某一行为是否为反竞争行为时，市场结构、进入壁垒和行为人的市场地位非常重要。某些市场结构下更有可能发生某种反竞争的策略性行为。[③]

尽管与芝加哥学派一样，后芝加哥学派至少在目前还不是一个统一的替代范式，[④]但它确实使SCP范式的立论更科学、研究更系统。早期SCP范式中的因果关系和反馈关系，主要是经验性的结论，在博弈论引入后，才具有坚实的微观基础和严密的逻辑。这也是早期哈佛学派及其反垄断政策受到芝加哥学派不断攻击的缘故。后芝加哥学派博弈论的发展则有力地回击了芝加哥学派的批评，验证、支持了SCP范式的许多结论与政策建议。[⑤]

在产业组织理论的演进过程中，SCP范式的理论框架非但没有被抛弃，反而随着新产业组织理论的发展、策略行为研究的引入，不断得到补充和完善，并因此克服了其固有的一些缺陷。结构仍然是出现反竞争绩效的先决条件，是反竞争行为出现的必要的但并非充分的原因。“行为”获得了

---

① Eastman Kodak Co. v. Image Technical Servo Inc., 504 U.S. 451(1992).

② 陈志广：《反垄断：交易费用的视角》，复旦大学2005年博士学位论文，第34页。

③ 参见[美]霍温坎普：《联邦反托拉斯政策：竞争法律及其实践》(第3版)，许光耀，江山，王晨译，法律出版社2009年版，第49—50页。

④ 臧旭恒：《从哈佛学派、芝加哥学派到后芝加哥学派——反托拉斯与竞争政策的产业经济学理论基础的发展与展望》，《东岳论丛》2007年第1期，第19页。

⑤ [美]斯蒂芬·马丁：《高级产业经济学》，史东辉等译，上海财经大学出版社2003年版，第9页。

相当大的独立的重要性。[①] 市场绩效对市场结构、行为也具有反馈效应。高利润率本身会通过吸引企业进入而影响市场结构;在产品质量趋同的领域,价格竞争就更加激烈,很难实现价格合谋。影响竞争的各个因素从单向因果关系到两两因素之间的双向和反馈关系。

从哈佛学派到芝加哥学派、再到后芝加哥学派,尽管在谁决定谁的问题上激烈交锋,但并没有否定各个因素之间的内在联系,最终只是促成了SCP范式的修正,使其地位更为牢固。[②] SCP范式的精髓揭示的是,市场最终的表现是市场结构、市场行为和市场绩效多方互动的结果。反垄断法的真谛是对这些影响竞争因素进行系统治理,建立有效的竞争秩序。[③]

遗憾的是,SCP范式一直在发展,从哈佛学派到芝加哥学派再到后芝加哥学派的演进,虽然把握了产业组织的主要方面,但仍只是对产业情况的不完全分析。反垄断政策只是试图在了解市场结构、市场行为和市场绩效相互作用规律的基础上,通过公共政策影响市场结构和市场行为要素,创造改善市场绩效的条件,而公共政策一直被视为外生变量,这就导致了反垄断法一度只关注企业反竞争行为,而忽视了政府导致的竞争限制。[④]

哈佛学派把完全竞争视为标杆,[⑤]主张通过包括国家直接干预在内、禁止卡特尔、拆散市场中占统治地位的企业、控制合并等措施,调整和改善不合理的市场结构,以获得理想的市场绩效。以经济自由主义思想为基础的芝加哥学派从根本上排斥政府干预,即使是对反垄断法本身的运用也非常谨慎,因为他们已经意识到不恰当的政府干预本身就是限制竞争因素。[⑥] 但是,也仅仅是将政府的直接干预作为进入壁垒的一个影响因素来考虑。[⑦] 而后芝加哥学派的建树集中在揭示了一些为芝加哥学派所肯定的

---

① Herbert Hovenkamp, *Federal Antitrust Policy: The Law of Competition and its Practice*, West Publishing Company, 2011, p. 45.

② See Markus Thomas Münter, *Empirical Facts, Economic Theory and Everyday Experience in Industrial Organization: Three Sides of the Same Story*, in: Dennis C. Mueller, Alfred Haid, Jürgen Weigand, *Competition, Effciency, and Welfare: Essays in Honor of Manfred Neumann*, Kluwer Academic Publishers, 1991, pp. 279 - 297.

③ 张占江:《中国法律竞争评估制度的建构》,《法学》2015年第4期,第71页。

④ 参见张占江:《中国法律竞争评估制度的建构》,《法学》2015年第4期,第71—72页。

⑤ [美]奥利弗·威廉姆森:《反托拉斯经济学——兼并、协约和策略行为》,张群群,黄涛译,经济科学出版社1999年版,第53—54页。

⑥ 芝加哥学派认为,最强有力的进入障碍正来自有效限制其他企业进入特定市场的法律限制。参见[美]盖尔霍恩,科瓦契奇,卡尔金斯:《反垄断法与经济学》(第5版),任勇,邓志松,尹建平译,法律出版社2009年版,第60页。

⑦ 参见[美]霍温坎普:《联邦反托拉斯政策:竞争法律及其实践》(第3版),许光耀,江山,王晨译,法律出版社2009年版,第585页。

企业行为的反竞争性，对政府行为竞争影响的认识并未取得明显的进展。

从本质上说，SCP 范式提供的是一个基本的分析框架，确定了反垄断规制的逻辑起点：市场力量的存在。但传统 SCP 范式的视野最远也不过局限在：从市场自身（结构性因素、行为性因素与市场绩效多方互动）的层面，分析企业市场力量的形成和被滥用。

反垄断法与政府限制竞争作为两种完全不同的外生制度安排：只要政府行为限制了企业竞争或准许企业从事反竞争行为，反垄断法就会认可这种制度安排的效力，豁免企业的反垄断责任。对于政府限制的性质和范围怎样才是合适的，反托拉斯法一般不应提出自己的意见，哪怕这项政府限制是过分的，或者是不明智的。[①] 这就导致政府行为脱离了反垄断法约束，造成了大量政府对竞争的不合理限制。

有学者敏锐地洞悉了这一现象。Donald Turner 和 Carl Kaysen 在一场著名的竞争法和经济学论战中指出，"法律除外涵盖了国家经济的重要领域"、"竞争政策的例外情况的经济理由"在绝大多数情形下都是非常值得怀疑的。以至于，竞争秩序被大量不必要的"除外""豁免"破坏得"支离破碎"。Posner 更加尖锐地指出，许多行业管制并没有纠正市场失灵，[②]而主要是其支持企业阻碍竞争对手以实现自身经济目的的反映。[③] Stigler 进一步列举了四项企业主要寻求政府提供的政策：现金补贴、进入控制、对替代品和互补品的影响和价格固定。[④]

企业在面对反垄断指控时，常常以存在管制法律的依据或履行了管制法的义务为由，主张反垄断责任豁免，这在反垄断法理论上被称为"管制行为抗辩"（Regulated Conduct Defence）或"政府行为抗辩"。在管制自身合理性经常存在疑问的前提下，管制行为抗辩导致大量的企业反竞争行为逃脱了反垄断制裁。

---

① ［美］霍温坎普：《联邦反托拉斯政策：竞争法律及其实践》（第 3 版），许光耀，江山，王晨译，法律出版社 2009 年版，第 786 页。

② See Richard A. Posner. *Theories of Economic Regulation*, The Bell Journal of Economics and Management Science, Vol. 5, No. 2(1974), pp. 335 - 358; Edward L. Glaeser and Andrei Shleifer, *The Rise of the Regulatory State*, Journal of Economic Literature, Vol. 41, No. 2(1993), pp. 401 - 425.

③ See George J. Stigler, Claire Friedland, *What Can Regulators Regulate? The Case of Electricity*, Journal of Law and Economics, Vol. 5, No. 1(1962), pp. 1 - 16; Harold Demsetz, *Why Regulate Utilities?* Journal of Law and Economics, Vol. 11, No. 1 (1968), pp. 55 - 65.

④ 参见［美］G. J. 斯蒂格勒：《产业组织和政府管制》，潘振民译，上海三联书店 1989 年版，第 212—215 页。

在中国电信、中国联通涉嫌垄断案中，中国电信就其被指控违法的价格歧视行为进行辩解的理由就是，价格是在认真学习了《中华人民共和国电信条例》等相关法律法规基础上制定的。企业其实是在辩解，“国家体制方面的原因是造成部分行业垄断的根源，与企业自身没有关系”。在美国Californa Retail Liquor Dealers v. Mideal Aluminum 垄断协议案中，被告以葡萄酒的生产商和批发商固定零售价的行为符合加利福尼亚州的法律规定为由进行抗辩，要求排除《谢尔曼法》的适用。

在德国电信(DT)滥用市场支配地位案中，DT 也是以行为符合德国电信法为由主张反垄断责任豁免。DT 作为德国电信网络基础设施的运营商，既要向作为其竞争对手的其他电信运营商提供“批发服务”，又要向其普通用户提供“零售服务”。尽管它向竞争对手开放了宽带网络，但其宽带批发价大大高于零售价，导致宽带批发商在与 DT 竞争的下游市场不能收回成本。EC 认定 DT 的价格挤压行为违反了 TFEU 第 102 条，构成市场支配地位，对其罚款 1260 万欧元。DT 向欧盟初审法院提起诉讼，主张自身的行为受到了德国电信法的管制，理应豁免。

将制度因素视为外生变量最直观地体现为，反垄断对管制领域的整体适用除外，或者，对企业在管制之下的反竞争行为的豁免。这就从根本上割裂了反垄断法与政府管制之间的关系，使得政府行为失去了反垄断法的约束。正是基于此，“绝大多数限制竞争行为不是源于私人，而是由于政府本身的法律、管制或具体行政行为”，“政府对竞争的不合理限制导致了对消费者和整体经济福利的损害。”①

综上，传统 SCP 范式只是试图在了解结构、行为和绩效相互作用规律的基础上，通过公共政策影响结构、行为要素，创造改善市场绩效的条件，而公共政策一直被视为外生变量。这就使得反垄断法只将固定价格的私人投入监狱，却使得政府固定价格行为合法化。因此，建构于传统 SCP 范式之上的反垄断法，根本不可能彻底解决限制竞争问题。“……没有有效的手段来对谋求政府限制行为做出预判，也不采取有效措施阻止政府默许此类要求，竞争执法则只不过是改变了同谋的形式而并不减少其危害性。”②大

---

① Ulf Böge, *Speech on the Occasion of the Opening Session of the Seoul Competition Forum 2004: State-Imposed Restrictions of Competition and Competition Advocacy 2*, http://www.bundeskartellamt.de/wEnglisch/download/pdf/04Seoul_e.PDF, last visit on Jun. 20, 2019.

② See Timothy J. Muris, *Principles for a Successful Competition Agency*, University of Chicago Law Review, Vol. 72, No. 1(2005), p. 170.

量政府制度安排不合理地限制了企业竞争；大量的企业反竞争行为因为政府制度安排逃脱了反垄断制裁。

（二）在现代 SCP 范式之内的制度因素

传统的 SCP 范式忽略了政府行为对竞争影响的内生性，确切地说，没有充分考虑到，作为政府行为主要体现的制度其实也是市场力量形成和被滥用的重要因素。

市场力量通常是相关企业可以在很大程度上不顾竞争者、客户和消费者的反应而推行自己策略的能力。[①] 它可能来源于企业的创新、商业智慧和机会，也很有可能来源于政府的制度安排。例如，政府排他性授权，使经营者在相关领域拥有独占（寡占）地位。极高的市场进入壁垒，或者不必要的行政审批，都可能导致在位企业的市场力量。对商品流动限制，减少了供应商数量，降低了该商品和服务的有效市场规模，同样极易导致市场力量的形成。

与源自市场的障碍不同，市场自身很难克服来自政府限制导致的市场力量。[②] 按照过程竞争理论的理解，私人垄断是实际竞争或潜在竞争的具体表现和暂时结果。单个企业的垄断地位以及相应的利润在开放的竞争过程中终将趋于消失。而政府对进入市场机会的直接禁止或对企业行为的限制，可能真正威胁或阻断竞争过程。企业不需要持续地监测市场内出现新的竞争对手，而仅仅依赖于政府制定的制度（例如，仅提供数量有限的许可证），就可以达到阻止对手进入的目的。私人卡特尔常常受困于“作弊”，公共卡特尔则没有这样的缺陷。一经查出，作弊者可以通过政府程序受到制裁。[③]

当竞争对手的自由和选择权因市场力量的存在而受到侵害，而且这种

---

① 任何企业都要考虑消费者、竞争者和权力机构的反应，甚至是企业具有市场支配地位的时候。因为过于夸张的价格可能会使需求疲软，减弱进入障碍，或引起政府注意。所以没有一个企业完全不受拘束，竞争法保有对有限市场份额企业干预的可能性。

② 美国司法部反托拉斯局一位前局长强调：政府行为对竞争的限制构成了市场竞争的障碍，而且，这种障碍市场自身无法克服。See R. Hewitt Pate, *Competition and Politics*, 2005, pp. 7 - 8. http://www.usdoj.gov/atr/public/speeches/210522.pdf, last visit on Jun. 20,2019. 联邦贸易委员会同样也指出：“经验表明，政府限制是对竞争最为有效和持久的限制。”FTC, *The FTC in 2007: A Champion for Consumer and Competition*, 2007, p. 18. http://www.ftc.gov/os/2007/04/ChairmansReport2007.pdf, last visit on Jun. 20,2019.

③ See Timothy J. Muris, *State Intervention/State Action-A U. S. Perspective*, www.ftc.gov/speeches/muris/fordham031024.pdf.

情况只依靠市场自身无法改变时，就需要反垄断法介入。① 建构于 SCP 范式之上的反垄断法，主要是对企业获取、维持或加强市场力量的行为进行规制。反垄断法规制经营者集中就是警惕市场力量的形成；规制滥用支配地位的行为在于直接约束市场力量的行使；规制垄断协议是禁止几个企业达成默契、建立市场力量，像一个具有支配地位的企业那样滥用市场力量。既然，制度因素同样可以导致市场力量形成和滥用，就理应纳入 SCP 分析范式的范围和反垄断法的规制范畴。

政府干预经济的各项制度安排既可能影响市场结构、企业行为，又可能影响市场绩效，还可能受到这些因素的反馈性影响。② 例如，市场进入审批影响了市场结构；最高限价管制影响了企业定价；在上述两种情况下，在位企业可能获得市场力量或在最高限价水平上实现价格共谋，并因此获得垄断利润，进而竭力要求政府维护、抬高相应的管制。

强调制度因素内生性，是将其作为一个与市场结构、企业行为和市场绩效并列的竞争分析变量(见图二-1)。这些变量在反垄断分析的镜头下都是内生的，单独或相互交织地影响竞争结果(见图二-2)。③

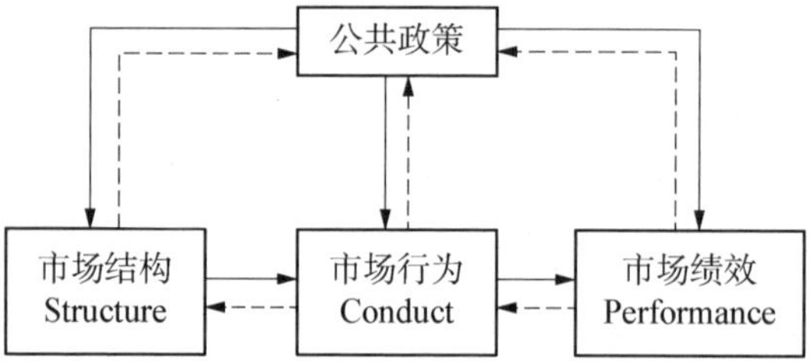

图二-1　不断修正的 SCP 范式

---

① 参见[比]保罗·纽尔:《竞争与法律：权力机构、企业和消费者所处的地位》，刘利译，法律出版社 2004 年版，第 165 页。

② See Deepti Sahool, Pulak Mishra, *Structure, Conduct and Performance of Indian Banking Sector*, Review of Economic Perspectives, Vol. 12, No. 4(2012), p. 238.

③ 参见[爱尔兰]伯纳德特·安德鲁索，戴维·雅克布森:《产业经济学与组织——一个欧洲的视角》(第二版)，王立平等译，经济科学出版社 2009 年版，第 19 页。在反垄断分析中，一般将市场供需条件归入“市场结构”要素中来考虑。See Mark Cooper, *Antitrust as Consumer Protection in the New Economy: Lessons from the Microsoft Case*, Hastings Law Review, Vol. 52, No. 4(2001), p. 820. 多丽丝·纽伯格教授率先成功地将这一范式应用于分析金融业的政府规制对市场绩效的影响。See Doris Neuberger, *Industrial Organization of Banking: A Review*, International Journal of the Economics of Business, Vol. 5, No. 1(1998), pp. 98 - 100.

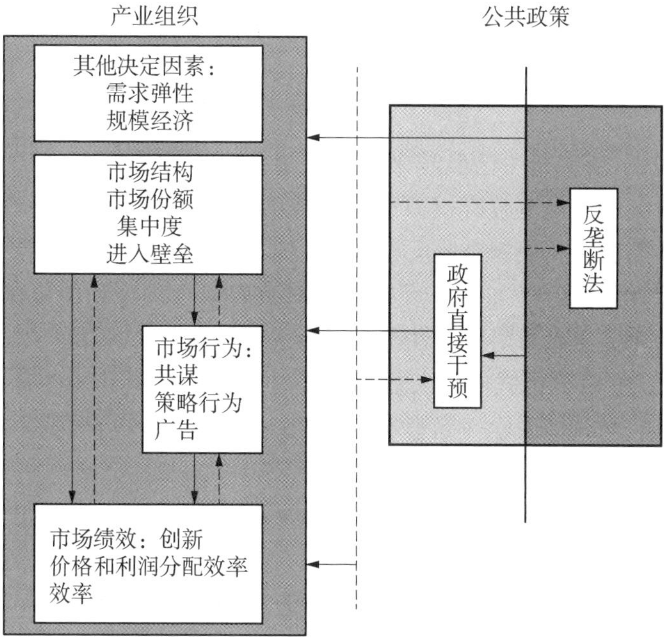

图二-2　包含政府行为因素的SCP范式[①]

更多情形下，对制度竞争影响的分析是一个系统考察的过程。分析过程依赖的就是产业经济学对影响竞争的各种因素之间关系的认识。例如，限制市场进入的行政审批不仅影响到了市场结构，还会进一步影响到企业的竞争行为。如果企业形成市场力量，就很可能会采取反竞争行为，将小企业驱逐出市场。一旦获得成功，而潜在竞争者又被完全禁止进入，在位企业就可能持久地垄断整个市场。也就是说，在位企业行为的变化又反作用于市场结构。而且，为了避免竞争，在位的寡头垄断企业会千方百计地说服政府维持、抬高市场进入审批，以巩固或加强自身的市场力量。制度因素具体影响大小与各产业本身的经济特性有关。[②] 例如，政府干预直接决定自然垄断性行业内企业对垄断性业务的排他性经营地位。

① 政府直接干预与市场结构、行为和绩效(传统SCP范式，虚线左侧)之间相互影响，共同组成纳入管制因素新SCP范式(实线左侧)。反垄断法的规制就是依据新的SCP范式各个要素之间的关系，力求对包括政府干预在内的各个要素发生作用，实现最优市场绩效。参见[美]威廉·G·谢泼德，乔安娜·M·谢泼德：《产业组织经济学》，张志奇等译，中国人民大学出版社2007年版，第9页。

② 参见张占江：《中国法律竞争评估制度的建构》，《法学》2015年第4期，第72页。

构建在修正后的SCP范式基础上的反垄断法，旨在规制由政府和私人导致的市场力量及滥用市场力量的行为，既要减少阻碍竞争的结构性因素和禁止企业反竞争行为，还要减少政府不合理限制竞争的制度安排。

实践中，反垄断法已经越来越多地适用于对政府干预经济影响的规范。通过竞争法规范政府权力的行使成为了欧洲竞争法的特色。[①] 一直固守反垄断法主要规制企业反竞争行为这一传统的美国，也如同欧盟及韩国等国家和地区一样加强了反垄断法对政府不合理干预的限制。[②] 我国反垄断法中甚至专章对行政性垄断行为进行规制。

综上，在SCP范式中引入制度因素，本质上是将其作为企业市场力量的来源。它与其他因素一起影响竞争的结果。分析政府反竞争行为的合理性就是依据修正后的SCP范式。[③]

第三节　反垄断法上的正当性

一、符合反垄断法的制度逻辑

反垄断法主要是对企业获取、维持或加强市场力量的行为进行规制。当竞争对手的自由和选择权因市场力量的存在而受到侵害，而且这种情况只依靠市场自身无法改变时，就需要反垄断法介入。[④] 从学理上说，市场支配力量通常就是相关企业可以在很大程度上不顾竞争者、客户和消费者

---

① Alison Jones, Brenda Sufrin, *EC Competition Law*, Oxford University Press, 2004, p. 530.

② See James C. Cooper, William E. Kovacic, *U. S. Convergence with International Competition Norms: Antitrust Law and Public Restraints on Competition*, Boston University Law Review, Vol. 90, No. 4(2010), pp. 1556 – 1610.

③ See KFTC, *Competition Assessment toolkit*, 2010, pp. 36 – 38; Allan Fels, *Competition Policy Reforms*, in: ACT Public Service Seminar-Competition Policy (Apr. 3 1997). https://www.accc.gov.au/system/files/Competition%20Policy%20Reforms.pdf, last visit on Jun. 20, 2019.

④ 参见[比]保罗·纽尔:《竞争与法律：权力机构、企业和消费者所处的地位》，刘利译，法律出版社2004年版，第165页。

的反应而推行自己策略的能力。① 在法律上，市场支配地位，是指经营者在相关市场内具有能够控制商品价格、数量或者其他交易条件，或者能够阻碍、影响其他经营者进入相关市场能力的市场地位。②

反垄断法规制经营者集中就是警惕市场力量的形成；规制滥用支配地位的行为在于直接约束市场力量的行使；规制垄断协议是禁止几个企业达成默契、建立市场力量，像一个具有支配地位的企业那样滥用市场力量。当竞争对手的自由、选择权因市场力量的存在而受到侵害，而且这种情况只依靠市场自身无法改变时，就需要反垄断法介入。③

市场支配力的来源，可能来源于企业的创新、商业智慧和机会，也很有可能来源于政府排他性授权，使其在相关领域拥有独占（寡占）地位，或者使得该经营者控制销售市场或者原材料采购市场，其他经营者无法进入。与源自私人的限制竞争不同，市场自身很难克服来自政府对竞争的限制。反垄断法对政府限制竞争的规制，就是基于其产生的市场力量，而且市场自身无法克服其带来的弊端。

作为反垄断法分析基本框架的 SCP 范式，其重要意义在于确立了结构性要素的基础性地位。例如，对市场界定、进入障碍以及市场力量的证明，即便是芝加哥学派的坚定支持者也认为是非常重要的。反垄断法不可能排除对结构的分析，只不过传统 SCP 范式过于强调结构而忽略了行为，但这也只是一个如何去平衡而非极端取舍的问题。④ 即便是 SCP 范式最为激烈的批评者也无法完全将时针拨回到从前。⑤

SCP 范式最主要的政策含义在于强调，市场力量并不总是件好事情，某些市场结构好像特别容易发生各种反竞争的策略行为，而如果这些行为是有利可图的，一个利润最大化的企业将会把它付诸实施。⑥ 从理论和实践来看，产业集中度、市场份额、进入壁垒等指标是反垄断的核心指标。反

---

① 任何企业都要考虑消费者、竞争者和权力机构的反应，甚至是企业具有市场支配地位的时候。因为过于夸张的价格可能会使需求疲软，减弱进入障碍，或引起政府注意。所以没有一个企业完全不受拘束，竞争法保有对有限市场份额企业干预的可能性。

② 参见《反垄断法》第 17 条。

③ 参见［比］保罗·纽尔：《竞争与法律：权力机构、企业和消费者所处的地位》，刘利译，法律出版社 2004 年版，第 165 页。

④ 李剑：《论结构性要素在我国〈反垄断法〉中的基础地位——相对优势地位滥用理论之否定》，《政治与法律》2009 年第 10 期，第 124 页。

⑤ ［美］盖尔霍恩，科瓦契奇，卡尔金斯：《反垄断法与经济学》（第 5 版），任勇，邓志松，尹建平译，法律出版社 2009 年版，第 53 页。

⑥ See E. Granitz, B. Klein, *Monopolization by "Raising Rivals' Costs": The Standard Oil Case*, Journal of Law & Economics, Vol. 39, No. 1(1996), pp. 1 - 47.

垄断规制是需要成本的，反垄断机构不可能主动地监督和规制市场中的所有活动，而产业集中度、市场份额指标为反垄断机构的规制提供了合理的指示。① 如果产业集中度低，市场份额也低，即使企业限制竞争，其危害也是有限的，不需要反垄断执法机构进行干预。但如果产业集中度很高，或者说，市场份额高，虽然并不能当然地说明企业行为违反了反垄断法，但足以引起反垄断执法机构的注意。

高产业集中度、高市场份额并不必然等同于垄断利润，但问题是，在此之外还有什么其他指标和方法能够快速而简便地识别出垄断问题的可能性？反垄断希望为经济学提供简单的指标和框架，以指导、规范和引导企业的行为，保护和促进市场竞争，而不是虽然精密但却十分复杂，特别是其中每一个环节都需要精深的专业知识、小心计算和谨慎求证的操作系统。②

SCP 范式奠定了一个基本的分析框架，确定了反垄断规制以市场力量的存在(形成或加强)为逻辑起点。一方面，大样本的统计规律仍然存在；另一方面，高产业集中度、高市场份额也只是分析的起点，而不是分析的终点。③ 从理论上推断，决定垄断最关键的结构因素是进入壁垒，这也与现在的判例一致。④

在芝加哥学派偶尔的表述中，SCP 范式在反垄断法中似乎完全不可信，或者完全没有地位，但是这完全是低估了其地位。SCP 范式中对结构的强调仍然存在，只是在今天，结构不再单向地对绩效发生作用，而是作为限制竞争效果的先决条件。结构变成了绩效的必要条件，而不是充分条件。⑤ 政府限制竞争作为市场力量的重要来源，对其进行反垄断法规制，完全符合反垄断法构建的逻辑。

二、吻合反垄断法的发展趋势

学界一直有这样一种观点，即行政垄断是由体制所决定的，只能通过

---

① 李剑：《论结构性要素在我国〈反垄断法〉中的基础地位——相对优势地位滥用理论之否定》，《政治与法律》2009 年第 10 期，第 123 页。

② 同上。

③ 陈志广：《反垄断：交易费用的视角》，复旦大学 2005 年博士学位论文，第 32 页。

④ [美]盖尔霍恩，科瓦契奇，卡尔金斯：《反垄断法与经济学》(第 5 版)，任勇，邓志松，尹建平译，法律出版社 2009 年版，第 118—119 页。

⑤ 参见[美]盖尔霍恩，科瓦契奇，卡尔金斯：《反垄断法与经济学》(第 5 版)，任勇，邓志松，尹建平译，法律出版社 2009 年版，第 53—54 页。

深化体制改革加以解决。[①] 但市场经济体制本身并不能天然地排除政府对竞争的损害。即便是发达市场经济体也存在政府对竞争的扭曲。对政府损害竞争行为的反垄断法规制绝非中国或转型经济体的特性,而是各法域的普遍选择,[②]其发挥作用的程度与具体的经济环境密切相关。

美国反垄断法一直以对企业反竞争行为的成功规制著称,但在禁止政府扭曲方面也绝非毫无作为。法院曾以损害竞争为由判决加州针对其他州企业在本州提供验光服务设置准入障碍的行为非法。[③] 在另一起案件中,联邦最高法院判决北卡罗来纳州牙医协会禁止没有牙医执业资格的人从事牙齿美白服务的行为非法。[④] 但悠久的竞争文化使得美国政府机构具有很强的自觉保护竞争的意识,[⑤]政府扭曲竞争问题一度并不明显,[⑥]其反垄断法在此方面的作用亦不突出。[⑦] 但是随着政府扭曲问题的日益凸显,美国越来越强调要像欧盟那样加强和完善反垄断法对政府扭曲的禁止。[⑧] 反观欧盟竞争法,其从一开始就深深植根于解决成员国政府损害竞

---

① 参见陈秀山:《现代竞争理论与竞争政策》,商务印书馆 1997 年版,第 224 页。

② See Eleanor M. Fox, Deborah Healey, *When the State Harms Competition: The Role for Competition Law*, Antitrust Law Journal, Vol. 79, No. 3(2014), pp. 769 - 798;[澳]艾伦·费尔斯:《行政垄断的规制——中国、澳大利亚、美国和欧盟之比较》,叶高芬译,载王晓晔编:《反垄断法实施中的重大问题》,社会科学文献出版社 2010 年版,第 309 页。

③ See National Ass'n of Optometrists & Opticians v. Lockyer, 463 F. Supp. 2d 1116 (E. D. Cal. 2006).

④ See North Carolina State Bd. of Dental Examiners v. F. T. C. ,135 S. Ct. 1101(2015).

⑤ 美国的监管机构往往会在"公共利益标准"中考虑其行为对竞争的影响,只要导致垄断就会被认定阻碍了公共利益的实现。参见[美]威廉·科瓦西奇,[英]林至人,[英]德里克·莫里斯:《以竞争促增长:国际视角》,中信出版集团 2017 年版,第 11 页。

⑥ 1890 年美国反垄断法产生之际,市场一体化进展得非常顺利,这与 1957 年欧共体所面临的情况截然不同。当时欧共体成员国之间的各种关税、非关税壁垒非常严重。See Marquis M. , *The State of State Action in EU Competition Law (Post-Greek Lignite) and a National Competition Strategy for China*, Niels Philipsen etc. (eds), Market Integration: The EU Experience and Implications for Regulatory Reform in China, Springer Berlin Heidelberg, 2016, p. 44.

⑦ 美国反垄断法对政府行为一直是一种程序性规制,主要是审查相关法律规则是否明确授权政府机构排除、限制竞争以及相关政府机构是否按照相应的法律规则进行了积极、有效的监管;而欧盟则是一种实体性规制。See Marquis M. , *The State of State Action in EU Competition Law (Post-Greek Lignite) and a National* Competition Strategy for China, Niels Philipsen etc. (eds), Market Integration: The EU Experience and Implications for Regulatory Reform in China, Springer Berlin Heidelberg, 2016, p. 44;[美]霍温坎普:《联邦反托拉斯政策:竞争法律及其实践》(第 3 版),许光耀,江山,王晨译,法律出版社 2009 年版,第 816—827 页。

⑧ See James C. Cooper, William E. Kovacic, *U. S. Convergence with International Competition Norms: Antitrust Law and Public Restraints on Competition*, Boston University Law Review, Vol. 90, No. 4(2010), pp. 1556 - 1557.

争、地方保护、区域平衡发展问题，[①]通过竞争法规范公权力的行使已经成为其最鲜明的特色。[②]

经济转型强化了反垄断法对政府扭曲的规制功能。经济转型本身需要一个法律体系提供切实可行的简政放权标准，排除市场化障碍和巩固改革成果。反垄断法是市场经济的产物，也是经济体制转型的“推进剂”。[③]在计划经济体制下，企业生产什么、生产多少、销售给谁、以何价格销售，皆由政府决定，企业既然无竞争的空间，也就不需要反垄断法的存在。而市场经济是自由经济、竞争经济，[④]投资自由、决策自由、营业自由、合同自由、消费自由是其灵魂。从现实来看，反垄断法保护竞争不受扭曲，最主要就是应该减少政府对自由竞争的损害，排除经济变革或发展的障碍。[⑤] 正如福克斯(Eleanor M. Fox)教授所言，“它绝非单纯对那些破坏竞争过程的大企业所采取的措施，而是同时将政府采购行为、市场分割(或地方保护主义)行为等政府扭曲纳入规制体系。”[⑥]立陶宛竞争法甚至明确规定：“在从事国内经济调节活动相关任务时，公共管理机构必须确保公平竞争的自由。禁止作出授予任何一个或者几个市场主体特权或者对之设定歧视性规定，以及其他导致或可能导致市场主体在相关市场竞争中处于不同地位的法律行为或其他决定，除非这种竞争地位上的差别是无法避免的。竞争

---

① See Jacob S. Schneider, *Administrative Monopoly and China's New Anti-Monopoly Law: Lessons from Europe's State Aid Doctrine*, Washington University Law Review, Vol. 87, No. 4(2010), p. 884.

② See Alison Jones, Brenda Sufrin, *EC Competition Law*, Oxford University Press, 2004, p. 530.

③ See Michal S. Gal, Eleanor M. Fox, *Drafting Competition Law for Developing Jurisdictions: Learning from Experience*, in: Michal S. Gal etc. (eds.), The Economic Characteristics of Developing Jurisdictions, Edward Elgar Publishing, 2015, pp. 296 - 356.

④ 参见王克稳：《我国行政审批制度的改革及其法律规制》，《法学研究》2014 年第 2 期，第 5 页。

⑤ 保护竞争包含四层含义：(1)促进经济发展(资源最优配置和财富最大化)；(2)保护市场主体的经济自由；(3)阻止市场力量的滥用；(4)减少经济发展的障碍。但从现实角度来看，对竞争的最大阻碍不是企业而是政府，反垄断法在排除经济发展障碍方面的作用越来越突出。在已经制定竞争法的一百多个国家中，除了已有的市场经济国家，剩下的四分之三是正在进行市场化改革的国家。[美]戴维 J. 格伯尔：《二十世纪欧洲的法律与竞争》，冯克利，魏志梅译，中国社会科学出版社 2004 年版，第 5—6 页；Diane R. Hazel, *Competition in Context: The Limitations of Using Competition Law as a Vehicle for Social Policy in the Developing World*, Houston Journal of International Law, Vol. 37, No. 2(2015), p. 275.

⑥ See Eleanor M. Fox, Deborah Healey, *When the State Harms Competition: The Role for Competition Law*, Antitrust Law Journal, Vol. 79, No. 3(2014), pp. 778 - 809.

委员会有权要求国家机关取消或修改违反规定的措施以确保其符合市场竞争规则。”[①]在此层面，竞争法被视为一种建设性的社会力量，它创造和维护竞争的必要条件，而不限于消除反竞争行为。

最重要的是，现代反垄断法逐渐形成了一套完整的规制政府反竞争行为的工具体系。对于政府反竞争行为的规制，既要考虑政府在反垄断之外其他干预经济的目的，尊重专门管制机构在特定领域的权威，又要确保其不跨越必要的限度；不仅要有事后救济、制裁，还要有事前预防、引导。这就要求规制机构必须具备多样的实施工具，拥有足够的权限。

拥有竞争法国家的经验表明：竞争法律规则在现实的生活世界中始终遭遇不同程度的执行乏力、被漠视、被拒斥，甚至被虚化的风险。这种风险的消除并不能简单地通过强化执法而实现。因为大量社会成员（甚至包括一些执法者）对这些法律规则所代表的政府立场本身就缺乏足够的认同。单纯“铁腕”执法不仅受制于有限的资源，而且可能引发政府与社会的严重的对立、冲突。[②]

现代反垄断法的实施不仅仅限于追究违法者的责任，威慑潜在违法者；还应包括事前对政府和私人行为可能导致的竞争法后果做出评估，及时表明态度，最大限度降低其触犯法律的风险；同时，向有关主体就如何避免限制竞争和纠正违法行为提出自己的意见和建议，改善竞争环境。总结各国的反垄断法实施的经验，符合上述要求的实施工具，可以归纳为如下三类（见图二-3）。[③] 当然不是每个国家都同时拥有这三类工具，也不是在每个个案中都要同时使用这三类工具。对于政府限制竞争行为的规制而言，目前应用最普遍的是竞争倡导。但就长远来看，健全这三类工具将是现代反垄断法的发展趋势。

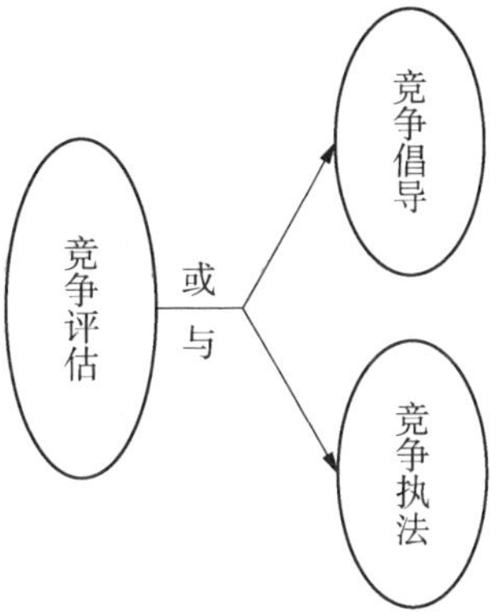

图二-3 现代反垄断法的规制工具

---

① Eleanor M. Fox, Deborah Healey, *When the State Harms Competition: The Role for Competition Law*, Antitrust Law Journal, Vol. 79, No. 3(2014), pp. 780 - 781.

② 参见王锡锌：《中国行政执法困境的个案解读》，《法学研究》2005 年第 3 期，第 38 页。

③ 英国及我国台湾地区将现代反垄断法实施工具归纳为四类，这主要源于对竞争倡导界定不同。本书认为竞争倡导包含竞争机构事前提出预防反竞争行为建议和事后提出如何救济反竞争行为的建议（这也符合国际竞争组织对竞争倡导范围的界定）。因此，将现代反垄断法实施工具归纳为三类。See OFT, *Annual Report*, 2008, pp. 24 - 25；台湾地区公平交易委员会：《竞争政策白皮书》，2011 年，第 13—15 页。

第一，诊断工具(Diagnostic Tools)：竞争评估。即发现政府行为存在的限制竞争问题，并对造成问题的原因做出判断的工具。这是进一步采取反垄断规制措施的基础。第二，预防工具(Preventative Tools)：竞争倡导。即竞争主管机构实施的除执法以外所有改善竞争环境的行为。① 反垄断执法机构提出的意见真正发挥作用，与其提出意见的方式、时机等因素也密切相关。第三，执行工具(Enforcement Tools)：竞争执法。反垄断执法机构否定政府实施的限制竞争行为的效力，是维护反垄断法权威的最后保障。这需要尊重有关政府机构权威，又不纵容其不当限制竞争行为，由此，执法对象、条件、尺度把握必须仔细权衡。

三、契合反垄断法的制度优势

相比于规制政府行为的行政法或政府管制规则，反垄断法在规制政府反竞争行为方面的作用不可替代。

(一) 整体意义上的阐释

关于长期反垄断和管制哪种制度更有优势的讨论一直在持续，②事实上，“社会总是在不完美的系统之间作出选择，看起来有效或是非常不完善的竞争总比管制更可取。”③虽然卡恩(Kahn)在这里没有提到反垄断，但已经表明他发现作为竞争维护者的反垄断法更具针对性，个案解决问题的方式，比管制更可取。他在其他场合反复提及，“反垄断法不仅是另一种形式的管制，更是对管制的替代。”④斯蒂芬·布雷耶法官也表达了同样的观点“在对一些问题的处理上，反垄断法确实是比管制更好的选择。”⑤贝克和卡恩都注意到管制在某些情况下具有正当性，但同样指出其“高成本、无效和浪费、程序上的不公平、复杂和拖延、以及最终结果的不可预测性。”⑥比

---

① See ICN, *Advocacy and Competition Policy*, 2002, pp. i-ii.

② 最新对这一问题的深入研究，参见 Howard Shelanski, *Antitrust and Deregulation*, The Yale Law Journal, Vol. 127, No. 7(2018), pp. 1951 - 1953。

③ Alfred E Kahn, *The Economics of Regulation: Principles and Institution*, The MIT Press, 1988, xxiii.

④ Alfred E. Kahn, *Deregulatory Schizophrenia*, California Law Review, Vol. 75, No. 3 (1987), p. 1059.

⑤ Stephen G. Breyer, *Antitrust, Deregulation, and the Newly Liberated Marketplace*, California Law Review, Vol. 75, No. 3(1987), p. 1007.

⑥ Stephen Breyer, *Regulation and Its Reform*, Harvard University Press, 1982, p. 4.

较而言,事后审查和逐案执法的特性,使反垄断法不那么容易面临这些指责。

管制对新的市场条件适应性调整是极其缓慢的,这种延迟效应会影响整个受管制的行业。① 反垄断机构也可能无法预见相关的市场变化,但他们的行为通常只影响一个独立的案例,他们通常在条件发生变化时迅速回应,修改相关的同意令并拒绝进行类似的调查或制裁。② 政府机构很难对既定的管制计划进行变革。③ 法规延迟适应不断变化的条件的代价可能是高昂的,④特别是当市场向更具竞争力的结构过渡的时候。⑤ 正如司法部反垄断官员迈克尔·布丹所说的那样,"即使事实证明是错误的,管制却总是很难被取缔。"⑥

(二) 制度构成上的分析

从规制内容来看,行政法仅仅是约束政府行为,而禁止政府扭曲还交织着对企业反竞争行为的规制。根据欧盟法上的附属理论,政府扭曲被区分为两类,一类是具有附属性的政府扭曲,指的是致使企业反竞争行为发生或加强其损害效果的政府损害竞争行为,如强制企业固定价格;一类是不具有附属性的政府扭曲,指的是没有明确指向、不与特定企业反竞争行为相联系的政府损害竞争行为,如歧视性征税。⑦ 政府扭曲中具有附属性

---

① Michael Boudin, *Review: Competition and Regulation*, The University of Chicago Law Review, Vol. 49, No. 4(1982), pp. 1098,1106.

② 联邦贸易委员会的基本法规和实施规则规定,订单中的任何一方都可以寻求修改。参见 Federal Trade Commission Act §5(c), 15 U.S.C. §45(c) (2012);16 C.F.R. §2.51 (2017).

③ 参见 Administrative Procedure Act of 1946 §4,5 U.S.C. §553(2012); Clean Air Council v. Pruitt, 862 F.3d 1,8-9 (D.C. Cir. 2017)(认为除了初始规则制定之外,APA 的程序要求适用于现有规则的保留).

④ 有关多个行业延迟监管变化的社会成本讨论,参见 Charles H. Fine, John M. de Figueiredo, *Can We Avoid Repeating the Mistakes of the Past in Telecommunications Regulatory Reform?* (MIT Commc'ns Futures Program, Working Paper No. 2005-001, 2005), http://web.archive.org/web/20090218021238/. http://www.Freedomworks.org/reports/081205.pdf [http://perma.cc/D2K4-9SY5].

⑤ Howard A. Shelanski, *Adjusting Regulation to Competition: Toward a New Model for U.S. Telecommunications Policy*, Yale Journal on Regulation, Vol. 24, No. 1(2007), pp. 55,57-58.(根据不断变化的市场情况,讨论 1996 年"电信法"确立的监管计划的成本。)

⑥ Michael Boudin, *Review: Competition and Regulation*, The University of Chicago Law Review, Vol. 49, No. 4(1982), pp. 1098,1106.

⑦ 关于附属理论的详细分析,参见翟巍:《欧盟国家限制竞争行为反垄断规制及对我国启示——基于公共经济利益服务研究视域》,法律出版社 2016 年版,第 42—48 页。

的那部分实际上体现为企业的反竞争行为。对这类政府扭曲的禁止更多地是从规制企业反竞争行为入手。企业在面临反垄断指控时，会以其市场力量的形成和滥用政府扭曲的结果作为抗辩依据，对企业反竞争行为的查处就演变为对政府扭曲的规制，这显然不是单纯约束公权力的行政法所能够涵盖的。

从规制标准来看，现代行政法对政府行为的审查是实质合法性审查。[①] 政府行为在合宪、合法的同时，还需具有充分的合理性。明显不当的行政处罚、行政给付(尤指给予资助、补助、补偿、奖励)、行政征收(尤指税收、费用收取等)、行政裁决、行政强制等，受到严格禁止。“当与不当”主要是看是否考虑了依法应当考虑的因素，是否满足比例原则的要求，是否不合理地区别对待，是否违背已形成的裁量准则。[②] 而反垄断法对政府扭曲的禁止在实质合法性审查的基础上，还要审查涉案行为是否“不合理地损害了竞争”(是否满足“最小竞争损害”标准)。竞争过程本身极为复杂，故对于竞争的把握主要通过经验归纳获得。处理反垄断案件不仅需要对竞争法律规则的深刻把握，还需要通过复杂的经济分析判断行为对竞争的影响。对此，只有拥有专业的执法队伍和丰富的执法经验的竞争主管机构才能够胜任。[③]

政府管制自身根本无法克服对竞争的损害。政府对市场的管制基于保护环境、维护安全等多种目标，而这些目标与保护竞争之间可能存在冲突，如确保中小企业的生存空间就与允许更有效率的企业集中之间相互矛盾。政府决策很容易为了实现其他目标而稀释保护竞争的目标，甚至放弃对竞争的保护。理由是，按照“集体行动逻辑”，组织规模与其追求利益的动力和能力呈负相关关系。同质性强的、相对规模较小的受管制企业集团能够非常有效地表达和实现其利益诉求，而这通常以牺牲同质性不强、组织松散的竞争受益集团(消费者集团)的利益为代价。毕竟“竞争仅仅拥有一群捏不拢的支持者”。[④]

---

① 在2014年的《行政诉讼法》修改中，司法审查的标准增加了“明显不当”一项，法院对行政行为合理性问题的审查得到了立法确认。据此，学者提出了一个统合传统意义上合法、合宪、合理的“实质合法”标准。参见何海波：《论行政行为“明显不当”》，《法学研究》2016年第3期，第74页。

② 何海波：《论行政行为“明显不当”》，《法学研究》2016年第3期，第80—83页。

③ See Maurice E. Stucke, *Better Competition Advocacy*, St. John's Law Review, Vol. 82, No. 3(2008), p. 971.

④ Roger G. Noll, Bruce M. Owen, *The Political Economy of Deregulation: Interest Groups Regulatory Process*, American Enterprise Institute, 1983, p. 161.

从机构能力来看，反垄断机构更适合承担规制政府反竞争行为的任务。第一，反垄断机构更具权威性。按照秩序自由主义的观点，虽然形成、保护竞争秩序的法律制度不限于反垄断法，但反垄断法在其中居于核心地位。[①] 反垄断机构被赋予了建立和保护竞争条件的直接责任：既要保护社会不受私人经济权力滥用的危害，又要保护个人不受政府权力的侵害。[②] 在协调其他法律与反垄断法的冲突、减少竞争的障碍方面更具主动性、权威性。

第二，反垄断机构更具独立性。反垄断法普遍适用于市场经济的各个领域，相比于其他专业管制机构，较难被“俘获”。一方面，专业管制机构的职权范围限于本行业、本领域，自然倾向于维护自身管辖范围的利益；解除管制意味着要放弃手中的权力，管制机构往往会阻碍市场化的进程。另一方面，企业长期与管制机构接触，更清楚通过做通什么部门、什么人的工作可以实现自身的利益。

第三，反垄断机构更具专业性。考察企业行为和政府的制度安排对竞争的影响，不仅需要对市场结构、行为条件、潜在的竞争威胁的充分了解，更需要对经济学知识、竞争规则的熟悉和把握。反垄断机构拥有训练有素的执法队伍、丰富的执法经验，在这些方面更具专业性。

---

① 参见[美]戴维 J. 格伯尔：《二十世纪欧洲的法律与竞争》，冯克利，魏志梅译，中国社会科学出版社 2004 年版，第 309 页。

② See David Gerber, *Constitutionalizing the Economy: German Neo-Liberalism, Competition Law, and the New Europe*, American Journal of Comparative Law, Vol. 42, No. 1(1994), pp. 36 - 37, 49.

第三章　规制标准：竞争效果标准

政府反竞争行为本质上是公权力的行使，传统法学理论从形式法治的角度出发，以权力控制作为根本的解决办法。[①] 现代竞争法则认为，政府对市场的干预除了满足权力行使的合法性要求之外，更重要的是不能逾越政府与市场应有的边界，不合理损害竞争。单纯的行政法权力控制显然不能满足这样的要求。

第一节　竞争效果标准确立的行政法逻辑

行政性垄断行为首先是公权力行为，必须受到行政法的约束；同时是一种特殊公权行为，必须具有市场干预的实质正当性。这就决定了基于现代行政法上的政府行为正当性判断标准来构造行政性垄断判断标准的正当性。

一、固守滥用行政权力标准的弊端

我国《反垄断法》第 8 条将行政性垄断界定为，行政机关和法律、法规授权的具有管理公共事务职能的组织不得滥用行政权力，排除、限制竞争。以“滥用行政权力”作为行政性垄断的判断标准，“试图通过控制行政权力达到解决行政性垄断”。[②] 关于构成行政权力滥用的条件，相关法律规范

---

① 参见李洪雷：《中国行政法（学）的发展趋势——兼评“新行政法”的兴起》，《行政法学研究》2014 年第 1 期，第 115 页。

② 徐士英：《竞争政策视野下行政性垄断行为规制路径新探》，《华东政法大学学报》2015 年第 4 期，第 28 页。

中却没有作具体规定。全国人大的立法者认为构成行政权滥用必须满足两个条件：第一，具有排除、限制竞争的效果；第二，没有法律或政策上的依据。[①] 这一标准至少带来以下严重的问题：

第一，与反垄断法目标不符。行政系统内自我纠偏的路径重心在于“规则之治”，合法性与正当性直接挂钩，只要有法可依，行政行为就具有正当性。[②] 而行政性垄断的主要形式是抽象行政行为，通过立法使政府限制竞争的行为成为“依法行政”的依据。[③] 行政性垄断由于在形式和程序上具有行政行为的合法性，似乎具有天然的正当性，这常常成为垄断者谋求责任豁免的强有力的理由。但权力行使却通常极大地损害了竞争机制。申言之，涉案行为是否正当，关涉行政权力在经济领域中运行的评价。如果仅以行政程序和行政效率作为评判的价值导向，以“合法性”作为评判标准，摒弃市场体制效率因素的考虑，根本无法确定行政行为正当性。正如学者所言，权力的正当性应当建立在对实质目的、实质正义的保证之上，在行政系统内自我纠偏过于强调形式要求，可能会限制权力对实质目的、实质正义的保证，因而也可能会使权力失去正当性。[④] 反垄断法旨在通过保护竞争实现经济效率，这种形式化评价与反垄断法追求效率的目标不符。

第二，限缩规制范围。按照目前的界定，行政垄断是“滥用行政权力”且“导致不合理限制竞争”的政府行为。“滥用行政权力”以主观故意为前提，而实践表明，政府对竞争的不合理限制可能并非出于其本意，而往往是源于政府自身缺乏对竞争重要性的认知和对政策后果估计的不足。以“滥用行政权力”为前提规制政府排除、限制竞争行为，极大地缩减了反垄断法对政府权力反竞争影响的约束范围。很多不构成行政权力滥用但又不必要、不合理地限制竞争的公权行为，无法通过反垄断法进行规制。[⑤]

---

① 中国人大常委会法制工作委员会经济法室编：《〈中华人民共和国反垄断法〉条文说明、立法理由及相关规定》，北京大学出版社 2007 年版，第 39 页。

② 徐士英：《竞争政策视野下行政性垄断行为规制路径新探》，《华东政法大学学报》2015 年第 4 期，第 30 页。

③ 参见何海波：《行政法治，我们还有多远》，《政法论坛》2013 年第 6 期，第 27—38 页；李洪雷：《中国行政法(学)的发展趋势——兼评“新行政法”的兴起》，《行政法学研究》2014 年第 1 期，第 112—118 页。

④ 龚蔚红，孙一平：《以权力正当性的形式要求为基础的形式法治——对罗尔斯〈正义论〉中法治理论的解读》，《求是学刊》2012 年第 4 期，第 99 页。

⑤ 张占江：《行政性垄断的反垄断法规制架构重构》，《华东政法大学学报》2015 年第 4 期，第 42 页。

仅仅将行政性垄断行为视为一种行政行为，依据行政法上的“合法性标准”判断其违法性，很大程度上导致涉案行政机关借助“程序合法性”掩盖“实质非合理性”，逃避反垄断法的制裁。由此形成一种错误的逻辑，只要行政行为具有合法依据，哪怕造成限制竞争的效果，也具有正当抗辩理由。在行政立法盛行的当下，很多在“依法行政”的名义下实施的行政性垄断，因形式的“合法性”而绕开了反垄断法的规制。

第三，解释上的困难。“滥用行政权力”从学理上并不能清晰解释，其内涵和表现形式，我国立法也未作明确界定。若以“滥用行政权力”作为抽象行政行为竞争审查的标准，难免陷入操作的困境。① 具有了怎样的法律依据才不属于权力“滥用”？例如，行政指导虽没有具体的法律依据，但是具备了一般的行政权限的抽象的依据，是否就不属于权力的滥用？实践中，这种由没有具体的法律依据的行政指导行为引发的限制竞争行为频繁地出现。对于这样的行为是否属于行政垄断的规制对象，从法律规范及全国人大立法者的解释中还不能予以肯定。②

二、行政法上公权力评价标准的演化

如何判断行政行为的合法性（legitimacy），是形式上符合现行法的规定，还是结果上促进实质正义，还是程序上保障当事人参与，这是近年来中国行政法学讨论的热点问题。③ 目前，对于行政权力在经济领域中的运行的评价，其评判标准的出发点和路径发生了重要变化：从单一的行政程序效率发展到还要考虑市场体制的效率。

王锡锌认为，传统行政法通过形式合法性（“合法律性”）向行政活动“传送”正当性，判断行政是否具有正当性的标准就在于行政是否与法律相一致。这一模式在当代社会面临功能障碍。他提出“行政正当性需求的回归”的思考，并且应当建立“新行政法”的制度框架，即“面向行政过程的合法化框架”，其特点为“以形式合法化、理性合法化、民主合法化为路径的复

---

① 参见汪玉涛：《论抽象行政行为的反垄断机构竞争审查》，《湖南科技大学学报（社会科学版）》2016 年第 2 期，第 94 页。

② 参见孙炜：《反垄断法规制的新视点——对行政指导卡特尔的规制》，《南开学报（哲学社会科学版）》2011 年第 3 版，第 121 页。

③ 李洪雷：《中国行政法（学）的发展趋势——兼评“新行政法”的兴起》，《行政法学研究》2014 年第 1 期，第 113 页。

合式行政合法化框架”。[①]

何海波在形式法治与实质法治对立的框架下，论证一种行政行为合法性的主张，即实质合法。他认为，形式法治有三个信条：职权法定；惟法是从；依法解决。其最大的问题在于对法律的理解偏狭、司法地位低微，导致法制统一不能很好维持、形式合法与实质合法相背离。[②] 他从实质法治的立场出发，认为合法不仅是符合法律的字面要求，它本身包含着合理、合宪；它也不仅是机械地使用法律，而是本身就要求考虑社会效果。在此基础上，他主张建立以多元法律渊源为评价标准、以司法为重心的统一的合法性评价制度。[③]

朱新力、唐明良认为，传统行政法局限于“合法性”的考量，而“新行政法”应当包括“合法性”和“最佳性”两个考量基点，实现“合法性”与“最佳性”的二维互动。[④] 这里“最佳性”有了很多实质合理性的含义。他们认为传统行政法与新行政法的区别主要表现为：在价值导向上，前者强调权力控制和权利保障，后者强调行政理性、行政民主化和行政效能；在考量重点上，前者是消极地谋其不违法，后者则是积极地谋其行政正当性和理性；在保护法益上，前者以个人权利保障为主，后者以整体公益和制度福祉推进为主。[⑤] 沿着这样的思路，新的行政法对于行政权力对市场的介入，在考量重点上更多考虑合理性边界；在保护法益上，注重竞争秩序。

回到政府与市场边界划分这一最根本的问题上，界定政府经济行为的内涵，最关键的不是争论市场与政府之间孰优孰劣，而是如何在以市场作为资源配置的基础上，提高政府经济行为的有效性，以更好地与市场的运作机理相配合，形成二者良性互动的局面。德国“新行政法学”的引领者、联邦宪法法院院长、弗莱堡大学法学院福斯库教授提出，德国行政法以资源有效配置和行政效率提升作为新的行政任务，力图改革行政组织法的内在规制结构，帮助行政机关作出正确的行政决定。[⑥] 宋功德提出了应当以

---

① 王锡锌：《行政正当性需求的回归——中国新行政法概念的提出、逻辑与制度框架》，《清华法学》2009 年第 2 期，第 106 页。

② 何海波：《实质法治：寻求行政判决的合法性》，法律出版社 2009 年版，第 18 页。

③ 同上。

④ 朱新力，唐明良等：《行政法基础理论改革的基本图谱：“合法性”与“最佳性”二维结构的展开路径》，法律出版社 2013 年版，第 4 页。

⑤ 同上。

⑥ 于立深：《多元行政任务下的行政机关自我规制》，《当代法学》2014 年第 1 期，第 13—20 页。

“交易费用的视角”研究“经济行政法的制度结构”，直接将经济效率因素作为出发点。更多的研究如“以权力运行对社会经济发展的影响为标准”，进行法律法规的制定与修订“应体现市场经济发展的需要”等。[①]

按照何海波教授的观点，现代行政法对政府行为的审查是实质合法性审查。[②] 政府行为在合宪、合法的同时，还需具有充分的合理性。明显不当的行政处罚、行政给付（尤指给予资助、补助、补偿、奖励）、行政征收（尤指税收、费用收取等）、行政裁决、行政强制等，受到严格禁止。“当与不当”主要是看是否考虑了依法应当考虑的因素，是否满足比例原则的要求，是否不合理地区别对待，是否违背已形成的裁量准则。[③]

三、行政性垄断竞争效果判断标准的证成

经济法学上提出，在评判行政权力的正当性问题上，不能仅以行政程序与形式为标准，而应以对市场机制是否造成影响为标准进行，这与行政法学的研究发展相呼应。[④] 有学者认为，“行政法思维”主导了《反垄断法》中有关行政性垄断的法律条文的制定及其实施，导致原本应该成为指导思想的“反垄断法思维”在规制行政性垄断方面悄然隐退。[⑤] 这种说法并不完全准确。准确地说，应该是传统的行政法思维左右了反垄断法对政府行为的评价。实际上，竞争法对政府行为的评价离不开行政法的支撑，只是必须建立在现代行政法对政府行为实质合法性审查的基础上，同时体现竞争法的特色。

行政性垄断兼有行政性和市场性。市场经济领域的政府行为的正当

---

① 参见应松年：《在中国法学会行政法学研究会 2003 年年会上的讲话》，《行政法学研究》2003 年第 4 期，第 2 页；姜明安：《追求法治政府：〈行政许可法〉的贡献》，《法学》2003 年第 10 期，第 81 页；于安：《政府活动的合同革命——读卡罗尔·哈洛和理查德·罗林斯：〈法与行政〉一书“酝酿中的革命”部分》，《比较法研究》2003 年第 1 期，第 112 页。

② 在 2014 年的《行政诉讼法》修改中，司法审查的标准增加了“明显不当”一项，法院对行政行为合理性问题的审查得到了立法确认。据此，学者提出了一个统合传统意义上合法、合宪、合理的“实质合法”标准。参见何海波：《论行政行为“明显不当”》，《法学研究》2016 年第 3 期，第 70—88 页。

③ 何海波：《论行政行为“明显不当”》，《法学研究》2016 年第 3 期，第 80—83 页。

④ 参见史际春，冯辉：《“问责制”研究——兼论问责制在中国经济法中的地位》，《政治与法律》2009 年第 1 期，第 5 页；张占江：《政府反竞争行为的反垄断法规制路径研究——基于路径适用的逻辑展开》，《上海财经大学学报》2014 年第 5 期，第 69—70 页。

⑤ 参见张志伟，应品广：《反垄断法思维下的行政性垄断新探》，《江西财经大学学报》2013 第 4 期，第 105 页。

性判断，应当以市场机制是否受到损害为基本标准，突破形式合法性审查的框架，集中于作为市场经济核心的竞争影响实质合理性审查。简言之，行政性垄断的认定就是要立足于市场效果，以竞争影响的合理性为衡量标准，权衡政府权力在经济领域中运行的正当性。如学者所言，行政性垄断的经济性，决定了评价标准落脚于竞争效果，[①]行政法上的评价只是基本前提。

传统评价仅关注行政行为，很少关注其经济性后果。不仅立法如此，学界主流观点也如是，代表性的观点诸如“行政性垄断与经济性垄断的区别非常明显，而根本区别在于前者是行政权力不当干预市场竞争所造成的，后者则是市场竞争发展的自然后果”，[②]过度割裂了行政性垄断和经济性垄断的联系。而仅从行政法角度出发理解行政性垄断，只能看到其“抽象和具体的行政法律行为”和“行政权力滥用”的行政性，却不能从本质上看到《反垄断法》所关注的“排除、限制竞争”的经济性。[③] 正是由于这种对行政性垄断仅停留在“行政性”层面理解的表面化和片面化，从根本上导致了对政府行为评价标准的错位和不完整。

实际上经验早就说明，并非所有限制竞争的政府行为都是不正当的，实质性的竞争效果判断标准的调整不仅更有利于政府行为准确评价，更好地厘清政府与市场的边界；也有利于行政执法机关对行政性垄断行为的“处罚建议权”的行使，以及“上级主管部门”的处理和最终的司法审查。

综上，目前行政性垄断认定标准，与行政法的发展趋势相背离，也与政府介入市场的评价需求不符，大大制约了规制效果。对政府反竞争行为评价理应回到其竞争效果标准之上。这也正是先进法域所普遍遵循的标准。

第二节　美国州行为原则适用标准从形式到实质的转向

一、形式标准的形成

在美国，反垄断法对政府行为的评价集中体现为州行为原则的适用标

---

① 参见张晨颖：《行政性垄断中经营者责任缺位的反思》，《中外法学》2018 年第 6 期，第 1636 页。

② 邓志松：《论行政垄断成因、特点及法律规制》(第二版)，法律出版社 2017 年版，第 16 页。

③ 参见张晨颖：《行政性垄断中经营者责任缺位的反思》，《中外法学》2018 年第 6 期，第 1643 页。

准。作为一个联邦制国家，美国的各州享有极大的自主权，类似主权国家，享有基于实现本州的政治、经济以及社会目的而制定本州法律的权力。在建国初期，各州基于这种自主权制定了许多保护本州利益而损害外州利益的法律。基于这些地方保护主义法律实施的管制显然是与联邦主义冲突的。解决这一问题所面临的最大难题在于，[①]如何在尊重州的主权的前提下，保护国内市场的统一。宪法中的商业条款（Commerce Clause）[②]和州行为豁免原则，在这方面发挥着关键作用。

一方面，最高法院通过各种判例确立了适用商业条款的具体标准和方法，限制了具有地方保护主义性质的州法令法规的实施，有效地维护了国内市场的统一；另一方面，最高法院通过创立州行为豁免原则，尊重了州政府和地方政府的决策功能，维护了州政府的主权，有效地保证了联邦竞争政策与州主权利益之间的平衡。[③]

1823 年，联邦最高法院在吉本斯诉奥格登案中，[④]第一次对该宪法条款进行了解释，认为宪法中有关外贸和州际商业条款中的商业显然不纯粹是一州的内部事务。在管理对外商业时，国会的权力不会受到这些州管辖范围的限制。[⑤] 从此，商业条款成为了联邦政府最大的权力来源。

联邦最高法院对商业条款适用范围的解释是较狭窄的，只有直接影响州际商业的行为才被纳入国会有权规制的范围。后来法院对商业条款逐渐进行扩张性解释，最著名案例是 1942 年的 Wickard 案。在该案中，联邦最高法院杰克逊大法官认为，如果这种行为对州际商业施加了重要的经济影响，且不管这种影响是直接的还是间接的，国会仍然可以对这些行为行使管辖权。[⑥] 该案判决后，联邦反托拉斯法触及到的领域越来越多，甚至达到了对州际贸易影响甚微的州的一些法规。这样，联邦政府通过商业条

---

① 联邦政府也存在管制，行为的管制有联邦法律的授权，也由联邦法律规制，不存在太大的矛盾。但是，州政府的管制与联邦法之间的矛盾，所体现的却是双重主权——联邦与州之间的矛盾，因而在法院判决和学术界中存有争议，需要权衡，所以成为本书讨论的重点。

② 美国《宪法》第 1 条第 8 款规定："国会有权规制与其他国家之间、各州之间，以及与印第安部落之间的商业"。这一条款通常被称为"商业条款"，该条款授权国会规制各州之间的商业。

③ 李晓鸿：《隐性行政垄断及其法律规制研究》，武汉大学 2015 年博士学位论文，第 132—133 页。

④ See Gibbons v. Ogden, 22 U. S. 1(1824).

⑤ 王丹丹，李邵根：《宪法视野中美国州权的演变》，《法律史评论》2014 年第 00 期，第 139 页。

⑥ Wickard v. Filburn, 317 U. S. 111(1942), pp. 128 - 129.

款的解释利用联邦反托拉斯法可能会削弱州管制本州经济事务的权力。[①]州政府管制与联邦法之间，特别是与联邦反托拉斯法之间的矛盾，正是肇始于此。[②]

在1943年的Parker案中，[③]最高法院不得不直面这种矛盾。[④] 为缓解这一矛盾，并维护联邦主义的政体，联邦最高法院除了限缩对州际影响的解释范围之外，还对联邦政府和州政府管制决策权进行了分配，创设了州行为豁免反垄断法审查原则。

Parker案源于加利福尼亚州的葡萄干生产商为规避价格竞争，向加州农业部请愿，推动该州制定了一部控制该州葡萄干生产、销售的《农业分配法》。依据加利福尼亚州《农业生产分配法》的授权，作为政府机关的农业生产分配委员会得以成立。该委员会的职权之一，是对生产者提出的有关限制特定农产品的销售的请求进行审查，以决定是否批准。如果委员会批准了生产者的请求，州农业部长便组织成立一个计划委员会，负责制定具体的限制农产品销售的计划。如果该计划通过了农业生产分配委员会的审查，并经一定数量和比例的生产者同意，该计划便获得了法律效力，违反者将会受到刑事处罚。依据上述程序，加州实施了一项葡萄干市场分配计划，目的在于限制竞争和稳定价格。因该计划的实施而受损的原告，诉请联邦法院禁止这项计划的实施，理由之一是这项计划违反了《谢尔曼法》第1条和第2条的规定。此案最终上诉到最高法院。最高法院认为，加州的葡萄干市场分配计划是加州政府依据州法的授权，执行州法的行为，因而，该计划的实施并非私人行为，而是州政府的行为。最高法院的判决指出，“国会不要求州服从谢尔曼法，因此，州可以自己的名义，以私人不被允许的反竞争方式从事管理或者行为。”[⑤]

接下来的问题是，认定州政府行为的具体标准是什么？在Parker案中，最高法院只给出了有限的提示：(1)州行为豁免原则必须以符合宪法

---

① See NC Dental, 135 S. Ct. at1118(Alito, J., dissenting,这种对商业权力新的解释使谢尔曼法的范围扩张); Herbert Hovenkamp, *Federalism and Antitrust Reform*, University of San Francisco Law Review, Vol. 40, No. 3(2006), pp. 627,629.(在对Wickard案的评述中认为,此案使联邦反托拉斯和州管制行为之间产生了巨大的矛盾。)

② 在美国,就政府管制与联邦反垄断法之间的冲突而言,亦存在联邦与州两个层面上的冲突,两个层面的冲突和平衡机理基本相同。但是,本书所探讨的着重于州政府的管制与联邦反垄断法之间的冲突。

③ See Parker v. Brown, 317 U. S. 341(1943).

④ See Gerald A. Poch, *State Action Exemption from the Antitrust Laws*, Boston University Law Review, Vol. 50, No. 3(1970), pp. 393,395 - 396.

⑤ Parker v. Brown, 317 U. S. 341,350 - 351(1943).

商业条款为前提;(2)州政府行为应当得到州法的授权,体现立法者的意志;(3)州政府必须以管理者的身份从事某种限制竞争的行为,该行为才能得到豁免,如果州政府只是作为普通财产关系的参与者从事活动,显然应当与私人一视同仁;(4)州政府不能仅仅出于使私人行为免于受到联邦反托拉斯法制裁的目的,而以立法的形式对私人行为进行授权,使原本违法的私人行为因披上"州政府行为"的外衣而得到豁免。显然,这些提示还远不是可供下级法院进行实际操作的标准。它们至多体现了最高法院对于州政府行为豁免原则可能被滥用的一种担心。历史的发展表明,最高法院的担心并不是多余的。[①]

Parker 案的法律效果使得反竞争的州法及其私人受益者免受反垄断法的审查,从而受到了公权的庇护。最高法院将豁免的理由归结为对于联邦制下州政府权力的尊重:"在一个具有双层结构的政府体制中,依据联邦宪法,各州享有主权,只有国会才有权依据宪法对各州的主权进行限制,如果国会的立法没有明确地表明撤销州对于其官员、雇员和代理人的支持,那么就不能轻易地推断国会具有这种意图。"[②]

州政府的管制是限制甚至排斥市场发挥作用的直接管制。联邦反托拉斯法也是一种政府管制,只是是一种以维护市场机制为前提的间接管制。州政府的管制与联邦反托拉斯法之间的矛盾,不仅反映了政府管制与市场机制之间的矛盾,而且还体现了联邦政府与州政府之间权力分配的矛盾。

立法史所展现的只是立法者对其所处的时代环境的判断,经济制度环境的巨大变化,意味着最初判断的合理性基础轰然倒塌。19 世纪末的立法者并不能预见到《谢尔曼法》在 20 世纪中叶所面临的问题。《谢尔曼法》制定时的美国经济,尚处于自由放任原则的支配之下,但 1943 年的美国,主张政府对经济进行干预的凯恩斯主义已经占据了主流地位。国会制定《谢尔曼法》的依据,是宪法赋予的贸易管理权。在《谢尔曼法》通过的时候,国会的这一权力被限制在相当小的范围内,当时的国会议员们不可能会考虑《谢尔曼法》是否适合用于州政府行为的问题。[③] 但到了 Parker 案

---

① 陈彤:《管制抑或竞争:选择权应该交给谁?——探析"州政府行为豁免原则"背后的问题意识》,《北大法律评论》2006 年第 00 期,第 513 页。

② Parker v. Brown, 317 U.S. 341,351(1943).

③ See Paul E. Slater, *Antitrust and Government Action: A Formula for Narrowing Parker v. Brown*, Northwestern University Law Review, Vol. 69, No. 1(1974 - 1975), pp. 71,84 - 86.

的时代，商业条款的内涵已经发生了巨大的变化，国会的权力已经得到极大的扩展。① 最高法院仍然试图以半个世纪前的国会的立法意图来证成自己的结论，显然难以令人信服。

伴随着政府对于经济领域的不断介入，传统的私人自治的领域渗透进越来越多的公权力的因素，政府行为与私人行为以各种公私合作的形式纠缠在一起。政府可能与名义上是私人的个人、协会、俱乐部有着盘根错节的关系；这些私人主体的行为可能是州政府授权的，或在很大的程度上受州政府的鼓励，以至将其贴上"私人行为"的标签不大适宜。② 在这样的情况下，很多私人行为在州行为外衣的庇护之下，逃脱了反垄断制裁。

联邦最高法院在 1980 年的 Midcal 案中指出了一个针对私人相关主体的双管齐下的检测标准（a two-pronged test），以确定哪些受到州管制的行为可以适用反垄断法豁免。根据双管齐下的测试标准，相关私人主体要想主张反垄断豁免就必须证明其受质疑的行为：明确授权（Clear Articulation）——"作为州政策被清晰陈述和肯定表达"；积极监管（Active Supervision）——"由该政策所授权的行为必须受到州本身的积极监管"。③ 这一标准调和了州政府在制定反竞争政策中的利益与国家促进强有力的竞争政策之间的矛盾，确保竞争政策至少不会在州政府并不打算限制竞争的地方被忽视，并保证得到豁免的州行为的确是州民主政治的结果，州对该行为进行了足够独立的判断与控制，而不是伪装成州政府行为的追求私人利益的私人反竞争行为，以防止州行为豁免原则的滥用。

虽然联邦最高法院在此后的案件中所适用的审查标准的具体尺度有所有不同，但始终没有在根本上突破 Midcal 案所确立的这一双管齐下的审查标准。④ 即，始终没有探究管制行为的实际影响，而只停留在对州管制的形式审查。在这种形式审查标准之下，最高法院似乎更多地考虑了联邦政府与州政府之间的分权，并且将这一矛盾的解决视为正确处理管制与竞争的矛盾的前提。最高法院通过州行为豁免原则所要实现的，只是保证

---

① 参见[美]杰罗姆·巴伦，托马斯·迪恩斯：《美国宪法概论》，刘瑞祥等译，中国社会科学出版社 1995 年版，第 43—50 页。

② 陈彤：《管制抑或竞争：选择权应该交给谁？——探析"州政府行为豁免原则"背后的问题意识》，《北大法律评论》2006 年第 00 期，第 513 页。

③ California Retail Liquor Dealers Association v. Midcal Aluminum, Inc., 445 U. S. 97 (1980).

④ 在 Ticor 案中，法院认为"积极监管"这一要求不是让州的管制行为符合效率这一标准，而是要保证这个反竞争的制度来自于州本身。See Ticor, 504 U. S. pp. 634 - 635.

州政府的管制政策不因各种反托拉斯法诉讼而陷入瘫痪，至于说这种政策的合理性，最高法院似乎更寄希望于各州民主制度的正确运行，而不是联邦法院的司法审查。①

但州管制并不像人们想象中的那样美好。相反，在很多情况下，政府的管制不当地抑制甚至排除了竞争，导致经济效率的低下，甚至被俘获后沦为少数利益集团掠夺大众的工具。Parker 案似乎是为州行为筑起了一道保护屏障，无论其是否具有反竞争后果，只要反竞争行为来源于州本身则享有豁免。Midcal 案所确立的标准虽趋于严格，但仍然没有突破程序审查的界限，州行为豁免原则如同反托拉斯法盔甲上的一道巨大裂痕，反而愈加扩大。

作为一个普遍的打击公权力损害竞争计划的一部分，FTC 政府行为特别工作组对州行为豁免进行了全面研究。特别小组报告的结论是，随着时间的推移，法院对州行为原则的实际限制能力大大削弱了。"清晰表述"和"积极监督"的要求都是变化的，对其解释也存在争议，甚至导致了豁免的不当扩张。② "积极监督"的标准仍是不明确的。由于缺乏透明性，积极监督的条件没有充分限制基于州行为原则的豁免。③ "清晰表述"同样缺乏确定性。一系列案例（特别是那些已到达最高法院的案例）表明，对"清晰表述"趋于扩大化的解释很容易导致对竞争的更大范围的取代。④ 在 Town of Hallie v. City of Eau Claire 案中，⑤最高法院认为，当州法使得反竞争的行为是"可预见的结果"时，"清晰表述"的条件就得到了满足。这一标准导致法院放纵了明显的反竞争行为。

---

① 陈彤：《管制抑或竞争：选择权应该交给谁？——探析"州政府行为豁免原则"背后的问题意识》，《北大法律评论》2006 年第 00 期，第 519—520 页。

② See John T. Delacourt, Todd J. Zywicki, *The FTC and State Action: Evolving Views on the Proper Role of Government*, Antitrust Law Journal, Vol. 72, No. 3(2005), p. 1087.

③ 特别小组建议积极监督必须作狭义解释。积极监督必须满足三个要求：(1)详细的事实记录，包括通知，及政策的批评听证机会；(2)有关优点的书面决定；(3)具体的评估，即私人行为如何满足州的实质性标准的定性和定量评估。

④ See Todd J. Zywicki, *Report of The State Action Task Force*, pp. 26 - 34. http://www.ftc.gov/os/2003/09/stateactionreport.pdf, last visit on Jun. 20, 2019. 清晰表达取决于"是否清楚表明在特定领域用管制取代竞争"。S. Motor Carriers Rate Conference, Inc. v. United States, 471 U. S. 48, 64(1985); Darren Bush, *Mission Creep: Antitrust Exemptions and Immunities as Applied to Deregulated Industries*, Utah Law Review, Vol. 2006, No. 3(2006), pp. 761, 767.

⑤ 471 U. S. 34(1985).

二、实质标准的转向

为了将那些不符合联邦竞争政策的管制驱逐出豁免的庇护范围，学者建议联邦最高法院放弃对州行为豁免原则的程序性审查，转而对州政府的管制政策进行实质性审查，特别是自 19 世纪 70 年代后。[①] 有观点主张，根据宪法最高条款(Supremacy Clause)的要求，[②]需审查州法的实质内容是否与联邦法律的目的相抵触或者阻碍了联邦法律的实施。[③] Blackmun 大法官在 Cantor 案中认为豁免应遵循合理原则(Rule of Reason)，州的反竞争行为应该也像其他行为一样被衡量，即衡量潜在危害是否超过了可得利益。John Whepard Wiley 教授的反托拉斯联邦主义(Antitrust Federalism)的俘获理论包含了一些实质性的要素，他提议的测试豁免的方式的其中一个标准便是，限制竞争的行为是否直接有导致实质性的市场低效率的后果。[④] Frank Easterbrook 教授认为，豁免测试应该深入调查对州际贸易的限制，并让这些具有严重州际溢出效应的限制行为无效。[⑤] Paul E. Slater 教授对 Blackmum 大法官在 Cantor 案中的观点表示赞同，提倡豁免测试应该倾向于测试管制行为给州带来的利益是否超过了联邦竞争政策的利益。[⑥]

---

① See S. Paul Posner, *The Proper Relationship between State Regulation and the Federal Antitrust Laws*, New York University Law Review, Vol. 49, No. 5(1974), pp. 693 - 739; See Paul E. Slater, *Antitrust and Government Action: A Formula for Narrowing Parker v. Brown*, Northwestern University Law Review, Vol. 69, No. 1(1974 - 1975), p. 71; Stephen C. Sherrill, *Notes, Parker v. Brown Revisited: The Doctrine After Goldfarb, Cantor, and Bates*, Columbia Law Review, Vol. 77, No. 6(1977), pp. 931 - 932.

② 根据美国宪法第六条第二款的精神，地方政府从属于联邦政府，地方政府和联邦法律若有冲突以联邦法律为准。

③ See Paul E. Slater, *Antitrust and Government Action: A Formula for Narrowing Parker v. Brown*, Northwestern University Law Review, Vol. 69, No. 1(1974 - 1975), p. 78.

④ John Shepard Wiley, *A Capture Theory of Antitrust Federalism*, Harvard Law Review, Vol. 99, No. 4(1986), p. 713.

⑤ See Frank H. Easterbrook, *Antitrust and the Economics of Federalism*, The Journal of Law and Economics, Vol. 26, No. 1(1983), p. 35,45.

⑥ See Paul E. Slater, *Antitrust and Government Action: A Formula for Narrowing Parker v. Brown*, Northwestern University Law Review, Vol. 69, No. 1(1974 - 1975), pp. 104 - 105; See S. Paul Posner, *The Proper Relationship Between State* (转下页)

实质审查学者们认为联邦法院在适用州行为豁免原则的时候，应当审查州政府的管制对于经济效率的影响，以甄别出那些本质上有损于经济效率的管制，避免给予这样的管制豁免。对于州行为豁免原则而言，该主张实质上是反对给“州政府行为”这一概念以程序化的定义，而主张增加“符合经济效率”的实质性内涵，以缩小豁免适用的范围。因此，适用州政府行为豁免的具体标准，不应当只是程序性的，还应当包含那些可以将有损于经济效率的管制排除在外的实质性标准。[①] 正如 Wiley 教授认为衡量一个管制行为的好坏时，应该考虑：管制政策的出台是不是为了应对市场失灵？管制政策的出台是不是决策者被生产商“俘获”的结果？[②]

程序性审查和实质性审查的不同，在于审查范围的不同。司法审查的范围实际上是在行政机关和法院之间进行权力和责任的分配。[③] 就州行为豁免原则的适用而言，司法审查的范围实际上是在联邦政府与州政府之间进行权力和责任的分配，即是否进行管制，如何进行管制，究竟是由代表联邦政府的联邦法院决定，还是由州政府决定。程序性审查是将问题的决定权留给了州政府，联邦法院只是从程序上保证州政府的管制是各州民主制度运行的结果。实质性正当程序的审查方法，使法院处于最高立法者的地位，法院常常以自己的判断来代替立法者的判断。这一角色显然与其自身定位不符。同时，主张以经济效率的标准对州政府的管制进行实质性审查以决定是否给予联邦反托拉斯法的豁免的观点，与 Lochner 时代的实质性正当程序在本质上并无不同，[④]只不过是名词的转换而已。宪法的正当程序条款被换成了联邦反托拉斯法，合同自由被换成了经济效率，不变的却是司法权力的过度扩张。[⑤] 尽管面临不少责难，但不能否认实质审查需求及其合理性。

（接上页）*Regulation and the Federal Antitrust Laws*, New York University Law Review, Vol. 49, No. 5(1974), pp. 714 - 717.

① 陈彤：《管制抑或竞争：选择权应该交给谁？——探析“州政府行为豁免原则”背后的问题意识》，《北大法律评论》2006 年第 00 期，第 518 页。

② See John Shepard Wiley, *A Capture Theory of Antitrust Federalism*, Harvard Law Review, Vol. 99, No. 4(1986), pp. 741 - 776.

③ 王名扬：《美国行政法》，北京大学出版社 2016 年版，第 674 页。

④ 以 Lochner 案为标志，联邦最高法院形成了经济实质性正当程序理论，其核心是在对契约自由权利的宪法保护。

⑤ Merrick B. Garland, *Antitrust and State Action*: *Economic Efficiency and Political Process*, Yale Law Journal, Vol. 96, No. 3(1987), pp. 508 - 512.

第三节 欧盟对政府与企业在竞争效果标准下的统一规制

秩序自由主义(Ordo-liberalism)持续影响了二战后欧洲竞争法的建立和实施。由经济学和法学家共同创立的秩序自由主义,将经济理性和法律规则紧密地联系在一起,以“保护竞争过程不受扭曲”为主线,禁止政府和企业行为导致市场力量的形成和滥用。[①] 尽管欧盟反垄断规范中并未出现政府反竞争行为的表述,却从一开始就是把政府与企业行为对竞争的损害,统一归入对竞争过程的损害,适用共同的制度分析框架。也就是说,欧洲竞争法一以贯之地基于其竞争效果判断其行为的合法性。对竞争法规制政府行为标准的论证转变为其对政府与企业统一规制的理论基础和规范结构论证。

一、统一适用竞争效果标准的理论基础

基于对极端放任和国家计划两种经济秩序存在不足的深刻认识,秩序自由主义者主张建立一种介于二者之间的交换型经济秩序,该秩序的实质就是以竞争为主要特征的市场经济秩序。[②] 在他们看来,这样的经济秩序才是确保经济效率和人的尊严的唯一途径。[③] 他们所强调的竞争是所有企业通过真实的绩效建立竞争优势,而且唯有通过满足消费者需求所实现的绩效才对企业成功具有决定性意义。这种绩效竞争观清晰地表明了对非市场化的竞争优势及特权的排斥。

秩序自由主义认为,市场经济秩序不能自发地出现和维持,企业和政府都可能损害竞争。一方面,竞争本身孕育着毁灭竞争的力量,任何企业都有摆脱竞争约束的强烈愿望,对此,政府必须禁止卡特尔及滥用市场支配地位等排除、限制竞争行为。另一方面,政府本身也经常损害竞争。正

① [德]瓦尔特·欧肯:《经济政策的原则》,李道斌等译,中国社会科学出版社 2014 年版,第 1、15 页。

② 参见[美]戴维 J. 格伯尔:《二十世纪欧洲的法律与竞争》,冯克利,魏志梅译,中国社会科学出版社 2004 年版,第 476 页。

③ 同上,第 296 页。

如秩序自由主义旗手欧肯所指出的："垄断的形成很可能是政府自己鼓励下的产物。"[①]专利政策、贸易政策、税收政策都可能为垄断的形成提供便利；管制也可能导致垄断，"如果取消费率管制，很多领域的价格卡特尔都难以继续存在。"基于此，"反竞争策略的深度根源不应仅在私人领域寻找，而应同时追溯到作出政府干预决策的政治领域。"[②]

从实际效果上看，严重、持久的竞争损害往往是源于政府缺乏远见或者企业千方百计说服政府给予其垄断特权或帮助其扩大垄断特权。因此，市场经济秩序的构造必须以整个经济体内部的最大化的合意为基础，所有的制度安排都需围绕促进和保护竞争的目标，这就需要宪法的最高权威将维护竞争秩序作为一种合意固定下来，确保政府制度构造的统一。在此意义上言，秩序自由主义者所定义的市场经济秩序是一个没有特权、非歧视的宪法秩序。[③]

秩序自由主义虽对政府干预保持高度警惕，但并不排斥所有政府对经济干预的存在，而是对其作了二元区分：其一，干预市场过程的过程政策；其二，确立市场交易过程得以有效进行的制度框架的秩序政策（例如，开放市场、契约自由、私有产权、政策连续性和稳定性等）。在二者之间，秩序自由主义者主张，政府一般"应限于塑造经济秩序，保护和促进竞争，不应超越此界限而试图以统制方式干预经济过程"。[④] 当然，他们也认可在特定的经济环境下，政府对竞争的扭曲（例如，赋予企业垄断经营权）不可避免，只是须与整体竞争秩序保持一致，秉持中立和"竞争损害最小原则"（例如，通过公开招标授予企业排他经营权）。整体而言，秩序自由主义构造的宪政秩序，虽然不会对经济秩序作出绝对的、排他性的选择，而是给次级立法者留有一定的弹性空间，但基本权利条款的解释仍然能够得出，自由竞争是基本经济秩序的主要面向，政府干预只是修正或补充，二者是原则与例外的关系。

在经济宪法规定市场经济体制的前提下，自由竞争与基本权利紧密相

---

① Viktor J. Vanberg, *The Freiburg School: Walter Eucken and Ordoliberalism*, Freiburg discussion papers on constitutional economics, No. 04/11, 2004, p. 14, http://econstor.eu/bitstream/10419/4343/1/04_11bw.pdf, last visit on Jan. 22, 2018.

② Viktor J. Vanberg, *The Freiburg School: Walter Eucken and Ordoliberalism*, Freiburg discussion papers on constitutional economics, No. 04/11, 2004, p. 14, http://econstor.eu/bitstream/10419/4343/1/04_11bw.pdf, last visit on Jan. 22, 2018.

③ 参见维克托尔·J. 范贝格：《弗莱堡学派：瓦尔特·欧肯和秩序自由主义》，载姚中秋主编：《自发秩序与理性》，浙江大学出版社2008年版，第260页。

④ 冯兴元：《弗莱堡学派代表人物欧肯其人及其经济思想》，《学术界》2014年第3期，第46页。

连，甚至被直接作为基本权利加以保护。[①] 这主要是基于三点理由。其一，竞争秩序源于自由、尊严等人道主义价值，而不仅是效率或其他单纯的经济关切。[②] 其二，自由竞争是政治民主的前提。禁止市场力量的形成，能够有效避免垄断企业干预政治决定、抑制腐败。其三，对竞争的损害源于政府和私人，保护竞争本身意味着同时要对抗源自私人与政府力量的强制。

经济宪法行之有效，依赖于与之适应的法律框架。对竞争损害并不完全是私人一方对另一方权利的损害，也不单纯是国家干预对私人权利的侵害，故很难将其纳入私法或公法的范畴。规制企业市场力量形成和滥用对整个经济秩序的影响，需要一个新的法律机制——反垄断法，它被赋予了建立和维护竞争秩序的直接责任。

由于对企业自由竞争（如营业自由、契约自由）的保护可从人格自由等基本权利引申出来，[③]只有在这种自由被滥用或市场失灵时才允许政府基于公共利益限制与自由竞争有关的基本权利。因此，保护竞争的反垄断法相对于扭曲竞争的政府干预（管制）法而言，[④]具有基本法（primary law）的优先性。[⑤] 相应地，反垄断机构有权基于反垄断法的目标和原理，审查管制是否满足"竞争损害最小原则"的要求。宪法只是明确"竞争优先"而不是"竞争独大"，[⑥]因此，这种审查是个案式的，绝非抽象地否定任何与之冲

---

① See Liza Lovdahl Gormsen, *A Principled Approach to Abuse of Dominance in European Competition Law*, Cambridge University Press, 2010, pp. 96 - 99. 我国同样有学者认为，基本权利是开放的体系，经济活动的自由属于基本权利。参见张翔：《基本权利的体系思维》，《清华法学》2012 年第 4 期，第 12—36 页。

② 参见[美]戴维 J. 格伯尔：《二十世纪欧洲的法律与竞争》，冯克利，魏志梅译，中国社会科学出版社 2004 年版，第 296 页。

③ 参见[德]罗尔夫·施托贝尔：《经济宪法与经济行政法》，谢立斌译，商务印书馆 2008 年版，第 111—126 页。

④ 反垄断法作为保护和恢复竞争的法，往往被视为间接规制，不同于直接介入或取代竞争的直接规制。在竞争法领域，后者被称为管制，与反垄断法并列。See Niamh Dunne, *Competition Law and Economic Regulation*, Cambridge University Press, 2015, pp. 33 - 48.

⑤ See Marquis M., *The State of State Action in EU Competition Law (Post-Greek Lignite) and a National Competition Strategy for China*, Niels Philipsen etc. (eds), Market Integration: The EU Experience and Implications for Regulatory Reform in China, Springer Berlin Heidelberg, 2016, p. 44；吴秀明：《竞争法研究》，元照出版有限公司 2010 年版，第 215 页。

⑥ See Marquis M., *The State of State Action in EU Competition Law (Post-Greek Lignite) and a National Competition Strategy for China*, Niels Philipsen etc. (eds), Market Integration: The EU Experience and Implications for Regulatory Reform in China, Springer Berlin Heidelberg, 2016, p. 91.

突的政府干预的效力。

反垄断法是对宪法所确立的保护竞争制度架构的细化。这种一以贯之的联系使其毫无争议地成为构造和维护竞争秩序的柱石，在整个市场经济法律框架中居于核心地位。① 它不仅在保护竞争这一维度上具有约束政府行为的合理性，更具有充分的合法性。其他法律与反垄断法冲突的根源在于损害了宪法所确立的基本经济秩序中自由竞争相对于政府干预的优先性。

从原理上讲，反垄断法以"保护竞争过程不受扭曲"为主线禁止市场力量的形成和滥用。② 市场力量是企业行为或政府行为单独或共同作用的结果。在市场化的领域内，企业市场力量的形成和滥用多源于其自身的决策；在非市场化领域内，则既可能源于政府的直接授权，也可能源于政府的间接帮助。在禁止企业反竞争行为时，反垄断法不可避免地涉及对其背后的政府行为的审查。因此，对政府行为的规制而言，它不仅禁止政府直接给予企业市场力量，还间接规制政府为企业反竞争行为提供便利，间接帮助其维持或加强市场力量。

总之，秩序自由主义很大程度上塑造了欧盟竞争法，使其从一开始就以规制"市场力量的形成和滥用"为核心，将对政府行为和企业行为的规制融合在一起，形成了一个针对政府扭曲的完整规制体系。简言之，欧盟竞争法从一开始就是把政府与企业行为对竞争的损害，统一归入对竞争过程的损害，适用共同的制度分析框架。也就是说，都是基于其竞争效果判断其行为的合法性。

二、统一适用竞争效果标准的规范结构

欧盟竞争法律制度的主要渊源是《欧盟运作条约》的第 101 条至第 109 条，这一系列条款构成保证欧盟内部大市场中竞争机制不被扭曲的核心法律条款。欧盟竞争法体系内的限制竞争行为，是指对竞争机制造成阻碍、

---

① ［美］戴维 J. 格伯尔：《二十世纪欧洲的法律与竞争》，冯克利，魏志梅译，中国社会科学出版社 2004 年版，第 309 页。

② 参见［德］瓦尔特·欧肯：《经济政策的原则》，李道斌等译，中国社会科学出版社 2014 年版，译校序，第 1 页、第 15 页。

限制与扭曲的，损害供给方或需求方与竞争有关的行动自由的行为。① 作为上位概念，它包括国家限制竞争行为、私人限制竞争行为与自然垄断。② 而其中的国家限制竞争行为，亦称政府反竞争行为，包括附属性国家限制竞争行为、国家援助、国家垄断等。

就欧盟国家限制竞争行为而言，它包括直接行为与间接行为两种类型。间接性的国家限制竞争行为，又细分为“非附属性的间接性质的国家限制竞争行为”与“附属性的间接性质的国家限制竞争行为”。前者通常与企业实施的经济垄断行为没有关联关系，包括欧盟成员国在质量、国家安全、税收与价格领域采取的立法行为与行政管理行为。③ 而后者是作为企业反竞争行为的前提诱因或促进因素，对以《欧盟运作条约》第 101 与 102 条为代表的欧盟反垄断法条款适用的实际效力产生间接负面影响的国家限制竞争行为。④

与政府反竞争行为直接与间接的分类相对应，欧盟竞争法对其形成了直接规制与间接规制并存的体系结构。一般而言，对国家援助主要是直接规制。因为国家援助很少与企业反竞争行为直接挂钩，其主要形式包括：(1)国家税收优惠；(2)国家对国有企业投资；(3)国家低息贷款；(4)国家担保；⑤(5)国家以低于市场价的价格向企业提供经营所需不动产；(6)国家以高于市场价的价格购买企业产品与服务；(7)国家通过补贴消费者等方式间接补贴企业；⑥(8)国家债务减免。⑦

欧盟在设立例外豁免条款与许可保留条款的前提下，对于国家援助行为适用一般性与预防性的禁止条款。⑧《欧盟运作条约》第 107 条从“应当禁止、应当豁免与可以豁免”三个层面区分界定了关于国家援助规制的不同

---

① Prestel, Wettbewerbsbeschränkungen: im Rahmen des Kartellverbots, http://www.it-recht-kanzlei.de/wettbewerbsbeschränkungen-kartellverbot.html, Stand: 09.06.2014.

② O.A., Zentrale Begriffe, http://www.ip.mpg.de/files/pdf1/zentrale_begriffe15.pdf, Stand: 24.04.2014.

③ Kilian, Europäisches Wirtschaftsrecht, München, 2008, S. 181 f.

④ Vgl. Kilian, Europäisches Wirtschaftsrecht, München, 2008, S. 182.

⑤ 王晓晔：《反垄断法》，法律出版社 2011 年版，第 306—307 页。

⑥ 翟巍：《欧盟竞争法视野下的国家补助规制机制》，《竞争政策研究》2015 年第 3 期，第 81 页。

⑦ Vgl. BMWi, Beihilfenkontrollpolitik, https://www.bmwi.de/Redaktion/DE/Artikel/Europa/beihilfenkontrollpolitik.html, besucht am 13.08.2018.

⑧ Witt, Beihilfenrecht, http://hwb-eup2009.mpipriv.de/index.php/Beihilfenrecht, besucht am 06.05.2019.

法律后果。[1] 根据《欧盟运作条约》第 107 条第 2 款，凡是符合该条款所述特征的国家援助行为类型，[2]均被视为“自动”具备与欧盟内部市场相兼容的特性，因而在欧盟国家援助法律制度框架下，这一系列国家援助行为类型具有天然的合法性。根据《欧盟运作条约》第 107 条第 3 款，[3]符合该条款所述特征的国家援助行为类型并不能“自动”获得合法性。欧盟委员会对于“是否应当豁免这一系列国家援助行为类型”具有自由裁量空间。[4]

欧盟委员会越来越重视基于竞争效果判断一项援助是否与条约相抵触。在根据《欧盟运作条约》第 107 条进行评估的时候，一方面考虑该项援助措施扭曲竞争的程度，另一方面考虑援助的必要性以及市场失灵的原因。[5] 或者说，“该项国家援助的规划设计是否能够确保，基于一项共同利益目标而产生的正面影响大于其对于贸易与竞争产生的可能的负面影响”。[6] 除了满足透明度等其他条件外，[7]该项国家援助措施必须能够最大程度避免对欧盟成员国之间的竞争与贸易产生过度的负面影响；也就是说，该项国家援助措施的负面影响应当得到充分限制，以使该项国家援助

---

① 翟巍：《欧盟竞争法视野下的国家补助规制机制》，《竞争政策研究》2015 年第 3 期，第 81 页。

② 《欧盟运作条约》第 107 条第 2 款规定：“与内部市场相一致的援助有以下几种：(a)给予个体消费者的具有社会性的援助，条件是此项援助不得因产品的产地而有所区别；(b)为救济因自然灾害或其他突发事件而造成的损害所提供的援助；(c)为经济受分裂影响的联邦德国特定地区提供的援助，此种援助是弥补分裂所造成的经济损失所必需的。在委员会建议下，理事会可在《里斯本条约》生效 5 年后通过颁布决定的方式使本项内容失效。”

③ 《欧盟运作条约》第 107 条第 3 款规定：“可被认定为与内部市场相一致的援助有以下几种：(a)为促进生活水平异常低下或严重失业地区的经济发展而提供的援助，以及基于地区的结构、经济与社会状况而为促进本条约第 349 条涉及地区经济发展所提供的援助；(b)为推动关涉共同欧洲利益的重要计划实施而提供的援助，或者为补救成员国经济生活遇到的严重干扰而提供的援助；(c)为促进某些经济活动或经济领域的发展而提供的援助，这些援助对于贸易条件的改变不得抵触共同利益；(d)为促进文化发展和文化遗产保护而提供的援助，这样的援助不得在抵触共同利益的程度上妨碍影响联盟贸易与竞争条件；(e)其他种类的援助，这些援助经委员会提议，由理事会通过颁布决定的方式予以确定。”

④ BMWi, Handbuch über staatliche Beihilfen, Handreichung für die Praxis von BMWi-EA6, Stand: Januar 2016, S. 14.

⑤ State Aid Action Plan: Less and Better Target State Aid: A Roadmap for State Aid Reform 2005 - 2009, COM(2005)107 final, para. 23.

⑥ Europäische Kommission, Leitlinien für Regionalbeihilfen 2014 - 2020, (2013/C 209/01), Rn. 25.

⑦ 参见《关于援助法现代化的通告》，Europäische Kommission, Mitteilung der Kommission an das Europäische Parlament, den Rat, den Europäischen Wirtschafts-und Sozialausschuss und den Ausschuss der Regionen: Modernisierung des Beihilferechts。

措施的正面影响大于负面影响，即：该项国家援助措施的总体影响具有正面性。①

欧盟国家援助法律制度主要规制对象为融资形式的国家援助行为与具有宽泛性、普遍性特征的政府资源转移行为。然而，欧盟国家援助法律制度的规制对象无法涵盖能够对欧盟内部市场竞争机制产生不利影响的所有类型的成员国活动(譬如，不涉及财政资源转移的政府援助行为或扶持行为)，基于这一原因，欧盟创设了附属性国家限制竞争行为规制制度，其创设目的是为了有效规制不属于欧盟国家援助法律制度规制范畴的其他类型的欧盟成员国限制竞争行为(反竞争行为)。②

附属性国家限制竞争行为，是指欧盟成员国采取的可能导致特定企业(譬如，国有公共企业)经济垄断行为发生或强化特定企业经济垄断行为负面影响的各种类型的国家限制竞争措施。依据欧洲法院的司法判例，欧盟成员国这类促使、导致、强化"公共企业或特权企业实施违反欧盟反垄断法的经济垄断行为"的国家行为主要表现形式为国家限制竞争行为，其既包括国家立法行为与抽象行政行为(如颁布指令、规章)，又包括行政管理与委托等具体行政行为。③ 这类国家限制竞争行为可以细分为四大类型：(1)"通过指令等方式强制公共企业或特权企业从事经济垄断行为"；(2)"利用授予特许经营权等手段为公共企业或特权企业从事经济垄断行为提供便利"；(3)"强化公共企业或特权企业从事经济垄断行为产生的限制竞争影响"；(4)"向私法性质的市场经营者转嫁国家责任(公共义务)"。④

在欧盟附属性国家限制竞争行为规制制度框架下，欧盟成员国实施的附属性国家限制竞争行为受到《欧盟运作条约》第 106 条第 1 款的一般性禁止；⑤

---

① Europäische Kommission, Leitlinien für Regionalbeihilfen 2014 - 2020, (2013/C 209/01), Rn. 26.

② [美]威廉·科瓦西奇，[英]林至人，[英]德里克·莫里斯：《市场竞争面临的政策和体制障碍》；[美]威廉·科瓦西奇，[英]林至人，[英]德里克·莫里斯：《以竞争促增长：国际视角》，中信出版集团 2017 年版，第 47 页。

③ Wiedemann, in: Wiedemann, Kartellrecht, München, 2008, § 2, Rn. 12b; Jung, in: Calliess/Ruffert, EUV/EGV, Kommentar, München, 2007, Art. 86 EGV, Rn. 18.

④ Vgl. Lange, Die Anwendung des europäischen Kartellverbots auf staatliche Eingriffe in das Marktgeschehen, in: EuR 2008, 3, 6; Reinstadler, Staatliche Wirtschaftsregulierung und europäisches Kartellrecht, in: ZeuS 2005, 479, 483; Korah, An Introductory Guide to EC Competition Law and Practice, Oregon, 2007, pp. 218 - 224.

⑤ 《欧盟运作条约》第 106 条第 1 款规定："成员国在涉及公共企业与由成员国授予特许权或独占权的企业时，不得采取或维持违反诸条约，尤其是本条约第 18 条、第 101 至 109 条规定的措施。"

但基于《欧盟运作条约》第 106 条第 2 款的规定，[①]在普遍经济利益服务领域实施的附属性国家限制竞争行为可得欧盟豁免。该项豁免规定体现了欧盟利益与欧盟成员国利益之间的动态协调与平衡。

如果某欧盟成员国政府发布行政指令强制要求该国多家大型油漆企业成立价格卡特尔，最终导致该卡特尔操控欧盟内部市场油漆价格的垄断后果，那么多家企业形式上构成了违反欧盟反垄断法的垄断协议行为，但造成垄断后果的实质原因是政府的行政指令行为。表层企业限制竞争行为与深层次政府限制竞争行为都要受到禁止。对于政府限制竞争行为的禁止是在对企业限制竞争禁止后的一种间接规制。

① 《欧盟运作条约》第 106 条第 2 款规定："对于受委托从事普遍经济利益服务的企业或具有财政垄断性质的企业，适用诸条约的条款，尤其是竞争规定，只要这些条款的适用没有在法律上或事实上妨碍这些企业承担转嫁给它们的特定任务。"

第四章　规制路径：原则性禁止与例外豁免

秩序自由主义很大程度上塑造了欧盟竞争法，使其从一开始就以规制“市场力量的形成和滥用”为核心，将对政府行为和企业行为的规制融合在一起，形成了一个针对政府扭曲的完整规制体系。一方面，禁止政府直接给予特定企业市场力量；另一方面，禁止政府为特定企业排除、限制竞争提供便利，间接帮助其维持或加强市场力量。当然，反垄断法禁止某种形式的行为并不必然表示禁止这种行为类型本身，最终的禁止需要同时具备“行为”和“损害竞争后果（风险）”两个要件。①

在全面禁止政府行为扭曲竞争的同时，欧盟竞争法还通过豁免制度为实现公共利益的政府干预预留了空间。其最大的成功就在于将这种豁免全面纳入了竞争审查的范围。因此，尽管从未在规范中直接出现政府反竞争行为的表述，但内在机理的契合，使得欧盟竞争法成为了政府反竞争行为规制的典范。

需要明确的是，所谓原则性（直接与间接）禁止、例外性（直接与间接）豁免双轨并行的规制路径，并不是一种泾渭分明的划分，而是可能存在交叉与重叠。这种理论上的抽象，根本的目的在于形成严密、周延的规制体系，最大程度上约束政府反竞争行为。

第一节　原则性禁止

欧盟制定了两个直接机制来明确防止成员国政府的反竞争行为。一个机制，是对国家援助的原则性禁止；另一个机制，是对政府管制的原则性

① 参见兰磊：《转售价格维持违法推定之批判》，《清华法学》2016 年第 2 期，第 104 页。

禁止。后者覆盖了不在国家援助监管规定范围内的所有反竞争措施与活动。[①]

一、直接禁止

基于建立统一大市场之需,欧盟原则上禁止政府任何对竞争的扭曲或损害(统称"政府反竞争行为")。按照是否涉及政府资源的转移,政府反竞争行为被分为政府援助(财政补贴、税收、金融支持等)、政府作为产品和服务的供给者(国有企业、公共企业或特权企业)或购买者直接参与市场,以及政府管制,相关行为统一被纳入竞争法的分析框架。[②]

(一) 政府援助

国家援助(亦称政府援助),指欧盟成员国通过优待某些企业或某些生产部门的方式,直接提供或利用成员国资源提供的具有扭曲竞争影响或危险的任何类型的直接性或间接性优势,并且此类优势妨碍或能够妨碍欧盟各成员国之间的贸易。[③] 其本质上是对受援助企业的偏袒,使受援助企业获得源于国家的非市场化优势。[④] 市场能否有效运行在很大程度上取决于能否为所有参与市场竞争的经营者提供相同的竞争条件,因而如果公权力机关为个别企业提供国家援助(补贴),那么,该项国家援助行为就可能扭曲市场的公平竞争机制,损害效率与创新,妨碍经济的长期发展。

欧盟国家援助行为属于广义上的国家限制竞争行为。在欧盟国家援助法律制度框架下,国家援助行为可以细分为积极补助与消极补助两种子类型。[⑤] 所谓积极补助措施是指欧盟成员国公权力机关给予企业或行业在正常市场条件下无法获得的经济利益的举措。所谓消极补助措施是指欧盟成员国公权力机关采取的减免企业或行业正常运营成本或负担的措施。[⑥]依据国家援助行为对于欧盟内部市场竞争机制的影响程度,欧盟国家援助

---

① [美]威廉·科瓦西奇,[英]林至人,[英]德里克·莫里斯:《以竞争促增长:国际视角》,中信出版集团 2017 年版,第 47 页。

② 同上书,第 46—47 页。

③ Wiki, Beihilfe (EU), Stand: 03. 05. 2018.

④ See A. Evans, *EC Law of State Aid*, Oxford University Press, 1997, p. 28.

⑤ 翟巍:《欧盟竞争法视野下的国家补助规制机制》,《竞争政策研究》2015 年第 3 期,第 80 页。

⑥ Pogoda, BeihilfenR, https://johannespogoda. files. wordpress. com/2013/06/skript-beihilfenr-2013-06-26. pdf, Stand: 26. 06. 2013, S. 2 f.

行为既可能构成间接限制竞争行为，又可能构成直接限制竞争行为，其主要形式包括：(1)国家税收优惠；(2)国家对国有企业投资；(3)国家低息贷款；(4)国家担保；[①](5)国家以低于市场价的价格向企业提供经营所需不动产；(6)国家以高于市场价的价格购买企业产品与服务；(7)国家通过补贴消费者等方式间接补贴企业；[②](8)国家债务减免。[③]

为维持与加强内部统一市场，欧盟通过建立禁止各成员国利用公共资源扭曲竞争的国家援助制度，保证其各成员国企业之间的公平竞争，以及欧盟内部市场各成员国之间的自由贸易。欧盟在设立例外豁免条款与许可保留条款的前提下，对于国家援助行为适用一般性与预防性的禁止条款。[④]

《欧盟运作条约》第 107 条从“应当禁止、应当豁免与可以豁免”三个层面区分界定了关于国家援助规制的不同法律后果。根据该条第 1 款规定，除诸条约规定的例外措施外，成员国给予或利用成员国财源以任何其他形式给予的，在优待某些企业或某些产品生产的情况下，扭曲或威胁扭曲竞争的援助，如果此项援助已妨碍影响到各成员国之间的贸易，则此项援助就与内部市场相抵触。[⑤] 根据该条第 2 款的规定，凡是符合该条款所述特征的国家援助行为类型，[⑥]均被视为“自动”具备与欧盟内部市场相兼容的特性，具有天然的合法性。根据该条第 3 款，[⑦]符合该条款所述特征的国家

---

① 王晓晔：《反垄断法》，法律出版社 2011 年版，第 306—307 页。

② 翟巍：《欧盟竞争法视野下的国家补助规制机制》，《竞争政策研究》2015 年第 3 期，第 81 页。

③ Vgl. BMWi, Beihilfenkontrollpolitik, https://www.bmwi.de/Redaktion/DE/Artikel/Europa/beihilfenkontrollpolitik.html, besucht am 13.08.2018.

④ Witt, Beihilfenrecht, http://hwb-eup2009.mpipriv.de/index.php/Beihilfenrecht, besucht am 14.08.2018.

⑤ 翟巍：《欧盟竞争法视野下的国家补助规制机制》，《竞争政策研究》2015 年第 3 期，第 81 页。

⑥ 《欧盟运作条约》第 107 条第 2 款规定：“与内部市场相一致的援助有以下几种：(a)给予个体消费者的具有社会性的援助，条件是此项援助不得因产品的产地而有所区别；(b)为救济因自然灾害或其他突发事件而造成的损害所提供的援助；(c)为经济受分裂影响的联邦德国特定地区提供的援助，此种援助是弥补分裂所造成的经济损失所必需的。在委员会建议下，理事会可在《里斯本条约》生效 5 年后通过颁布决定的方式使本项内容失效。”

⑦ 《欧盟运作条约》第 107 条第 3 款规定：“可被认定为与内部市场相一致的援助有以下几种：(a)为促进生活水平异常低下或严重失业地区的经济发展而提供的援助，以及基于地区的结构、经济与社会状况而为促进本条约第 349 条涉及地区经济发展所提供的援助；(b)为推动关涉共同欧洲利益的重要计划实施而提供的援助，或者为补救成员国经济生活遇到的严重干扰而提供的援助；(c)为促进某些经济活动或经济领域的发展而提供的援助，这些援助对于贸易条件的改变不得抵触共同利益；(d)为促进文化发展和文化遗产保护而提供的援助，这样的援助不得在抵触共同利益的程度上妨碍影响联盟贸(转下页)

援助行为类型并不能“自动”获得合法性。欧盟委员会对于“是否应当豁免这一系列国家援助行为类型”具有自由裁量空间。[①]

依据《欧盟委员会关于〈欧盟运作条约〉第107条第1款规定的国家援助概念的通告》，一项行为在同时符合以下构成要件的前提下，应被确定为国家援助行为：(1)受援助主体具有企业属性；(2)该行为可归责于成员国；(3)该行为属于利用国家财源提供资助的措施；(4)该行为使相关企业获得利益；(5)该行为仅仅针对特定企业实施，因而它具有选择性特征；(6)该行为既对竞争机制，又对欧盟成员国之间贸易产生影响。

为了履行管理国家经济与保障社会公共利益的职能，现代国家需要制定诸多彰显不同法益与目标的制度、政治规定与经济政策；在经济与社会发展的推动与映射下，这些制度、规定与政策本身亦处于动态演进过程中，它们会在不同范围或不同程度上影响国家抑或国家联盟竞争政策的实施。[②] 如果国家在创设与执行上述制度、政治规定与经济政策的过程中产生了排除、限制市场竞争的施行效果，那么这类国家行为在形式上符合国家限制竞争行为的构成要件，但这类由国家主体履职导致的国家限制竞争行为体现了国家管制经济、扶持相关产业、保障社会公共利益等多元化目标，它们产生的社会正效应往往大于排除、限制竞争的社会负效应。[③] 只要已经将所产生的竞争损害降到最低，这类国家援助就可以得到豁免。而厘定以国家援助为主要表现形式的国家限制竞争行为的豁免前提与标准，或者说把握政府干预市场的边界，主要是由竞争机构承担。这也正体现了竞争优先的原则。

欧盟委员会有权依据欧盟国家援助法律制度判定欧盟成员国国家援助措施的合法与否。[④] 与之相对应，欧盟成员国在规划实施国家援助行为时，通常都必须向欧盟委员会发出通报；在法律规定的特定情形下，欧盟成员国必须向欧盟委员会正式登记其国家援助规划，并且只有在获得欧盟委

(接上页)易与竞争条件；(e)其他种类的援助，这些援助经委员会提议，由理事会通过颁布决定的方式予以确定。”

① BMWi, Handbuch über staatliche Beihilfen, Handreichung für die Praxis von BMWi-EA6, Stand: Januar 2016, S. 14.

② 王晓晔：《反垄断法》，法律出版社2011年版，第290页。

③ 翟巍：《行政性垄断豁免机制的本土建构路径——基于欧盟与德国模式镜鉴的视角》，《中德法学论坛》2018年第1期，第71—72页。

④ Ministerium für Wirtschaft, Arbeit und Wohnungsbau Baden-Württemberg, Beihilfenkontrolle für freien Wett-bewerb, https://wm.baden-wuerttemberg.de/de/wirtschaft/aufsicht-und-recht/eu-recht/eu-beihilfenrecht/, besucht am 13.08.2018.

员会批准的情形下，才可将国家援助规划付诸实施。[①] 欧盟委员会对于“是否应当豁免这一系列国家援助行为类型”具有自由裁量空间。[②] 即，欧盟成员国只有在获得欧盟委员会批准的前提下，才可以实施符合《欧盟运作条约》第 107 条第 3 款所述特征的国家援助行为。[③] 即便是一个欧盟成员国拟定实施一项符合《欧盟运作条约》第 107 条第 2 款规定要件的国家援助行为，那么该成员国也应当向欧盟委员会作出正式通报。

(二) 政府管制

管制其实很大一部分与附属性国家限制竞争行为重合，[④]指向那些可能导致特定企业(例如，国有公共企业)经济垄断行为发生或强化特定企业经济垄断行为负面影响的各种类型的国家限制竞争措施。依据欧洲法院的司法判例，欧盟成员国这类促使、导致、强化“公共企业或特权企业实施违反欧盟反垄断法的经济垄断行为”的国家行为主要表现形式为国家限制竞争行为，其既包括国家立法行为与抽象行政行为(如颁布指令、规章)，又包括行政管理与委托等具体行政行为。[⑤] 欧洲法院在 1991 年 4 月 23 日第 C－41/90 号判例中提到，一家劳务机构由于在职业介绍领域具有垄断地位并滥用该地位实施排除、限制竞争的行为，违反了《欧洲经济共同体条约》第 86 条(现《欧盟运作条约》第 102 条)的禁止性规定。该劳务机构并非自发实施滥用市场垄断地位行为，而是基于成员国的强制性国家行为被迫施行经济垄断行为，该强制性国家行为就要受到禁止。[⑥]

从实用主义出发，欧盟将无法纳入政府援助的其他所有政府损害竞争的行为归入政府管制的范畴，一般性加以禁止。《欧盟条约》第 4 条第 3 款

---

① BMWi, Beihilfenkontrollpolitik, https://www. bmwi. de/Redaktion/DE/Artikel/Europa/beihilfenkontrollpolitik. html, besucht am 13. 08. 2018.

② BMWi, Handbuch über staatliche Beihilfen, Handreichung für die Praxis von BMWi-EA6, Stand: Januar 2016, S. 14.

③ Vgl. BMWi, Handbuch über staatliche Beihilfen, Handreichung für die Praxis von BMWi-EA6, Stand: Januar 2016, S. 14.

④ 还有一类管制与不具有附属性的政府限制竞争行为重合，例如，在质量、国家安全、税收与价格领域采取的立法行为与行政管理行为。

⑤ Wiedemann, in: Wiedemann, Kartellrecht, München, 2008, § 2, Rn. 12b; Jung, in: Calliess/Ruffert, EUV/EGV, Kommentar, München, 2007, Art. 86 EGV, Rn. 18.

⑥ Urteil des Gerichtshofes (Sechste Kammer) vom 23. April 1991. Klaus Höfner und Fritz Elser gegen Macrotron GmbH. Ersuchen um Vorabentscheidung: Oberlandesgericht München-Deutschland. Rechtssache C－41/90. Samm-lung der Rechtsprechung 1991 I－01979. Korah, *An Introductory Guide to EC Competition Law and Pratice*, Oregon, 2007, p. 229.

与《欧盟运作条约》第 106 条与第 101、102 条构成基本的规范体系。《欧盟条约》第 4 条第 3 款第 3 句规定，所有欧盟成员国都具有“不得采取任何有损于欧盟目标实现的国家措施”的法定义务。如果公共企业或特权企业采取了违反《欧盟运作条约》第 101 与 102 条的反竞争行为，而促成公共企业或特权企业采取此类反竞争行为的根源是国家限制竞争行为；那么由于这类国家限制竞争行为对欧盟建立内部统一市场的目标明显造成损害，妨碍了《欧盟运作条约》第 101 与 102 条的实际适用效力，因而它们必须受到严格禁止。由于《欧盟运作条约》第 106 条第 1 款是《欧盟条约》第 4 条第 3 款第 3 句规定的具体化条款，所以最新的欧洲法院判例日益强调《欧盟运作条约》第 106 条在适用附属理论规制国家限制竞争行为情形下具有核心条款的作用。①

换言之，基于《欧盟运作条约》第 106 条第 1 款与第 101、102 条规定，欧盟成员国采取的导致公共企业或特权企业经济垄断行为发生或强化公共企业或特权企业经济垄断行为负面影响的各种国家限制竞争措施被欧盟反垄断法明令禁止。表面上，《欧盟运作条约》第 106 条第 1 款是要“保证公共企业、特权企业与私营企业获得平等对待”，实际上是为“防止欧盟成员国滥用其对公共企业或特权企业的影响力以规避《欧盟运作条约》规定的成员国义务”。② 因此依据该项规定，如果国家限制竞争行为妨碍了规制企业经济垄断行为的反垄断法条款（即，《欧盟运作条约》第 101 条与第 102 条）在适用过程中的实际效力，那么该类行为就应该被严格禁止。③

虽然，TFEU 第 106 条第 1 款仅仅是禁止成员国针对公共企业、成员国授予特权或排他权利的企业，制定或实施与《欧洲联盟条约》（TEU）相悖的措施。④ 但这些措施被界定得非常宽泛，包括“通过行政指令强制公共企业从事垄断行为”“利用授予特许经营权等行政手段为公共企业从事

---

① Beispielsweise EuGH, U. v. 23.04.1991, Rs. C-41/90, Slg. 1991, I-01979-Klaus Hoefner und Fritz Elser; EuGH, U. v. 10.12.1991, Rs. C-179/90, Slg. 1991, I-05889-Merci Convenzionali Porto Di Genova Spa; EuGH, U. v. 19.05.1993, Rs. C-320/91, Slg. 1993, I-02533-Strafverfahren/Paul Corbeau; EuGH, U. v. 25.10.2001, Rs. C-475/99, Slg. 2001, I-08089-Firma Ambulanz Glöckner.

② Pause, Daseinsvorsorge im Unionsrecht, München, 2010, S. 17.

③ Vgl. Lange, Die Anwendung des europäischen Kartellverbots auf staatliche Eingriffe in das Marktgeschehen, in: EuR 2008, 3, 22 f. 转引自翟巍：《欧盟公平竞争审查制度研究》，中国政法大学出版社 2019 年版，第 141—142 页。

④ 《欧盟运作条约》第 106 条第 1 款规定：在涉及公共企业与由成员国授予特许权或独占权的企业时，成员国不得采取或维持违反条约，尤其是本条约第 18 条、第 101 至 109 条规定的措施。

垄断行为提供便利”“向私法性质的市场经营者转嫁国家公共义务”。① 即使是诸如对特权企业反竞争行为的管制缺位等不作为，也被包括在内。② 同时，“经营规划或经营能力可能受到政府直接或间接影响的从事营利业务的企业”都被界定为“公共企业。”③这种扩大化解释大大拓展了第106条的规制范围，使其几乎涵盖了所有政府干预经济的行为。

整体来看，在《欧洲联盟条约》第4条第3款第3句与《欧盟运作条约》第106条第1款下，确定了欧盟成员国的双重义务。④ 这种双重义务就是避免制定和实施损害竞争的管制。在第一层面，如果欧盟成员国国家措施在普遍经济利益服务领域限制了私人的经济行动权与经济自主权，并且这种限制行为违反《欧洲联盟条约》与《欧盟运作条约》的相关规定，那么欧盟成员国有义务停止此类国家措施并且消除该类措施的影响。⑤ 在第二层面，如果在普遍经济利益服务领域，欧盟成员国实施的某些国家措施会导致或促使公共企业或特权企业违反欧盟反垄断法，那么欧盟成员国也有义务停止此类国家措施并且消除该类措施的影响。⑥ 由于欧盟成员国的双重义务规定对于国家限制竞争行为提出较高的合法性评判标准，所以在普遍经济利益服务领域的国家限制竞争行为被原则性禁止，此类行为仅在法定例外情形下可得豁免。⑦

在第C—198/01号案件中，欧洲法院认为，如果成员国的法律强制规定或促成一项违反《欧洲共同体条约》第81条第1款(现《欧盟运作条约》第101条第1款)规定的垄断协议行为的发生，那么成员国(现欧盟成员国)所属竞争机构必须否定该项成员国法律的适用性。⑧ 在该案中，一家德国手表

---

① 翟巍：《欧盟公共企业领域的反垄断法律制度》，《法学》2014年第6期，第56页。

② 参见郑鹏程：《对政府规制的规制——市场统一法律制度研究》，法律出版社2012年版，第108页。

③ Vgl. Jung, in: Calliess/Ruffert, EUV/EGV, Kommentar, 2007, Art. 86 EGV, Rn. 13; Frenz, Handbuch Europarecht, Band 2, 2006, S. 744. 转引自翟巍：《欧盟公共企业领域的反垄断法律制度》，《法学》2014年第6期，第53页。

④ 参见翟巍：《欧盟公平竞争审查制度研究》，中国政法大学出版社2019年版，第143页。

⑤ Vgl. Schröter, in: von der Groeben/Schwarze, Kommentar zum Vertrag über die Europäische Union und zur Gründung der Europäischen Gemeinschaft, Band 1, Baden-Baden, 2003, Vorbem. zu den Artikeln 81bis 89 EG, Rn. 5.

⑥ Schröter, in: von der Groeben/Schwarze, Kommentar zum Vertrag über die Europäische Union und zur Gründung der Europäischen Gemeinschaft, Band 1, Baden-Baden, 2003, Vorbem. zu den Artikeln 81bis 89 EG, Rn. 5.

⑦ 参见翟巍：《欧盟公平竞争审查制度研究》，中国政法大学出版社2019年版，第144页。

⑧ Urteil des Gerichtshofes vom 9. September 2003. Consorzio Industrie Fiammiferi (转下页)

制造商向意大利竞争监管机构提起申诉，该监管机构依据申诉请求宣布一部扶持本国手表制造商与限制进口的意大利法律无效。[①]

相较于欧盟的全面禁止政府扭曲，中国反垄断法只是将其“窄化”为对“滥用行政权力排除、限制竞争”的专门规制，详细列举所禁止的各种具体和抽象的行政垄断行为。[②] 这不仅缩小了规制范围，而且混淆了规制标准。申言之，一方面，在行为主体层面，限制竞争的政府机构除行政机关及法律、法规授权的具有管理公共事务职能的组织外，还包括立法机关，[③]但现有的规制架构显然忽略了立法机关对竞争的损害；[④]在行为方式层面，诸如向特定经营者低价转让土地、向特定经营者提供国家担保等国家援助等都可能会损害竞争，但并不属于专门列举的范畴。另一方面，禁止政府扭曲是因为其对竞争的损害不具合理性，以反垄断法为判断依据；而禁止行政权力滥用，以违背法律目的、恶意行使权力的故意为基础，[⑤]依据赋予被审查主体行政权力的法律来判定。事实上，政府损害竞争多源于自身缺乏对竞争重要性的认知和对政策后果的估计不足，而非出于本意，甚至具有合法的形式。以滥用行政权力为前提，导致很多不构成行政权力滥用但又不合理地损害竞争的政府行为，无法通过反垄断法进行规制。

二、间接禁止

所谓间接规制（亦称间接禁止）是透过企业反竞争行为的规制，而规制作为其诱因或强化因素的政府反竞争行为。间接规制与针对双层政府反竞争行为中政府行为的直接规制（管制或附属性政府限制竞争行为）相

（接上页）(CIF) gegen Autorità Garante della Concorrenza e del Mercato. Ersuchen um Vorabentscheidung: Tribunale amministrativo regionale per il Lazio-Italien. Rechtssache C-198/01. Sammlung der Rechtsprechung 2003 I-08055. 参见[意]马尔科·克英迪奥·科拉迪：《欧洲国家援助法发展历程》；[美]威廉·科瓦西奇，[英]林至人，[英]德里克·莫里斯：《以竞争促增长：国际视角》，中信出版集团 2017 年版，第 126 页。

① [美]威廉·科瓦西奇，[英]林至人，[英]德里克·莫里斯：《市场竞争面临的政策和体制障碍》；[美]威廉·科瓦西奇，[英]林至人，[英]德里克·莫里斯：《以竞争促增长：国际视角》，中信出版集团 2017 年版，第 48 页。

② 参见我国《反垄断法》第 8 条和第五章第 32—37 条。

③ 参见翟巍：《欧盟国家限制竞争行为反垄断规制及对我国启示——基于公共经济利益服务研究视域》，法律出版社 2016 年版，第 12 页。

④ 参见郑鹏程：《对政府规制的规制——市场统一法律制度研究》，法律出版社 2012 年版，第 218—220 页。

⑤ 参见何海波：《论行政行为“明显不当”》，《法学研究》2016 年第 3 期，第 77—78 页。

重合。

反垄断法禁止的只是企业自主决策的反竞争行为，若政府行为影响了企业竞争，企业会在面临反垄断制裁时以政府行为的影响作为抗辩因素。[①] 欧委会在依据 TEFU 第 101 条和第 102 条规制企业反竞争行为时，评估成员国立法对企业行为的影响，查明其是否必然导致反竞争行为的发生或构成其诱因，抑或加强其反竞争效果。[②] 如果企业能够证明该行为是国家法律所强制的，或国家创制了一个消除任何竞争可能性的法律框架，就可能豁免企业的反垄断责任。同时，TEU 第 4 条第 3 款禁止成员国政府（包括立法、行政和管制机构）采取任何有损于欧盟一体化目标实现的公共政策。[③] 如果企业实施了 TEFU 第 101 条与第 102 条禁止的反竞争行为，而促使企业实施反竞争行为的原因是政府行为，那么这类政府行为本身由于损害了 TEFU 第 101 条与第 102 条的实际效力，就会被禁止。[④] 由此，欧盟在禁止企业反竞争行为时，间接禁止导致企业反竞争行为的政府限制竞争行为。

这种间接规制思路，是在委员会与法国诉雷德布洛克赛马公司（Ladbroke）案件中确立的，[⑤]在该案中，法国政府发布了一项法令，该法令为 PUM 享有管理赛马公司的排他性权利提供了合法性根据。一家英国的赛马公司 Ladbroke 认为 PUM 组织以及管理 PUM 的 10 家法国赛马公司合谋垄断了法国市场内赛马赌金的业务，并且认为法国政府的法令违背了《欧洲共同体条约》第 81、82、86 条（现《欧盟运作条约》第 101、102、106 条）的规定。欧洲法院认为，在审查《欧洲共同体条约》第 81、82 条适用于企业主动做出的反竞争行为时，只有企业的反竞争行为是由国家立法所要求的，并且企业没有自主空间，才能豁免竞争法责任。

---

① See Daniel A. Crane, *Judicial Review of Anticompetitive State Action: Two Models in Comparative Perspective*, Journal of Antitrust Enforcement, Volume 1, No. 2(2013), pp. 418 - 436. 在竞争法上这被称为“政府行为抗辩”。

② Joined Cases C - 359/95 P. (1997); Commission and France v. Ladbroke Racing.

③ 这样的“措施”指国家以法律、法规、行政规章、行政惯例的形式制定、实施的所有制度，包括促成或加强企业垄断协议或垄断行为；给予企业进行自我管制的权利（政企不分）；要求企业从事与《欧盟运作条约》（TFEU）第 101～102 条相冲突的行为；使企业不可避免地违反上述条款。See OECD, Regulated Conduct Defence, 2011, p. 11. http://www.oecd.org/competition/mergers/48606639.pdf, last visit on Jan. 22, 2018.

④ 成员国的政府机构（包括竞争主管机构、法院、其他政府机构）都有义务避免实施损害欧盟竞争规则效力的国内法。Vgl. Lange, Die Anwendung des europäischen Kartellverbots auf staatliche Eingriffe in das Marktgeschehen, in: EuR, 2008, S. 3, S. 22 f.

⑤ Case C - 359/95 P and C - 379/95 P. (1997). Commission and France v. Ladbroke Racing.

上述案例虽然回答了《欧洲共同体条约》的第81、82条(现《欧盟运作条约》第101、102)不能适用于企业遵守成员国法律时被迫做出的反竞争行为,只适用于企业主动做出的反竞争行为,但没有回答成员国制定的反竞争的法律效力,也没有回答企业在后续的过程中是否需要遵守成员国没有废止的法律？根据现行的《欧盟运作条约》第106条第1款来看,[①]如果成员国的法律违背了共同体的竞争法律规则,当然是无效的。但当时的欧洲法院在上述案件中没有回答这两个问题。此后,在意大利手表业联盟诉意大利竞争与市场管理局的案件中,欧洲法院认为应该根据不同的情况作出区分。

在意大利手表业联盟诉意大利竞争与市场管理局一案中,欧洲法院回答了委员会与法国诉雷德布洛克赛马公司案件中的后续遗留问题,间接规制思路进一步获得完善。[②] 该案的起因是,意大利曾有一部法律要求所有体育比赛转播商都加入一个财团,以统一价格按照事先商定的份额提供服务,并由政府实施管制,这直接导致了德国和瑞典的供应商被排除在市场之外。意大利反垄断机构认定意大利政府和企业都违反了欧盟反垄断法,并获得了欧盟法院的支持。欧盟法院明确指出:"虽然TEFU第101条和第102条仅针对企业行为,并不涉及成员国的法律或法规(laws or regulations)。但这两个条款和TEU第4条结合起来,TFEU第101条、第102条实际上具有了对成员国规制措施的间接适用效力,禁止成员国制定或实施(包括立法或管制在内的)任何削弱竞争规则效力的措施。""TEU第4条和TFEU第101条相互交织……成员国要求或支持企业采取违反TFEU第101条所禁止的协议、决定、一致行动,加强其反竞争效果,或授权企业共同实施决定交易条件的行为,违反了其在立法上所应遵循的(避免削弱竞争规则效力的)义务。"[③]

在上述案件中,欧洲法院认为成员国制定的反竞争法律是无效的,竞争主管机构具有排除这样的法律适用的义务。关于如何处罚根据成员国法律的要求从事反竞争行为的企业的问题,欧洲法院以成员国竞争主管机关作出最终具有约束力的决定分为三种情况:对相关企业过去因与共同

---

① 《欧盟运作条约》第106条第1款:对于公共企业及成员国授予特别专有权利的企业,成员国不得制定也不得保留与两部条约中包含的规则,特别是第18条及第101—109条规定的规则相抵触的任何措施。

② Case C-198/01. Consorzio Industrie Fiammiferi v. Autorita Garante della Concorrenza e del Mercato(2003).

③ Case C-198/01. Consorzio Industrie Fiammiferi v. Autorità Garante della Concorrenza e del ercato (Italian mat-ches), 2003 E. C. R. I-8055.

体法不相容的国内立法的要求而从事的行为，根据政府行为抗辩，不得对企业处以任何惩罚；对相关企业过去因与共同体法不相容的国内立法的推动或鼓励而从事的行为，不能适用政府行为抗辩，企业仍会被惩罚，无论任何时候，但国家立法可以作为减轻处罚的一个因素；对相关企业在成员国竞争主管机关命令停止违法行为最终具有约束力的决定之后做出的行为，需要对企业的将来行为进行处罚。①

我国《反垄断法》对行政性垄断的专章禁止，很大程度上割裂了政府与企业反竞争行为间的内在联系，使得对政府对企业行为的影响的考量被局限在专门划定的狭小空间内，导致大量的政府行为脱离了反垄断法的约束。在专门规制的范围内，即便在规制企业反竞争行为时会将政府干预因素纳入考量范围，也仅限于禁止企业以行政机关和法律、法规授权的具有管理公共事务职能的组织的"行政限定""行政授权"和"行政规定"为由，达成、实施垄断协议和滥用市场支配地位。② 其实，政府损害竞争的制度安排远不限于此。立法机关制定的法律、地方性法规、行政法规和规章都可能不合理地阻碍企业进入市场、赋予企业垄断权、限制企业定价或豁免企业反竞争行为的责任。对这些政府扭曲的禁止必须依赖反垄断法的一般规制框架，在规制企业反竞争行为时广泛考察政府行为的影响，这才有利于最大限度地排除其他公共政策对竞争政策的侵蚀，从根本上推进管制领域的反垄断执法。

也有学者提出，企业反竞争行为尽管可能受到政府行为的影响，但这可能是企业自身努力争取的结果。这种情形下，企业受到政府行为的影响其实只是一种假象。在《反垄断法》第五章共 6 个条文规定的各种行政性垄断中，经营者均具有参与其中的主观和客观空间。③

就限定交易类型（第 32 条）而言，行政权力限定潜在交易对象只能与特定经营者进行交易，对于前者来说，该被限定经营者的商品与市场上其他同类商品之间出现了人为造成的不可替代性。此时，被限定的一个或多个经营者的商品构成独立的相关商品市场，导致潜在交易对象的选择权受限，同时可能伴随价格上升、质量下降、抑制创新动力、效率下降等一系列竞争损害情形。在这个链条中，被限定的经营者是行政权力在市场中发挥

① 郑鹏程：《对政府规制的规制——市场统一法律制度研究》，法律出版社 2012 年版，第 104 页。

② 参见《工商行政管理机关制止滥用行政权力排除、限制竞争行为的规定》第 5 条。

③ 张晨颖：《行政性垄断中经营者责任缺位的反思》，《中外法学》2018 年第 6 期，第 1640 页。

作用的着力点、跳板，甚至还可能成为行政权力的"代理人""共谋者"。①

地域垄断类型(第33条至第35条)和部分抽象行政性垄断类型(部分第37条)的机制与限定交易类型基本相同。以禁止外地商品进入为例，看似只是行政机关主导，但反竞争机制必须通过排斥外地商品、购买本地经营者的商品实现。此时，本地经营者也起到了"入口"的作用。和第32条有所区别的是，第33条至第35条中参与的经营者可能不特定，也可能特定，但这不影响经营者的"入口"作用。②

就"强制从事垄断行为类型"而言，"经营者从事本法规定的垄断行为"(被强制)产生排除限制竞争的后果，应作为一个单独认定的经济性垄断行为进行处理，而且该类行为的竞争损害也主要来源于这一"经济性垄断"行为的部分。此时，经营者不仅是行政权力干预市场的入口，而且是损害的直接造成者。③

必须强调的是，通过规制企业反竞争行为间接规制作为其诱导因素的政府扭曲，是存在局限的。因为，诸如歧视性税收等政府损害竞争的行为没有明确指向，并不与特定企业反竞争行为相联系，无法纳入间接规制的范围。正因为如此，欧盟才建构了直接与间接规制并行的双轨制规制模式。

第二节　例外性豁免

市场失灵不可避免，即使是发达市场经济体也不能完全排除政府干预。豁免政府扭曲作为竞争中立的例外，是市场经济国家的普遍选择。④产业政策、政府援助纵然扭曲了竞争，但在反垄断豁免通道之下，仍然是有效的，这有助于避免过度市场化带来的风险，为合理的政府干预预留空间。但是，豁免若过于宽泛，又会损害竞争可能带来的效率。因此，发达法域普遍选择通过反垄断法划定例外的边界：判断该项扭曲是否是实现特定目标所不可避免的，是否已经将对竞争的损害降到最低。欧盟竞争法的成功之处正在于此。

---

① 张晨颖：《行政性垄断中经营者责任缺位的反思》，《中外法学》2018年第6期，第1645页。

② 同上。

③ 同上。

④ 哪怕是在市场经济极为发达的美国，也认可在特定条件下政府扭曲竞争的合理性。See ABA, *Section of Antitrust Law*, *Competition as Public Policy*, 2010, pp. 34 - 56.

一、直接豁免

国家援助行为被原则性禁止，但并非每项国家援助行为都会产生负面性影响。在某些情形下国家援助行为对于“成员国乃至欧盟本身的经济良性运转与平衡发展”而言不可或缺。为了实现特定的经济、政治或社会目标，欧盟在例外情形赋予若干类型国家援助行为合法性。①《欧盟运作条约》第 107 条第 2 款与第 3 款，构成国家援助行为得以豁免的最主要法律依据。《欧盟运作条约》第 42 条确立了“为实施共同农业政策所必需的援助行为”的合法性。《欧盟运作条约》第 93 条确立了“为公共交通服务提供援助行为”的合法性。《欧盟运作条约》第 14 条以及第 106 条第 2 款确立了“为提供普遍经济利益服务而实施援助行为”的合法性。② 此外，欧盟还通过颁布一系列具有次位法性质的规范性法律文件，规定了研发补贴、培训补贴、失业补贴等例外豁免情况与附加条件。③

国家援助一直受到反垄断法的严格控制。其一，从实施主体上看，作为“诸条约监护人”的欧盟委员会专门行使国家援助规制权限。④ 即使在欧盟委员会没有实质性管辖权的政策领域(例如，税收或就业政策领域)，该委员会也在原则意义被赋予了对欧盟成员国的国家援助行为进行监督的权限。⑤ 据此，欧盟委员会有权依据欧盟国家援助法律制度判定欧盟成员国国家援助措施的合法与否。⑥ 成员国如果准备实施国家援助行为，通

---

① BMWi，Handbuch über staatliche Beihilfen，Handreichung für die Praxis von BMWi-EA6，Stand：Januar 2016，S. 9.

② Ibid.，S. 16.

③ 中华人民共和国驻欧盟使团经济商务参赞处，“欧盟竞争政策”，http://eu.mofcom.gov.cn/article/ddfg/m/201601/20160101230184.shtml，最后访问时间：2018 年 9 月 8 日。

④ 在欧盟官方组织架构下，除了欧盟委员会以外，欧洲法院与欧盟理事会也属于欧盟国家援助法律制度的实施机关。欧洲法院有权复审欧盟委员会的裁决，并有权解释欧盟国家援助法律。此外，欧洲法院还可以依据《欧盟运作条约》第 263 条驳回欧盟委员会的相关决定。参见[意]马尔科·克英迪奥·科拉迪：《欧洲国家援助法发展历程》，[美]威廉·科瓦西奇，[英]林至人，[英]德里克·莫里斯：《以竞争促增长：国际视角》，中信出版集团 2017 年版，第 156—158 页。

⑤ BMWi，Beihilfenkontrollpolitik，https://www.bmwi.de/Redaktion/DE/Artikel/Europa/beihilfenkontrollpolitik.html，besucht am 13.08.2018.

⑥ Ministerium für Wirtschaft，Arbeit und Wohnungsbau Baden-Württemberg，Beihilfenkontrolle für freien Wettbewerb，https://wm.baden-wuerttemberg.de/de/wirtschaft/aufsicht-und-recht/eu-recht/eu-beihilfenrecht/，besucht am 12.06.2010.

常都必须向欧盟委员会发出通报；在法律规定的特定情形下，成员国必须向欧盟委员会正式登记其国家援助规划，并只能在获得欧盟委员会批准的情形下，才可付诸实施。①

其二，欧盟不仅规定了应当豁免、可能豁免的国家援助类别，而且建立了完整的判断政府援助是否与共同市场相兼容的分析框架。据此框架，一项援助要获得豁免需满足三类条件：(1)援助的必要性，限于弥补市场失灵或实现公共利益之需；(2)援助的适当性，以最少的援助数额实现既定的目标；(3)援助的兼容性，最大程度地减少或救济国家援助导致的竞争和贸易扭曲。

欧盟委员会判断一项国家援助行为是否与欧盟内部市场兼容时，通常考量："该项国家援助的设计是否能够使基于一项共同利益目标而产生的正面影响大于对贸易与竞争产生的可能的负面影响"。② 依据欧盟委员会颁布的《关于援助法现代化的通告》，③一项国家援助措施只有同时满足如下七项标准，才被界定为符合《欧盟运作条约》的要求。这七项标准分别为：第一，该项国家援助必须旨在实现一项符合《欧盟运作条约》第 107 条第 3 款要求的共同利益目标。第二，存在实施国家干预的必要性，能够带来市场自身无法实现的重大改进影响。第三，该项国家援助措施应当具有适当性，必须是实现共同利益目标的一种适当的政策工具。第四，该项国家援助措施应当具有激励效果，促使相关企业从事如没有该项援助就不会实施的活动。第五，该项国家援助措施应当具有相称性，援助金额必须被限制为"能够在相关地区促进额外投资或活动所需的最低限度金额"。第六，该项国家援助措施必须能够避免对欧盟成员国之间的竞争与贸易产生过度的负面影响，以确保该项国家援助措施的正面影响大于负面影响。第七，该项国家援助措施应当具有透明度。④

其三，对政府援助合理性的分析遵循反垄断法的一般原理。分析适用

---

① BMWi, Beihilfenkontrollpolitik, https://www.bmwi.de/Redaktion/DE/Artikel/Europa/beihilfenkontrollpolitik.html, besucht am 13.08.2018.

② Europäische Kommission, Leitlinien für Regionalbeihilfen 2014 - 2020, (2013/C 209/01), Rn. 25.

③ Europäische Kommission, Mitteilung der Kommission an das Europäische Parlament, den Rat, den Europäischen Wirtschafts-und Sozialausschuss und den Ausschuss der Regionen: Modernisierung des Beihilferechts.

④ Europäische Kommission, Leitlinien für Regionalbeihilfen 2014 - 2020, (2013/C 209/01), Rn. 26.

的是社会整体福利标准，既考虑消费者剩余，又考虑生产者剩余。[1] 对一项援助竞争影响的评价不能仅是从竞争对手的角度考虑，因为任何援助措施总是改变了相关市场中企业的地位，单纯针对竞争对手的反竞争效果评估没有实际意义。单纯考虑消费者利益也是有局限的，受援助者短期降价行为对消费者有利，但长远来看，可能会以提高进入壁垒等形式限制竞争，攫取竞争对手（很可能是更有效率的）的市场份额。此外，援助同样可以影响上下游市场参与者的行为，也需要通过经济分析来考量。可见，评价政府援助对竞争影响合理性必须回到竞争机制本身，尽可能全面地考虑受竞争影响的利益相关者。

二、间接豁免

《欧盟运作条约》第 106 条第 2 款第 1 句规定："对于受委托从事普遍经济利益服务的企业或具有财政垄断性质的企业，适用条约的条款，尤其是竞争规定，只要这些条款的适用没有在法律上或事实上妨碍这些企业承担转嫁给它们的特定任务。"就是说，即使相关企业从事了反竞争行为，只要是基于实现普遍经济利益的需要，这些行为也得到反垄断法豁免。进一步说，虽然涉及普遍经济利益服务的欧盟成员国国家限制竞争行为原则上应被禁止，但可基于《欧盟运作条约》第 106 条第 2 款第 1 句规定获得欧盟反垄断法适用豁免。[2]

换言之，依据《欧盟运作条约》第 106 条第 2 款的规定，涉及普遍经济利益服务的国家扶持行为可以得到反垄断豁免；如果欧盟成员国为有效保障普遍经济利益服务供给而委托公共企业生产或经营此类服务，并给予公共企业相应的财政补贴、特许经营权等优惠措施，从而造成排除、限制竞争的影响，那么这种国家扶持行为通常应该得到欧盟反垄断法适用豁免。这一例外规定的主要意图就是在普遍经济利益服务领域，实现欧盟利益与欧盟成员国利益的均衡协调。

《欧盟运作条约》第 106 条第 2 款第 1 句非常抽象和模糊，缺乏细则性规定，导致欧盟执法机关与司法机关在适用这一例外条款时具有极大自由裁量

---

① See Commission Regulation (EC) No 1628/2006 of 24 October 2006 on the Application of Articles 87 and 88 of the Treaty to National Regional Investment Aid, in ABl EG, L 302, 29ff.

② Korah, *An Introductory Guide to EC Competition Law and Practice*, Oregon, 2007, p. 225.

空间，但这种自由裁量必须与欧盟竞争法律的立法宗旨保持一致，尽可能避免产生损害欧盟内部市场的后果，以确保欧盟内部市场的资源配置效率。[①]

政府在市场中的作用边界需与特定经济发展水平相适应。作为经济转型国家，中国显然不能简单地比对发达经济体确定竞争中立的范围，而应依自身条件，分层次、分领域逐步推进竞争中立。当前存在的问题在于，减少哪些政府扭曲，豁免哪些政府对竞争的限制，缺乏反垄断法的统一约束。促进竞争的改革只是"碎片化"的，扭曲竞争的产业政策仍大量存在。一些弥补市场失灵的政策安排也往往因缺乏竞争影响考量，不当地损害竞争。例如，我国对新能源汽车的补贴主要针对生产环节，企业即使关键技术不过关，仍可获得大量的政府资金支持。美国、德国和日本的补贴则主要针对研发环节，企业在技术上的激烈竞争促进了车辆性能的提升。可见，不同的补贴方式产生不同的政策效果，以竞争兼容方式施行的补贴有利于最大程度地促进创新。[②]

过于宽泛和不受约束的政府扭曲还体现在太多政策障碍使得反垄断执法很难取得实质性效果。法律实施机构对相关案件的处理不是基于反垄断法规制政府扭曲的机理，也没有抽象出一个排除企业不合理抗辩理由的系统的分析架构。对案件的分析局限在相关限制、排除竞争的政策依据是否是行政机构滥用行政权力所制定，而非专注于审查其"是否有必要限制竞争""是否已将竞争的损害降到最低"。这样的思路很难有效地排除反垄断执法所面临的政策障碍，极易导致执法被不当削弱。[③]

---

① Vgl. Pernice/Wernicke, in: Grabitz/Hilf, Das Recht der Europäischen Union, 37. EL, München, 2008, Art. 86 EGV, Rn. 63.

② 参见黄先海，宋学印，诸竹君：《中国产业政策的最优实施空间界定——补贴效应、竞争兼容与过剩破解》，《中国工业经济》2015年第4期，第57页。

③ 这种执法被削弱尤其体现在国内外执法机构对相似行为的不同查处结果上。在国家发改委对中国电信、中国联通滥用市场支配地位实施价格歧视案的查处中，涉案企业以批发价格受到管制为由进行抗辩。事实上，我国的管制政策只是限制批发价格，并没有消除企业在零售环节的竞争自由，企业完全可以避免实施价格歧视，抗辩根本不具反垄断法上的效力，但案件的处理却一直没有明确的结果。而即便德国电信(DT)面临的管制更为严厉，它的抗辩也没有被欧委会接受。DT作为德国电信网络基础设施的运营商，既向其他电信运营商提供"批发服务"，又向其普通用户提供"零售服务"，其批发价大大高于零售价，使得批发商在与DT竞争的下游市场不能收回成本。欧委会认定DT的行为违反了TFEU第102条，构成了价格挤压，对其处以1260万欧元的罚款。欧委会指出，DT虽然在批发、零售环节确实都受到了管制，但政府只是规定了一个最高零售价格，它仍然可以在法律允许的范围内提高零售价，以避免价格挤压。DT以其行为受到了德国电信法的管制为由主张的豁免无法成立。这一观点最终也获得了欧盟法院的支持。(See Case T-271/03, Deutsche Telecom v. Commission.)

第五章　规制前提：竞争评估

强化竞争，有利于提升国家的经济表现。整个经济有效竞争的程度是决定经济增长和社会福利最大化的根本因素。[①] 尽管各国政府致力于发展市场经济，但削弱竞争的公共政策仍然盛行。[②] 很多法律和管制规则(laws and regulations)不必要地限制了竞争。作为一个正在经济转型的国家，我国不合理限制企业竞争的制度安排尤为普遍，所以深化改革亟待解决的问题就在于清除不合理阻碍竞争的制度壁垒，形成公平竞争的体制环境。[③]《中共中央关于全面深化改革若干重大问题的决定》更是明确提出"清理和废除妨碍全国统一市场和公平竞争的各种规定和做法"。如何甄别政府制定的法律和实施的管制对竞争的限制是否必要？如何衡量干预是否是对竞争限制最小的方案？如何建立最小限制竞争的政府干预？解决这些问题的主要路径就是对政府限制竞争行为的竞争评估。

政府限制竞争行为的竞争评估(Competition Assessment)，是指竞争主管机构或其他相关机构通过分析、评价拟定的或现行的法律可能(已经产生)的竞争影响，[④]

---

① See OECD, *Competition Assessment Principles*, 2010, p. 36. http://www.oecd.org/daf/competition/98765436.pdf, last visit on Jun. 24, 2019.

② See James C. Cooper, William E. Kovacic, *U. S. Convergence with International Competition Norms: Antitrust Law and Public Restraints on Competition*, Boston University Law Review, Vol. 90, No. 4(2010), pp. 1558 - 1559.

③ 习近平主席在总结全面深化改革需要深入调查研究的重大问题时，首先强调的就是"加快形成统一开放、竞争有序的市场体系，着力清除市场壁垒，提高资源配置效率"。参见《加强对改革重大问题调查研究，提高全面深化改革决策科学性》，《人民日报》2013 年 7 月 25 日，第 1 版。

④ OCED 将竞争评估对象统一用"laws and regulations"来界定。实践中，各法域评估对象并不完全相同。例如，韩国已从最初的全国立法拓展到了地方立法(See KFTC, Annual Report, 2010, p. 17, http://eng.ftc.go.kr/bbs.do?command=getList&typecd=53&pageId=0301, last visit on Jun. 20, 2019.)。日本在 2010 年才正式引入竞争评估制度，而且仅针对全国立法之下的次级立法(See Controlling Anticompetitive Action by the State: The Role of Compe tition Advocacy/Competition Assessment-Japan's (转下页)

提出不妨碍政策目标实现而且对竞争限制最小的替代方案的行为。[①] 在我国被称为专门意义上的公平竞争审查制度。竞争评估是发现政府限制竞争风险的主要制度路径，有助于最大限度减少反竞争的政府干预，提升政府对经济的干预质量；也是发现政府反竞争行为后进一步采取反垄断措施（倡导和执行）的基础。

虽然澳大利亚、韩国等先进法域已经积累了丰富的评估经验，经济合作与发展组织（OECD）还公布了竞争评估工具书，但是并未在理论上凝练出统一的评估分析方法。而国内学者对反垄断法适用的关注重点集中在对企业反竞争行为规制的研究上，而且现有的反垄断制度关于政府制度安排对竞争影响的评价，限于对行政机关和法律、法规授权的具有管理公共事务职能的组织制定的规定，评价标准是看该规定的制定"是否滥用行政权力"而且导致"排除、限制竞争"，这与真正的竞争评估无论是在范围上还是在标准上都存在很大的差距。

本章首先阐释竞争评估的知识基础，即利用竞争法分析政府干预对竞争造成影响的主要参数。然后，详细分析政府干预对竞争造成影响的主要方面。进而，抽象形成竞争评估的依据——竞争评估核对清单。即根据政府干预对竞争影响的维度，提炼形成竞争评估的一般框架。这个核对清单只是为了提高评估效率，初步筛选可能造成限制竞争影响的法律及其实施行为的工具。一旦发现存在限制竞争风险，还需要进一步深入评估。随后，根据各国制度实践经验，总结竞争评估制度的要素。最后，提出利用竞争评估解决政府限制竞争问题的思路。

第一节　评估政府反竞争行为的竞争法参数

对于政府干预导致的竞争影响的评估，遵循反垄断法的精神、概念、原理和分析范式，特别关注竞争法适用时最为主要的三个变量。当然，这是

（接上页）Experience, http://www.jftc.go.jp/en/policy_enforcement/speeches/110318.html, last visit on Jun. 20, 2019.）。为了叙述方便，本书将评估对象统一界定为"法律"，并与"公共政策"交替使用，指称政府干预经济运行的制度安排，包括法律、法规、规章和其他规范性文件。

① See OECD, *Competition Assessment Guidance*, 2010, p. 3, p. 11; Anti-competitive Regulatory Reform Team Korea Fair Trade Commission, *Competition Assessment Manual*, 2010, p. 1.

基于分析和适用的难度而做的选择。分析政府限制还可能需要关注企业的退出、创新等因素。

一、参数选取

最具竞争性的市场是完全竞争市场。所有卖方的产品绝对同质，因而消费者不在意是购买哪个卖方的产品，只要其价格是相同的；该市场上的每个卖方相对于整个市场来说都太小了，以至于每个卖方产量的增减，甚至它退出市场，对该市场上其他卖方的决策没有影响；所有资源是完全流动的，或者换个角度说，所有的卖方都同样能获得其生产所需要的投入物；该市场上的所有参与者都充分了解该市场的价格、产出信息，以及其他市场信息。

世界上几乎不存在完全竞争市场，许多市场连接近完全竞争都说不上。企业之间的产品或多或少存在差异。关于市场条件的信息也常常是不完全的，因而许多交易并不是按市场价格进行，有些有社会价值的交易甚至根本不会发生。规模带来的经济效率会使卖方的数目少于完全竞争所需要的数目。尽管如此，完全竞争市场对于反垄断政策制定和实施者来说，却能为预测某个行为或法律规则的后果提供有益的指引。一般说来，市场越接近于符合这些条件，则其竞争性越强。

可竞争理论进一步提升了对反垄断的指导意义。完全竞争并不适合规模经济和范围经济显著的少数厂商运营有效的情况，可竞争市场理论可以适用于寡占和自然垄断市场，并且，可竞争市场的寡占行为并不依赖厂商预期和推测变化，而取决于更易于分析的潜在竞争压力。可竞争市场作为替代完全竞争的衡量基准。可竞争市场理论大大拓展了竞争作用的范围，压缩了管制存在的空间，为反垄断法评价政府限制提供了新的指导原则。

一个行业不一定显示出所有完全竞争或完全可竞争的特征才被认为具有竞争性，但是如果缺少了上述特征可能意味着缺乏竞争性。被广泛采用的评估竞争程度的方式，不仅要反映目前的竞争对手之间的竞争，还要考虑未来的新进入者的威胁，正在研发替代产品的威胁，买家的议价能力，以及原材料市场企业的议价能力。绝大多数这些因素都直接或间接地被用来分析政府限制对竞争的影响。对特定限制竞争效果的评估可能采取多种方式，究竟侧重于哪（几）个方面，还取决于可以获得的信息和资源。

政府选择合适管制方案，必须了解各替代方案可能对既定政策目标与相关市场竞争状态的影响，这需要先认识市场竞争面向及其因素。本节的主要目的，即在于提供与介绍市场竞争的基本知识概念，作为建立评估竞争影响分析思考的基础。要能够判断市场竞争程度，一般而言，离不开三个核心参数：企业的市场力量；企业进入壁垒；竞争对手相对成本。

二、市场力量

市场力量(market power)，是指一家厂商抬高价格到竞争水平之上或者降低产出、质量到竞争水平之下的能力。[①] 排除真实世界不存在的完全竞争市场，依个别厂商的平均市场力量大小，依序可分为垄断厂商、寡占厂商与垄断竞争厂商。市场力量是反垄断法中的核心概念，对市场力量的分析几乎贯穿了所有的反垄断案件。

导致市场力量的原因很多，持续时间可长可短，但本质上均可归结为消费者选择替代品的可能性减弱。市场上存在越多替代性产品或可替代性越高的产品，则个别企业抬高价格谋取垄断利润的可能性就越小，也就是市场力量越小。政府的管制政策很容易就会对市场特性产生冲击，任何管制政策采用前，对于市场竞争冲击的评估，必须检视市场力量的改变。

市场力量大小取决于产品可替代性大小以及需求弹性大小。一般而言，影响市场力量的四个基本因素为：企业数量、集中度、产品差异度和进出难易度。第一，企业数量。一个市场之内，如果厂商数量越多，一般而言，市场的产品种类将会愈多。如此一来，各厂商产品的替代性将会愈高，因而使其市场力量越小。第二，市场集中度。市场集中度可以衡量生产量集中于少数事业的程度。一般来说，集中度越高，代表更高比例的消费者偏爱于少数一些产品，这些产品的生产者对于市场具有更高的控制力量，其它小厂难以与之抗衡，不容易提供更多样化、更广为接受的产品作为替代。基本上，这群少数拥有相对较高市场占有率的企业，其市场力量相对很大，对市场造成限制竞争效果很明显。一般衡量市场集中度之指标有

① OFT, *Assessment of market power*: *Understanding competition law*, 2004, p. 2. https://assets.publishing.service.gov.uk/government/uploads/system/uploads/attachment_data/file/284400/oft415.pdf, last visit on Jun. 20, 2019.

两类：CRn，即市场中前 n 大厂商的市占率；HHI 指数（Herfindhal-Hershman Index），即市场中所有厂商市占率的平方和。在我国，商务部反垄断局对于企业集中度的考虑，以 HHI 指数为主要指标，并参酌相关单方效果、共同效果、参进程度以及抗衡力量等衡量处理；在其它国家，如美国 FTC 或日本公平会的相关指导原则，也主要采用的是 HHI 系数。第三，品质异质化。差异化程度愈高，代表消费者心目中，不同品牌间存有更大差异的偏好，因此不同品牌间的可替代性就相对愈小，因而厂商的忠诚客户相对坚强稳固，厂商调高价格的能力就愈高。第四，进出难易度。市场中厂商数目少或者生产集中度高，并不一定对竞争状态产生不良的影响。如果该市场维持可以自由进出的环境，则该市场未必一定是一个低度竞争市场。

市场力量会随着市场上的厂商数目增多而减小、随着市场集中度缩小而减小、随着市场进入变容易而减小。透过这三个市场结构面向，可以帮助我们快速进行初级的市场力量检视评估。

三、进入壁垒

某种意义上，竞争评估主要是审查在位企业的产品在市场上替代性的大小。政府干预对设立新厂的诸多条件与限制，将限制相关市场的竞争程度发展，而不利于市场效率。“垄断的基本原因是进入障碍：垄断企业在市场上保持惟一卖者的地位，是因为其他企业不能进入市场并与之竞争”。[①] 也就是说，所谓垄断就是市场壁垒的存在而导致市场进入机制链的断裂。[②] 评估市场进入限制，有助于了解在位企业面临的竞争程度。如果市场进入门坎过高，在位企业可以提高价格而获取高额利润，不必担心受到潜在进入者的威胁；如果进入门槛较低，市场内竞争激烈，替代产品种类变多，限制了在位企业的市场力量，市场价格降低。

导致企业进入的阻碍可能性很多。从反垄断法的角度经常可以从以下四个主要方面来考虑。[③] 第一，固定成本障碍。较高的固定成本、管理成本或投资金额等，可能使得新厂不易进入市场，构成参进障碍。例如，高

---

① ［美］曼昆：《经济学原理》，梁小民译，中国人民大学出版社 1999 年版，第 252 页。

② 张炳生：《论我国反垄断执法机构的设置——对现行设计方案的质疑》，《法律科学．西北政法学院学报》2005 年第 2 期，第 116 页。

③ See OECD, *Competition Assessment Guidance*, Version 2.0, 2011, pp. 17–19.

炉炼钢厂的建厂条件十分严苛，并不是每个国家、每个资本家都有能耐可建高炉，其中厂址环境、资金需求，都是建厂的重要因素。第二，沉没成本障碍。沉没成本愈高，则投资者退出市场时，其总投入成本所能回复的就愈少。一产业之投资，若本质上具有愈高的成本，则投资者事先有鉴于此，势必会降低其进入意愿，因此市场之竞争程度无法提升。第三，厂商策略障碍。在位企业的策略行为，常是造成新企业进入障碍的主要来源。例如，在位企业可能提高转换成本，阻止消费者和交易对象流向竞争对手。供应商与购买者签订契约，消费者若想在合同期间解约而改用其它供货商的产品，则消费者就需支付原供货商一定费用。许多企业为了防堵客户转投竞争对手，而刻意地提高了转换费用，使客户不易于在供货商之间流动，造成供应事业体之间竞争降低的事实，同时也不利于新参进事业之吸收客户，降低潜在竞争者参进之可能性。又如，阻碍必要设施的分享。我国发改委对电信、联通的反垄断调查主要就是针对其没有与竞争对手进行充分、有效的网络互联互通，限制了竞争，侵害了消费者利益。[①] 再如，厂商可能利用垂直整合的方式或多角化经营，形成上下游关系企业，或者是建立自己的销售通路或者是确保原料之取得与消除风险，从而具有更高的市场竞争优势，并排除其它可能的竞争者。但是，这样的整合很可能会增加品牌之间的竞争。分析影响垂直整合的管制，尤其应该考虑这两方面的后果。企业的策略行为远不止于此，政府限制对企业的策略都可能产生影响，进而影响竞争。第四，政府限制障碍。政府可能产生壁垒，有时许可和进入限制甚至是最大的、最有效的进入壁垒之一。例如，授予垄断权(这使下一个企业的进入成本无穷高)，或者溺爱现有企业的管制标准。政府的行为能造成进入壁垒，这对我们的反托拉斯分析有影响。实际上，有些受管制产业干脆被完全豁免于反托拉斯法的适用。但对政府管制进行评价时，往往与其他进入壁垒的评价方法是一样的——看它所造成的情况是不

① 国家发改委对中国电信、中国联通涉嫌价格歧视的反垄断调查，正是根据在调查确认中国电信和中国联通在互联网接入市场上共占有 2/3 以上的市场份额的基础上，初步认定其具有支配地位。然后，进一步调查发现两家企业给小企业，交易条件更弱的企业价格优惠一些，给交易条件好，规模大的企业价格更贵。两大电信运营商给不同公司开出的价格差距甚大，特别是在北京、上海等地，价格差距达到了十多倍，最少也相差 40%。这违背了一般的市场经济认识和原则，他就是对跟自己有竞争关系的企业高价，目的就是打压竞争对手。并进一步分析了这样的行为导致，截至 2010 年，中国宽带上网平均速率位列全球 71 位，不及美国、英国、日本等 30 几个经济合作组织国家平均水平的 1/10，平均 1 兆/秒的接入费用却是发达国家平均水平的 3—4 倍。据估算，若互联网接入市场有效竞争形成，未来 5 年可以促使上网价格下降 27%至 38%。参见罗兰：《中国反垄断调查“剑指”电信联通》，《人民日报海外版》2011 年 11 月 11 日，第 2 版。

是使某些反垄断违法行为有可能发生。管制要构成进入壁垒,并不是必须明示地对进入予以禁止。有时管制之所以会抑制市场进入,主要是由于,要遵守该管制,必须达成一定的规模经济。

四、相对成本

在竞争中,管制如果导致某些竞争者成本相对变高,自然能够压缩对手的竞争能力,削弱了市场竞争程度,减损了社会福利。因此,竞争评估需要对此类行为进行仔细评判,以剔除不利于竞争的影响。提高竞争对手成本的策略很多,本书归纳几种实践中的典型做法。

电信企业试图阻止政府让竞争对手共享其已铺设的网络。如此一来,对手就得自力更生重新铺设搭建自己的网络系统平台,不仅耗费巨资也将耗费时间,在高度竞争的因特网服务与电话服务市场,对手必定因为很难在短时间内建构足以匹敌的竞争力而难以生存。这样的政策,确实对网络与电信市场具有深远影响。在我国台湾,公平会于 2003 年制定通过电信事业规范说明,拥有枢纽设施者必须以公平合理的交易条件,给竞争者使用其枢纽设施。

面对新的环境保护政策,在位企业基于已有的优势力量,可能会企图游说政府以取得延缓适用新法甚或不适用新法的豁免权利。此等"不溯既往"的条款,即所谓的"祖父条款",亦即政府允许在旧有建制下已存在的事物不受新通过条例约束的特例。因此,新厂想要参进,就得立即符合最新的高标准法规,而旧厂则可以免于新法规范,使得新旧厂商间相对成本产生扭曲,不利于市场健康竞争。

企业的锁定行为(例如,规定履行期限的限制性合约),使消费者因转换成本变高而不易转向对手,对手在吸收客户上相对地得用更高的优惠措施来弥补客户转换成本,才能吸引客户,间接增加了竞争对手之经营成本,这种合约常见于电信通讯业、天然气与电力及银行等产业。

专利权也是迫使竞争对手成本提高的方法之一。例如,制药业积极延长专利权申请期限,竞争对手势必在不侵权的状况下去研发其自有产品,为避免侵权,其投入研发的资本相对就更大。对专利审核和批转对竞争的影响,应考虑市场竞争、技术状况等因素。

第二节　政府限制竞争的可能维度

法律限制竞争的情形复杂多变，究竟如何快速识别出反竞争的公共政策安排？笔者认为，当抽象的一般概念及其逻辑体系不足以掌握一种现象的多样表现形态时，首要的辅助思考形式就是“类型”，[①]类型化是将法律对竞争的影响按照产业经济学分析竞争的因素进行归类。

依据SCP范式，除了作为分析对象的制度因素外，还应该包括“市场结构、市场行为和市场绩效”三个要素。考察各国对经济干预的理论和实践，可以大体将政府干预对竞争的限制、扭曲归纳为如下五个方面，也可以说法律的制定和实施可能存在下列四种限制竞争风险。[②] 其中，前两个维度属市场结构因素，第三个维度属市场行为因素，第四、第五个维度属市场绩效因素。在每一个维度之下，又可以依据经验归纳出若干个具体限制竞争的项目。

一、限制企业的竞争激励

竞争的前提是企业具有强烈的竞争愿望。政府管制不仅可以改变供应商竞争力，而且能通过影响其竞争积极性而改变供应商行为。供应商竞争积极性下降有两个主要原因：第一，有些制度可能促进了供应商间的联合，或给予部分企业以反垄断法除外或者豁免；第二，有些制度可能导致消费者更换供应商的能力和积极性下降。当然，可能还存在其他原因，例如对利润或市场份额的管制。如果供应商的产出和价格等信息越来越透明

---

① 参见[德]卡尔·拉伦茨：《法学方法论》，陈爱娥译，商务印书馆2005年版，第337页。

② 本书对政府干预导致的竞争限制维度的概括，主要是依据OECD的竞争评估指南及韩国的竞争评估指南的概括方法。See OECD, Competition Assessment Guidance, Version 2.0, 2010, pp. 24－81. Anti-competitive Regulatory Reform Team Korea Fair Trade Commission, *Competition Assessment Manual*, 2010, pp. 10－34.实际上不同的法域可能存在不同的概括方式，英国和我国台湾地区都没有考虑政府限制对消费者的影响。参见OFT, *Completing Competition Assessments in Impact Assessments*, 2007, pp. 20－31；陈和全等：《公平交易法与其它法规竞合竞争评估标准之研究》，台湾地区公平交易委员会(2009年委托研究报告7)，第53—170页。

或者对某一行业或部门进行竞争法豁免，卡特尔式的行为就很容易出现。卡特尔是不利于社会福利的，因为他们限制了产量，提高了产品价格，消费者利益因此受到损害。

（一）强制信息披露制度

政府要求企业披露市场价格、产出、技术标准或销售额等信息，对于消费者而言，这一定程度上可以降低消费者搜寻信息的成本，增加其可获取的信息，做出理性的选择。对于企业而言，这有助于其掌握市场需求、交易动态信息，避免过高的存货成本，增加产品开发速度，及时更新技术，提高客户服务质量。例如，为买方力量形成一种抗衡，允许和促成农产品进行集体营销的农业合作组织的形成；为确保产品规格和标准的统一，企业在产品设计和兼容性方面的合作；为促进创新允许企业联合研究和开发。

虽然存在上述合理性，但强制信息披露及其有关制度安排（如为确保产品规格和标准的统一，要求企业在产品设计和兼容性方面的合作，或为促进创新允许企业联合研发）也可能有意、无意地促成或允许企业间的合作、信息共享，客观上为卡特尔的形成（例如，一致合意不降价格或划分市场）提供了便利。一些重要研究已经揭示了信息披露可能存在的反竞争效果。[①] 如果市场中参与者寥寥无几，市场进入壁垒较高，产品相对同质和信息（如价格或产量变化的信息）传播相对及时，这样的政策对卡特尔形成和维持的帮助更大。在强制披露实际价格的情况下，卡特尔成员则能够辨别其他成员不遵守“协议”价格和产量的欺骗行为。在极具影响的“微软案”中，美国司法部反垄断局副总检察长卡尔·夏皮罗（Carl Shapiro）曾一针见血地指出，微软事先发布产品创新信息（如操作系统升级）的真正用意在于驱赶或吓退竞争对手。[②]

合谋行为本身很难辨识。某些合作关系（例如，新产品与新技术的联合研究）确实能为整体社会经济带来好处。但是，成员们私下合作的项目与范围，是否超越政策目标，而从事其它非授权项目的合作，竞争主管机关很难掌握。理论分析上可能有哪些勾结行为都已清楚，而实务应用则手法

---

① 参见[美]杰伊·皮尔·乔伊主编：《反垄断研究新进展：理论与证据》，张嫚，崔文杰等译，东北财经大学出版社 2008 年版，第 244—271 页。

② See Carl Shapiro, *Antitrust in Network Industries*, 1996, pp. 1 - 26. http://www.Justice.gov/atr/public/speeches/0593.htm, last visit on Jan. 5,2019.

多变而且证据不易取得，确实难以察觉。[①] 竞争法实施的证据表明，即使竞争法的实施就是为了发现和制裁企业在价格和产量方面的共谋行为，但是，显而易见，完全寄希望对合谋行为的执法来改善竞争秩序是不现实的。政策制定者尽量避免促进企业合作，警惕允许信息联合的管制政策所可能诱发的合谋可能性。当有可能产生卡特尔时，这样的制度将带来负的净效应。

当市场有大量的竞争者和市场进入壁垒相对较低时，卡特尔形成的可能性将大大减小。在这种情况下，信息披露要求在降低市场信息搜寻成本方面将起到积极作用。然而，在相对集中的市场，信息披露要求将产生负的净效用。供应商寥寥无几和标准化产品市场，相对于大量供应商存在的市场，前者的信息搜寻成本要更低，而卡特尔形成的风险却要高很多。因此信息披露制度所带来的潜在效益也就更小。

信息披露制度存在其他可行性政策。当信息收集主要是为了政府制定政策，则没有对其进行披露的必要。当收集信息是为了帮助消费者或进行一般性统计，则宏观统计和特定的公司统计相比，前者对卡特尔的支持作用更小。

（二）排除竞争法适用

为促进出口，保护弱小产业（例如，农业或渔业），自然垄断规模经济性，政府允许垄断的存在，并排除竞争法适用。美国律师协会（ABA）依豁免范围之大小，将其区分为三类。[②] 就美国联邦法规而言，截至 2006 年的统计，第一类，整个产业或整个活动类型全部予以豁免。基本上，给予整个产业豁免权的，在经过 19 世纪 80 年代的反管制潮流后，已经变得很少，就美国联邦法而言，现在也只剩下这五个相关法规。即，仅存于保险业、海运航业、农业、渔业与工会等五个组织，例如保险业适用的 McCarran-Ferguson Act、运输业适用的 Shipping Act、渔业适用的 Fishermen's Collective Marketing Act。在我国，并无对特定产业有豁免之适用。第二类，只有某些特殊性交易或事件予以豁免。这类豁免的法规共计 19 个。

---

① See Ghosal V., *Discovering Cartels: Uncovering Dynamic Interrelationships between Criminal and Civil Antitrust Investigations*, Journal of Competition Law and Economics, 2006, pp. 2 - 3 http://ssrn.com/abstract=961415, last visit on Jun. 20, 2019.

② See American Bar Association, *ABA Section of Antitrust Law, Federal Statutory Exemptions from Antitrust Law*, 2007. pp. 31 - 52.

例如，美国1989年通过，允许天然气供应者于市场供应短缺时可以采取联合分配；在国家危急时，战备产品的采购，得以不受限于反托拉斯法管制。为了解决机场堵塞问题，美国国会于2003年通过，容许在地区检察官同意下，航空公司可以与指定的机场会面商谈合作。1995年，美国国会同意汽车搬运公司，可以免于反托拉斯法关于共同定价行为。职业运动的播放权也被允许统一营销。第三类，针对某些行为于竞争法上条件式豁免。第三类的豁免，是针对反托拉斯法部分法条的修正适用，大抵是国会针对个案而通过。例如，1978年FTC认定饮料制造商与瓶罐供货商之间的契约构成排他性交易，妨碍市场价格竞争。后来国会通过Soft Drink Interbrand Competition Act推翻了FTC的认定，使该契约适用较为宽松的评估，而免于竞争法的规范。又如，Bank Merger Act及Bank Holding Company Act则是修正克莱顿法中关于金融合并分析的标准。某一些原本可能违反克莱顿法的金融机构合并，在小区的"方便与需求"新原则之下，可以进行合并。克莱顿法仍然持续有效地应用于银行产业的合并。另外，National Cooperative Research and Production Act则是通过以豁免竞争者从事一些有利于经济的合作研发，该合作原先是为反托拉斯法所禁止的。

竞争法的目的就是促进市场竞争，而排除适用竞争法的结果，不论是部分或全部，显而易见，都将减缓市场竞争，而随之出现价格偏高的现象。美国于1996年通过了电信法，加入了"反托拉斯保护条款"，明确规定应坚持反托拉斯原则，并且此原则不能被其他法规所替代。[①] 如何选取最小限制竞争的豁免措施，是主管机关得面对的课题。

欧盟对汽车分销及其服务实行集体反托拉斯豁免，汽车经销商必须提供售后维修服务，且维修技术机具必须取得汽车制造商的质量标记。如此一来，汽车制造商就有力量可以要求其经销商不得同时销售其他厂汽车，从而宰制市场。这一豁免权于2002年9月停止，现在的汽车经销商已经可以同时销售不同品牌的汽车。

（三）纵容对消费者的锁定

管制制度可能因为支持或纵容绑定消费者的行为限制竞争。政府可以通过改变绑定消费者的"转换费"（由消费者承担的因为更换服务商而导致的显性或隐性费用）来影响消费者更换服务商的意愿，进而促进竞争。

---

① 参见《美国电信法》(1996)第601条。

产生转换费的原因有很多，包括合同期限过长或供应商有各自专属的资产，比如电话号码和指定服务商是捆绑在一起的。电话公司或天然气公司可能让消费者签署在一定期限内锁定消费者购买其产品或服务的合同。在某些情况下，企业可能让消费者对在一定期限内提供的服务预先支付一笔费用，或者为了签署合同而支付一笔固定费用。这些条款目的是锁定消费者以限制消费者选择供应商的自由，由此而提高公司利润。[①] 当消费者面临较高的转换费时，供应商可对其商品或服务征收更高的价格。供应商有时通过支持相关政策以获取征收较高转换费的资格。如果消费者想更换其服务商，不得不损失以前支付给供应商的款项。征收转换费因此有利于现有企业，削弱了竞争，并增加了市场进入的难度。解除管制行业，如电力、电信中存在具有主导地位的现有企业，他们往往通过提供含有转换费的合同来试图妨碍竞争。

转换成本可以分为直接成本与间接成本。直接成本是在转换过程中，在位企业所能收取的违约金；间接成本源自对产品特质或种类的偏好。使用时间越长，消费者越不习惯更换其他品牌；产品的兼容性越小，转换重新适应新品牌所要付出成本越高；预付费越高，转换成本越大。签订使用期限的限制性合约，使消费者因转换成本变高而不易转向他企业，使他企业在吸引客户时，得用更优惠的措施来弥补客户的转换成本，间接增加了竞争对手之经营成本。这种锁定消费者的合约常见于电信、电力及银行等产业。如果消费者想更换服务商，不得不损失之前已支付给供应商的费用。转换费有利于既存企业，增加市场进入的难度，削弱了竞争。

转换成本中的直接成本是比较容易观察的部分，本书分析集中于此。以违约金为例，其存在往往基于两个理由：第一，已享用优惠措施的补贴。例如，电信企业为刺激消费，提供消费者一定的购机补贴或者大幅折扣活动，以吸引消费者签署长期合约。当客户违约时，索回此类优惠支出。第二，作业成本。有时把客户从操作系统中释出，牵涉到作业过程，必须动用人力来执行，耗费公司成本。

如果索取的转换费大于上述必要成本，实际上涉嫌滥用市场力量剥削消费者；同时造成市场上消费者流动性受到限制，市场竞争受到严重的限制。根据调查，美国的移动电话产业就曾出现过相关的三个问题。[②] 第

---

① 以移动电话为例，制定这些条款可以通过大幅打折活动，吸引消费者签署长期合同。这在手机市场已经成为普遍的营销策略。

② 参见曾志超：《0元手机的代价》，《苹果日报》2008年9月1日。http://www.npf.org.tw/post/1/4635，最后访问时间：2019年6月20日。

一，提前解约费金额过高。四大移动电话公司的提前解约费从 150 至 225 美元，远高于电信公司所宣称对手机的补贴成本。第二，提前解约费未依使用时间调整，当消费者使用一段期间后，电信企业已经逐渐收回其补贴成本，解约时就不应仍然要求消费者全额缴纳解约费。第三，绑定消费者时间过长。消费者对各大移动电话公司提起集体诉讼，美国电信主管机关美国联邦通信委员会（Federal Communications Commission, FCC）因此介入调查，国会也提出相关法案修法。各方压力迫使在位企业舍弃固定式的提前解约费制度，新契约用户改为根据时间递减缴纳解约费，同时提前解约费金额也有向下调降的趋势。[①]

中国也存在转换费问题，工业和信息化部于 2010 年 11 月 22 日零时开始在天津、海南实施携号转网，用户在不改变手机号码的情况下自由更换运营商，并享受其提供的各种服务。携号转网通过降低用户的转网成本，促进消费者流动，进而打破现有电信运营商的优势地位，优化市场结构，提升市场竞争。我国的携号转网对用户群一枝独大的中国移动而言是一个重大的挑战，对于中国电信、中国联通来说是一个难得的迎头赶上的机会。[②] 工信部数据称携号转网用户中超七成由中国移动转到联通。[③]

在全球放松管制浪潮下，各国许多管制产业解除了管制。在管制期间，独占厂商长期垄断，已经建构网络平台或设施。解除管制后，新企业要建立庞大网络平台设施，需庞大资金与时间投入，缺乏进入意愿。有鉴于此，政府一般采用了两类的基本措施降低进入障碍。第一，直接把国营企业民营化，让私人企业直接拥有股权；第二，要求既有大厂分享其既有的通路网络平台设施予新企业。在这类市场中，既有厂商面对新企业抢挖客户的竞争，为保有原先客户，可能就会给予优惠措施，签订长期绑定契约并辅以违约金。因此，解除管制后，绑定消费者契约形成的转换费成为决定市场竞争机制的重要因素。

政府管制需要着眼于简化转换过程和降低消费者承担的转换成本，尽可能地避免征收或提高转换费。当征收转换费的可能性较高时，在规章制度中应该包括对其征收的限制或禁止性条款。对将转换费合法纳入政策

---

① 曾志超：《0 元手机的代价》，《苹果日报》2008 年 9 月 1 日。http://www.npf.org.tw/post/1/4635，最后访问时间：2019 年 6 月 20 日。

② 许丽萍：《"携号转网"能否撼动中国移动"一枝独大"?》，《上海信息化》2011 年第 2 期，第 26 页。

③ 工信部：《工信部数据称携号转网用户中超七成转到联通》，《信息与系统工程》2011 年第 1 期，第 15 页。

法规的举措应给予应有的谨慎。当然，转换费之分析，并不限于对待那些刚从解除管制的企业，只是那些企业特别容易出现绑定消费者问题。

二、限制企业的竞争资格

限制企业竞争资格主要是限制企业的市场进入、企业数量与经营范围。按照反垄断法所依据的基本经济模型，竞争者数量减少，共谋风险增加，单个供应商提高价格的能力提高。[①] 即使政策制定者有充分的理由限制供应商数量和经营范围，也应该权衡限制市场进入带来的效益和放松市场进入带来的好处。市场强权将导致更高的价格、更低的商品质量和更少的市场创新。市场竞争程度下降将使供应商不再积极满足消费者的需求，长期经济效率因此而下降。

(一) 特许经营权的授予

一般而言，授予特许经营权往往是因为存在自然垄断，为了实现规模经济效益，或基于鼓励基础设施投资的考虑。对生产某种产品或提供某项服务授予特许经营权是"设置市场进入壁垒"的极端情况，意味着相关市场垄断的确立，可能导致市场力量滥用、抑制创新。

授予长期特许经营权的管制，根本问题是科学技术变化改变了垄断的边界，当初设立特许经营权的合理原因在特许经营权失效之前在部分甚至全部管制领域已经不再存在。

从促进竞争的角度出发，可以通过确定市场中自然垄断性元素并将其和其他竞争性元素（上游和下游）进行拆分和重组。即使授予特许经营权有时被认为是将特定服务引入市场的唯一方式。但是，在考虑采用特许经营权之前，政府应确保没有其他限制较小的可行性政策。如果确实不存在这样的政策，政府可对特许经营权进行拍卖，并限定一定的期限，期限届满重新评估授予特许经营权的合理性。在很多情况下，可以考虑将特许经营权在两个或三个主体间划分，在确保特许经营权带来的效益的同时在一定程度上引入竞争。一旦特许经营权被授予，则更多的注意力应转向监督垄断主体行为，防止其滥用市场力量，包括反垄断法对其行为的规制，进行价

① See Robert H. Bork, *The Antitrust Paradox: A Policy at War with Itself*, Free Press, 1993, pp. 98 - 104.

格上限管制。

1977 年百忧解(一种治疗精神抑郁的药物)获得专利,并于 1987 年投入市场。这是历史上销售量最大的药品之一。礼来公司(Eli Lilly)花了 5 年时间申请对百忧解的专利延期,但最终以败诉收场。反对给予百忧解专利延期的巴尔实验室等制药企业可以很低的价格生产一种类似的非专利药。一旦这种非专利药投入市场,20 毫克胶囊的价格可从以前的 2 美元降至 0.5 美元。[①]

(二) 市场进入限制

通过竞争带来经济好处的前提是:存在潜在供给者确实能够挤入一个有利润市场的可能性。[②] 管制壁垒的存在使得在位企业不用顾忌潜在竞争者的进入,坐享既有的高额利润。即便存在市场进入,但过于繁杂的进入审批手续,或者不必要的准入条件限制,也将严重影响潜在竞争者市场进入的及时性和充分性,导致新进入者无法对在位企业的行为形成有效的竞争约束。而新企业的进入,有利于降低价格、提高产品质量,并促进产品的多元化。同时,按照过程竞争理论,私人垄断是实际竞争或潜在竞争的具体表现和暂时结果,单个企业的垄断地位以及相应的利润在开放的竞争过程中终将消失。而政府的管制壁垒可能完全或部分地消除替代产品,消除潜在竞争,真正威胁竞争过程,损及动态效率。[③]

管制壁垒对社会福利的影响主要取决于管制的程度和方式。当管制壁垒基于弥补信息不对称、实现规模经济需求或确保特定领域产品达到一定的质量标准时,是有利于社会公共福利的。但是,当管制导致的市场进入壁垒根本是不必要的或者高于达到政策目标所需时,将会损害竞争。

限制市场进入的管制通常体现为营业执照或经营许可证颁发制度。这有助于确保满足一定资格的供应商才可以成为市场的准入者。当消费者对从业人员的能力不容易做出判断时,从业合格要求可以防止因为从业能力不足导致对消费者利益的损害。例如,最低正规教育要求或者对一定专业人士如各种健康专业人员的实际从业经验要求。

从促进竞争的角度出发,如果自由竞争的收益大于设置市场进入障

---

① See OECD, *Competition Assessment Guidance*, Version 2.0, 2010, p. 37.

② 参见[德]格尔哈德·帕普克:《知识、自由与秩序》,黄冰源等译,中国社会科学出版社 2001 年版,第 174 页。

③ 参见王廷惠:《市场过程理论的过程竞争:与新古典经济学完全竞争的对比》,《上海经济研究》2005 年第 1 期,第 21 页。

碍，最好的选择就是取消进入管制；基于保护消费者所必需的进入限制也必须以确保限制进入的管制标准设置不高于达到政策目标所需要的水平为限制（专业服务例子）。以英国对药店市场进入的直接管制为例，1987年，为了抑制国民保健制度成本升高的趋势，英国的英格兰、威尔士、苏格兰和北爱尔兰自治区引入了对药店市场进入的管制，对新药店设置进行慎重评估，对所有权进行重新分配和变更。公平交易办公室（OFT）认为，废除对社区药店市场进入的限制将给消费者带来更多的选择，更多的服务和其他各种竞争收益。德国1998年能源法取消了电力、天然气行业的特许经营制。新法规允许电力和天然气公司在零售市场中展开竞争。德国的电费曾经是欧洲最高的，如今因为引入了竞争，消费者不仅只需支付较低的电费，而且得到了更好的服务。①

（三）增加市场营运成本

出于保护消费者、保护环境等考虑，政府可能对生产实行严格的检测标准。这样管制政策可能导致既有企业的营运成本的增加，造成部分企业因为无利可图而退出市场，市场竞争家数减少，总供应减少。在一些情况下，可能不存在达到同样政策目标的候选政策。为了使这些条款对竞争的不利影响最小，政府协助供应商达到管制要求，或者给予一定的达标过渡期限，或者逐步提高标准。

例如，环境保护政策日趋严格，使得许多产业在机器设备上的投资大幅增加，或者被迫必须投入高额成本费用，以持续研发新技术或产品，以确保产品符合环保要求。一旦生产技术升级失败或者产品更新失败，而被迫必须退出市场时，减弱竞争。2009年2月，美国奥巴马签署了两份总统行政命令，要求美国把燃油使用效率由目前的每加仑行驶44.3公里，在2020年前提高至每加仑56.3公里，并要求美国环境保护署（EPA）重新考虑允许一些州政府，制定高于国家标准的汽车尾气二氧化碳含量标准。这将增加汽车厂商成本。②

（四）对商品流动的限制

限制商品服务跨地区流动，可能是基于保护特定区域内的特定产业

---

① See Branko Terzic, Berthold Wurm, Yorck Dietrich., *Germany: Taking the Lead in Electricity and Gas*, 2000. http://www.pur.com/pubs/3382.cfm, last visit on Jun. 20, 2019.

② 参见马连华：《奥巴马汽车新政迈出第一步》，《中国青年报》2009年2月19日，第9版。

(尤其是新兴产业、民族产业),或保护特定区域内的消费者权益。但对商品、服务、资本或劳动力在国内流动限制,人为地减少了供应商数量,降低该商品和服务的有效市场规模,削弱了相关市场竞争,甚至有可能导致市场力量的形成以及在位供应商滥用市场力量,提高价格。而且,规模较小和更加孤立的市场将导致创新能力下降,产品种类少,消费者需求因而得不到相应的满足。近几年,对限制商品、服务、资本和劳动力流动的政策规定所产生的竞争损害已日益达成共识。

对于商品的流动限制性措施,通常存在可达到同样政策目标的其他政策。以政府采购限制为例,直接补贴和优惠待遇是较好的候选政策。由于受到政策保护的供应商大量的游说,暂时的保护性措施有可能演化为准永久性政策安排。因此,政府必须审慎评估任何关于商品服务流动的限制对市场竞争的影响,尽可能完全废除此类制度。

政府可能采取直接管制方式,明令禁止购买地区外产品和服务。美国原来有 24 个州的法律宣称为保护当地酿酒厂的利益,有效阻止不够年龄的人买酒,禁止葡萄酒直接在州际间运输。以纽约州和密歇根州为代表,外州的酒要进入这些州,必须先卖给这些州有执照的经销商和零售商,再由他们转卖给本州消费者。根据这些州法律,这种行为是重罪。其实,这样的法规往往旨在对州内零售商和分销商实行保护,赋予其特权。[①] 大经销商垄断了酒的销售,从中获取了巨额利润,但这样做侵害了小酒厂和消费者的权益,抬高了酒的价格。美国最高法院认定这个禁令具有歧视性,阻碍了竞争,是非法的。这意味着大批发商长期以来的垄断被打破。

政府还可能以间接的管制形式限制商品或服务流动,限制竞争。在很多国家,大部分的货物是通过货车进行运输的,因此有很多关于卡车运输的限制。制定这些限制性政策的理由有很多,包括城市拥塞,控制污染等。虽然有些政策依据和限制是恰当的,但必须警惕,对卡车运输进行限制将减少商品流动,导致市场分割进而对竞争产生损害。A12 高速公路是德国和意大利之间的主要交通要道。为了保护环境(提高空气质量),蒂罗尔(Tyrol)地区禁止重型卡车通过此地。欧洲法院于 2003 年认定在重要的交通要道上设置重型卡车禁令是对商品自由流动的非法限制。[②] 又如,美国各州有不同的律师与医师职业认证考试,封闭、阻隔市场,不利于总体的市场竞争。

---

① See OECD, *Competition Assessment Toolkit*, Version 1.0, 2007, p. 78.

② C-320/03. Commission of the European Communities v. Republic of Austria.

三、限制企业的竞争行为

存在大量竞争者并不是高度竞争市场发展的充分条件。除了需要一定数量的竞争者以外，供应商还需要有竞争能力、竞争积极性。

有些政府管制以多种方式限制供应商竞争能力，包括限制广告宣传和市场营销，设立产品或服务质量标准，对商品或服务的价格进行控制。这些限制可以降低竞争的强度和范围，因而导致价格升高和产品种类减少。

（一）商品价格管制

控制价格往往是限制进入的必然结果。例如，很多国家对出租车市场有很高的市场进入限制，当市场存在巨大的超额需求，价格将大幅增长。为了保护消费者利益，对最高价格进行限制的政策也就应运而生。相反，当市场存在过度价格竞争而导致掠夺性定价时，则需要对最低价格进行限制。在这种情况下，最低价格管制往往被视为是一种使弱小企业、地方企业，或者效率不高的企业免于不公平竞争的一种保护手段。

这种类型的价格管制可能对消费者有利，一定程度上弥补了消费者因为选择范围缩小而导致的福利损失。但对商品价格进行控制直接阻碍了正常的市场运作。价格管制有时也用于有很多供应商的市场。一旦最低价格被设定，低成本供应商不能通过为消费者提供性价比高的商品而赢得市场份额。同样的，设定最高价格将大大挫伤供应商产品创新的积极性，并且供应商将在最高价格附近形成价格联盟。① 经验和理论研究都表明，政府实施价格管制经常导致合作机会变大，被压低的价格更使得企业获利变薄，竞争减弱，技术、产品更新缓慢，服务与产品质量下降。凡涉及价格管制，都会产生上述问题，必须审慎分析。

因此，一般而言，必须竭力避免价格管制。以我国台湾地区的油品市场实施的浮动油价管制机制为例，浮动油价之调价指标，是依据纽约商品

---

① 我国对成品油零售价格采取的就是价格上限管制，一直以来，中石化和中石油基本上都是非常默契地将最高限价作为销售价格，其他成品油企业随之跟进，进而导致整个成品油市场的销售价格趋于一致。（参见王健：《我国成品油市场中的反垄断问题》，《法学》2012 年第 2 期，第 20 页。）即便不是达成一致价格的默契，两大石油企业也可能会根据最高限价采取更为隐蔽的协调方式，获取垄断利润。实践中我们就经常发现，为了保证表面的竞争，中石化会在自己的强势区域允许中石油在一定程度内降价，而不跟进；反之，中石油也会在自己的强势区域允许中石化在一定程度内降价，而不跟进。

期货交易所(NYMEX)的美国西德州中级原油(WTI)收盘价,以日(周一)对前一周同日(周一)方式计算涨跌幅,再依变动幅度百分比之八成作为调价基准。这样明确的定价方式,无异于明白公告中油(双占市场中的领导厂商)的调价策略给竞争对手(台塑),诱使其同向调动,构成联合勾结行为,降低市场竞争行为,不利于社会福利。①

(二) 广告宣传和市场营销管制

政府政策有时对企业的广告宣传和市场营销能力进行限制。这些政策一方面肯定广告和市场营销对传递信息和帮助消费者选择等方面的积极作用,另一方面也试图阻止广告对消费者的误导和欺骗。毕竟,广告所传输的信息,经过生产者筛选,可能并非全部属实。生产者与消费者之间又存在极大的信息不对称,消费者没有足够能力来对广告内容的准确性进行判断,容易被误导或诈欺,结果往往导致市场"劣币驱逐良币",产品价格攀升和资源浪费。对误导性或欺骗性广告的禁止将确保竞争性市场的市场机能免于遭受破坏,并有利于保护消费者对市场的信心。

但广告的高度竞争是属于市场竞争的一种手段,它可以有效降低商品、服务的价格,而限制广告的规定确实导致对竞争的抑制。政府的限制一般将减少信息流动,制约企业创造品牌的能力,从而限制市场进入和产品多元化的实现。虽然政府对某些具有社会负面效应或过度消费的商品或服务进行广告宣传限制,但实际上在降低商品消费方面作用不大。在这种情况下,广告限制只是减少了消费者可获得的信息量,缩小了消费者的选择范围,削弱了竞争,增加了价格和厂商利润,不如考虑,允许香烟广告但不强制其披露抽烟与癌症的关系或征收消费税;允许药品广告但强制制药公司对产品可能的副作用进行详细披露。

很多国家都有对广告宣传和营销的管制。从管制范围上针对比较广告的管制、针对专业服务广告的管制、针对锁定消费者营销的管制;从管制内容上包括针对广告媒介、时间、版面等。在多数情况下,广告宣传和市场营销限制性措施应用过于广泛,从而对竞争形成过度限制。这些措施限制了新入市者告知消费者其存在和通告其产品或服务性质和质量的能力,所以可能对潜在市场进入者更加不利。

消费者权益保护法一般都包括禁止误导性、欺骗性广告。这些措施有

---

① 陈和全等:《公平交易法与其它法规竞合竞争评估标准之研究》,台湾地区公平交易委员会(2009 年委托研究报告 7),第 135 页。

利于提高市场效率和市场竞争。有时,对于特定的商品和服务的广告宣传和市场营销实施限制应考虑进一步的限制是否将增加信息不对称从而导致消费者劣势和市场效率的降低。

以锁定消费者的营销为例。锁定消费者营销是指通过电子邮件、传真和电话的直接营销等方式,直接针对产品或服务的目标群体的营销。一般而言,大公司和小公司及自营公司都依赖这种方式对其产品和服务进行广告宣传。和电视广告、专业杂志广告相比,这种广告形式具有成本低的优点。但其缺点是这种形式的广告可能会侵扰隐私。人们往往不愿意在闲暇的时候被电话狂轰乱炸。企业也不愿意收到广告传真。而广告邮件通常被视为不利于工作效率并可能阻塞邮箱和计算机系统。如果对这种营销实施过于严厉的管制或完全禁止可能会带来显著的不利影响。尤其是对偏好低成本广告的小企业和个体经营户造成不利影响,不利于市场竞争。为了使此类营销不会对客户造成过度侵扰,可在直接营销广告中提供自愿退出条款,就是将特定的电话和传真号码或电子邮件地址加入"不要打电话"或"不要发电子邮件"的清单。有垃圾邮件过滤器的互联网和服务器可以发挥部分作用。总之,这些方式既让消费者可以选择自愿退出,同时又让小公司或个体经营户对其商品和服务进行合法的广告宣传。

(三) 产品标准设定

最低产品标准一般是在存在信息不对称、市场失灵的情况下为保护消费者而设置的。但是,如果设置的标准与现行的行业惯例大相径庭,则对供应商的市场竞争能力产生极大的制约作用。以对各种有毒物质排放量设置标准的环境保护法规为例,虽然环境保护法规对公众健康和良好的环境提供了非常得当和必要的保护,但是如果其标准只对小部分拥有一定科学技术的企业有利,则这样的政策是极其不公平和不利于市场竞争的。

设置最低产品标准是基于因产品使用而导致的损害,对消费者提供一般性保护,但如果标准高于现行行业惯例或科学技术决定的合理水平,将可能导致消费者无从选择更便宜(更低的产品性能和质量)的产品而降低了消费者福利。消费者因为各自偏好的不同而希望生产商能够提供多种产品选择。对于低收入消费者而言,对低成本的偏好高于对高安全标准的偏好。[①] 他们可能更喜欢价格便宜、质量相对较低的汽车。过高的安全标

① See OECD, *Competition Assessment Guidance*, Version 2.0,2010, p. 49.

准往往使价格上涨到不可承受的地步，则很多低收入消费者可能因为囊中羞涩而只好放弃买车计划。提高汽车安全性能是有必要的，但仍应该对新安全标准进行边际效益和边际成本的考察。出于生命安全与营养的考虑对食品、饮料的成分和质量制定标准，但过高的内容和质量标准可能降低产品多样性，价格因此而上涨。专业人员应该满足从业人员资格并在一定的执业标准下提供专业服务，但制定从业标准应该是使提供的服务达到必要水准的最低标准。过高从业标准很可能导致进入壁垒提高，竞争减少，进而保护了既存从业人员的收益。标准设置往往会给某些供应商带来其他供应商没有的优势。以环境保护制度为例，虽然对轻微有毒成分排放的限制性措施有利于保护公众健康，但是该制度可能只对小部分的供应商有利。大部分企业可能因不能达到标准而退出市场，削弱竞争。

因此，产品质量标准不应该高于确保消费者安全的最低必要水平。一蹴而就的变化将比渐进的变化更有可能对市场竞争产生不利影响，而且，对产品标准制度存在其他可行的候选政策。例如，为了保护消费者而设置的最低标准，可由披露产品特征的政策替代。即使消费者非常清楚相关的风险，他们仍然愿意购买便宜但质量较低的产品，如果这样的产品却因为商品质量标准而被逐出市场，消费者福利将因此而降低。而考虑改变排放标准时，为了使政策对竞争产生的反作用最小，政府可以开展排放权的交易或者对小型企业提供暂时性援助使得该企业达到新标准。政府制定标准通常即使出于公众利益考虑，也需要审视标准的适度，避免标准过高限制了竞争，反而损害消费者利益。

（四）制定祖父条款

祖父条款，是指新进入市场的企业必须马上符合最新的高标准法规，而旧企业则可依循旧制营运，免于规范。[①] 例如，一座老发电厂未能符合新污染管制条例，但在不溯及既往原则下获得豁免而维持原貌继续运作。制定祖父条款主要是基于经济方面的考虑。既存企业在原有制度下投资建设，完全适用新制度很可能需要大规模技术、设备更新与生产结构改造，所需成本巨大，甚至可能导致其无法负担，退出市场，浪费现有资源与产能。当然，祖父条款还可能是官商合谋的结果。

---

① See OECD, *Competition Assessment Guidance*, Version 2.0, 2010, p. 51. http://www.oecd.org/daf/competition/98765437.pdf, last visit on Jun. 20, 2019.

这一条款导致相对成本因政策而扭曲，不利于市场竞争。新进入者成本相对较高，不利于与既存企业进行有效竞争；降低了潜在竞争者参与竞争的激励；既存企业受到旧制保护，降低了其创新激励，以相对落后的技术继续生产，效率降低；市场竞争减少，因而价格可能攀升。①

祖父条款存在合理性，又可能限制竞争，其制定、实施必须仔细权衡。只有在新规定引发巨大成本时才考虑祖父条款。祖父条款的适用也要设定一定的期限，②期限可以根据企业资本年代确定：资本存货年代越久，投资越早，祖父待遇享受期限越短；新近投资的公司应享有相对更长的祖父待遇。这是因为，对很久以前投资形成的机器设备，折旧后的现值会很低。而对于新近完成投资的公司而言，其机器设备的市场价值相对更高，效率也更高。这意味着强迫后者达到新标准所引致的成本将很高。但是，对于机器设备年代较早、几乎可以淘汰的公司，强迫他们达到新标准的成本将低很多。新老资本之间的临界点将由特定资本形式的生产技术因素决定。实施祖父条款的期限还可以根据企业规模大小来考虑。面临引发新投资新规定，规模较小的企业将更加处于劣势而可能无法达到新标准。因此，祖父条款规定的达标期限可根据企业规模，资本年代及企业生产技术等进行相应调整。

有研究显示，美国空气清净法新能源审核的规定，给予旧厂免于适用新规定，不必增加投资购买新技术与新设备，而新设厂商则必须通过新规定才能核准设立，必须投入更多的资金购买等级较高的设备与技术，成本将远远地超过旧厂。由此，新厂进入意愿下降，投资设立新厂者寥寥无几，反观旧厂凭借着相对优势的成本，持续的存在营运并低成本生产，产生反淘汰现象。污染重、生产效率低的厂商持续的活跃存在生产，但高效率、高净污的新厂却因为成本高，竞争不过旧厂而不敢进入。结果空气污染反而因为这项环境政策加剧，空气质量改善变缓，整个市场营运也变得更不效率。③ 这样的祖父条款，应该取消；或者，设定祖父条款的落日条款，例如，制定新排放标准后，允许所有在位企业享有一年免适用期限，这一年内必须慢慢调整达到规定标准。

① See Anti-competitive Regulatory Reform Team Korea Fair Trade Commission, *Competition Assessment Manual*, 2010, pp. 27 - 28.

② 这种规定法律规范性文件的有效施行期限的条款，称为落日条款。

③ See Becker, R., V. Henderson, *Effects of Air Quality Regulation on Polluting Industries*, Journal of Political Economy, Vol. 108, No. 2(2000), pp. 379 - 421.

四、扭曲企业的竞争过程

政府对竞争的限制，是给予未受到限制的企业竞争优势，或使得从事反竞争行为企业获得的竞争优势合法化。而政府对竞争的扭曲，是指税收、补贴等政府援助行为，直接给予受援助企业非市场化的竞争优势。

（一）政府角色冲突

各国实践经验表明，竞争性活动由一个具有独立身份的且与政府保持适度分离的主体实施，才最有效率、最符合竞争中立的要求。这当然不是禁止所有政府商业活动，而是强调国有企业采取规范的经营模式，避免政府背景所带来的过度竞争优势。

政府角色冲突，既是经营者又是监管者，必然导致非国有企业的竞争劣势，也很容易导致制度的恶性循环。例如，政府会倾向于让其附属服务机构收取更多服务费而制定更多强制性的标准和许可政策，进而导致腐败和寻租相互助长。这也是为什么过多不必要的行政审批存在和难以消除的重要原因。竞争对国有企业来说意味着一种风险，在自身具有监管权限时它会千方百计制定有利于自身的管制，或者在公共服务与竞争业务之间进行交叉补贴，致使非国有企业处于竞争劣势。要确保竞争的公平，必须将国有企业的公共服务职能与商业职能区分开来。要么对国有企业商业与非商业活动、竞争业务与非竞争业务进行结构上的拆分；要么采用会计分离，商业活动与公共服务活动独立核算、独立审计。[①]

（二）政府对特定企业的援助

政府援助，是国家财源通过财政、税收、金融等措施而给予某些企业的优惠，[②]或国家减少一个企业在正常情况下承受的各种负担的措施。[③] 例

---

① See OECD, *Accountability and Transparency*: *A Guide for State Ownership*, 2010, pp. 77 - 92. http://www. korupce. cz/assets/protikorupcni-strategie-vlady/na-leta-2013-2014/1a-Guide-OECD-for-state-ownership. pdf, last visit on Jun. 20,2019.

② 参见孔少飞：《欧盟的国家援助制度及其借鉴》，《欧洲研究》2006 年第 3 期，第 88—102 页。

③ 参见王晓晔：《欧共体竞争法》，中国社会科学出版社 2007 年版，第 264 页。

如，各种补贴、低息贷款、税收减免、生产要素（能源、土地、基础设施）的低价使用权。本质上，国家援助是对受援助企业的偏袒，使受援助企业获得源于国家的“非市场化优势（unmarketlike advantages）”。[①] 因此，除条约另有规定外，一个成员国利用国家财源以任何形式授予的任何援助，凡优待某些企业或某些产品的生产者而扭曲竞争或产生扭曲竞争风险，影响成员国之间的贸易，均因与《欧洲联盟条约》相抵触而被禁止。[②]

在税收方面，禁止在国有企业和非国有企业、本国（地）企业与非本国（地）企业的商业活动税收方面实施歧视性待遇，避免给予本国（地）企业额外的税收优惠（包括出口退税、税收减免措施等）。如果其他企业承担过重的税收负担，必然导致其在竞争中处于劣势。国有企业在特殊领域执行非商业目标时，不受这一规则约束。[③]

在债务方面，避免对相同条件的企业在有关融资的难易程度、支付利率成本方面进行区别对待。只有通过市场配给资金、利率反映市场的风险和需求，才能确保所有的市场主体公平竞争。实践中，国有企业在获取资金上具有明显的优势，经常得到政府显性或隐性担保，[④]轻易地以相对低的价格从银行获得资金。

在公共服务补偿方面，[⑤]必须确保补偿符合市场化的标准，避免因补偿不足或补偿过度导致企业处于竞争劣势或优势。欧盟明确要求补偿与统一市场相兼容，满足政府援助与补贴规定的各项条件。[⑥] 为此，关键是识别非商业性活动的成本。应确保国有企业商业性账户与非商业性账户分离和独立核算。欧盟《透明度指令》要求，享有独占权力的企业以及那些

---

① See A. Evans: *EC Law of State Aid*, Oxford University Press, 1997, p. 28.

② TEFU Article 107.

③ 这种情形下的税收免除是作为提供公共服务的补偿。美国国企、非法人企业和一些不由政府直接经营（但提供公共服务）的企业通常无需缴纳联邦（州）的所得税。私立医院如果符合特定税收豁免条件，也可享受相似的所得税豁免。See OECD, *Competitive Neutrality: National practices*, 2012, pp. 62 - 67., http://www. oecd. org/daf/ca/50250966. pdf, last visit on Jun. 20,2019.

④ See OECD, *Competitive Neutrality: National Practices*, 2012, p. 69. http://www. oecd. org/daf/ca/50250966. pdf, last visit on Jun. 20,2019.

⑤ 按照欧盟法的规定，直接转移支付、提供资本、事前（后）的报销、税收的减免及政府补贴都构成补偿。

⑥ 这些条件包括：受偿企业必须实际上负有明确的公共服务义务；补偿数额的计算方法必须以客观透明的方式事先确定；补偿不能超过必要限度（在企业提供公共服务之后得到的合理收入和利润之外，不能获得多余的补偿）；根据公开的程序竞标选择能够以最低成本为公众提供服务的企业。C-280/00 Altmark Trans GmbH and Regierungspräsidium Magdeburg v Nahverkehrsge-sellschaft Altmark GmbH.

接受公共服务补偿的同时从事营利性活动与非营利性活动的企业，必须对商业与非商业活动进行独立核算，并提供商业与非商业活动的预算比例。[①] 成本识别进一步依赖于提高国有企业行为的透明度和会计要求。在大多数情况下，国有企业均应被要求与私人企业一样提供符合国际公认标准的年报或季报；会计核算要接受内部及外部审计；国有企业经营状况的信息也需公开披露。当涉及公共资金时，相关的要求更为严格，还要接受最高会计机构、各职能部委以及执行机构的监管。

作为公共服务补偿要求的延伸，还应确保国有企业商业活动的回报率应与市场保持一致。[②] 如果政府商业活动没有市场回报率要求，国有企业就可以通过掠夺性定价和倾销的方式，将其他企业挤出市场，获得垄断地位。

在政府监管方面，要求对各类企业行为适用一致的法律规则（包括对国企、民企、外资企业的产业政策中立、注册程序平等、审批程序一致、准入限制一致、申诉程序一致等），使其面临相同的合规成本。任何导致部分企业的较低合规成本的监管，等于人为地给予其竞争优势。

作为监管一致的核心，欧盟竞争法平等地适用于所有企业。[③]“无论法律地位和资金来源”、“无论是否以营利为目的”，[④]任何主体只要“在特定市场上提供产品或服务”（“从事了经营行为”），都被界定为“企业”。[⑤] 成员国政府及其下属机构以及政府所属组织的分支从事经济经营活动，一样必须遵守 TFEU 第 101 条、102 条的规定。

（三）政府面向特定企业的采购

在政府采购方面，专门针对特定投标者拟定投标条件或直接选定中标

---

① Directive2005/81/EC(OJL 312，29. 11. 2005，p. 47，Directive2006（OJL 3182，17. 11. 2006，p. 17－25).

② 例如，英国国企被要求在商业化领域赚取与市场一致的回报率，并要符合欧盟政府援助法律的规定。澳大利亚、匈牙利以及土耳其制订了具体的国企投资回报率指南。虽然，也有些司法辖区没有对国企提出商业回报率要求，但事后会对国企绩效通过行业比较进行评估。

③ CCI，Applicability of Competition Law Principles on Public Sector Undertakings：An Anlysis of CCI Orders and Other Jurisdictions，p. 6，http://cci. gov. in/index. php?option=com_resrep&task=level&limit=10&limitstart=20，last visit on Jun. 20，2019.

④ Federacion Espanola de Empresas de Tecnologia Sanitatria（'FENIN'）v. Commission，[2006] ECR I－6295.

⑤ Hofner and Elser v. Macrotron，[1991] ECR I－1979（para. 21）. SELEX Sistemi Intergirati v. Commission，[2006] ECR II－4797.

者，都会扭曲竞争过程。[1] 政府采购是政府作为交易相对人直接向企业提供市场交易机会，因为规模相对庞大且比较稳定，对相关市场的企业竞争影响巨大。因此，政府要以透明、非歧视性的标准从国有企业、私营企业中遴选合适的经营者进行缔约。TFEU 第 37 条规定："成员国应当改变任何商业领域的国家垄断，以保证货物在成员国之间的采购和销售的条件的非歧视性"。它虽然不是一个狭义上的反垄断条款，但所起到的功能与反垄断条款是一致的。

五、扭曲企业的竞争结果

需求因素对促进生产侧的竞争至关重要。如果消费者的信息充分、准确，他们的理性选择，将促使生产者努力提高产品质量、丰富产品种类，降低价格，以赢得更多消费者的青睐，以便在同业竞争中胜出。相反，如果消费者没有足够的信息，产生混淆或误导，他们无法对产品做出准确的评价，就可能会为质量相对较低的商品和服务支付更高的价格，或干脆放弃努力去寻求最能满足他们的需求的产品，也就很容易导致逆向选择，限制竞争。

(一) 限制消费者选择供应商的能力

消费者可以自由选择时，市场一般处于最佳运行状态。但在很多情况下，消费者的选择权被政府公共政策直接或间接地限制了。例如，政府可能宣布消费者以更低的价格在相邻行政区外购买处方药或非处方药品，是非法的。这构成了直接的限制。即便不直接通过法律禁止，当政府的政策中有关保险理赔范围不包括在相邻行政区外采购处方药，这构成了间接的限制。

限制消费者自由选择的能力会损害竞争。因为，供应商一旦知道消费者没有能力做出替代选择，就不需要面临竞争力，也就很有可能提高产品

---

[1] 在俄罗斯 2012 年调查的 4000 多件对政府行为的投诉中，2400 多件与政府机构违反招投标要求导致垄断有关。其中"594 件涉及到不合理地限制参与投标资格，365 件涉及到违反程序确定中标者，322 件与设定有利于特定投标者条件相关。"Report of the Federal Antimonopoly Service[of Russia] on Competition Policy in 2012, sec. 2. 3. 1. ,http://en. fas. gov. ru/reports-and-analytics/reports-and-analytics_30982. html, last visit on Jun. 20,2019.

价格，降低产品质量。消费者即使不太满意他们的产品也只能被迫接受，或可能根本就不会买其喜欢的产品。

（二）限制消费者转换供应商的能力

管制可以或明或暗地通过影响转换成本，限制消费者转换供应商的能力。转换成本是指消费者由于转换产品或服务的供应商而引发的成本。① 转换成本的存在会产生限制竞争的影响。从反垄断法的 SCP 分析范式中的市场结构要素来看：转换成本使得在位企业通过顾客建立垄断的市场势力，影响新厂商的市场进入。从市场行为要素来看：转换成本越高，企业的定价越高，②或者越有可能利用市场力量索取更高的利润；③转换成本还可能引起厂商的共谋。④ 从市场绩效要素来看：转换成本的存在降低了消费者需求的弹性，降低了不存在转换成本时消费者转换供应商可带来的收益，阻碍了消费者选择更好的产品和降低了消费者获得产品的多样性。最重要的是，经济学的研究已经取得了共识：企业为了增加自己的市场势力，有激励创造和提高顾客转换成本。⑤

转换成本存在可能源于各种原因，包括长期合同条款或将供应商的设备绑定，为转换设置障碍。例如，当一个既定的服务提供商与一个固定电话号码绑定起来时，转换成本就产生了。消费者面对高转换成本，供应商就可能肆无忌惮地为商品或服务索取更高的价格。因此，供应商往往自己寻求创造高的转换成本，更多的时候也会努力寻求确保高转换成本的政府管制政策。

---

① 参见陈阿兴，梁云：《基于产业组织理论视角的顾客转换成本研究》，《产业经济研究》2007年第 6 期，第 72 页。

② See Carl Shapiro, Hal R. Varian, *Versioning: The Smart Way to Sell Information*, Harvard Business Review, Vol. 76, No. 6(1998), pp. 107 - 114.

③ 有研究认为：中国银行卡收费趋势的演变，是银行由业务发展期以价格优惠等措施锁定消费者演变为利用其市场势力获取相应利润。参见岳中刚：《转换成本、锁定效应与定价策略研究—以银行卡产业为例》，《河北经贸大学学报》2008 年第 2 期，第 48 页。还有研究将转换成本引入双边市场模型，更为精细地分析了其对于平台企业定价和利润的影响：在单平台接入和不能对平台的转换予以补贴的限制条件下，转换成本和交叉网络外部性的作用使拥有较大市场份额的平台企业能够在 2 期收取更高的价格，获得更大的利润，从而加剧了 1 期两个平台的竞争，甚至以低于边际成本的价格抢占市场。参见谢文容：《引入转换成本的竞争性平台定价分析》，《哈尔滨商业大学学报(自然科学版)》2009年第 5 期，第 626 页。

④ See Klem Perer P, *The Competitiveness of Markets with Switching Costs*, Rand Journal of Economics Vol. 8, No. 1(1987), pp. 138 - 150.

⑤ 参见陈阿兴，梁云：《基于产业组织理论视角的顾客转换成本研究》，《产业经济研究》2007年第 6 期，第 75 页。

转换成本的问题在解除管制引入竞争的领域显得特别重要，例如，天然气、电力和电信，这些领域的在位企业企图通过利用包含巨大转换成本的合同阻碍竞争。因为，现存的天然气管道，或电力传输线或电信网络将被迫给竞争对手使用，而且，在位企业拥有极高的市场份额。他们总是极不情愿，也竭力想保住自己的优势和既得利益。

合理的政府管制有助于减少转换成本。[①] 减少或消除转换成本的影响对于竞争促进是非常巨大的。决策者应该设法避免政策提高消费者的转换成本。在存在明确的转换成本风险的领域，管制框架必须限制或禁止其产生的规则设计。具体可供选择的政策方案包括：规定进入者的网络接取权；形成合理、非歧视性的网络接入价格。确保消费者转换供应商的能力需要从两个角度来考虑：既要减少诸如规定转换期限的行政障碍；也要减少诸如锁定合同的经济性转换障碍。

（三）限制消费者选择所需要的信息

一般而言，企业利用各种广告、促销和其他方法将产品信息传达给消费者。在特定的市场，供应商的声誉，口口相传和网上第三方的评价，也可以提供消费者决策所需信息。然而，在刚刚解除管制引入竞争的领域，消费者可以获得的信息非常有限。这种情况使得以前的经验不起作用。例如，家庭用户电力市场的开放可能会导致消费者要选择新的供应商，但他们缺少此类经验。许多消费者将签订供应协议，但信息的缺乏可能导致许多消费者选择并非最佳。

Wilson 和 Waddams 曾经对英国的电力用户做过一项抽样调查，在接受调查者中，三分之一客户转换的电力供应商的结果是转换到更昂贵的提供商，而不是更便宜的。导致这一结果的关键因素之一，是消费者在比较复杂的，竞争性要约的比较方面缺乏经验。[②]

在这种情况下，缺乏足够的信息可能会严重影响管制改革的收益，甚至威胁整个放松管制过程。大范围的消费者的投诉，可能会导致再管制的呼声响起、引入竞争进程的减缓或倒退。在这种情况下，政策上必须提供足够的消费者培训，以利于消费者的理性选择和竞争引入。

---

① 参见陈阿兴，梁云：《基于产业组织理论视角的顾客转换成本研究》，《产业经济研究》2007年第6期，第76页。

② See OECD, *Competition Assessment Guidance*, Version 2.0, 2010, p. 73.

第三节　竞争评估的程序

从原理上讲(见图五-1),竞争评估的方法与反垄断法所固有的分析方法相一致。它分为初步审查和深入审查两个阶段。在初步评估阶段,甄别出那些限制竞争的制度安排;在深入评估阶段,判断这些制度安排对竞争的限制是否合理,进而针对不合理限制竞争的制度安排提出对竞争损害更小的替代方案。初步审查依据"竞争影响核对清单",识别出限制、扭曲竞争的公共政策。这实际上类似于对企业反竞争行为究竟属于传统反垄断法三大支柱中所规定情形的归类。深入审查依据经济量化分析,进一步判断这些公共政策所选择的制度方案是否以最小的竞争损害实现了既定的目标,以判断其对竞争的限制、扭曲是否合理,与反垄断法界定相关市场、评估具体的竞争效果相协调。评估的最终目的是,促进法律向着有利于竞争的方向制定、修改,进而,减少法律对竞争的不合理限制,推动经济发展。

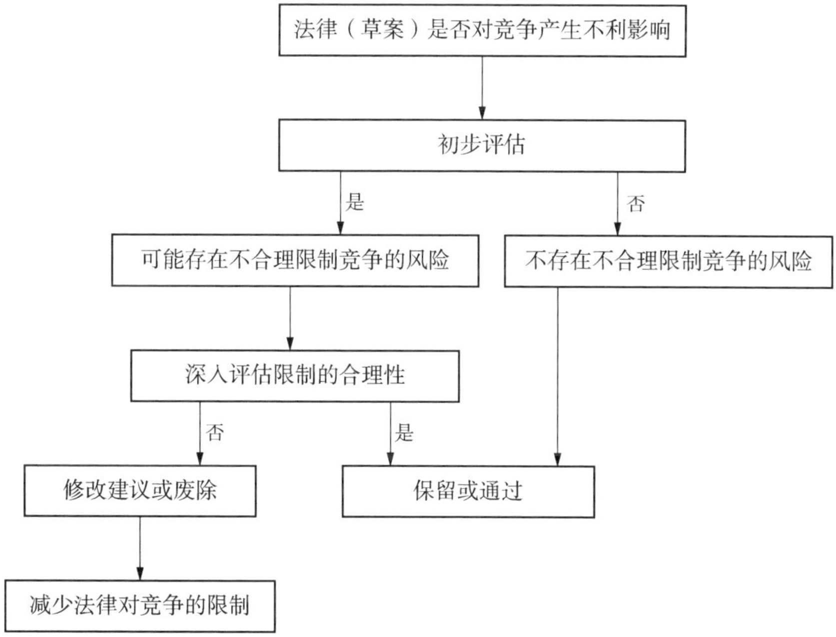

图五-1　通过竞争评估减少法律对竞争限制的原理

是否禁止政府扭曲关键要看这种扭曲"是否不可避免"、"是否将对竞争的损害降到最低"，这就需要在初步审查筛选出扭曲竞争的公共政策后，通过量化的经济分析比较不同政策方案对竞争的影响。当然，建立一个精确反映公共政策对竞争损害的模型，以及采集全面反映政策竞争影响的数据的确十分困难，但经济分析的目的不是要得出最精确的数据结论，而是要通过得出一项政策对经济影响的基本趋势和印证一些假设，从而对政策设计作出相应的调整。[①] 这样的分析是增加说服力和提出改进方案的保障，这种分析和调整的过程不是一次性的，必须长期跟踪、多次校验，最终使公共政策向正确的方向不断靠近。

一、初步评估：识别存在反竞争风险的法律

法律限制竞争的情形复杂多变，究竟如何快速识别出反竞争的法律制度安排？当抽象的一般概念及其逻辑体系不足以掌握一种现象的多样表现形态时，首要的辅助思考形式是"类型"。[②] 类型化是将法律对竞争的影响按照产业经济学分析竞争的因素进行归类。

表五-1　竞争影响核对清单

政府行为可能损害竞争的维度	具体评估项目	评估结果	
		是	否
限制企业的竞争激励	是否要求企业披露产量、价格、销售额、成本等信息？		
	是否对特定行业（企业）给予一般竞争法上的豁免？		
限制企业的竞争资格	是否存在对企业准入、退出、经营范围的行政审批？		
	是否存在对企业特许经营权的授予？		
	是否存在对企业商品流动的限制？		
限制企业的竞争行为	是否存在对企业产品（服务）质量标准的管制？		
	是否存在对企业产品（服务）价格的管制？		
	是否存在对企业广告宣传和市场营销的限制？		
	是否存在歧视新企业而照顾老企业的"祖父条款"？		

① Industry Commission, Regulation and Its Review 1995 - 96, http://www.pc.gov.au/research/completed/regulation-review-1995-96/reglnrev9596.pdf, last visit on Jun. 20, 2019.

② 参见[德]卡尔·拉伦茨：《法学方法论》，陈爱娥译，商务印书馆2005年版，第337页。

续　表

政府行为可能损害竞争的维度	具体评估项目	评估结果	
		是	否
扭曲企业的竞争过程	是否存在政府角色冲突?		
	是否存在针对特定企业的政府补贴?		
	是否存在面向特定企业的政府采购?		
扭曲企业的竞争结果	是否存对消费者选择供应商的能力的限制?		
	是否存对消费者转换供应商的能力的限制?		
	是否存在对消费者可获得信息的限制?		

依据SCP范式,除作为分析对象的制度因素外,应包括“市场结构、企业行为和市场绩效”三个维度。为了识别的全面性、逻辑性,上述三个维度可进一步按竞争展开的顺序细分为:限制企业的竞争激励;限制企业的竞争资格;限制企业竞争行为;扭曲企业的竞争过程;扭曲企业的竞争结果。其中,前两个维度属市场结构因素;第三个维度属企业行为因素;第四、第五个维度属市场绩效因素。[①] 每个维度之下,又可以依据经验归纳出若干具体限制竞争的项目,从而形成应用于识别反竞争政府行为的“竞争影响核对清单”(简称“核对清单”)(见表五-1)。[②] 清单的适用,是将被评估的政府行为(公共政策)依清单所列问题逐一审查。只要对任何一个问题的回答是“是”,就意味着公共政策限制、扭曲了竞争;只有对全部问题的回答都是“否”,才意味着公共政策不会限制、扭曲竞争。

目前,OECD成员国普遍利用核对清单识别反竞争的法律。逻辑上的类型化,确保清单可以覆盖影响整个竞争过程的可能因素;而基于经验总结的具体限制项目,确保清单是个开放的体系,可以依据各国干预经济的具体表现进行修改。基于市场经济条件下政府干预经济的共性以及清单本身的开放性,上述核对清单对我国具有很大的借鉴意义。

初步评估阶段的重点是横向相关市场,不需要对相关上游和下游市场进行评估,也不需要进行广泛的数据分析。

---

① 消费者享有充分的选择权,是充分竞争促进产品多元化的体现。

② See OECD, *Competition Assessment Principles*, 2010, p. 8; KFTC, *Competition Assessment Manual*, 2010, pp. 10–34; OFT, *Completing Competition Assessments in Impact Assessments: Guideline for Policy Makers*, 2007, p. 8.

二、深入评估：确定法律对竞争的影响

深入评估旨在判断法律对竞争限制的合理性。所谓合理性，是指法律所选择的制度方案以最小的竞争损害，实现了既定的目标。判断的基础就是依据 SCP 范式，分析法律制度自身及其与市场结构、市场行为等因素的交互作用是否严重损害了竞争。然后，再审查是否实现了既定目标、是否还有对竞争损害更小的替代方案。这是一种“目标”与“手段”之间的权衡，而不是对法律目标本身的质疑。以下结合对我国图书出版行业的管制评估，说明深入评估的步骤和方法。

（一）基本思路

深入评估一般可以分两个步骤展开。第一步，分析法律对竞争的影响效果。思路是依据产业经济学不断修正的 SCP 范式，分析制度因素直接或间接产生的竞争影响，从而确认法律是否严重损害了竞争。同时，关注法律实施的效果（即，市场的实际表现）是否与既定的目标相吻合。如果法律没有实现既定目标，却导致了对竞争的严重损害，则该项法律规则就是不合理的；相反，如果法律实现了既定目标，但也导致了对竞争的损害，则要进一步审查有无对竞争损害更小的替代方案。

第二步，分析替代方案对竞争的影响效果。竞争是实现资源配置最优化的基本途径。为了纠正市场失灵，哪怕政府通过法律对竞争进行限制不得不为，也应该仔细权衡而选取对竞争损害最小的方案，或采取一些辅助的措施来减轻对竞争的损害。此部分的分析，旨在预估替代方案对竞争的影响，并将替代方案竞争影响的预估结果与原来的方案的竞争影响结果相比较，看是否真的能够减少对竞争的损害。如果替代方案不能减少对竞争的损害，原方案就是合理的；如果替代方案减少了对竞争的损害，原方案就是不合理的。还要注意，替代方案可能不止一种，需要针对个案在不同替代方案中进行比较，选择对竞争损害最小的那一种。[①]

---

① 例如，为确保商品或服务质量而规定的最低价格管制，可以考虑改为向消费者提供更充分的信息（如，公布价格数据、质量信息，由消费者自己做出选择），或者直接采取质量管制。

（二）竞争影响效果分析

如同对企业限制竞争行为的竞争效果分析以界定相关市场为起点一样，对法律的竞争评估也是从界定受到制度直接影响的相关市场开始。相关市场界定是确定相关企业市场份额和市场集中度、认定其是否具有市场支配地位、进而明确其行为对市场竞争影响的基本前提。界定的方法与竞争执法时界定相关市场的方法一致。需要明确的是，一项法律规则即使没有导致相关企业的市场支配地位，也可能影响到竞争。① 而且，在评估受到政府管制企业的市场力量时，是否拥有"支配性的市场份额"并不具有决定意义；②还要考虑该企业控制销售市场的能力、其他企业对该企业在交易上的依赖程度和其他企业进入相关市场的难易程度等因素。③

我国对图书出版单位的设立、图书经营范围、书号数量和出版物进口都进行严格管制，④受到管制直接影响的相关市场应为整个国内图书出版市场。从市场份额来看，我国图书出版市场是一个低集中度的市场。2007年图书排名前四位的出版企业市场集中度仅为9.079%。⑤ 但出版产业存在极高的进入壁垒，出版企业设立需要经过严格的审批。从1996年至2007年间，图书出版业的年均净市场进入率仅为0.2%。最近几年更是基本不再批准设立新的出版企业。极高的行业进入壁垒确保了在位出版商根本不需要担心潜在竞争者的进入。加之，下游的批发、零售商处于激烈竞争状态，⑥对出版商又有很强的依赖。最重要的是，图书作为商品价格弹性较低，版权的存在又决定了不同图书之间欠缺可替代性。因此，尽管出版市场集中度比较低，但仍可以认定出版商具有较强的市场力量。

在界定相关市场的基础上，分析受到制度影响相关因素对竞争的影响。理论上，政府对图书出版企业设立的行政审批构成了新企业进入的结

---

① 例如，产品质量标准的提高将增加所有企业的成本，而这种成本增加将被转移给最终消费者，消费者福利因此减少。

② MCI Communic. Corp. v. AT&T, 708 F. 2d 1081, 1106－1108(7th Cir.), cert. denied, 464 U.S. 891, 104 S. Ct. 234(1983). 当然，即便企业不受到管制，市场份额也不是决定其是否具有支配地位的唯一因素。

③ 参见《反垄断法》第18条。

④ 参见《出版管理条例》第12条、41条，《书号实名申领管理办法（试行）》第2条。有关我国对出版业管制的进一步分析，参见王晨：《中国出版业的产业竞争与政府规制》，中国书籍出版社2009年版，第193—195页。

⑤ 参见王晨：《中国出版业的产业竞争与政府规制》，中国书籍出版社2009年版，第69页。

⑥ 参见唐要家：《行政性市场势力与图书纵向价格扭曲》，《产业经济评论》2011年第3期，第6页。

构性障碍，导致了出版商市场力量的存在。出版商拥有市场力量意味着其有能力将产品价格提高到竞争性水平之上。[①] 而图书的最终价格由各个环节的运营成本和利润加成共同构成。这样，在上下游环节给定的情况下，图书最终价格取决于不同纵向环节的市场竞争程度。进而，出版环节的垄断利润加成应是推高了图书终端零售价格。

事实上，从绝对价格上看，《2012 年全国图书市场调研报告》显示，中国图书市场的新书平均定价已经高达 52.23 元。如果以购买一本书的花费所占工薪阶层平均月工资的比例进行比较，国内图书相对价格远比国外高。[②] 从利润率来衡量，2007 年销售利润率排名前十位的出版集团和出版社的平均销售利润率为 25.9%，其中前四家的平均销售利润率为 30.7%，这大约是当年整个工业行业平均利润率的 5 至 6 倍。[③] 经济学将这种高于社会平均回报的盈利归结为缺乏竞争。[④] 可见，出版商的市场力量确实导致了图书价格过高。

在分析受到制度直接影响因素对竞争的影响后，还要分析各个因素之间相互的作用对竞争的影响。虽然图书零售环节打折销售的价格竞争日趋激烈，但行政壁垒的存在使得零售商和出版商极易形成合谋，导致纵向定价序列加成的可维持。一方面，出版商为了消除零售市场竞争对垄断租金的耗散和维持行业垄断利润，会提高标注价格；零售商为了赢得打折价格战，也会要求出版商在图书定价上预留出打折空间。这样，上下游企业之间很容易达成维持高价的合谋，而且并不需要担心潜在竞争者的进入。另一方面，在出版商给予大型零售企业的折扣几乎是业内共知、[⑤]零售商的打折空间也基本固定的情况下，图书标价构成了出版商彼此传达定价机制的直接信息。因此，图书出版商极易基于图书标价达成横向价格协议，并将这一标价维持在一个可观的高度，从而实现集体涨价。

企业的行为还可能对政府管制制度产生反馈效应，进而影响到市场绩效。出版商除了利用商业策略实现合谋定价外，还有很大的激励联合起来

---

① 市场力量是企业减少产出，将产品价格提高到竞争性水平以上而增加利润的能力。参见[美]霍温坎普：《联邦反托拉斯政策：竞争法律及其实践》(第 3 版)，许光耀，江山，王晨译，法律出版社 2009 年版，第 83 页。

② 参见杨萌：《国内图书相对价格远比国外高》，《证券日报》2012 年 6 月 6 日，第 D01 版。

③ 唐要家：《行政性市场势力与图书纵向价格扭曲》，《产业经济评论》2011 年第 3 期，第 8 页。

④ See Kaplow, Shapiro, *The Handbook of Law and Economics*, Working Paper 12867, http://www. Nber. Org/papers/w12867,2007, pp10 - 26, last visit on Jun. 20,2019.

⑤ 实践中，大型出版社给予京东、当当等销售商的新书价格折扣普遍都是 6 折。

借助准行政性的行业协会来固定图书零售价格，禁止各类书店打折销售(即，转售价格维持)。[①] 转售价格维持的存在不仅便利了出版商之间的共谋，强化了其垄断利润，而且，还消除了高效率的现代流通组织的降价竞争，阻碍了网上书店、大型图书连锁书店等高效率企业组织的成长和产业组织的优化升级。

最后，将管制带来的市场结果与预期目标之间进行比较。从对竞争的损害方面来看，管制使出版商具有较强的市场力量，导致了图书的高价格。面对市场的降价压力，管制确保了出版商和零售商有激励和能力共同维持这个高价格。同时，图书的高价格进一步抑制了消费者的需求。2011 年中国图书出版收入仅为 90 亿美元左右，而美国同期收入约 1400 亿美元。[②] 不可否认，在管制之下，我国出版业取得了飞速的发展。2012 年我国年出版图书总量世界第一。[③] 这极大地促进了社会主义精神文明建设，很大程度上实现了《出版管理条例》第一条规定的管制目标。但是，管制也确实明显地损害了竞争，保护了出版商的利益。

(三) 替代方案竞争的评估

图书出版业是一个经济属性明显的产业，市场竞争机制是促进行业发展的基础性力量。尽管图书出版具有一定的政治舆论和意识形态效应，但这并不意味着需要保持出版环节的行政审批。相反，政府可以在强化以内容审查为核心的社会性管制的同时逐步放宽市场准入限制，实行出版单位审批制向登记审核制转变，建立竞争性图书出版和发行体制。

世界各国普遍放松了对出版企业设立的管制。美国出版企业采取登记制度。英国出版管理体制是注册登记制，政府不直接干涉出版问题。因此，在这些国家出版企业的数量比较多。2008 年时美国图书出版商就超过 8 万家。[④] 2009 年英国注册的图书出版社有 3007 家。[⑤] 而我国截至 2011 年底也只有 581 家。[⑥] 按照基本的经济模型，企业数量增多，竞争加

---

① 例如，2010 年中国出版工作者协会、中国书刊发行业协会、中国新华书店协会联合发布的《图书公平交易规则》中规定，出版一年内的新书进入零售市场时须按图书标定实价销售，网上书店或会员制销售时不得低于 8.5 折销售。

② 参见新闻出版总署：《2011 年新闻出版产业分析报告》，http://data.chinaxwcb.com/zgcb/bktg/201207/24333.html，最后访问时间：2019 年 6 月 20 日。

③ 参见《我国年出版图书世界第一》，《成都晚报》2013 年 1 月 9 日，第 29 版。

④ 郝振省：《国际出版业发展报告(2010 版)》，中国书籍出版社 2012 年版，第 51 页。

⑤ 尤建忠：《英国图书出版概况》，《中国出版》2011 年第 9 期，第 73 页。

⑥ 代周阳：《我国图书出版产业结构状况研究》，《北京印刷学院学报》2013 年第 5 期，第 10 页。

剧，效率得到提升。2009年收入排名前20的出版企业中，美国占5席，英国占3席。而中国仅有一家出版社进入了前50名。

消除行政性市场进入壁垒，将使出版商失去市场力量，不再具有将价格提高到竞争水平之上的能力。出版环节充分竞争将使下游零售商有更多的选择，出版商、批发商、零售商都会以边际成本来制定价格，不同环节的图书企业只能赚取行业正常利润率，不会存在利润加成，其结果与纵向一体化结构相一致，超高书价是不可能存在的。[①] 而且，纵向、横向合谋以及联合寻求行政权力庇护规避价格竞争的可能性都将大大降低。

第四节 竞争评估的制度要素

市场经济的共性决定的评估清单具有很大程度的普遍适用性，只是不同国家政府限制各个面向的严重程度和危害性不同，也就是说，对清单中所列内容的分析力度不同。如何让竞争评估方法，竞争评估清单所列各项的分析和各国政府运作及机构安排很好地结合在一起，是构建竞争评估制度的关键所在。

一、评估标准的确定

既然对政府反竞争行为的禁止是反垄断法固有的含义，或者说内生于反垄断法，而反垄断法最主要的就是要保护竞争秩序，那么，竞争审查就应该围绕政府行为“是否不合理地损害了竞争”展开。任何竞争审查清单都是典型反竞争情形的罗列和实践经验的总结，不可能做到完全的周延。以我国为例，《国务院关于在市场体系建设中建立公平竞争审查制度的意见》（国发〔2016〕34号）（下称“《公平竞争审查意见》”），所确立的标准显然并不能覆盖整个竞争过程。它将审查标准细化为4大项18小项，涉及公共政策对经营者“市场准入和退出”“商品和要素自由流动”“生产经营成本”“生产经营行为”的影响。这些标准只关注供给侧，不包括对需求侧消费者

① 唐要家：《行政性市场势力与图书纵向价格扭曲》，《产业经济评论》2011年第3期，第3页。

利益的考量，而消费者获取足够的信息以及迅速转换供应商的能力若受到政府干预的损害，企业间的竞争便无法展开。

一个德国的法令禁止企业以醒目的方式标明降价，而法国罗舍(Rocher)公司在德国投放的商品目录中恰好包含一则这样的广告。罗舍公司以该法令阻碍自己与德国消费者的联系、破坏了竞争过程的完整性为由，起诉到欧盟法院。德国政府称“这项禁止是为了保护消费者不受价格比较的广告诱惑而做出非理性的选择”，但这一抗辩被欧盟法院明确拒绝。“截断竞争过程等于剥夺了企业正当的商业机会”，从根本上损害了市场主体自我实现商业价值的权利。而“一旦企业提供的商品或服务不令消费者满意，消费者可以迅速转换供应商。只要足够谨慎、充分搜集信息，消费者根本不需要特别保护。”[①]禁止政府扭曲的要义就在于，保护竞争过程完整、独立地发挥作用。因此，必须基于反垄断法的本质和制度机理来全面把握竞争审查的标准。

1. 抽象标准

抽象来看，审查是看被审查制度安排是否导致特定市场主体获得了非市场化的竞争优势。也就是说，相关企业的竞争优势并非源于技术、创新和商业偶然等市场本身的内在因素，而是源于外在的政府公共政策对竞争过程的限制或扭曲。

所谓扭曲竞争，是指政府在税收、债务、公共服务义务核算等方面给予特定企业政府援助，或在政府采购中违反公开、透明、无歧视的要求，给予特定企业竞争优势。所谓限制竞争，是指政府对市场主体参与竞争的激励、资格，或展开竞争的条件等方面的限制，给予未受到限制的企业竞争优势；或者政府为部分企业实施反竞争行为提供便利，帮助其维持或滥用竞争优势。在欧盟竞争法理论上，限制或扭曲只是基于作用方式的不同所做的描述，其实都是指与市场不兼容的政府干预，一般并不作严格区分，统称为“政府扭曲”。

2. 价值标准

公共政策对竞争的限制、扭曲，对应的是对企业自由竞争、公平竞争的损害。因此，从价值层面，竞争审查就是看被审查的公共政策安排是否损害了企业自由竞争与公平竞争。

自由竞争的关键在于市场主体的经济自由不受政府限制，整个竞争过程完整、独立。也就是说，禁止政府对市场主体参与竞争、展开竞争的限

---

① Yves Rocher [1993] ECR I-2361.

制。公平竞争的关键在于竞争过程不受政府扭曲，政府给予所有企业遵循一致的规则在竞争中胜出的机会。政府可以为所有企业在竞争过程中的自由而进行干预，但不能为寻求特定结果而进行干预。简言之，公平竞争就是要求，由市场决定竞争的结果，政府的作用被限缩在组织市场以确保其良好运作。

自由竞争与公平竞争具有内在一致性，二者统一于“保证市场的竞争性”。自由竞争本身就是一种公平，是实际的或潜在的竞争者的机会平等。反垄断法“保护竞争而不是竞争者”，[①]意味着所有市场主体参与竞争、展开竞争的自由。只有建立在政府干预最小化基础上的公平竞争，才有利于社会整体利益的最大化；只有在公平的条件下，才可能摆脱对手的约束。

3. 操作标准

政府限制、扭曲竞争的情形复杂多变，究竟如何快速识别出反竞争的制度安排？基于经验建立的类型化清单，能够提供一种简单、易行的工具。清单的确定既考虑了国际共识，又是基于本国妨碍统一市场和公平竞争的具体问题的梳理。这些问题本身是个开放的体系，确保了在市场经济共性基础上可以做出适应性调整。

4. 不同标准的适用逻辑

抽象标准避免了竞争影响核对清单可能的遗漏，而价值标准是在抽象标准的基础上提供了更为清晰的价值分析尺度。在适用顺序上，一般先是看被审查的公共政策是否存在竞争影响核对清单罗列的情形。如果存在，则继续分析其对竞争的损害是否不可避免，是否存在对竞争损害更小的替代方案。如果不存在清单罗列的情形，则要继续依据抽象标准进行审查，判断这项被审查的公共政策是否限制、扭曲了竞争。分析落脚点是价值标准，看这项被审查的政策是否限制了企业自由竞争，或是否导致了企业之间的不公平竞争。

二、评估机构的选择

关于由什么机构进行竞争评估，大抵存在三种不同的方案。一是由政策制定的政府部门进行竞争评估。这有助于确保政策制定者在政策制定初期考虑与竞争效应相关的问题。但是，除非有第三方对其工作进行审

---

① Brown Shoe Co. inc v. United States，370U. S. 294(1962).

核，政策制定者可能并不会很严肃地对待竞争评估。审核工作可以由管制监督人，竞争评估专家（如竞争机构派出的有关人员），或者由以上两种人结合的专家组来承担。在英国，公平交易办公室（OFT）作为竞争主管机构，曾经负责制定竞争评估的指导方针并对新政策竞争效应进行审核。目前 OFT 和管制监督人及管制提高部门（BRE）一起承担评估职能。为了加强沟通和理解，OFT 的小部分工作人员将其工作时间分为两部分，一部分在 OFT 工作，一半在 BRE 工作。

二是由竞争机构进行评估。这有助于确保评估的专业性，毕竟这项工作要求具备竞争分析和市场定义等相关能力。墨西哥竞争法规定，凡对竞争产生影响的新次级法规都需要由竞争机构进行审核。① 韩国竞争机构也被赋予对挑选出来的新规章制度进行竞争影响审核的权力。② 匈牙利要求其竞争机构递交对新规章制度的竞争效应。其他很多国家也规定，在新规章制度实施前都要进行横向咨询。当竞争的审核员能尽早地开展评估，对其认为有严重潜在问题的政策实行竞争评估，而不是对所有的政策进行评价时，这样的评审将更加有效。

三是建立专责的竞争评估机构。这有助于评估的有效性。机构的独立性对评估有效性至关重要，而专责机构还确保了评估所需的资源。澳大利亚 1995 年建立了国家竞争委员会，对国家、州或地区法规和规章制度对竞争的影响进行评估、监督。国家竞争委员会是一个独立机构，专门负责审核新规章制度。让竞争机构或其他政府部门参与预测竞争效应不应该排除政府日后在竞争法下进行的合法行为，因为预测可能会低估竞争危害或高估竞争效益。

三、评估范围的限定

关于评估范围的确定至关重要。范围过宽、资源分散，影响评估效果；范围过窄，容易漏过真正需要评估的政府限制，失去评估意义。经验表明，实行竞争评估最成功的国家应用竞争评估最为广泛，包括将法律也纳入竞争评估范围。③ 并不是所有法域都将法律作为竞争评估的对象。有些国

---

① 参见《墨西哥竞争法》（1993）第 24 条，载时建中编：《三十一国竞争法典》，中国政法大学出版社 2009 年版，第 362 页。

② 参见《韩国公平交易法》第 63 条。

③ See OECD, *Competition Assessment Toolkit*, 2007, p. 18.

家只是对新政策实行竞争评估，有些国家则对现行政策和新政策都进行竞争评估。后者是促进市场竞争的最有效方式，但需要有巨大的政治意愿。产生这些限制作用的政策有时是全国性的，有的是地区性的。不仅需要对全国性的政策进行竞争评估，对于地方性政策评估同样重要。

澳大利亚政府自1995年开始对不符合公共利益且有限制竞争作用的法规进行系统性的审核和修改。这项改革中总共对1700个法规进行了评估。联邦政府提供资金以补贴州和地方政府因为修改法规而导致的相关支出。2001年大部分的评估、审核基本完成，取得了很好的效果。澳大利亚成为经济发展最为迅速的OECD成员国之一。

四、评估启动时间的确定

关于竞争评估启动的时间，越来越多国家倾向于在政策拟定初期就赋予竞争机构充分参与的权力，从源头上减少限制竞争的风险。规章制度可能引起一系列制约竞争的问题是在制度设计层面上出现的。竞争评估可作为有用的分析工具，以及时发现和减少潜在竞争问题。当拟制定的政策存在潜在过度限制竞争风险时，为寻找可达到同样政策目的却带来较小负面作用的其他政策，与政府竞争专家就这方面进行探讨是非常有用的。这样的咨询和讨论应该越早越好，政府竞争专家在寻求其他可行性政策方面很有经验，往往在制定复杂政策方面可以有极为突出的贡献。这并不是说现行政策及其实施就不需要、不能够进行评估，只是说一旦政策开始实施，再对其进行修改的难度相对于讨论阶段，其成本和难度都要大得多。

五、评估激励的提供

政策制定者有可能认为对潜在竞争问题的确认或者和竞争机构进行讨论和咨询，只会给他们带来更多的工作量而没有任何效益；追求地方和部门利益，也导致政策制定者缺乏进行竞争评估的积极性。因此，提供足够竞争评估激励，对于最大范围和最有效地推进竞争评估至关重要。

国外提高政策制定者对竞争评估的积极性和能力主要有三个途径。

第一，将竞争评估纳入管制影响评估（RIA）中。RIA是审核新规章的一套非常正规的方式，以确保新规章达到其确定的政策目标。一般而言，RIA 的目标是确保规章制度的收益将超过其成本。将竞争评估纳入 RIA 中是一个双赢的过程。此过程可以确保将竞争评估在以市场为导向的特征在 RIA 过程中淋漓尽致地得以体现，从而使得竞争评估被政策制定者广泛应用。

第二，财务奖励。澳大利亚是联邦体制，在州或地区实行国家竞争政策(NCP)需要经过州政府的同意。澳大利亚政府根据对法规竞争效应审核和修改的完成程度向州和地区拨款。“NCP 拨款是向社会分配改革成果的方式。尽管州和地方对 NCP 中关键部分负责，但澳大利亚政府却是最终的受益者。因为更多经济行为的发生导致税收收入的增加，澳大利亚政府因此获得了大量的财政收入”。[①] 虽然支付显得很大，但是每年因为 NCP 和相关的改革而带来了生产力的提高和均衡的价格，根据澳大利亚政府的估计，其改革收益为国民生产总值的 2.5%，即 200 亿澳元。

第三，最优执业。如果政策制定者制定政策时需要综合考虑竞争因素，则对政策制定者实行竞争评估的最优执业培训是非常重要的。很多政策制定者对竞争效应和经济学并不了解。这样的政策制定者如果不经过培训是不可能对竞争效应问题有很好的理解和分析的。

第五节　竞争评估在规制政府反竞争行为中的适用

竞争评估目前最主要的作用是，为发现法律中可能存在的竞争问题提供了一个便捷的工具。但是它的作用绝不限于此，其实它同样可以作为快速识别管制机构法律实施对竞争影响的工具。而管制所依据的法律及管制实施的过程如果已经最大程度考虑了竞争，反垄断法就不能对有关政府机构行为作出否定性评价；相反，反垄断法就可能对有关政府机构、企业采取相关的法律措施[②]。

政府限制竞争主要是指政府在制定和实施法律中有意或无意产生的竞争限制。本节对竞争评估在反垄断法规制政府反竞争行为中的适用，将

① See http://www.ncc.gov.au/articleZone.asp?articleZoneID=40, last visit on Jun. 20, 2019.

② 实际上就是本书后面两章要详细分析的竞争倡导(非约束性措施)和竞争执法(约束性措施)。

依次按照：对法律制定的竞争评估、对法律实施的竞争评估及在具体案例中的适用，做一个简要的梳理，为后面两章研究对政府限制竞争的规制路径打下基础。

一、对法律制定的评估：减少立法对竞争的限制

对法律制定的评估实际上包括对拟制定、正在制定中和现行法律的评估。[①] 评估主要是依据上文建立的评估清单，筛选出可能存在问题的法律（草案），如果发现法律（草案）存在竞争风险，就由反垄断主管机构向相关机构提出替代方案或修改建议，避免法律规则本身的安排不当导致限制竞争。这尤其体现在，通过法律评估减少不必要的反垄断法适用除外或豁免；改善政府对经济干预的方式，尽量避免对竞争的限制。这样的评估意在改变立法机关以及政府经济管制部门过去所习惯的、用限制竞争的方式来达到政策目的的思维定势，最大限度地在规则制定中避免不必要、不合理的竞争限制。

澳大利亚的法律审查项目（Law Review），是利用竞争评估原理对法律制定进行评估最成功的典范。1974 年《贸易行为法》对规制政府反竞争行为存在很大局限。该法不能推翻反竞争管制，无论这种管制是根据《贸易行为法》的豁免还是本身是反竞争的。[②] 1995 年 4 月，澳大利亚的各级政府之间达成共识，开始国家竞争政策改革，其中一项重要内容就是对所有现有的限制竞争的法律加以审查和完善，消除不符合社会公共利益的限制竞争的法律。对法律进行竞争审查的一个基本前提是：对竞争的任何限制都是非法的，除非能够证明满足一定的条件；证明的举证责任在于支持对竞争进行限制的一方。[③] 限制竞争对于全社会的利益超过限制竞争的代价；只有通过限制竞争，立法的目的才能实现。[④] 法律评估重点检查是否包含下列限制竞争条款：各种准入障碍、行业特许、最低价格限制、广

---

① 这里主要介绍对现行法律的评估；对拟制定的法律的评估制度。

② Allan Fels, *Competition Policy Reforms*, ACT Public Service Seminar-Competition Policy 3 April 1997. http://www.accc.gov.au, last visit on Jun. 20, 2019. 曹红英：《澳大利亚竞争政策改革（一）》，《中国工商管理研究》1999 年第 5 期，第 59 页。

③ NCC, *Guidelines for NCP Legislation Reviews*, 1999, p. 6.

④ ACCC, *Competition Principles Agreement*, 2007, sec. 5.

告限制等。[①] 这非常类似于上文提到评估清单。截至2005年，澳大利亚各级政府对所有限制竞争的立法进行评估和修改，总计涉及到多达1700多项立法。

在对现有限制竞争的立法进行评审的同时，澳大利亚各级政府也已经启动了对新的立法在竞争方面的影响进行评估。目前，澳大利亚联邦政府已经形成了对立法进行定期评审常态机制。所有的政府部门和机构必须对颁布时间超过五年的立法进行检查，评估这些立法对竞争的影响，并且提出相关的建议。上述两种法律审查、评估的工作过程都是公开的。以维护公共利益为名进行的反竞争行为，必须要经过ACCC的批准。ACCC以此将豁免或除外控制在必要的范围内。法律审查显著地促进了经济发展：澳大利亚的GDP自2000年以来，增长率都达到了3%至4%。[②]

韩国是另一个对法律制定进行竞争评估，成绩卓著的国家。它最早对立法的评估是通过竞争立法优先咨询制度实现的，范围限于中央立法层面。《规制垄断与公平交易法》第63条规定，有关行业监管机构的行政长官，在希望制定或者修订以决定价格、不正当的共同行为等限制竞争事项为内容的法令时，需事先咨询公平交易委员会(KFTC)的意见。KFTC在2004—2012年间总计评估了多达4839项法律规则草案，发现405项存在反竞争问题，针对这些问题草案提出的修改建议中有324项被有关机构采纳，采纳率达到了80%。(见表五-2)[③]例如，KFTC对环境部《资源节约和再利用促进法》修改草案提出了反对意见。因为，该草案只是指定由互助协会(mutual aid associations)从事废物收集和循环利用的业务。KFTC认为这种特许大大阻碍了企业竞争。最终KFTC的意见得到了尊重，草案中的相关条款被删除。[④]

KFTC通过减少例外条款和特殊待遇，努力提高反垄断法的普适性。早在1999年就依据《综合反垄断法案》(Omnibus Cartel Repeal Act)废除了规定在18部法律中的20项法定垄断豁免，包括对政府批准的专业领域(律师、会计师和酒类的区域限制)的豁免。[⑤]

---

① See NCC, *Guidelines for NCP Legislation Reviews*, 1999, p. 8; *Competition Principles Agreement*, 2007, sec. 5.

② See OECD, *Competition Assessment Toolkit*, 2007, p. 55.

③ See Seungbin Kang, *KFTC's Competition Advocacy and It's Implications*, China Competition Policy Forum: Competition Policy in Transition, Beijing 31 July-1 August, 2013, p. 7.

④ See KFTC, *Annual Report_2012*, p. 25.

⑤ KFTC, *Annual Report_2011*, p. 18.

表五-2 2004—2012年KFTC通过竞争评估减少法律草案对竞争限制的情况

年份	评估法律规则数量	被KFTC提出修改建议的法律规则的数量	按照KFTC的建议修改的法律规则的数量
2012	1,593	22(1.4%)	20(90.9%)
2011	1,624	33(2.0%)	29(87.9%)
2010	1,178	55(4.7%)	46(83.6%)
2009	1,097	29(2.6%)	27(93.1%)
2008	827	36(4.4%)	18(50.0%)
2007	635	45(7.1%)	30(66.7%)
2006	634	36(5.7%)	22(61.1%)
2005	658	49(7.5%)	42(85.7%)
2004	430	44(10.2%)	37(84.1%)
总量	4,839	405(8.4%)	324(80.0%)

从2007年开始，KFTC将立法优先咨询范围扩展到地方政府，并且大力使用了OECD极力提倡的竞争评估工具。[①] 通过立法优先咨询，KFTC在2007—2009年间，总共阻止了82项潜在的反竞争法规。根据限制竞争的内容划分为：市场进入限制18项(12.2%)；价格限制6项(7.3%)；消费者的权利限制16项(19.5%)；卡特尔5项(6.1%)；其他限制27项(32.9%)。[②]

从2009年开始，韩国建立了专门的竞争评估法律制度。任何部门起草或修订管制法都要经过评估，KFTC有权向政府部门和管制改革委员会(Regulatory Reform Committee)提供意见。评估范围包括对地方法令的评估。利用这个新建的竞争评估工具，仅仅2009年KFTC就对333项法律进行了竞争评估，其中35项被认为有限制竞争问题，向有关部门提出了有利于竞争的替代方案。[③]。例如，取消对建立三层或更高层产后诊所的限制。[④] 同时，2009年KFTC还整理出1441项地方政府反竞争法令，并就其中850项与相关部门达成修改共识。[⑤]

此外，韩国KFTC于2009年开始改善准入管制，消除了各个经济领域

① KFTC, *Annual Report_2011*, p. 19.
② KFTC, Annual Report_2010, p. 15.
③ Ibid., p. 16.
④ Ibid., p. 3.
⑤ Ibid., p. 17.

阻碍市场竞争的进入壁垒。这一项目第一阶段(2009 年)就消除 26 项进入限制;在第二阶段(2010 年)消除 20 项进入限制。[①] KFTC 首要的就是致力于削减政府垄断,扩大民营资本的进入。例如,KFTC 允许民营快递服务供应商进入以前由邮局垄断通过信用卡交易的快递市场。[②]

二、对法律实施的评估:减少法律实施对竞争的限制

对法律实施的评估,包括对实施行为的事前评估和事后评估。前者是指政府其他机构做出各项可能影响竞争的法律实施行为之前要征求竞争主管机构的意见,由竞争机构对其行为的竞争影响作出评估,在必要和可能的情况下提出对竞争损害更小的行为方案,以确保促进竞争的原则在法律实施过程中得到最大程度的贯彻。后者是指,一旦法律实施行为已经做出,而对行为结果的竞争评估表明,法律实施不当限制了竞争,反垄断法可能按照有利于竞争的方式予以救济(在一定的条件下制裁有关企业或要求其停止行为,甚至有可能在一定条件下制裁法律实施的机构)或者采取司法途径来解决。事后评估推翻已经做出的法律实施行为是有条件的,包括被实施的法律是反垄断法的下位法,且在实施中反垄断机构没能及时表明态度。对于实施机构强制行为,企业可能不需承担相应的责任,只是必须停止限制竞争行为。这一制度的存在有助于竞争法在管制领域得到统一和最大化的实施,也有助于实现反垄断法和政府其他法律实施的一致性,提升政府干预经济的可预期性。

美国的其他政府部门在做出可能影响竞争的法律实施决定前,普遍被要求要咨询竞争执法机构的意见。尽管竞争机构的意见不一定具有强制约束力,但咨询竞争机构意见的要求是强制性的。美国的内政部在做出外层大陆架石油勘探租赁决定之前必须征求反垄断机构基于竞争影响的评估意见。[③] 当能源部颁布规则批准或制定一项商业标准时必须听取反垄断机构对其潜在竞争影响的评估意见。[④] 这种事前咨询机制的要求,在巴

① KFTC, *Annual Report_2011*, p. 19.

② KFTC, *Annual Report_2010*, p. 13.

③ See 43 U. S. C. §1337(c)(3)(2010).

④ See 15 U. S. C. §788(c)(2010).

西、加拿大、德国相关法律中也存在。[①] 在美国和巴西的金融领域，竞争机构的竞争评估报告甚至对行业管制机构具有强制性。[②]

德国法律往往规定，利用竞争机构和其他法律实施机构（尤其是专门的行业管制机构）各自专业优势共同做出决定。鉴于德国联邦卡特尔局作为竞争执法机构在竞争事务上的权威性，其他机构必须遵从竞争机构对市场支配地位的界定。[③] 其他机构管辖权范围内的可能影响竞争的调查行为必须通知联邦卡特尔局，以便其提出竞争意见或建议。

在事后评估方面，我国台湾地区《公平交易法》规定，竞争法规定的事项，涉及其他机构职权的，由公平交易委员会与该其他机构协商处理。[④] 结合该法第 46 条，"企业关于竞争的行为，另有其它法律规定的，于不抵触本法立法意旨的范围内，优先适用该其它法律的规定"，实际上赋予了竞争机构评估其他法律实施对竞争影响的权力。也就是在协商处理中，竞争机构对其他法律实施的竞争影响有最终的评价权。为了确保其他涉及竞争问题法律实施中能充分考虑竞争因素，台湾地区专门制定了规范竞争机构与其他法律实施机构合作的法律文件——《行政院公平交易委员会与其它行政机关业务协调作业要点》。只要他机关法律实施，不足以维护市场交易秩序，……对公平交易政策影响重大；他机关因特殊事由未行使职权，竞争机构就可以介入对相关行为的处理。[⑤]

有的国家为了更好地评估法律实施影响、最大限度贯彻竞争原则，甚至由竞争主管机构实施管制法。澳大利亚的竞争政策包含两个重要方面：全面的竞争法律框架的执行；以促进竞争为目的的持续的政府管制和干预经济的改革。目前，ACCC 负责网络产业（电信、能源、水和邮政）促进竞争的管制。这项职能包括价格监督和确保第三方接入的必要服务。这些对于基础设施领域市场力量的规制都是非常关键的，尤其是对垄断的基础设施的接入管制是最为核心的管制内容。[⑥] 此外，ACCC 直接执行保护消费者的法律，促进消费者的信息获取，保证其足够的选择权。

总的来看，竞争评估制度在个案中的适用既涉及到对法律的评估，又

---

① See ICN Antitrust Enforcement in Regulated Sectors Working Group Subgroup 3, *Interrelations between Antitrust and Regulatory Authorities*, 2004, p. 8.

② Ibid.

③ Ibid.

④ 参见台湾地区《公平交易法》第 9 条。

⑤ 参见台湾地区《行政院公平交易委员会与其它行政机关业务协调作业要点》第 6 条。

⑥ ACCC, *For Regulated Industries*, http://www. accc. gov. au/content/index. phtml/itemId/815216, last visit on Jun. 20,2019.

涉及到法律实施的评估。评估的过程有助于克服政府限制竞争的不利影响。评估的结果，决定了反垄断法介入政府管制领域的深度。

2003 年 5 月，欧盟委员会认定德国电信(DT)的价格挤压行为是滥用市场支配地位，违反了欧洲共同体条约第 102 条，妨碍市场竞争，要求其停止相关行为，同时对 DT 罚款 1260 万欧元。这个案件中的 DT 作为德国电信网络基础设施的运营商(该案的上游市场的垄断者)，面临着来自两个市场的竞争：向作为其竞争者的其他电信运营商提供的“批发服务”和向其普通用户提供的“零售服务”(向消费者提供模拟电话、窄带连接、宽带接入以及其他各种电信服务)，服务价格也据此分为“批发价格”和“零售价格”。2003 年 7 月，DT 向欧盟初审法院提起诉讼，认为欧盟委员会认定其违反 EC 第 102 条是错误的。它的一条重要理由就是，因为受到管制，没有足够的活动余地以避免价格挤压。

欧盟初审法院采纳了欧盟委员会的意见。法院认为，受事前价格批准约束的垄断企业必须保证在监管机制下的自由裁量范围内避免滥用定价权。垄断企业定价经国家管制机构的批准，这并不构成免于欧盟委员会对其价格挤压违反欧洲共同体条约第 102 条的调查，特别是在国家监管机构在批准过程中没有明确适用此条款的情况下。

案件主要涉及宽带入网价格(ADSL)，DT 尽管向竞争对手开放了宽带网络，但其宽带批发价大大高于零售价(即高于 DT 对其直接用户收取的价格)，其结果就是这些宽带批发商在与 DT 竞争的下游市场上不能抵消成本。这也就是说，这些宽带批发商从其客户收取的费用(这个费用不能高于 DT 向自己客户收取的零售价)减去向 DT 支付的宽带批发价，其所得是一个负数。DT 因而被指控存在价格挤压。①

DT 向欧洲初审法院申诉，要求法院推翻委员会的决定，理由是它作为一个被管制企业，不能避免其批发价和零售价之间存在价格挤压。欧盟法院认为：尽管 DT 的宽带批发和宽带零售存在政府管制，但是在宽带零售方面，政府只是规定了一个最高限价。DT 在遵守价格监管的同时，它在宽带零售价格方面有一定的自主权。DT 本来可以通过提高零售价的方式避免价格挤压，但它偏偏滥用了自己的定价权，制定一个大大低于最高限价的零售价，由此导致对宽带批发商的“价格挤压”。而且，这个排除

---

① 王晓晔：《中国宽带入网市场竞争案的主要法律问题》，《价格理论与实践》2011 年第 12 期，第 18 页。

竞争的意图非常明显，以至委员会根本不需要举证证明。[①]

从竞争评估的原理来看，案件的关键在德国电信管制机构根据本国电信法对DT定价的管制并未能有效避免其对竞争的损害，尤其是，在批准过程中没有考虑到欧洲共同体条约第102条的要求。正是因为德国电信法的实施没有充分考虑竞争因素，欧盟委员会才会依据竞争规则介入和处罚DT。这并不意味着管制下的企业利益得不到保护。欧盟法院判决指出，如果监管机构要求企业限制竞争，企业对其限制竞争的行为不需要承担责任；但是，如果国家的法律使被管制企业有一定自由裁量权，即它们在一定程度上可自主决策，这些企业就不能从竞争法得到豁免。在该案中，DT本来可以提高宽带上网的零售价来避免价格挤压，但它没有这样做。[②]

这个案件与中国电信、中国联通涉嫌滥用市场支配力进行歧视性定价有类似的地方：两个案件中批发价格都受到管制。[③] 也有不同地方：DT与其客户直接交易的零售价是由德国电信监管机构规定的最高限价；而我国电信监管机构对中国电信和中国联通在宽带入网的定价权方面没有限制。[④] 既然根本没有受到管制，就根本无法拿管制作为限制竞争的理由。从这个角度看，中国电信、中国联通以定价遵守《电信条例》规定对抗涉嫌滥用市场支配力的反垄断指控根本站不住脚。其涉嫌垄断行为理应受到反垄断法的规制。

从竞争评估的角度看，Trinko案的情况与DT案正好相反：[⑤]管制机构的管制充分考虑了竞争，所以反垄断法无需再介入。美国电信法中存在着诸多促进竞争的制度要求，“这些要求甚至超过了反垄断法”，[⑥]“极大降低了可能产生的竞争损害风险”[⑦]；而且管制机构已经从有利于竞争的角度追究了违法企业的法律责任，救济了受害企业。也就是说，虽然在该案

---

① Case T-271/03, Deutsche Telecom v. Commission, Judgement of 10 April 2008. 转引自王晓晔：《中国宽带入网市场竞争案的主要法律问题》，《价格理论与实践》2011年第12期，第18页。

② 王晓晔：《中国宽带入网市场竞争案的主要法律问题》，《价格理论与实践》2011年第12期，第18页。

③ 参见中国世界贸易组织研究会竞争政策与法律专业委员会编：《中国竞争法律与政策研究报告2011年》，法律出版社2012年版，第117页。

④ 王晓晔：《中国电信、中国联通涉嫌垄断案的再思考》，《交大法学》2013年第2期，第9页。

⑤ 关于Trinko案的案情，参见本书第七章第四节。

⑥ Verizon Communications Inc. v. Law Offices of Curtis V. Trinko, LLP, 540 U. S. (2004), p. 16.

⑦ Ibid., p. 12.

中，反垄断执法机构没有真正动用其执法权，但是反垄断法的要求已经被管制机构很好地执行，此时反垄断法再行介入而“对竞争产生进一步改善的可能性几乎不存在”①。

Trinko 案中，FTC 和 DOJ 与 FCC 对案件的处理意见一致，认可其对涉案企业反垄断责任的追究。所以，FTC 并未真正实施对案件的执法权。设想，如果 FCC 的处理结果限制了竞争，FTC 介入可以显著提升竞争，那么，FTC 很可能会动用它的执法权。

上述三个案件的处理，很大程度上表明了反垄断法对法律及其实施进行竞争评估，对于克服政府限制竞争不利影响的重要作用。反垄断法对政府限制竞争行为的评价（发现不必要、不合理的政府限制竞争），以及克服其不利影响，并采取相关措施，必须以有效的竞争评估为基础。

本书中竞争评估原理的适用，主要集中于对政府法律制定、实施竞争影响的评估。实际上，广义竞争评估还包括对企业具体行为竞争影响的评估，或者对某一类企业行为的竞争评估，例如，我国商务部制定的《关于评估经营者集中竞争影响的暂行规定》是针对经营者集中行为竞争影响进行评估的法律文件。必须强调的是，尽管都是基于竞争法的原理，但是每一项评估的精细程度可能存在差别。竞争执法中对于企业具体行为评估可能要细致和深入得多。对政府制定、实施法律行为的评估可能要宏观一些，评估深度应和所估计的负面效应相称，还取决于评估者获得的信息及与相关机构取得的共识程度等多种因素。

---

① Verizon Communications Inc. v. Law Offices of Curtis V. Trinko, LLP, 540 U. S. (2004), p. 12.

第六章　事前规制：竞争倡导

竞争倡导(competition advocacy)，是竞争主管机构除竞争执法以外所有改善竞争环境的行为。[①] 这些行为主要包括两类：其一，面向法律制定、实施机构的倡导，促进立法及管制以有利于竞争的方式设计、执行；其二，面向所有社会成员的倡导，提升其对竞争益处和竞争政策在促进和保护竞争中的作用的认知。在规制政府限制竞争时，竞争倡导主要是竞争主管机构促使其他政府机构在制定、实施法律时最大限度地促进竞争，接受其提出的更有利于竞争的方案。

竞争倡导是目前反垄断法规制政府反竞争行为的最主要方式，被各个法域所普遍采用。[②] FTC 前主席 William E. Kovacic 指出，美国处理政府反竞争行为最基本的工具就是竞争倡导。[③] 转型经济国家竞争机构在反垄断法制定、实施的初期，往往给予倡导优先于执法的地位。[④]

本章研究如何通过竞争倡导规制政府反竞争行为。为此，首先详细阐述竞争倡导对于规制政府限制竞争的重要意义；然后，对所要倡导的竞争进行理论上的大致勾勒，论述反垄断执法机构在政府干预竞争中享有主导权的合理、合法性，并为合理界定倡导目标和建构倡导制度奠定基础。进而，总结典型法域通过竞争倡导规制政府反竞争行为的制度路径，形成较为完善的倡导制度体系。最后，分析如何评估竞争倡导对规制政府反竞争行为的有效性，以提高制度效率。

---

① International Competition Network(ICN), *Advocacy and Competition Policy*, 2002, p. i.

② 针对政府反竞争行为的竞争执法只是在转型经济国家和欧盟才有较为全面的制度设计。(参见本书第八章)。而竞争倡导无论是发达市场经济国家(例如，美国、澳大利亚)，还是转型经济国家(例如，墨西哥和巴西)都在其竞争法中得到较为充分的体现。

③ See James C. Cooper, William E. Kovacic, *U. S. Convergence with International Competition Norms: Antitrust Law and Public Restraints on Competition*, Boston University Law Review, Vol. 90, No. 4(2010), p. 1557.

④ ICN, *Advocacy and Competition Policy*, 2002, p. iii.

第一节　竞争倡导对规制政府反竞争行为的意义

1974年秋季，时任FTC主席的刘易斯·英格曼（Lewis Engman）在一次演讲中将经济困境归结为联邦运输管制导致的竞争限制。他的演讲主张把竞争政策作为对付国家棘手的经济问题的一种途径。这样一种全新的竞争法适用思路被广大新闻媒体争相报道，他演讲的照片甚至登上了纽约时代周刊的封面，激发了美国政府解除交通运输业管制的热情。

在接下来的二十年间，FTC不遗余力地倡导竞争，解除航空、铁路、卡车运输和城际巴士领域的管制。学者们估计仅运输业解除管制每年提升的消费者福利超过500亿美元。[①] FTC的倡导（后来联邦反托拉斯局也加入其中），将上个世纪70年代和80年代早期的以自由化为目标的规制政策推向了高潮。

显然，倡导竞争能够提升市场活力和改善消费者福利，但它的作用不仅局限于解除不当限制竞争的管制，还包括弥补竞争执法在规制政府限制竞争中的不足，提升政府决策促进竞争的意识。

一、弥补竞争执法的局限

竞争倡导有利于克服竞争执法在规制政府限制中的局限。它的主要目的之一就是，完善和更新竞争机构实施竞争政策的手段。[②] 反竞争行为不仅来源于私人，还可能源于执行各种公共政策的合法制度安排。[③] 传统反垄断法关注的是私人发起的限制竞争行为，而不是由政府强制或政府有效控制的限制竞争行为。有学者甚至主张：如果受到指控的限制竞争行

---

① See Robert Warren Crandall, Jerome Ellig, *Economic Deregulation and Customer Choice: Lessons for the Electric Industry*, Fairfax, VA.: George Mason University, 1997, p. 2.

② See ICN, *Advocacy Toolkit*, 2011, p. 3.

③ 参见[美]马赫·M.达芭：《反垄断政策的国际化研究》，肖兴志，丁宁等译，东北财经大学出版社2008年版，第50页。

为是主权国家政府的政策选择，反垄断法就不应当干预。[①]

传统的竞争执法手段，主要是针对私人领域个别企业涉嫌的反竞争行为是否违反反垄断法做出判断，对违法行为进行处罚，形成威慑，指引企业未来的行为，减少类似行为的发生，无法指向政府的公权行为。因此，向立法和管制机构提出有利于竞争的建议和意见，就成为了唯一的保护消费者的途径。例如，在美国，密歇根州和纽约州通过三层分离的特许执照（厂家执照、批发执照和零售执照）形成酒类直销系统。法律不允许消费者直接从州外的销售商处购买和运输酒类，酒类在线交易也受到禁止。联邦贸易委员会（FTC）在2003年举行了一系列的研讨会，分析政府对电子商务施加限制的潜在影响，并发布了一份分析报告。报告提供了限制酒类在线交易导致消费者利益受到损害（支付更高价格以及可购买的酒类明显减少）的经验性证据。2005年美国最高法院正是充分依赖这份报告，在Granholm v. Heald中裁定上述禁止直接从州外的销售商处购买和运输酒类的法律违宪。

在不具备直接实施竞争法的领域，有效的竞争倡导是推进竞争的强大工具。[②] 竞争倡导促进和补充反垄断执法的作用可以通过图六-1来说明。[③]

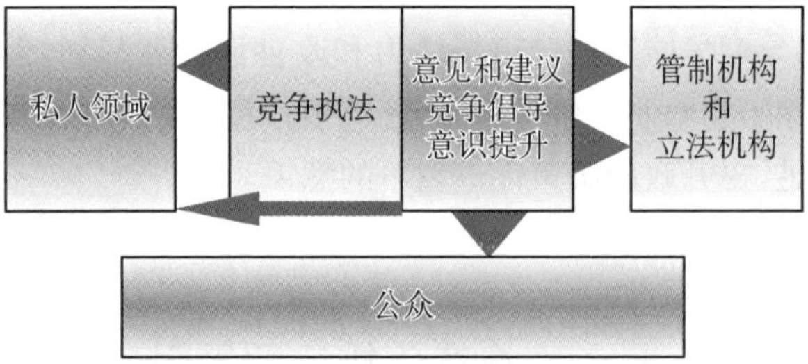

图六-1　传统竞争执法与竞争倡导

二、协调竞争政策与其他国家政策的冲突

竞争政策可能和其他公共政策存在冲突，面临被多种公共政策削弱的

---

① 参见[美]霍温坎普：《联邦反托拉斯政策：竞争法律及其实践》（第3版），许光耀，江山，王晨译，法律出版社2009年版，第759、810页。霍温坎普教授在这里强调的是在美国的制度体系内，反垄断法的适用无意于损害州的主权。这并不等于说反垄断法对任何政府限制竞争行为都束手无策。如果联邦和州的管制跨越了必要的界限，反垄断法是可以适用的。参见本书第三章第二节。

② See ICN, *Advocacy and Competition Policy*, 2002, p. 30.

③ Ibid. , p. 26.

风险。例如,直接的转移支付、税收豁免、低于市场价格出让土地、为企业提供政府担保以及对公有企业的注资等,都可能会严重限制竞争。又如,在政府采购程序中的采购者与供货商之间及供货商与供货商之间也很容易形成共谋。再如,地方政府对市场直接管制也时常成为保护本地企业免于外部竞争的屏障。

在经济危机的背景下,不仅在金融领域,而且在其他处于困境的领域,都面临着多种削弱甚至中止竞争引发的风险。这些风险包括:保护主义风险,即扭曲竞争,保存无效率的企业,阻碍创新;政治干预风险,即为了短期的效果进行直接的干预,而无视竞争的长期利益;福利短期化风险,即牺牲竞争的长期收益(低价和创新),换取更具吸引力的短期绩效(保障就业和造就大企业来避免经济衰退)。实际上,金融领域的糟糕局面与其无端归罪于竞争失败,不如说是管制失败酿成的苦果。①

面对上述风险,更需要竞争主管机构耐心、充分地向其他公共机构表明竞争的益处,使其他国家政策最大限度考虑竞争因素,减少对竞争的损害。弗里德里希·哈耶克曾经一针见血地指出,现实中的某些法律、政策,不但没有促进竞争,相反导致了对竞争的损害,以促进竞争为中心的系统化地思考、构建法律制度有助于提升竞争机制的效率。② 而今天,我们恰恰低估了协调统一的制度体系之于竞争的重要性。③ 因此,竞争机构在竞争执法之外,必须广泛参与可能对竞争性市场结构、企业行为和经济绩效产生负面影响的国家经济政策的制定,积极推动市场障碍的消除,促进管制解除和贸易自由化,将对市场干预控制到最低限度。④

三、提升政府决策维护竞争的意识

有效的竞争倡导有利于提升政府决策促进竞争的自觉性。在很多国

---

① See Peter Freema (Chairman, UK Competition Commission), *Competition Advocacy in Time of Recession: The UK Competition Comssion's Approach*, International Competition Forum, 2009, p. 5.

② See F. A. Hayek, *The Road to Serfdom: Text and Documents*, University of Chicago Press, 2007, p. 87.

③ See Oliver E. Williamson, *The New Institutional Economics: Taking Stock, Looking Ahead*, J. Econ. Literature Vol. 38, No. 2(2000), p. 595.

④ See The World Bank, *A Framework for the Design and Implementation of Competition Law and Policy*, 1998, p. 93.

家，政府其他机构或主体缺乏对竞争原理的认同，缺少维护、促进竞争的内在责任感。即使企业效率低下或者存在限制竞争行为，涉及本地区经济发展时，地方政府也常常会睁一只眼闭一只眼，甚至会为其提供便利。管制机构对引入或加强竞争充满“敌视”。[①] 因为，竞争的引入意味着：管制机构可能要放弃手中的权力。

竞争倡导主要针对其他政府机构实施的推进竞争行为。它有助于其他政策的制定、执行者与竞争机构达成共识，在政策制定、执行中提升其对竞争益处、竞争法认知与遵守的自觉性。法律的功能不只是制裁，更包含预防。竞争倡导的终极目标就是要把对竞争法的遵守和维护内化为一种自觉性和责任感。一旦对法律、社会、道德和伦理准则形成统一的认识，无论是政府限制竞争行为还是企业限制竞争行为都会明显减少，调查和惩罚的成本也会大大降低。

第二节　对所倡导之竞争的界定

所倡导的竞争本身的合理性，是主管机构的倡导为更多的利益相关者认同和遵行的前提。“公共限制非常普遍，相比较而言，私人限制似乎微不足道。”[②]反垄断法直接适用于私人领域，对私人限制竞争行为的执法卓有成效。所以，本书的界定以经济学关于竞争的经典理论为基础，围绕下列问题展开：所倡导的竞争需要什么样的政府干预？为什么需要的是反垄断机构主导的干预？（或，在对竞争的干预上，反垄断为什么比管制更可取？）反垄断机构主导干预是否就是简单地把效率作为唯一的评价竞争的标准，否定管制的其他目标？

一、政府适当干预下的竞争

政府干预分为直接干预和间接干预，前者主要是指政府对微观经济行

① See William E. Kovacic, *Getting Started: Creating New Competition Policy Institutions in Transition Economies*, Brooklyn Journal of International Law, Vol. 23, No. 2(1997), pp. 417 - 429.

② [美]菲利普·阿瑞达，路易斯·卡普洛：《反垄断法精析：难点与案例》，中信出版集团 2003 年版，第 11 页。

为直接限制（直接约束市场进入、退出或定价等），称为管制；后者主要是指反垄断，是一种让私人决策来确定价格、产出、质量的机制，是国家选择的结果，而不是真正的自由放任。

在存在垄断、外部性和信息不对称的情形下，有目的、主动的政府干预有助于修正市场缺陷。[①] 但信息不对称、利益集团的俘获很容易导致政府干预失当，甚至限制竞争。就反垄断法而言，以掠夺性定价的规制为例。当竞争者指控掠夺性定价时，被告可能的确在从事掠夺性定价，也可能是由于被告的成本低于原告的成本，或有时甚至只是把原告的舒舒服服的垄断价格拉低了。如果把反对掠夺性定价的法律适用于最后一种情况，则这种竞争者诉讼本身就成了一种反竞争的手段。就管制而言，以自然垄断性行业的管制为例。在经济、技术相对落后的条件下，国家在自然垄断性行业实行一体化的垄断经营。为克服"垄断定价"、"外部性"等问题需要进行严格管制，包括："准入禁止、决定价格、确定服务条件和产品质量，以及规定经营者以合理条件服务于所有用户的义务"。[②] 随着经济、技术条件的改变，越来越多的自然垄断性行业内的业务具备了可竞争性，这样严格管制实际上成为了这些行业引入竞争的制度障碍。

与源自市场的障碍不同，市场力量很难克服来自政府对竞争的限制。[③] 不当的政府干预很可能引起比私人限制竞争更大的损害。例如，侵害消费者福利；滋生寻租行为，导致额外的社会成本。从这个意义上说，政府克制自己不助长垄断，比打击和限制垄断更为重要。

有效竞争的形成，通常需要某些政府行为的参与；[④]但政府对竞争干

---

① 参见［美］查尔斯·沃尔夫：《市场或政府——权衡两种不完善的选择/兰德公司的一项研究》，谢旭译，中国发展出版社1994年版，第31页。

② Alfred E. Kahn, *The Economics of Regulation: Principles and Institutions*, Wiley, 1971. p. 3

③ 美国司法部反托拉斯局一位前局长强调：企业面临竞争的挑战，经常首先寻求政府的庇护。我们实施法律过程中，需要充分警惕竞争者可能会设法通过政府限制竞争来获取自身利益。政府决定或行为对竞争的限制构成了市场竞争的障碍，而且，这种障碍市场自身无法克服。竞争倡导主要针对政府对竞争的限制。See R. Hewitt Pate, *Competition and Politics*, 2005, pp. 7–8. http://www.usdoj.gov/atr/public/speeches/210522.pdf, last visit on Jun. 20, 2019. 联邦贸易委员会在阐述其竞争倡导努力时进一步明确："经验表明，政府限制是对竞争最为有效和持久的限制。""FTC致力于减少或消除反竞争的公共限制。"FTC, *The FTC in 2007: A Champion for Consumer and Competition*, 2007, p. 18. http://www.ftc.gov/os/2007/04/ChairmansReport2007.pdf. last visit on 5 May, 2010.

④ See F. A. Hayek, *The Road to Serfdom: Text and Documents*, University of Chicago Press, 2007, p. 86.

预又存在巨大风险。反垄断的命题本质上归结为：如何在具体的经济、社会环境中，实现自由竞争和政府干预的平衡。经典竞争理论的分歧正在于此。

哈佛学派①把完全竞争看成是观察产业行为最合适的透镜，②依据“结构-行为-绩效”框架，主张通过阻止卡特尔和协调行为、拆散市场中占统治地位的企业、控制合并、国家直接干预等措施，调整和改善不合理的市场结构，消除进入障碍，以获得理想的市场绩效。这样，只要存在对帕累托最优或完全竞争状态的某种偏离，就要通过政府干预来矫正经济的无效率，明显夸大了政府干预的范围。即使是有效率的组织结构变化也可能受到反垄断政策的干预，导致“把下蛋的鹅放在刀板上”。

以经济自由主义思想为基础的芝加哥学派③坚信，市场的自我调节最终能够实现完全竞争。除了政府的进入限制外，真正的进入阻碍几乎不存在，国家应该尽量减少对市场竞争过程的干预。以芝加哥学派的主张为依据，竞争法放宽了对竞争性市场内私人企业各种市场行为的限制；管制机构放松了对于原来属于非竞争性市场领域的管理与控制，相当一部分原来属于竞争除外的领域被推上市场竞争的风口浪尖。这样的竞争政策的实施充分发挥了市场在资源配置方面的作用，但由于否认或忽视了某些领域市场失灵的存在、短时间的垄断权力和竞争限制对经济效率和社会福利的侵害、过大企业内存在的“X-非效率”等客观事实，也导致社会公共福利增长缓慢、中小企业在竞争中处于更加不利地位等弊端。

与芝加哥学派笃信市场机制的完美性不同，后芝加哥学派④看到了现

---

① 哈佛学派起源于20世纪30年代，因主要代表人物张伯伦(E. H. Chamberlin)，梅森(E. S. Mason)、贝恩(J. S. Bain)等都曾在哈佛大学任教而得名。这一学派的核心是通过个案研究分析市场结构对市场行为和市场效果的决定作用。对其反垄断观点更为详细的总结，请参见 Herbert Hovenkamp, *Federal Antitrust Policy: The Law of Competition and Its Practice*, §1.7, 2.2a (3d ed., St. Paul, Minn.: Thomson/West, 2005).

② [美]奥利弗·威廉姆森：《反托拉斯经济学——兼并、协约和策略行为》，张群群，黄涛译，经济科学出版社1999年版，第53—54页。

③ 芝加哥学派起源于20世纪60年代，因主要代表人物弗里德曼(Milton Friedman)、斯蒂格勒(George J·Stigler)、科斯(Ronald H. Coase)、和贝克尔(Gary S. Becker)等都曾在芝加哥大学任教而得名。该学派坚信通过市场机制的自我调节最终能够实现完全竞争，竭力主张减少政府对竞争过程的干预。对其反垄断观点更为详细的总结，请参见 Herbert Hovenkamp, *Federal Antitrust Policy: The Law of Competition and Its Practice*, §2.2b(3d ed., St. Paul, Minn.: Thomson/West, 2005).

④ 后芝加哥学派兴起于20世纪90年代，主要代表人物有泰勒尔(Jean Tirole)、萨洛普(Steven Salop)、夏皮罗(Carl Shapiro)等。由于诞生在芝加哥学派之后，且主要是修正芝加哥学派对自由主义过分迷信的缺陷，因而得名。该学派应用博弈论和新实证(转下页)

实市场的不足，认为这样的不足使厂商策略行为可能导致垄断，而市场机制本身又无法消除这种垄断。例如，与芝加哥学派眼里默契合谋不可维持的认识不同，后芝加哥学派根据博弈论的分析，认为现实市场中企业数量有限，在有效的惩罚机制下，企业之间的默契合谋是可以维持的。每个参与者可以通过放弃自己的合作来有效惩罚对手的不合作，用自己的合作回报对手的合作，当合作的利益超过不合作的利益时，就有了建立和维持合作的激励。与芝加哥学派仅将容易导致合谋作为禁止并购的理由不同，后芝加哥学派认为，即使企业之间的横向并购不产生合谋效应，寡头企业的横向并购也会单方面地提高其市场势力，产生限制竞争的后果。因此，后芝加哥学派实际上主张比芝加哥学派更具扩张性的干预。

竞争理论在政府干预程度上的分歧，反映的是各自在理念上的差别——是更加相信市场的自我纠错能力，还是更加相信政府进行市场干预的作用。经验证明，合理的选择是需要在具体的市场竞争环境中、针对具体问题，结合不同竞争理论的合理性，寻求二者的恰当组合，并随着竞争条件的变化适时调整二者的均衡点。以对合并的反垄断控制为例，哈佛学派对这一问题有着无法抹去的重要影响。合并政策制定的前提就是假设产业成员数下降更容易导致限制竞争。美国 1982 和 1984 年《企业横向并购指南》主要是以芝加哥学派的观点为依据，对于横向并购限制竞争效应主要考虑合谋效应。但 1992 年《企业横向并购指南》中，同时强调要考虑企业并购的单边效应，及考察进入的可能性、及时性和充分性，实际上吸收了后芝加哥学派的部分主张。

二、反垄断主管机构主导干预下的竞争

由反垄断主管机构主导对竞争的干预，是指由其把握国家对竞争干预的内容、力度，确保对竞争干预的必要和适度。这首先是由反垄断法的地位和本质决定的。就地位而言，反垄断法被称为“经济宪法”，在所有规制竞争关系的法律体中具有最高法律效力。这就决定了反垄断主管机构在

(接上页)产业组织经济学分析厂商策略行为，并得出了许多与芝加哥学派相反的结论。对其反垄断观点更为详细的介绍，请参见 Jean Tirole, *The Theory of Industrial Organization*, MIT Press, 1988; Michael H. Riordan, Steven C. Salop, *Evaluating Vertical Mergers: A Post-Chicago Approach*, Antitrust LawJournal, Vol. 63, No. 2 (1995).

竞争事务方面享有最高权威与最强话语权。

就本质而言，反垄断法是要确保市场功能的合理发挥，在很大程度上，它是消极的，例如，它从来不会规定什么时候公司应该合并；但是，会判断企业自己做出的合并决定的合法性。① 而管制实质上是越过竞争过程，积极地直接介入企业运作（干预企业价格制定、进入、退出等），寻求实现与竞争相同的结果。② 竞争是一个（知识）发现的过程。③ 它所揭示的信息及实现的目标，无法为其他任何方式所替代或模拟。管制以立法者的选择代替市场主体相机决策的做法，很可能是非效率的。

按照过程竞争理论的理解，④私人垄断是实际竞争或潜在竞争的具体表现和暂时结果。单个企业的垄断地位以及相应的利润在开放的竞争过程中终将趋于消失。但是，即使市场竞争机制在长期内作用是有效的，那么，也是以一定时期内的垄断权力和竞争限制的形成及其对经济效率和社会福利的损害为代价。政府介入的理由在于确保市场的开放性，解决一定时期内市场机制自发作用造成的弊端。逾越了这样的界限，不当地限制企业的市场进入和价格行为，导致对竞争的限制和封闭，是垄断产生的真正"症结"。政府对市场机会的直接禁止或限制，可能完全或部分消除替代产品，消除潜在竞争，真正威胁竞争过程，损及动态效率。政府管制壁垒所产生的垄断，能够而且确实也已经直接排斥了实际竞争和潜在竞争。所以，管制的本质决定了其导致反竞争干预的巨大风险。

由反垄断主管机构主导对竞争的干预，还是由反垄断主管机构本身的优势决定的。第一，反垄断主管机构对竞争问题的把握更有权威性。现实的市场并不是静态的均衡，而是动态演进的过程，是复杂的适应性系统。演化经济学认为：竞争"本质是一个不断犯错和尝试的过程"，⑤期间持续性和随机性要素发挥愈加重要和无法预期的作用。竞争动态性和复杂的适应性意味着，任何经济模型的可预测性都是很有限的。由谁来引领未来

---

① See Herbert Hovenkamp, *The Antitrust Enterprise: Principle and Execution*, Harvard University Press, 2008, pp. 14 - 15.

② See OECD, *The Essential Facilities Concepet*, 1996, p. 8.

③ See F. A. Hayek, *The Use of Knowledge in Society*, American Economic Review, Vol. 35, No. 4(1945), pp. 519 - 530.

④ 过程竞争理论将竞争理解为一个争胜动态过程，关注其发现知识的功能，认为市场势力等被新古典经济学贴上不完全竞争或垄断标签的活动，实际上都是有效率的争胜竞争形式。（对过程竞争理论更为详细的梳理，请参见王廷惠：《市场过程理论的过程竞争：与新古典经济学完全竞争的对比》，《上海经济研究》2005 年第 1 期，第 21—24 页。）

⑤ François Moreau, *The Role of the State in Evolutionary Economics*, Cambridge J. Econ. Vol. 14, No. 6(2004), p. 851.

的技术发展和创新并不明确。[①] 对于现实竞争的把握主要通过经验的归纳获得。[②] 反垄断主管机构拥有训练有素的执法队伍、丰富的执法经验，对于竞争的认识和把握相比管制机构更具优势。

第二，反垄断主管机构更具独立性。管制侧重对企业行为的事前引导，构建竞争秩序。与之相对，反垄断法侧重对反竞争行为结果的事后救济，维护竞争秩序。事后规制可以为企业留下更广的决策空间，减少规制机构与企业事前合谋的可能性。因为，事前干预过程中，企业基于与管制机构长期的联系，知道通过贿赂什么人可以达到目的；而面对反垄断法的事后干预，企业就很难断定能否影响到并不确定的执法者，收买的成本也会因需要贿赂的范围增大而大大增加。

总之，反垄断法体现的是对市场的推崇，对干预本身的谨慎；[③]管制则体现的是对竞争的取代，获取完美竞争结果的野心。这样的制度本质，以及反垄断法"经济宪法"的地位和反垄断主管机构相比管制机构处理竞争问题的更大的权威性、独立性，[④]决定了由反垄断主管机构掌握倡导竞争主导权的正当性、合法性。

三、实现多元目标的竞争

竞争本身不是目的，而是一种更有效、更民主地实现特定目标的手段。[⑤] 那么，期望通过竞争达到目标是什么？或者说，我们所倡导的竞争是一种实现什么样目标的竞争？对此，各国的基本经验就是：所倡导的竞争必须能够实现多元目标。这主要是基于下列三个原因。

第一，竞争推进自身的需求。推进竞争的最重要的障碍源于其他公共机构持有的不同目标和意见。[⑥] 对管制而言，经济效率几乎从来都不是其

---

① 熊彼特认定"拥有市场力量的企业是创新过程的驱动力量"，但缺少经验性证据的支撑。See Maurice E. Stucke, *Better Competition Advocacy*, St. John's Law Review, Vol. 82, No. 3(2008), p. 984.

② Ibid., p. 971.

③ 参见[美]盖尔霍恩，科瓦契奇，卡尔金斯：《反垄断法与经济学》(第 5 版)，任勇，邓志松，尹建平译，法律出版社 2009 年版，第 40 页。

④ 孟雁北：《我国〈反垄断法〉之于垄断行业适用范围问题研究》，《法学家》2012 年第 6 期，第 51 页。

⑤ See Maurice E. Stucke, *Better Competition Advocacy*, St. John's Law Review, Vol. 82, No. 3(2008), p. 987.

⑥ ICN, *Advocacy and Competition Policy*, 2002, p. 72.

唯一的目标。实际上,在许多情况下它甚至不是一个明确的目标。而实践中,不同利益相关者的声音在竞争政策中得到的表达越多,竞争倡导就越多地获得认同和执行。[①] 如果反垄断主管机构仅仅因为管制缺乏效率而轻率地对其进行谴责,就极有可能会损害管制的其他合法目标;[②]倡导竞争的进程也会举步维艰。由此,竞争倡导必须尽量兼顾多种群体的利益,推进能够实现多重目标的竞争。国际竞争网络(ICN)的调查发现,各国竞争法都规定了不止一个目标;[③]这些目标之间甚至存在冲突。例如,保护企业参与竞争的自由与允许在位企业缔约(如,共同抬高价格)自由之间的冲突。确保中小企业的生存空间与允许更有效率的企业集中之间的冲突。

第二,单一的目标界定缺乏现实意义。芝加哥学派主张,为避免价值判断的随意性,反垄断政策首要关注的是效率,[④]即"在不损及生产效率的同时,努力提高分配效率,以增加消费者福利或至少不导致消费者福利的净损失。"[⑤]没有任何伦理成分存在。[⑥] 但是,实践中竞争政策要完全摆脱规范性判断,几乎不可能。其一,一个充满活力的市场经济对社会的进步到底是有益还是有害?[⑦] 超竞争的价格是不道德的吗? 反垄断法对这些问题的回答,都是规范性判断的结果。其二,竞争寻求促进更远大的目标,对这些目标的排序最终就是一种规范性的判断。任何政策都面临这样的

---

① See Maurice E. Stucke, *Better Competition Advocacy*, St. John's Law Review, Vol. 82, No. 3(2008), p. 1008.

② [美]霍温坎普:《联邦反托拉斯政策:竞争法律及其实践》(第3版),许光耀,江山,王晨译,法律出版社2009年版,第760页。

③ 各国规定的竞争政策目标汇总起来多达10个:确保有效竞争过程;促进消费者福利;提高效率;确保经济自由;保护一定水平的中小企业生存空间;促进公平与平等;促进消费者的选择;实现市场一体化;促进私有化和市场自由化;促进市场竞争性。See ICN, *Report on the Objectives of Unilateral Conduct Laws, Assessment of Dominance/Substantial Market Power, and State-Created Monopolies*, 2007, p. 140.

④ See Richard A. Posner, *The Chicago School of Antitrust Analysis*, University of Pennsylvania Law Review, Vol. 127, No. 4(1979), p. 928; Herbert Hovenkamp, *Distributive Justice and the Antitrust Laws*, George Washington Law Review, Vol. 51, No. 1(1982), p. 1.

⑤ Robert H. Bork, *The Antitrust Paradox: A Policy at War with Itself*, Free Press, 1993, p. 91.

⑥ See Herbert Hovenkamp, *Antitrust Violations in Securities Markets*, The Journal of corporation Law, Vol. 28, No. 7(2003), p. 609.

⑦ See Benjamin M. Friedman, *The Moral Consequences of Economic Growth*, Knopf, 2005, pp. 79-102.

问题：哪些东西需要暂时放在后面考虑，将保护什么样的社会净收益？[①]其三，“当消费者和企业踏入市场、参与交换、展开竞争时，他们已经是社会化的个体，共同遵守大量的社会准则。”[②]这些伦理、道德和社会准则一定会影响经济行为。

将竞争要实现的目标局限于单一的经济效率最大化，显然是不现实的。但这也并不意味着关于竞争目标的界定无法形成一致意见。根据ICN对33个成员的调查，32个接受调查的竞争机构都把“确保有效竞争过程”作为反垄断法的目标之一，而什么是“有效竞争过程”，调查报告中没有解释。[③] 上述调查中，30个接受调查的竞争机构确认了“促进消费者福利”的目标，但绝大多数成员都“没有具体界定消费者福利，而这是有不同的经济解释的。”[④]不难发现，目标越是抽象，其一致意见越容易达成。可高度抽象化的“有效竞争过程”或“消费者福利”目标的设定，只是将对目标的争论转移到对实现这一目标的方法的争论而已，对于指导实践没有任何实际意义。

第三，单一的目标不符合反垄断法的立法初衷。如果只是把竞争作为实现经济效率最大化的工具，偏离其他目标太远，反而很可能导致对竞争的阻碍和破坏。反垄断法的产生，并不是对效率之外的其他目标的无视。导致财富分配失衡的因素很多，但是竞争政策也会考量垄断或竞争对财富分配的影响。市场力量减少了消费者剩余，导致财富从购买者手中转移到了销售者手中。随着企业对利润的狂热追求，竞争的加剧，收入差距日益拉大：“一端是财富和权势，另一端却是贫穷。”1890年《谢尔曼法》的通过的一个根本的原因就是基于对财富分配失衡问题的忧虑。谢尔曼参议员视财富和机会的不均等为破坏竞争及社会秩序的最大威胁。[⑤]

---

① See Maurice E. Stucke, *Better Competition Advocacy*, St. John's Law Review, Vol. 82, No. 3(2008), p. 1003.

② C. Mantzavinos, *The Institutional-Evolutionary Antitrust Model*, European Journal of Law and Economics, Vol. 22, No. 3(2006), p. 65.

③ See ICN, *Report on the Objectives of Unilateral Conduct Laws, Assessment of Dominance/Substantial Market Power, and State-Created Monopolies*, p. 89.

④ C. Mantzavinos, *The Institutional-Evolutionary Antitrust Model*, European Journal of Law and Economics, Vol. 22, No. 3(2006), p. 9.

⑤ See Maurice E. Stucke, *Better Competition Advocacy*, St. John's Law Review, Vol. 82, No. 3(2008), pp. 1032 - 1033.

四、界定所倡导之竞争的政策含义

政府对竞争干预的范围和程度取决于对干预和竞争本身的理解。市场与干预的均衡需要以各种经典竞争理论关于这一问题的合理认识为基础。在两种干预方式中，反垄断相对于管制在法律地位、制度本质、实施机构自身的特性方面具有明显的优势，从而决定了反垄断执法机构在干预竞争中的主导权（或者说，竞争倡导者最恰当担当者身份）的正当性、合法性。但这样的主导权并不意味着反垄断执法机构会仅仅因为管制缺乏效率而轻率地加以否定，从而危及管制的其他合法目标。进一步来说，倡导竞争的标准是一种妥协的结果，不是把经济效率放在绝对优先的位置，其他利益相关者的声音也必须获得充分的表达和慎重的考虑。这当然也是赢得更多的支持，顺利推进竞争的需要。

对于政府干预风险及竞争本身的复杂性、过程性的认知，决定了竞争倡导政策内容的核心是促进市场的开放，并细化为两个方面：一是创造（正式或非正式的制度）条件促进竞争；二是约束自身的行为，消除市场过程发展道路上的障碍，防止人为制造垄断。

第三节　竞争倡导的具体路径

对于竞争日益增加的认知，尤其是在政策制定、执行者中间，是竞争法观念得以发展、落实和成功的关键。[①] 本节以上文对所倡导竞争的说明为基础，就竞争倡导如何减少政府竞争行为，分析、总结各国的倡导内容和经验。政府反竞争行为主要产生于法律制定阶段和法律实施阶段，相应地竞争倡导主要针对法律制定和实施发挥作用。对于法律制定阶段而言，竞争倡导主要体现为立法优先咨询制度和改善市场准入的管制；对于法律的实施阶段而言，竞争倡导主要体现为管制决策的优先咨询制度和对司法机构的诉讼协助制度。此外，如果企业提高自觉遵行竞争法的意识，那么，政企

① 参见[美]戴维 J. 格伯尔：《二十世纪欧洲的法律与竞争》，冯克利，魏志梅译，中国社会科学出版社 2004 年版，第 11 页。

合谋限制竞争的风险就会大大降低。因此，竞争倡导还包括对企业合规的指引。

一、立法优先咨询

立法优先咨询(Prior Statutory Consultation)，是指相关机构在制定涉及竞争问题的法律(政策)时，需要事前咨询或听取竞争主管机构的意见，以最大限度确保竞争不被不当扭曲。通过事先咨询防范反竞争规则生成要比通过反垄断法事后救济容易很多，[①]因此，这一机制是减少政府反竞争干预的主要途径。许多国家的竞争法中都规定了立法优先咨询制度。

匈牙利 1996 年修订后的《禁止不正当的和限制性市场行为法》规定，所有涉及或者影响市场竞争的法律、法规草案必须征求竞争局的意见。竞争局在 1999 年收到过要求提供咨询意见的法规草案 300 多件，并对三分之一的草案提出了自己的意见和看法。[②]

从正式制度角度看，FTC 和 DOJ 对法律制定的评估、审查和提出建议只是存在于美国联邦层面。反垄断法对此做了明确的规定。美国联邦贸易委员会法第 46 条规定，FTC 有权向国会针对其他法案中涉及竞争事项者提出建议。有些管制法也确认了这一规则。例如，当能源部颁布规则批准或制定一项商业标准时必须听取反垄断机构对其潜在竞争影响的评估意见。[③] 在州的层面上事前评估和阻止反竞争的立法无论是在政治上还是在实践上都是很难的。[④] 此外，FTC 和 DOJ 与国会和联邦行政机构就各种法律、政策草案的竞争影响进行非正式的对话和沟通。并且，FTC 和 DOJ 通过规则制定程序中的“告知和评议”向联邦行政机构阐述自己的意见和建议。[⑤]

---

① See James C. Cooper, Paul A. Pautler, Todd J. Zywicki, *Theory and Practice of Competition Advocacy at the FTC*, Antitrust Law Journal, Vol. 72, No. 3(2005), pp. 1110-1111.

② Hungary, www. oecd. org/dateoecd/32/27/2404607. pdf. 转引自王晓晔：《关于我国反垄断执法机构的几个问题》，《东岳论丛》2007 年第 1 期，第 38 页。

③ See 15 U. S. C. §788(c)(2010).

④ See James C. Cooper, William E. Kovacic, *U. S. Convergence with International Competition Norms: Antitrust Law and Public Restraints on Competition*, Boston University Law Review, Vol. 90, No. 4(2010), pp. 1608-1609.

⑤ 参见 FTC 前主席 Imothy J. Muris 就相关问题答复联邦运输部门信件，http://www. ftc. gov/os/2003/06/dotcomment. htm，最后访问时间：2019 年 6 月 20 日。

韩国《规制垄断与公平交易法》第63条规定，有关行业监管机构的行政长官，在希望制定或者修订以决定价格、不正当的共同行为等限制竞争事项为内容的法令时，需事先咨询公平交易委员会(KFTC)的意见。KFTC将检查相关立法草案是否包含与竞争法冲突的条款；是否包含反竞争条款，诸如确定贸易条件、价格，限制市场进入、企业行为等。如果发现问题，KFTC向相关机构提出修改建议，并且确保它的建议在整个立法过程中最大限度得到反映。① 例如，文化、体育和旅游部(MOCST)于2008年起草了一份关于《旅游促进法》的修正案，要求旅游合同的内容和形式都要符合标准化的要求。KFTC认为一旦企业交易条件、交易形式都以统一或类似的方式展开，必将削弱竞争和创新。所以，建议MOCST删除相关条款，允许企业自由选择最适合的交易形式和交易条件。MOCST最终接受了KFTC的意见。②

表六-1是KFTC在2001—2008年接受立法咨询的情况。表中的数据(KFTC的意见得到反映的案例数量占其提出意见总案例数的80.0%)表明KFTC提出的意见获得了充分的尊重。

表六-1　KFTC在2001—2008年接受立法咨询的详细情况③

年份	咨询案例数量	KFTC提出意见的案例数量	KFTC的意见得到反映的案例数量
2008	827	36(4.4%)	23(63.9%)
2007	635	45(7.1%)	30(66.7%)
2006	634	36(5.7%)	22(61.1%)
2005	658	49(7.5%)	42(85.7%)
2004	430	44(10.2%)	37(84.1%)
2003	361	46(12.7%)	38(82.6%)
2002	381	36(9.4%)	34(94.4%)

① 孟雁北：《我国〈反垄断法〉之于垄断行业适用范围问题研究》，《法学家》2012年第6期，第54页。

② See Young Son Shin, *KFTC'S Competition Advocacy and It's Implications*, Asia Competition Law Forum, Hangzhou, 2009, p. 6.

③ Ibid., p. 28.

续 表

年份	咨询案例数量	KFTC 提出意见的案例数量	KFTC 的意见得到反映的案例数量
2001	432	53(12.3%)	47(88.7%)
2000	481	60(12.5%)	51(85.0%)
总计	4839	405(8.4%)	324(80.0%)

立法优先咨询制度的效果受下列因素影响：立法机构在制定法律时是否及时咨询竞争机构的意见；优先咨询竞争机构的意见是否属于强制性的要求；竞争机构的意见是否具有约束力；现在的竞争文化是否深厚。[①]

二、改善准入管制

改善准入管制，是指竞争主管机构通过各种努力减少反竞争的市场准入限制，扩大私人参与，减少公共垄断，确认有利于社会整体利益的垄断。竞争的过程性以及竞争结果预测上的困难，使得公共政策的最合理的选择是保持市场的开放性。[②] 阻碍竞争的准入限制在许多市场领域都大量存在，不仅极大地损害了经济的发展，也是权力寻租的温床。因为，自由的市场进入、私人参与的扩大，可以产生充分的竞争，促进经济效率与技术创新。事实上，特定产业的竞争倡导，最困难的地方就在于到底哪些产业应当列入管制，哪些产业不需要列入管制。此亦为竞争倡导在启动时最难以抉择之处。

韩国天然气公司目前垄断液化天然气站点的经营，在 KFTC 积极努力下，政府在 2010 年 7 月的《城市天然气工业法》修正案中，允许天然气的零售商和其他具有相关资质的企业建立、运营液化天然气站点，以期通过引入竞争降低液化天然气的价格。

澳大利亚竞争与消费者委员会(ACCC)自上世纪 90 年代开始进行电力行业市场化改革，1996 年 5 月通过《国家电力法》(The National Electricity Code; NEC)，要求将发电、输电、配电业务加以拆分，同时实行

① See ICN, *Advocacy and Competition Policy*, 2002, p. iii, p. 59.

② See Maurice E. Stucke, *Better Competition Advocacy*, St. John's Law Review, Vol. 82, No. 3(2008), p. 984.

民营化及财务区分，引进竞争机制。由此，澳大利亚便正式形成“国家电力市场”(National Electricity Market，NEM)，且渐渐转向发展提倡零售竞争，并以澳大利亚能源管制局(Australian Energy Authority，AER)作为国家电力市场之监管机关。

减少反竞争的市场准入限制从反垄断法的角度看，也就是减少不必要的反垄断法适用除外。反垄断法适用除外，是指基于与反垄断法维护自由竞争无直接关系的其他理由或竞争暂时难以实现，在某些特定行业或领域中允许一定的垄断状态(行为)存在，不适用反垄断法。例如，德国 2005 年《反限制竞争法》(GWB)第 28 条就规定，农业生产企业间达成的协议……内容涉及农产品生产或销售的不适用限制竞争协议禁止的规定。适用除外具有有限性、条件性和动态性。随着各种条件的变化，原来不适宜竞争的除外领域(事项)在新的条件下，竞争可能更符合效率或社会公共利益，因此，适用除外的范围正在逐渐缩小。在受到管制行业内，由于除外标准并不十分明确，有时甚至在解释上存在不一致，除外适用常常被企业作为通过限制竞争谋取非法利益的借口。

竞争倡导的一个重要的功能就是抵御不恰当的除外适用，[①]适时缩小除外范围。为了使竞争主管机构在这方面的倡导更具科学性、更具说服力，日本专门成立了一个由学者和新闻记者组成的管制与竞争政策研究组，重新审视政府管制及反垄断法除外，促进反垄断法在管制领域的实施。经过对管制的审查，日本反垄断法除外适用的范围已经大幅缩减，从 1996 年 3 月的 30 部法律中的 89 项除外降低到 2008 年 3 月的 15 部法律中的 21 项除外。[②] 与此同时，被反垄断法豁免的卡特尔的数量也急剧下降：从 1966 年的高峰时的 1079 项下降至到 2010 年的 28 项。[③]

三、管制决策的优先咨询

管制优先咨询，是指相关机构在实施涉及竞争问题的法律(政策)时，

---

① See John W. Clark, Clark, *Competition Advocacy: Challenges for Developing Countries*, OECD Journal of Competition Law and Policy, Vol. 6, No. 4(2005), p. 6.

② See Kimitoshi Yabuki, *Competition Advocacy*, Asia Competition Law Forum, Hangzhou, 2009, p. 82.

③ *Controlling Anticompetitive Action by the State: The Role of Competition Advocacy/Competition Assessment-Japan's Experience*, http://www.jftc.go.jp/en/policy_enforcement/speeches/110318.html, last visit on Jun. 20, 2019.

需要事前咨询或听取竞争主管机构的意见，以确保法律实施过程中最大限度地促进竞争。反垄断法对于确保管制在法定的范围之内的实施和充分考虑竞争因素，具有极其重要的作用。①

与立法优先咨询制度类似，管制优先咨询中，法律实施过程中任何可能对竞争产生明显影响的管制决定做出之前，都需要及时、全面地征求竞争机构的意见。例如，美国司法部反托拉斯局有权参与和影响任何影响竞争的管制。② 有些法律对此做出了明确的规定。内政部在做出外层大陆架石油勘探租赁决定之前必须征求反垄断机构基于竞争影响的评估意见。③

KFTC 在政府做出经济干预的决定时有很大的发言权。KFTC 的主席有部长地位，得以正常出席内阁会议。④ 这有利于 KFTC 主席在政府最顶端推进有利于竞争的政策实施，为竞争机构直接影响政府部门的决策提供了契机。这样的权限在加拿大竞争法中也有规定。⑤ 当然，如果相关法律已经明确和具体地规定，排除反垄断法适用，⑥则无需就有关问题征求反垄断机构的意见。然而，有些法域的反垄断执法机构只能在其他政府部门或管制机构提出请求的情况下，才有权发表意见或建议。⑦ 这是不利于反垄断机构确保法律实施中竞争因素得到充分考量的。

反垄断机构拥有参与管制程序的权力，但是否真的参与到管制程序中以及参与的具体深度，完全取决于管制决策是否最大限度考虑了竞争。⑧竞争机构的意见也不应该具有拘束力，因为其无权在竞争与其他价值之间做出最终选择。但如果相关机构拒绝竞争机构的意见或建议，往往被要求证明其主张的正当性，而且无论是竞争机构的建议或意见，还是其他机构拒绝的决定和理由都要公开。《美国深海矿物法》（Deep Seabed Hard Minerals Act）规定，其执法机构在收到 FTC 的意见前，不能采取任何影响

---

① See Michal S. Gal, Inbal Faibish, *Six Principles for Limiting Government-Facilitated Restraints on Competition*, Common Market Law Review, Vol. 44, No. 1(2007), p. 82.

② U. S. Code of Federal Regulations, Title 28 Chapter1, Part O, Subpart H.

③ See 43 U. S. C. §1337(c)(3)(2010).

④ About KFTC, *Overview*, http://eng. ftc. go. kr/about/overview. jsp, last visit on Jun. 20,2019.

⑤ See Canada Competition Act 1985, sec. 125.

⑥ 例如，农业生产者及农村经济组织在农产品生产、加工、销售、运输、储存等经营活动中实施的联合或协同行为不适用反垄断法，其有关管制决定自然无需征求反垄断机构意见。参见我国《反垄断法》第 56 条。

⑦ See. e. g. , United Kingdom Enterprise Act, Sec. 7.

⑧ See Michal S. Gal, Inbal Faibish, *Six Principles for Limiting Government-Facilitated Restraints on Competition*, Common Market Law Review, Vol. 44, No. 1(2007), p. 84.

竞争的举措。如果按照与 FTC 意见不一致的方式行事就必须在行动前告知其理由。[①] 此外,很多国家还在更高的层级上设置了这样的争端解决机制。一旦竞争机构认为管制机构没有能履行其举证责任证明损害竞争的正当性,就可以寻求救济。例如,匈牙利竞争法规定,竞争机构如果发现行政性决定损害竞争,就可以要求有关机构修改或取消有关决定。如果行政机构拒绝,竞争机构可以将其告上法庭。[②]

竞争机构的意见或建议要想发挥效力,需要具有足够的专业性。然而,竞争机构可能不具备行业管制机构所具有的专业知识。为此,许多国家规定了竞争机构与管制机构的信息分享、人员交流、培训制度,充分合作、共同决定的机制。一方面,对某些行业特有的技术问题,[③]反垄断执法机构应尊重监管机构的意见;另一方面,监管机构处理竞争案件时,涉及与一般竞争行业具有的共性的竞争问题(如相关市场的界定或市场支配地位的认定),首先征求反垄断执法机构的意见。[④] 德国的电信与邮政监督管理局(RegTP)[⑤]对许可证拍卖、费率、滥用优势地位行为的监督和互联互通程序享有决定权,相关市场的界定以及市场支配地位的确定亦由其做出,但是必须听取 BKartA 的意见。[⑥] 同样,BKartA 在对电信领域的滥用市场支配地位、价格歧视和不公平阻碍行为进行规制时,也应在做出决定前听取 RegTP 的意见。[⑦] 在 1999—2000 年间 BKartA 参与了 RegTP 享有管辖权的大约 100 个案件的处理,充分显示了两个机构间合作的广泛性。[⑧] 这样的意见征询制度还存在于能源、铁路行业。总之,从理想状态来讲,具体的管制机构应该集中于费率和设定性能标准;竞争机构处理滥

---

① 30 U. S. C, sec. 1413(d).

② 参见《匈牙利竞争法》第 85 条。

③ 根据《欧盟运作条约》第 102 条,如果支配企业被 EC 认定从事了滥用行为后能够证明其对其他企业的排斥行为有客观合理的理由或者能证明其行为符合效率的要求,或其所产生的效率大于其所产生的负面效果,则可以不受该条的规制。此时,支配企业可能会举证,存在容量或者技术衔接问题。这就是针对特定行业的与竞争有关的专业技术问题。

④ 徐士英:《中国竞争政策论纲》,《经济法论丛》2013 年第 2 期,第 45 页。

⑤ 在 2005 年 7 月之前,RegTP 负责电信、邮政行业的监管;联邦铁路局负责铁路行业的监管;电力、天然气领域不存在专门的行业监管机构。2005 年 7 月经修订的新能源法(EnWG)生效以后,新成立的联邦网络局(BnetzA)取代已经设立的独立行业监管机构,统一负责电信、邮政、铁路和电力、天然气行业的监管。有关 BnetzA 的职能、结构的详细介绍,参见 Federal Network Agency, *Annual Report*, 2005, p. 10 - 14.

⑥ 参见 TKG 第 11 条第 3 款、第 3 章、第 4 章。

⑦ 参见 TKG 第 82 条第 4 句,GWB 第 19 条、第 20 条第 1 款、第 2 款。

⑧ Michael Wise, *Competition Law and Policy in Germany*, OECD Journal of Competition Law and Policy, Vol. 7, No. 2(2005), p. 52.

用和其他反竞争行为。在很多情况下,竞争机构在竞争事务上都要发挥决定性作用。[①]

四、提供诉讼协助

诉讼协助主要是帮助私人提起反垄断诉讼和向法院提供专业咨询意见。[②] 无论是受到限制竞争行为影响的个人,还是法院,由于欠缺对复杂竞争问题进行分析的专门资源,竞争主管机构的态度和意见都是其做出正确的决策的重要参考。

根据 ICN 统计,在竞争法中仅有少数国家(比利时、法国以及芬兰)明确制定了协调竞争主管机关与司法机关之间关系的条款。但 ICN 认为,这类型的倡导条文非常重要。比利时倡导条文明确规定,竞争主管机关可以向布鲁塞尔上诉法院(the Court of Appeals in Brussels)提交意见;法国的倡导条款则规定,法院可以就反竞争之事务与实例向竞争委员会进行咨询;芬兰情况较为特殊,芬兰的法院必须听取竞争主管机关之意见。[③]

尽管未在竞争法条文中明确规定,但实践中竞争主管机关的对于竞争问题的看法,也时常在法院的判决中发挥至关重要的作用,引领着竞争法的发展趋势。例如,在美国最高法院就伊利诺伊州工具制造商诉独立油墨公司一案的裁决中,FTC 和 DOJ 的咨询意见发挥了非常重要的作用。[④] 该案源自一家印刷工具制造商要求使用其专利系统的客户在再次添加油墨时,只使用该企业的非专利产品。一家油墨销售商声称,这些协议构成了非法捆绑,并声称由制造商的专利所引发的市场支配力违反了反垄断法。联邦上诉法院认为它们也只能参照最高法院的判决先例来维持原判——即该制造商的专利导致其获得了不恰当的市场支配力。FTC 和 DOJ 一起提交了一份联合法官顾问辩护状,敦促最高法院改变原判,裁决非专利产品和专利产品捆绑销售并不表明被告获得了不恰当的市场支配力。FTC 和 DOJ 认为这种市场支配力的推定有悖于现代捆绑销售法和社

---

① Pradeep S. Mehta, *Competition Policy in Developing Countries: An Asia-Pacific Perspective*, Bulletin on Asia-Pacific Perspectives, 2002/03, p. 82. https://www.unescap.org/sites/default/files/Bulletin02-ch7.pdf, last visit on Jun. 20,2019.

② 对于司法机构的竞争倡导不限于提供专业的咨询意见,还包括共同举办研讨会、联合培训、材料交换等多种形式。

③ See ICN, *Advocacy Provisions*, 2003, pp. 38 - 40.

④ Illinois Tool Works, Inc. v. Independent Ink, Inc. 126 S. Ct. 1281(2006).

会经济的最新发展。事实上,史蒂文斯法官与最高法庭法官们最后一致采纳了联邦贸易委员会的建议,更改了原判决。

五、企业合规指引

合规指引(compliance guidance),是指反垄断主管机构协助、引领企业构建合规制度的行为。企业合规制度主要是,通过竞争法律知识培训等告知员工行为的竞争法律界限,违反竞争法可能受到的处罚,发现违法行为如何纠正、如何配合执法机关的调查、如何争取豁免或减轻责任,以最大限度确保企业竞争行为符合竞争法规范。

"很难找到证据证明,惩罚会超过违法收益,尤其是考虑到并不是所有的案件都会被追诉"。[①] 对违反者处以民事赔偿金、罚金、自由刑等方式形成的威慑常常不足以完全消除反竞争行为及其后果。而"反垄断领域的一分预防胜过十分救济"。[②] 企业及其员工对相关法律规范的自愿遵守才是威慑的最优结果,也有利于避免企业寻求通过政府力量限制竞争。有效的合规制度正是企业自愿做出的合规承诺,旨在帮助企业预测竞争对手行为、合法与对手竞争,正确评估可能面临的竞争风险,提前对潜在的非法行为做出预警,或尽早指认违反竞争法的行为,采取有效措施制止或减轻损害。在 Stolt-Nielsen 案中,[③]当该公司因反竞争行为被其首席执行官向司法部反托拉斯局(AD)投诉后,公司第一时间修改了合规制度并分发给公司的员工,同时向 AD 提出了宽恕申请。AD 也确实给予了 Stolt-Nielsen 公司一个"标记"(marker),该标记确保其能够就此案获得"第一个申请者"的位置,从而免除惩罚。[④]

---

① Christine Parker, *The "Compliance" Trap: The Moral Message in Responsive Regulatory Enforcement*, Law & Society Review, Vol. 40 No. 3(2006), pp. 591 - 622.

② John H. Shenefield, Irwin M. Stelzer, *The Antitrust Laws: A Primer*, American Enterprise Institute Press, 2001, p. 137.

③ Stolt-Nielsen S. A. v. United States, 352 F. Supp. 2d 553 (E. D. Pa. 2005).

④ 反垄断法中的宽恕制度是为了鼓励卡特尔参与者尽早自首、以获取免除或者减轻处罚。美国宽恕制度规定,免除惩罚的优惠只给予"第一个上门者",因此,第一个申请者的位置非常关键。为了成为第一个申请者,"告密者"可以在提出正式申请前请求竞争机构为其设定标记(marker),即在申请次序中保留第一的位置,使其在一定期限内进行必要的内部调查,获得更多的信息和证据,从而完善其申请资格。See Ky P. Ewing, Jr., *Competition Rules for the 21st Century: Principles from America's Experience*, Kluwer Law International, 2006, p. 307.

为了协助企业建立合规制度，竞争主管机构通常会利用自己对竞争法规范的深刻理解及执法经验的积累，制定企业合规的一般制度框架（示范程序），供企业选择。[①] 通过这样的制度框架，引领企业正确处理与竞争者以及与政府的关系，包括如何共享信息、如何参加行业会议、如何执行竞争规范、如何适度向政府表达诉求等，以最大限度避免企业触犯竞争法，或降低其损害。例如，加拿大竞争局2008年颁布了经过反复修改和完善的《企业合规程序》(Corporate Compliance Programs)。韩国KFTC也一直努力帮助企业建立自觉、自愿遵守竞争法的文化，并制定和发布清晰的合规程序。从2001—2008年间遵行合规程序的企业数量增长了近30倍（见表六-2），足见其企业合规制度指引方面取得的巨大成功。企业按照竞争法行事，从侧面反映了寻求政府限制竞争风险的降低。

表六-2　韩国2001—2008年遵行合规程序的企业数量[②]

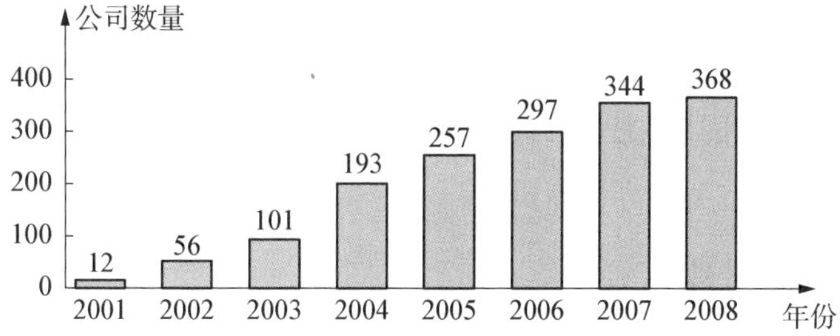

第四节　竞争倡导的有效性评估

有效性评估，有助于了解反垄断机构所利用的国家资源是否对减少政府反竞争行为真的有效；也有助于主管机构检视其所执行的政策是否是推广竞争的最佳方法。国家参考评估结果以决定如何分配有限的预算与资源及各项提倡竞争倡导活动的期间、媒体曝光效益和检讨其他就竞争倡议

① 喻玲：《从威慑到合规指引　反垄断法实施的新趋势》，《中外法学》2013年第6期，第1200页。

② See Young Son Shin, *KFTC'S Competition Advocacy and It's Implications*, Asia Competition Law Forum, Hangzhou, 2009, p. 40. 相关数据与KFTC2011年年度报告公布数据略有出入，但是建立竞争合规企业数量日益增加的趋势是一致的。在2010年建立合规制度的企业数量是372个。See *Annual Report_2011*, p. 17.

之执行与功能之结果。

一、影响竞争倡导效果的因素

（一）主管机关的独立性和权威性

竞争倡导的有效性，首先要看倡导机关与立法机关、其他行政机关和管制机构的关系。倡导机关自身的地位，是其能否独立、连续实施竞争政策，推动竞争的关键。倡导机关的独立性和权威性，能够确保发挥其专长，在法律规则和管制方案形成之初充分发表竞争方面的意见，并且获得足够的尊重；同时，抗拒来自各方的压力，从而，持续推进竞争政策实施。

鉴于竞争本身的复杂性，一般受众很难理解和把握，对主管机关所倡导竞争的认同，很大程度上依赖于对竞争主管机关自身专业性、权威性和独立性的认同。因此，主管机关必须通过严格、准确的执法建立并加强良好的形象。

（二）倡导时机

影响竞争倡导效果最重要的因素，是竞争主管机关如何适时地在法律、公共政策形成与制订程序中，展开有效的倡导行为。若在政策或草案拟定之前，即告知竞争主管机关以供其有足够前置时间来进行竞争影响评估，效果自然得以提升。而如果征询意见时间过于仓促，那么，竞争倡导的咨询意见所能发挥的效果便相对有限。另外，在政策与规范制定过程中所导入的竞争倡导咨询，也会因为不同时点的引入，而产生不同的影响。如果法令草案尚未完成，那么，竞争机构的建议被接纳和体现在规范条文中的可行性较高；若草案已臻完成，并且已经提交立法机关或呈交行政机关审议，那么，其他主管机关通常不愿意在草案内容上进行更改。

ICN 成员所提供的研究显示，竞争主管机关参与规范草案的时点可分为一次性意见提出，或是动态即时咨询两种。而竞争主管机关越早参与制订程序，便越能够协助提升政策与规范中关于竞争政策的考量。因为，竞争主管机关可以为规范制定者提供评估意见，并指出草案可能产生的竞争问题及其解决方案。例如，有超过一半的 ICN 成员国的竞争主管机关在其他主管机关法令起草阶段，即有权参与草案制定。

（三）竞争政策意见征询的程序强制力

法律是否将竞争咨询机制规定为强制性要求，将影响竞争主管机关竞争倡导作用发挥的效果。约有三分之一以上的 ICN 成员国指出，其竞争主管机关只能应其他主管机关要求而提供竞争意见。有些国家则是在竞争法或其他法中明确规定，在各机关涉及竞争事项之法案公布或管制决策做出前，必须先征询竞争主管机关的意见。另有一些国家则规定竞争主管机关可以依职权或应其他主管机关的请求参与立法或管制决策。

（四）咨询意见的实体拘束力

竞争主管机关所提供的意见，对于其他主管机关的拘束力，是另一个影响竞争倡导效果的重要因素。一些竞争主管机关享有在立法过程中（或改革的初期阶段），提出具有法律约束力意见的权力。例如，在某些情形下，美国联邦法律规定相关机构必须考虑 AD 的意见；或者，明确规定了 AD 在政府机构做出决定时的具体作用。①

如果法律制定或管制决策做出机构必须参考竞争主管机关的意见，那么，该意见对于政策或规范的制定有决定性的影响。反之，在欠缺拘束力的场合，可能使得竞争主管机关的竞争倡导功能有限，且可能因面对不同机构而有所不同。但是，这并不是说倡导意见具有拘束力就一定是好事，这也可能产生一定的负面作用，影响到其他政策目标的实现；也不是说，不具有法律拘束力，就没有任何意义。实践中以主动说服的方式使对方知悉、认同竞争限制的负面影响，劝导其采取有利于竞争的行动，也可能得到充分的尊重。但是，这需要以政府问责和政府决策公开、社会充分监督作为基础，同时需要规定，如果拒绝倡导建议，相关机构必须给出合理的解释，或证明其行为的正当性。

二、评估竞争倡导效果的标准

根据 ICN 研究得出的总结，各国衡量竞争倡导成败的标准有很多。②

---

① See ICN, *Assessment of ICN Members' Requirements and Recommendations on Further ICN Work on Competition Advocacy*, 2009, p. 21.

② Ibid., pp. 15 – 17.

例如，相关公共机构的反应，倡导行动的次数或质量，提出建议或意见的数量和被接受意见或建议的数量，基于倡导和形成的市场（行为）的可察觉的变化，基于问卷调查的反馈，独立机构（专家）的评估，利益相关者（企业、消费者、政府官员）的反馈，媒体报道的范围和频率，大众生活中竞争法（政策）的知识和意识。

从时间上来看，欧盟委员会竞争总局一般会在1或2年内调查大众和企业对于竞争倡导的评价；日本、韩国等国的竞争机构会在3年内评估竞争倡导的效果；巴西、罗马尼亚等国的竞争机构会在3到5年内做出评估；而美国司法部会根据倡导的动机、对象和其他条件来不定期地进行评估，FTC是通过非正式的随访和问卷调查来评估倡导的有效性。目前这样的问卷的调查是每半年一次。类似地，墨西哥既有每半年一次的短期评估，又有4到5年一次的长期评估。而印度、新西兰等国还没有建立正式倡导评估机制。

三、评估竞争倡导效果的方式

在评估竞争倡导的有效性时，FTC聚焦于该倡导行动如何影响消费者福利。不同于其他机构的行为可直接评估对消费者的影响，大部分倡导行动并非直接针对消费者，而是针对特定企业或政府机关进行建议或宣导，以消除其可能威胁消费者利益的行为，来间接维护消费者利益。基于FTC主动调查竞争问题的职责，FTC往往先于其它机关参与竞争问题的讨论。FTC的倡导文件、评论、以及法院意见书等工具，作为在其他机关分析各种可能采取的行动时的参考。

固然前述倡导文件并非广泛对公众发行，却能有效集中特定目标团体，再加上相关产业政策座谈会及会后追踪报告，可以提升倡导行动的影响力。这些重要的措施将对消费者福利发挥潜移默化的影响，同时延伸到各种不同的产业竞争市场。例如过去对于眼科诊所和房地产产业的研究便影响了许多州政府对这些产业的规范。

此外，依照《政府绩效及成果法案》(Government Performance and Results Act)的要求，各专业机关要有其策略目标和明确计划，FTC目前持续进行年度绩效评估，并提交《绩效及问责报告》Performance and Accountability Report)，规定了四个策略目标以保护消费者和维持竞争：(1)发掘诈欺，(2)遏制诈欺，(3)透过教育的方式来预防消费者受害，(4)参与研究、报告、倡议以及国际合作。虽然该报告无法直接以量化方式衡量消费者福利之变化，但仍可通过综合各种成果的测量，来评估 FTC 竞争倡导的成效。

最为重要的是，FTC 还以问卷调查的方式进行有效性评估，以直接测量竞争倡导所产生的效益。例如，FTC 政策规划办公室(FTC's Office of Policy Planning)针对 2001 年到 2006 年期间进行过问卷调查。该份问卷既由访问倡导者提出，也征求决策过程中的相关利害关系人，包括反对 FTC 倡导措施的当事人，并进一步评估 FTC 对立法或行政过程成果的影响。该调查结果发现有 53%的受访者同意政府政策大致与 FTC 所提出的立场一致，而 94%的受访者认为 FTC 的意见被纳入决策考虑，且 54%的受访者相信 FTC 的建议影响决策结果。此外，有 81%的受访者认为 FTC 的评论对其自身行为产生影响。[①] 由此可见，FTC 对当前管制政策的观点相当受到重视，在竞争议题上提供相关咨询而具有其权威性。

---

① See James C. Cooper, William E. Kovacic, *U. S. Convergence with International Competition Norms: Antitrust Law and Public Restraints on Competition*, Boston University Law Review, Vol. 90, No. 4(2010), p. 1583.

第七章　事后规制：竞争执法

执行是反垄断法规制政府限制竞争的重要手段。对反垄断法中执行的研究，针对哪些主体哪些违反反垄断法的行为采取何种措施，实施何种制裁等问题。[①] 广义上法的执行包括国家行政机关、司法机关及其公职人员依照法定程序实施法律的活动。狭义的执法，仅专指国家行政机关的公职人员依法行使管理职权和履行职责，实施法律的活动。本章采取广义执法的概念，研究通过反垄断执法机构、司法机构追究政府限制竞争行为有关主体的反垄断法责任。

通过反垄断法的执行手段直接追究政府机构限制竞争行为的法律责任，目前较多存在于转型经济国家（如俄罗斯、乌克兰、保加利亚、匈牙利）和欧盟，发达国家也存在对政府机构从事公权行为导致的限制竞争的执法，但是并不突出，相对于竞争倡导处于次要地位。

本章前两节主要研究对政府机构限制竞争的反垄断法执行的要件（针对的主体、针对的行为和执行的措施），执行的手段（行政执法手段、宪法审查手段、司法审查手段、行政控制手段的选取及其关系）。第三节和第四节研究针对管制下的企业限制竞争的反垄断法执行问题。

政府之所以设置进入壁垒，可能是政府自身的需要（例如地方政府只追求本地 GDP 增加），更多的情况下是部分企业主动寻求庇护或优待的结果。因此，政府在制定和实施的法律中限制了竞争很可能只是政府反竞争行为的一方面，多数情形下，还需要注意到企业是否主动谋取了政府的优待或者滥用了政府的授权。[②] 因此，对于管制之下企业的限制竞争行为的反垄断法执行与针对政府机构的反垄断法执行同样重要。这是同一个问题的两个面向。

---

① 参见文学国，孟雁北，高重迎：《反垄断法执行制度研究》，中国社会科学出版社 2011 年版，第 37 页。

② 参见石淑华：《行政垄断的经济学分析》，社会科学文献出版社 2006 年版，第 66 页。

第一节　对政府机构竞争执法的实体问题

本节主要研究对政府机构限制竞争的竞争执法的实体问题，即，究竟对哪些政府主体的哪些限制竞争行为，追究什么样的反垄断法责任。

一、执法针对的主体

政府机构限制竞争既可能是作为市场主体从事经济行为限制了竞争，也可能是作为公权主体履行国家管理职能限制了竞争。本书中政府限制竞争是指政府制定、实施法律过程中对竞争造成了不必要、不合理的限制，违反了反垄断法的规定。这里执行针对的主体主要是作为公权主体的政府机构。

一般而言，除国家最高行政机关、立法机关和所有司法机关外，其他政府机构都可能构成反垄断违法主体，成为反垄断执法的对象。俄罗斯《保护竞争法》明确规定，防止和制止联邦政府机构、联邦主体国家权力机构、地方自治机构和履行上述机构职能的组织和机构，禁止、限制和消除竞争的行为（不作为）。[①] 这样，反垄断法规定的政府限制竞争违法者的范围就涵盖了除依俄罗斯《宪法》第 10 条规定的享有国家立法权的联邦立法机关、享有司法权的各司法机关、最高联邦行政机关之外的所有权力主体及享有行政权力的主体。[②] 欧共体竞争法的主要目的在于推动统一欧洲市场的建立，任何与共同市场不相容的行为都可能被禁止，而不论行为主体是经济实体还是成员国及其国家机关。

地方立法机关制定的限制竞争法律是否得到反垄断法的豁免，在各国规定不尽一致，这主要是政治制度造成的。在单一国家中，反垄断法对地方立法的约束力是可以被肯定的。在联邦制国家（除俄罗斯外），地方权力机关立法限制竞争可能在满足一定条件的情况下，获得国家反垄断法的豁

① 本书中所引用俄罗斯《保护竞争法》的法条均来自李福川：《俄罗斯反垄断政策》，社会科学文献出版社 2010 年版，第 337—389 页。

② 刘继峰：《俄罗斯反垄断法规制行政垄断之借鉴》，《环球法律评论》2010 年第 2 期，第 125 页。

免。这主要是基于在联邦制国家中联邦主体的独立主权不受到中央立法的管辖。[①] 美国的各州都有调控经济的自由，如果州政府认为按照州法律规定，允许某些私人主体达成限制竞争协议有利于本州公民福利的话，则很可能会颁布政策或提供允诺允许这种抵触联邦法律的行为存在。对此，美国反托拉斯法一般予以承认，这就是州行为原则。[②] 州行为原则的适用是有条件的。在加利福尼亚酒类产品零售商诉米德科铝业公司案中，[③]最高法院限定了“州行为原则”的两个适用条件：首先，受争议的限制竞争行为必须是“被清晰地表达和肯定地表示为州政府政策”；其次，该政策必须是被州政府自身“积极地监督”。[④]

在欧共体，成员国并未因主权和各自拥有国内反垄断法而抽象地获得相应的豁免，而是根据具体情形，以是否影响到“成员国间的贸易”、“共同体的利益”为标准来审查相关行为是否违反欧盟竞争法。

我国《反垄断法》规定的政府限制竞争的违法主体只有两类：行政机关和法律、法规授权的具有管理公共事务职能的组织。其中行政机关，包括了国务院，[⑤]但是将立法机构排除在反垄断法规制之外。而长期以来，我国地方颁布很多法律规则中存在对竞争的损害。对此，在现有法律制度下只能通过立法法来解决。实际上，《立法法》只是静态地规定了法与法的效力阻却关系，而没有动态的纠错激励机制。[⑥]

二、执法针对的行为

理论上，受反垄断法规制的政府限制竞争行为，既包括立法行为，又包括法律实施的行为。但是，实践中，各个国家和地区反垄断法规制的政府限制竞争行为的范围并不一致。这不仅反映了各个国家经济发展、制度背景的不同，更直接体现了其利用反垄断法规制政府机构公权行为的决心和

---

① 但这并不完全绝对。在俄罗斯联邦，由于地区封锁十分严重，所以俄罗斯竞争法完全没有给予联邦主体权力机构(包括立法、行政、司法机关)任何豁免。

② Parker, Director of Agriculture, et al. v. Brown, 317 U.S. 341(1943).

③ California Retail Liquor Dealers Association v. Midcal Aluminum, Inc., et al, 445 U.S. 97(1980)

④ Thomas W. Merrill, *Capture Theory and the Courts: 1967 - 1983*, Chicago-Kent Law Review, Vol. 72, No. 4(1997), p. 1102.

⑤ 孔祥俊：《中国现行反垄断法理解与适用》，人民法院出版社 2001 年版，第 157 页。

⑥ 参见刘继峰：《俄罗斯反垄断法规制行政垄断之借鉴》，《环球法律评论》2010 年第 2 期，第 125 页。

目标定位的差异。

俄罗斯作为转型经济国家，政府限制竞争现象非常严重，国家通过反垄断法排除政府限制竞争行为最为坚决，其反垄断法禁止的政府限制竞争行为最为全面。《俄罗斯保护竞争法》除规制投资限制、商品流转的地域限制、购买限制、招投标限制及抽象行政行为之外，[①]还规制下列几类行为：[②]第一，不公平待遇，即无正当理由给予特别主体以经济上的优惠。其表现包括以下几种：违反俄联邦法律或正式法令的规定，指令经济实体为特定的客户优先供应商品（完成工作、提供服务）或者按照优惠条件签订合同，如无根据要求在先履行或提供优先权。但法律有特殊规定的除外。给予特定主体的优惠待遇或财政补贴。以财政资金给予个别经营者优待，不公平地使用国家资源，扶持不具备竞争能力的主体维持经营并人为地改变市场结构，其结果必然会破坏竞争环境。反垄断法上的优惠待遇只有在立法有明确规定或在效果上能促进经济发展的情况下才被允许。通常，行政机关给予特殊经济主体或某些经济主体以优惠待遇应经过俄联邦反垄断机关的同意，如果行政机关的优惠决定没有经过俄联邦反垄断机关的同意，俄联邦反垄断机关有权撤销或变更该违法的决定；若行政机关不执行反垄断机关作出的撤销或变更违法行为的决定，俄联邦反垄断机关（包括区域派出机关）有权向相应的仲裁法院起诉，要求确认行政机关做出的决定或决定依据的规章无效或部分无效。行政许可中的不公平待遇。实践中，行政许可行为破坏竞争的情形主要表现在：许可经营主体以无联邦法律依据的某种特权、没有法律依据拒绝颁发（或延长）许可证（期限）、在许可的同时限制经营活动的时间、任意废除许可等。第二，职能混同，即权力机关的职能和经济实体的职能合为一体。《俄罗斯保护竞争法》第 15 条第 3.3 款规定：禁止联邦行政机关、联邦各部门行政机关和地方市政当局的职能与经济实体的职能混同，但依联邦法律、俄联邦总统令、俄罗斯联邦政府的决定而授予经济实体以指定机关职能和权力的，包括检查和监督职能，除外。一般而言，职能混同包括以下两种情况：权力机关同时享有经营主体的职能，如国家行政机关或各地方权力机关组建自己的商业主体，或者行政机关向市场推荐某经济主体的产品或服务等；没有法律授权或委托的经济主体行使权力机关的职能和权力，包括国家机关的批准权、监督权等职

---

① 这几类行为我国反垄断法也规制。参见《反垄断法》第 33—37 条。

② 参见刘继峰：《俄罗斯反垄断法规制行政垄断之借鉴》，《环球法律评论》2010 年第 2 期，第 125—126 页。

能和权力。第三，联合实施的行政垄断行为。按照《俄罗斯保护竞争法》第16条的规定，禁止行政主体相互之间、它们与经济实体之间签订导致或可能导致限制、消除竞争或损害经济实体的利益的任何形式的协议或者实行协同行动。这不完全等同于我国《反垄断法》第36条规定的“强制经营者从事本法规定的垄断行为”。后者强调权力介入的联合性，包括权力与权力的联合，如两个行政机构联合运用行政权力阻碍新经营主体的进入或将经营主体排挤出市场；也包括行政机关与经营者“串通一气”，如权力机关支持的划分地域市场。认定联合实施的行政垄断行为需要三个条件：存在协议或协同行为；协议内容对竞争有消极影响；参加者具有共同目标、明确分工或协调一致的行动。

欧共体竞争法深深植根于解决政府对市场影响（欧洲竞争法的范围内一般称政府援助）、地方保护主义、区域的均衡发展问题。①《欧盟运作条约》第101条和第102条将国有企业和国有控股企业纳入欧盟竞争法的调整范围，除非该企业执行的系公共服务。根据《欧盟运作条约》所确立的欧盟竞争法调整框架，禁止成员国指令或授权国有企业和国有控股企业和私人企业实行反竞争行为。成员国必须履行全部条约义务；禁止成员国的国营垄断机构对其他成员国采取实质的商业歧视性政策。《欧盟运作条约》第107条、第108条和第109条确立的欧盟“国家援助准则”（State Aids Doctrine），规定了成员国政府不得向商业部门提供补贴等各种援助手段，并通过案例的形式列出了认定国家援助的四项要件：其一，动用国家资源，包括通过政府或其他国家资源的干预；其二，经济获益，所采取的措施必须使接受方获益；其三，扭曲竞争，所采取的措施扭曲或威胁扭曲竞争；其四，负面贸易影响评估，所采取措施应当对成员国之间的负面贸易影响承担不利法律责任。禁止成员国给予豁免出口税、无息贷款等国家援助措施，除非能够满足严格豁免适用条件。应当根据理性投资者的标准判断国家援助拯救商业机构破产的正当性，其调查问责聚焦于是否符合理性投资者的盈利预期。对国有企业的补贴同样被禁止，除非这些措施能够经受严格的正当问责。②

---

① Jacob S. Schneider, *Administrative Monopoly and China's New Anti-Monopoly Law: Lessons from Europe's State Aid Doctrine*, Washington University Law Review, Vol. 87, No. 4(2010), p. 884.

② 参见史际春，赵忠龙：《行政垄断及其规制的再审视》，《社会科学》2011年第9期，第91页。关于欧共体禁止的政府限制竞争行为的介绍，还可参见王晓晔：《行政垄断问题的再思考》，《中国社会科学院研究生院学报》2009年第4期，第53—55页。

尽管美国各州在其主权范围内豁免反托拉斯法责任，但地方政府可能因违反反托拉斯法而受到制裁。[①] 美国基于自身是联邦制国家和对政府干预（尤其是管制）的信任，反托拉斯法对满足一定条件的政府限制竞争行为予以豁免。美国各州都有调控经济的自由，如果州政府认为按照州法律规定允许某些私人主体达成限制竞争协议有利于本州公民的福利，则有权颁布这样的政策法律。美国反托拉斯法一般予以承认。因此，如果企业的限制竞争行为是基于州政府法规或管理行为，那么，这种行为就可能被视为"州行为"而得到反托拉斯法的豁免。这就是州行为原则。

为了避免州行为原则被不当扩大适用。最高法院在加利福尼亚酒类产品零售商诉米德科铝业公司案中，将州行为原则适用的条件限定为："作为州政策被清晰陈述和肯定表达"；该政策必须由州本身加以"积极监督"。

需要说明的是，"州政府行为"并不仅仅限于行政机构这样狭窄的范围，只要是影响到市场竞争的政府行为，无论是州政府官员、代理机构、市政当局，还是律师协会或其他专门委员会实施的行为，还是地方立法部门的法令、司法部门的决定或行政机构的规制措施，都可能会受到反托拉斯法的司法审查，决定其是否豁免。[②] FTC 曾因质疑南卡罗来纳州的牙科委员会的一项规则没有满足适用州行为原则"明确表达"的条件，而拒绝给予其豁免，并将其告上法庭。该规则限制了牙医提供现场预防性牙科服务（包括为南卡罗来纳州学校的儿童提供清洗、塑封和氟化物治疗）的能力。FTC 认为，牙医委员会实施的规则阻碍了竞争，剥夺了成千上万儿童，尤其是贫困儿童，口腔预防保健服务的利益，[③]而向法院提起了诉讼。被告辩称，牙医委员会的行为受州行为原则的保护。FTC 发现南卡罗来纳州立法机关于 2000 年修订了州法，确保牙医在学校更方便提供预防服务。尤其是，立法机关废除了，患者必须由有执照的牙医在治疗前 45 天内进行预检的规定。由于牙医委员会的规则恢复了这一要求，FTC 认为这与州立法机关制定的政策明显不一致。因此，牙医委员会没有满足适用州行为原则的"清晰表达"要求，FTC 拒绝给予其豁免。

---

① Eleano M. Fox, *An Anti-Monopoly Law For China-Scaling the Walls of Government Restraints*, Antitrust Law Journal, Vol. 75, No. 1(2008), p. 181.

② 焦海涛：《公权限制竞争行为的反垄断法规制模式》，《经济法论丛》2008 年第 2 期，第 126 页。

③ Admin. Complaint, S. C. Bd. of Dentistry (Fed. Trade Comm'n Sept. 15, 2004) (No. 9311), http://www. ftc. gov/os/2003/09/socodentistcomp. pdf, last visit on Jun. 20, 2019.

我国反垄断法禁止的政府限制竞争主要集中于滥用行政权力排除、限制竞争的行为：限定或者变相限定单位或者个人经营、购买、使用其指定的经营者提供的商品；妨碍商品在地区之间的自由流通；排斥或者限制外地经营者参加本地的招标投标活动；采取与本地经营者不平等待遇等方式，排斥或者限制外地经营者在本地投资或者设立分支机构；强制经营者从事本法规定的垄断行为；制定含有排除、限制竞争内容的规定。① 这就使得没有滥用行政职权，但是造成不必要、不合理限制竞争的行政行为，及立法机关制定法律的行为失去了反垄断法的约束。而实际上，我国地方立法机关制定保护本地区或本地区企业的限制竞争的法规的现象非常严重。

三、执法追究的责任

一般而言，政府反竞争行为的反垄断法责任与私人反竞争行为的反垄断法责任类似，都是以行政责任为主并辅之以刑事责任和民事责任。一般意义上的行政责任，包括通报批评、赔礼道歉、恢复名誉、撤销违法行为、纠正不当的违法行为、重作行为、宣布无效、行政赔偿等。② 一般认为，反垄断法上的政府反竞争行为的行政责任当以撤销违法行为、宣布无效、行政赔偿和行政处分为主。③

目前《俄罗斯保护竞争法》对政府反竞争行为规定的法律责任最为全面。该法对于国家机关及其责任人员违反反垄断法规定的责任包括：根据反垄断当局的处理意见，按规定的条件和期限实施停止违法行为、恢复原状、终止或改变契约、废除与法规相抵触的法令、将在违法活动中获得的利润转交给联邦国库；以及完成联邦反垄断机构的决定和指令规定的其他行为。对于国家机关的行为（包括国家机关法令）导致的损失，联邦、相应的联邦主体或者政府组织需要进行赔偿。此外，反垄断机构有权决定对联邦执行机构、联邦主体执行机构和地方自治机构的责任人员处以罚金。而所有相关违法主体还需承担其他相应的民事、刑事和行政责任。④

美国对政府反竞争行为并不追究其民事赔偿责任。在 Community Communications Co. v. City of Boulder 案中，法院认定 Boulder 市政府尽

---

① 参见《反垄断法》32—37 条。

② 参见胡建淼：《行政违法问题探究》，法律出版社 2000 年版，第 557 页。

③ 郑鹏程：《行政垄断的法律控制研究》，北京大学出版社 2002 年版，第 218 页。

④ 转引自张江莉：《反垄断制度与政府管制》，北京师范大学出版社 2011 年版，第 222 页。

管依据州宪法有权制定适用于其行政区域的规章，但是因为它本身不是州行为原则上的主权者，它发布的停止扩大有线电视网络的“紧急条例”，具有严重的限制竞争影响，被视为限制竞争的共谋行为。这个判决一做出，对市政府及其所属机构的法律诉讼包括损害赔偿诉讼接踵而至。在这种情况下，美国国会于 1984 年通过了《地方政府反托拉斯豁免法》。[①] 这个法律不是保证市、县、村镇等各级地方政府及受其委托机构可以不受反托拉斯法的制约，而是不允许原告在向地方政府或者执行公务的官员提起的反托拉斯诉讼中索取损害赔偿、损失的利息、费用以及律师费。根据这个法律，美国反托拉斯法对地方政府限制竞争的执行措施只是由法院发布禁令。地方政府虽可成为反托拉斯诉讼中的被告，但在败诉的情况下，不必向原告支付损害赔偿。[②]

我国《反垄断法》只规定了“责令改正”“行政处分”两种行政责任形式，[③]缺乏撤销、废除与《反垄断法》相抵触的决定、命令的责任方式。我国的地区封锁、强制交易等垄断行为主要是通过发布行政规章、会议纪要等方式实现，即使是具体政府限制竞争行为，也多以政府法规等为依据。对于政府限制竞争行为禁止最主要的是不让限制竞争的规则发生效力，而我国反垄断法并没有规定相关责任形式。虽然我国《反垄断法》也没有规定行政赔偿责任，但是《国家赔偿法》第 2 条规定，国家机关和国家机关工作人员违法行使职权侵犯公民、法人和其他组织的合法权益造成损害的，受害人有依照本法取得国家赔偿的权利。这实际上为追究政府机构限制竞争的行政赔偿责任提供了依据。

第二节　对政府机构竞争执法的程序问题

对政府反竞争行为的执法程序包括：行政执法、宪法审查、司法审查和行政系统的内部控制。这几种手段各有其优点和不足。反垄断执法机构直接拥有对立法及法律实施导致的限制竞争行为的调查、处分权，从而

---

① Local Government Antitrust Immunities Act of 1984, Pub. L. No. 98544, codified at 15 U. S. C. A. § § 34 - 36.

② 参见王晓晔：《行政垄断问题的再思考》，《中国社会科学院研究生院学报》2009 年第 4 期，第 52 页。

③ 参见我国《反垄断法》第 51 条。

由其进行行政执法是最为高效的方式，但是这种方式显然对于反垄断法的平行或上位法无法适用。违宪审查侧重处理立法对竞争的限制竞争问题，需要有健全的违宪审查制度为基础。司法审查侧重处理法律实施中政府限制竞争问题，需要反垄断机构的起诉权和诉讼参与权的存在。行政控制是通过内部约束来处理滥用行政权限制竞争问题，有效性最弱。

一般而言，要全面、有效规制政府立法和实施法律限制竞争行为，需要多种程序手段的配合。鉴于反垄断机构在竞争问题上的专业性、权威性，比较合理的选择是以反垄断机关行政执法为主，同时依靠违宪审查、司法审查和行政控制，多种程序方式共存，根据具体问题灵活选取处理路径。以下将分别分析各个程序手段的适用情况。

一、行政执法

行政执法，是指由反垄断执法机构直接根据反垄断法制裁政府反竞争行为。目前，有的国家的反垄断执法机构自身拥有确认政府行为违反反垄断法和进行制裁的权力，除非这些政府行为存在明确的国家法律授权。[①]例如，俄罗斯联邦反垄断机构享有广泛的实质性权力。在对政府反竞争行为的查处过程中，联邦反垄断当局拥有下达指令权、[②]提供建议权、[③]行政处罚权[④]和获取信息权[⑤]等各项权力，且在执法过程中，“联邦反垄断当局的处理意见具有强制性”。

如果有证据证明违反《保护竞争法》，俄罗斯反垄断机关可直接做出决定并发布执行令。该法第23条规定，反垄断机构有权确认联邦行政机关、

---

① See James C. Cooper, William E. Kovacic, *U. S. Convergence with International Competition Norms: Antitrust Law and Public Restraints on Competition*, Boston University Law Review, Vol. 90, No. 4(2010), p. 1584.

② 在需要废除或修改已通过的违法的指令、制止违法行为、撤销或更改已经签订但与反垄断法规相抵触的契约时，反垄断当局可以对联邦行政权力机构、俄联邦各部门的行政权力机构和各市政当局下达有约束力的指令。

③ 反垄断当局可以向联邦行政权力机构、俄联邦各部门的行政权力机构和各市政当局提供下列建议：采用或取消专利权，修改顾客收费表，采用或取消配额，分配税收减免、优惠贷款和其他形式的政府支持。

④ 反垄断当局可以对联邦行政权力机构、俄联邦各部门的行政权力机构和各市政当局的官员违反反垄断法规的行为，实施行政处罚。

⑤ 联邦行政权力机构、俄联邦各部门的行政权力机构和各市政当局（它们的官员）有义务根据联邦反垄断当局或其地方代表机构的要求，提供可能对联邦反垄断当局或其地方代表机构开展其合法活动所必需的真实文件、书面或口头证明以及其他信息。

联邦各部门行政机关、地方市政当局机关、其他执行政府职能的机构或组织、政府预算外基金、俄罗斯联邦中央银行制定的违背了反垄断立法的规范性法律文件或非规范性法律文件不发生效力、或全部或部分无效。[①]

俄罗斯反垄断机构还有权对已经生效的抽象行政行为向仲裁法院提起确认无效之诉。根据2008年6月30日俄罗斯联邦最高仲裁法院《关于仲裁法院适用反垄断法的有关问题的解释》(No 30):如果反垄断机关证明:法令、行为(不作为)可能或能够导致阻止、限制、消除竞争的,相关行政机关没有指出具体的联邦法律允许该机关做出有争议的法令、实施行为(不作为)的,反垄断机构的主张即告成立。[②]

我国反垄断执法对滥用行政权力排除、限制竞争行为没有处罚权,只能向行政机关和法律、法规授权的具有管理公共事务职能的组织的上级机关提出依法处理的建议。行政处罚权的缺失极大影响了我国反垄断法对政府反竞争行为的规制权威和效果。

二、违宪审查

此处的违宪审查是指,为保障宪法的实施,由特定的国家机关对法律、命令或政府行为的合宪(合法)性进行审查,将违宪(违法)的国家行为宣布为无效,以排除其适用的制度。[③] 法治发达的国家设立专门机构裁决法律、法规的违宪和相互抵触问题。这样就能够为裁决管制法规范与反垄断法的冲突提供制度支撑。

从违宪审查角度避免国家的立法不当限制竞争,大体可遵循这样的思路。由于各国普遍确立了反垄断法在整个国家法律体系中很高的地位,对于极少数比反垄断法位阶更高或与其处于同一位阶的法律,可以从宪法的角度审查这些法律。这主要是基于宪法对公民的基本权利的保护以及对反垄断法经济基本法地位的确认,审查体现政府干预市场经济的法律对公民基本权利的限制是否必要、是否超出合理的限度。对于比反垄断法位阶更低的法律、行政法规等,可以审查其是否超越权限、是否违反上位法(尤

---

① 刘继峰:《俄罗斯反垄断法规制行政垄断之借鉴》,《环球法律评论》2010年第2期,第127页。

② 同上。

③ 参见牟宪魁:《违宪审查制度的构造与功能》,《东岳论丛》2010年第8期,第156页。

其是反垄断法)、是否违反法定程序。[①]

美国的宪法通过“贸易条款”禁止州采取和实施不当限制各州之间贸易的措施。[②] 最高法院依据“贸易条款”审查州法律的合宪性,以此规制州和地方政府反竞争行为。根据“贸易条款”,各州不能对州外企业施加歧视性负担。[③] 美国联邦管制法与州的管制法都要接受宪法的审查,除非符合“明确表达”和“积极监督”两项要求,否则都不会对管制之下的政府机构和私人行为进行豁免。在历史上,美国联邦最高法院因为《全国产业复兴法》承认产业者的价格和生产控制推动了卡特尔而判决其违宪。[④]

欧洲联盟条约和法院的判例严格限制欧盟成员国制定反竞争的法律或管制。[⑤] 欧盟委员会对于各成员国违反共同体条约规定、阻碍竞争的立法可以诉至欧共体法院。2007 年 2 月,德国颁布了一项被欧盟批评为保护德国电信免于竞争的法律。这项法律增加了那些未支付过初始成本的新兴电信运营商进入德国电信市场的难度,与欧盟制定的反垄断条例背道而驰。欧盟指责德国政府纵容国内电信运营商的垄断行为,并要求删除不合理条款,还要将其诉至法院。[⑥]

为了更加有效地贯彻竞争原则,我国台湾地区还在“宪法”的框架下,在反垄断法中明确赋予执法机构审查其他法律竞争影响的权力。《公平交

---

① 更为详细的分析,参见秦前红,黄明涛:《行政法规的违宪审查研究》,《中南民族大学学报(人文社会科学版)》2010 年第 1 期,第 124—126 页。对于我国违宪审查和立法冲突的有权机构及其审查的方式等内容的详细分析,参见范忠信:《中国违宪审查与立法冲突解决机制》,《法律科学》2001 年第 6 期,第 42—49 页。

② 美国联邦宪法第一条第八款第三项规定:“国会应有权……管理对外贸易、州际贸易以及与印第安部落的贸易。”这项规定被宪法学界和外国法律史学界称作“贸易”条款。参见孟庆超,牛爱菊:《论美国宪法“贸易”条款对州权的限制》,《国际关系学院学报》2005 年第 2 期,第 38 页。

③ 例如,在 West Lynn Creamery, Inc. v. Healy 案中,法院判决禁止马萨诸塞州法律强制征收牛奶税,并且将因此从外州牛奶供应商那里获得的财政收入补贴给本地牛奶供应商,以确保其以更低价格和外州供应商竞争。参见 West Lynn Creamery, Inc. v. Healy, 512 U. S. 186(1994). 在 National Ass'n of Optometrists & Opticians v. Lockyer 案中,法院判决禁止加州通过法律阻碍对外州的光学仪器公司在加州的眼镜店提供验光服务。参见 National Ass'n of Optometrists & Opticians v. Lockyer, 463 F. Supp. 2d 1116 (E. D. Cal. 2006)

④ 参见郑鹏程:《行政垄断的法律控制研究》,北京大学出版社 2002 年版,第 160—161 页。

⑤ 关于政府援助,参见 Treaty on the Functioning of the European Union 条约第 107—109 条。关于成员国政府反竞争行为的形式,参见 Richard Wainwright , André Bouquet, *State Intervention and Action in EC Competition Law*, in International Antitrust Law & Policy: Fordham Corporate Law Institute, ch23, Huntington, NY: Juris Publishing, 2004.

⑥ 常鸿:《从〈大众法〉看欧盟法》,《学习时报》2007 年 11 月 5 日,第 2 版。

易法》第46条规定，企业关于竞争之行为，另有其它法律规定的，于不抵触本法立法意旨的范围内，优先适用该其他法律的规定。这一规定实际反映的是立法机关的自我期待或自我约束功能，其它立法时应尽量不抵触公平法的立法宗旨；或应依据公平法立法宗旨修正其它与公平法规范有所抵触的现行法律规定。使得在有关竞争行为的规范上，公平法居于经济基本法的地位，公平会可以依公平法的立法宗旨审查其它法律关于竞争行为的规定，确立起公平法在经济领域中所具有的原则法、基础法的优先地位。①

我国的《宪法》和《立法法》为违宪审查提供了依据。② 但是，违宪审查主体模糊不清、宪法缺少可适用性、宪法监督也缺少相应的启动机制；③而且，《反垄断法》没有明确赋予反垄断执法机构审查其他法律、法规等规范性法律文件对竞争影响的权力。这对于反垄断法规制可能限制竞争的政府立法是不利的。

三、司法审查

此处的司法审查是指，国家司法机关对行政机关行使行政权力的活动进行审查，对违法活动予以纠正，并对公民、法人或其他组织权益因此遭受到的损害给予相应救济的法律制度。④

司法审查对遏制政府在实施法律过程中的反竞争行为具有很重要的作用。首先，司法机关作为中立的第三方来处理行政相对人和行政机关的争议，更具权威性，更能保障当事人的权益。其次，司法控制在违法行为的发现成本上具有优势。司法审查能够发挥利益受损者的主动性，由利益受损者来提起诉讼，违法行为发现成本最小。再次，司法控制具有公开性。任何案件进入司法领域，较之行政内部处理更容易进入公众视野，更具公开性。案件事实及案件处理的公开性会通过社会舆论等方式形成外在压力督促问题的解决。⑤

---

① 参见廖义男等：《公平交易法解释之注释研究系列之三》，2006年，第602页。

② 参见《宪法》第62、67、69条等；《立法法》第86、88、89条等。具体分析可参见关保英，黄辉，曹杰：《行政垄断之行政法规制》，中国政法大学出版社2008年版，第174—183页；范忠信：《中国违宪审查与立法冲突解决机制》，《法律科学》2001年第6期，第42—49页。

③ 具体分析可参见郑鹏程：《行政垄断的法律控制研究》，北京大学出版社2002年版，第235—236页。

④ 参见罗豪才：《行政法学》，中国政法大学出版社1996年版，第356页。

⑤ 参见叶卫平：《司法审查与行政性垄断规制》，《法学》2009年第1期，第117—118页。

各国法律普遍为法院对管制机构权力行使程序及结果的司法审查设立了通道。例如，所有美国联邦通讯委员会(FCC)、联邦能源委员会(FERC)的最终行为都要受到联邦法院的审查，联邦法院有权改变它们违反行政程序法所做出的决定。管制机构行使准司法权所做出的裁决，当事人如果不服，在法定期限内可以向法院提起诉讼，以纠正其与竞争法相冲突的裁决。

但是，通过司法途径实现反垄断的职能，尤其是针对政府限制，是存在局限的。[①] 法院对行政机构行为的司法审查依据是行政法、管制法，可能并不完全与依据反垄断法的判断一致。而且，法院也很有可能缺乏足够的竞争法的专业知识。因此，赋予反垄断机构提起诉讼的权力，追究从事反竞争行为的政府主体的反垄断责任就显得尤为重要。欧盟委员会可以将成员国政府违反欧洲联盟条约中有关竞争规定的行为诉至法院。[②] 而且，欧盟委员会有权参与涉及竞争问题的司法审查程序。[③] 如果成员国政府不履行其有关欧盟法义务，委员会有权将其诉至共同体法院。在这样的案件中，委员会是作为程序的一方当事人。此外，根据 1/2003 条例的第 15 条，委员会及成员国竞争机构有权参与成员国法院审理的竞争案件，以确保竞争法的一致解释和适用，为法院审理案件提供支持。[④] 匈牙利竞争机构发现任何政府机构的行政决定损害了竞争，都可以要求其予以纠正。如果该政府机构拒绝履行竞争机构的指令，就会被竞争机构提起诉讼。但是，美国的反垄断机构没有将联邦行政机构及立法机构的反竞争行为诉至法院的权力。[⑤]

四、行政控制

此处的行政控制是指，通过行政系统内部专门机关或上级机关，对行

---

① See D. Daniel Sokol, *Limiting Anti-Competitive Government Interventions that Benefit Special Interests*, George Mason Law Review, Vol. 17, No. 1(2009), p. 146.

② See John Temple Lang, *European Competition Policy and Regulation: Differences, Overlaps and Constraints*, lecture at Ecole des Mines, Paris, 2006, p. 16.

③ See Michal S. Gal, Inbal Faibish, *Six Principles for Limiting Government-Facilitated Restraints on Competition*, Common Market Law Review, Vol. 44, No. 1(2007), p. 31.

④ 参见《匈牙利竞争法》(1996)，第 85 条。

⑤ See James C. Cooper, William E. Kovacic, *U. S. Convergence with International Competition Norms: Antitrust Law and Public Restraints on Competition*, Boston University Law Review, Vol. 90, No. 4(2010), p. 1609.

政机关及其工作人员是否遵守反垄断法进行监督、检查、处理或提出建议的制度。行政内部控制借助行政力量统一意见，能减少制度的摩擦成本；也可以保证违法行为的处理结果和事件本身的影响范围更可以控制。[①]但是，行政内部控制缺乏公信力，也缺乏反垄断的专门性，而且多偏重于事后。[②]

我国反垄断法主要采取了这一方式。《反垄断法》第 51 条规定："行政机关和公共组织滥用行政权力，实施排除、限制竞争行为的，由上级机关责令改正；对直接负责的主管人员和其他直接责任人员，依法给予处分。"因为"上级机关"不是确定的机关，其工作人员一般也没有很强的反垄断意识，不可能把执行反垄断法视为自己的使命，更何况政府机关上下级之间的关系往往是朋友或者熟人之间的关系，要上级机关处理其下级机关与第三方的争议，很难做到中立和公正。"这就使反垄断法面对行政垄断有点像一只没有牙齿的老虎"。[③]

第三节　对管制之下的企业反竞争行为执法的实体问题

一般而言，管制立法都会或明或暗地排除竞争法的适用，管制之下的企业行为即使违反了竞争法的禁止性规定，也无需承担反垄断责任。正是基于此，企业常常主动谋求有利于自身的管制，寻求公权力的庇护。从法理上讲，一个人只对自己的行为负责，如果其行为受到公权力的影响，在面对法律制裁时就会千方百计以此作为免责的理由。现代反垄断法对相关企业反竞争行为的强有力执法，实质是间接否定其背后政府行为的效力，甚至同时追究有关政府机构的反垄断责任。

诚如前文所言，市场经济条件下，竞争优先但不是竞争独大。这样的竞争执法根本上是竞争政策与其他政策冲突的处理，虽然竞争政策具有基础性地位，但一定条件下与竞争政策冲突的其他制度安排也有其合理性。出于尊重管制权威的考虑，这种竞争执法权只有在一定的条件下才能切实

---

① 参见叶卫平：《司法审查与行政性垄断规制》，《法学》2009 年第 1 期，第 117 页。

② 参见关保英，黄辉，曹杰：《行政垄断之行政法规制》，中国政法大学出版社 2008 年版，第 190—191 页。

③ 王晓晔：《行政垄断问题的再思考》，《中国社会科学院研究生院学报》2009 年第 4 期，第 57 页。

被实施；而且在实际执法中必须考虑被管制领域的特殊性；在有关责任的承担上也不同于企业单独实施限制竞争的情形。本节的研究围绕上述问题依次展开。

一、反垄断执法的正当性

对政府限制竞争行为的规制包括直接规制和间接规制，直接规制直接针对国家援助和政府管制行为，间接规制看似规制企业行为，实质是规制企业背后的政府隐性支持行为，即，政府管制。如果把管制理解为(包括狭义的行业管制在内的)所有政府直接干预行为，大多数企业实施限制竞争行为的背后或多或少都存在政府行为的因素，当然，在转型经济背景下这一点体现得更为明显。

很多情况下，政府制定、实施法律对竞争的限制是企业主动的策略选择的结果，或者是企业与政府合谋的产物。企业希望通过公权的庇护，谋取(维持)垄断地位或滥用市场力量。这样，受到公权照顾的企业经常可以肆无忌惮地从事反垄断法禁止的限制竞争行为，严重破坏市场竞争秩序，而市场自身的力量对此几乎可以说束手无策。因此，反垄断法对政府限制竞争行为的反垄断执法不仅针对政府机构，还包括对政府管制之下(或者说经政府许可的)限制竞争行为的企业执法。

还有一些情况下，政府的决策失误也可能导致其为企业反竞争行为提供便利、支持，甚至直接强制企业从事反垄断法所禁止的行为。而企业在面临反垄断指控时，经常以此作为抗辩理由，这在反垄断法理论上被称为管制行为抗辩，或政府行为抗辩。在此情形下，追究相关企业的反垄断责任，实际上也是对其背后政府反竞争行为的否定。过去宽泛地认可政府管制抗辩，会让那些具有抑制竞争效果，且不是实现管制目标所必要的管制规则得以保留，从而增加社会的福利成本。[①]

再从另外一个角度思考，行政性垄断兼具行政性和经济性，这里的“经济性”指的是行政性垄断只有通过市场中介才能最终排除限制竞争，而经营者就是当中的市场中介。那些源于行政权力的垄断行为，通过直接或者间接的方式作用于市场、造成反竞争后果，而其作用的支点就是参与垄断

---

① 参见万江：《政府管制抗辩》，载韩伟主编：《OECD竞争政策圆桌论坛报告选择》，法律出版社2015年版，第273页。

的经营者。[①] 传统行政法仅关注行政行为，很少关注此外的经济性后果。不仅立法如此，学界主流观点也如是，代表性的观点诸如"行政性垄断与经济性垄断的区别非常明显，而根本区别在于前者是行政权力不当干预市场竞争所造成的，后者则是市场竞争发展的自然后果"，[②]过度割裂了行政性垄断和经济性垄断的联系。也正因此，立法者更容易将行政性垄断立法的目的设定在规范行政机关的行为上，而忽视了对经营者行为的规制，[③]从而无法全面预防和制止行政性垄断行为。

在这一意义上说，学者提出对参与行政性垄断行为的经营者反垄断制裁可以很大程度遏制垄断行为。这里所谓参与行政性垄断行为的经营者，不是行政相对人，亦非受到行政性垄断侵害的经营者，也不是行政性垄断的决策主体，而是客观参与行政性垄断行为的做出或实施的经营者。[④] 我国台湾地区，由于反垄断法没有设置直接针对政府行为的制度，竞争机构主要是通过规范政府行为的后果（即直接规制受到管制的行为）来控制政府行为。例如，确认政府法令所导致的垄断行为违法，并对垄断企业进行相应的处理。[⑤]

在美国放松管制运动中，一方面法院认为政府的垄断性管制已经不合时宜，另一方面又尽量保持对政府管制的尊重和信任，[⑥]避免直接评述管制机关行为本身的合法性，因此，强调管制下的产业普遍适用反垄断法。例如，司法部反托拉斯局前局长 Douglas Melamed 就强调，"反垄断法如同在其他行业一样一般性地适用于自然垄断行业"。[⑦]

越来越多的国家倾向于将受管制领域的企业行为纳入反垄断法的规制范围。这并不意味着管制领域的企业的所有限制竞争行为都将无法得到反垄断法的豁免，而是在反垄断执法机构对其限制竞争行为拥有管辖权的情况下，通过与管制机构在执法中的沟通协调机制，最大限度地减少不当限制竞争排除反垄断法适用的情况。对于没有任何竞争改善空间的管

---

① 参见张晨颖：《行政性垄断中经营者责任缺位的反思》，《中外法学》2018 年第 6 期，第 1638 页。

② 邓志松：《论行政垄断成因、特点及法律规制》（第二版），法律出版社 2017 年版，第 16 页。

③ 张晨颖：《行政性垄断中经营者责任缺位的反思》，《中外法学》2018 年第 6 期，第 1639 页。

④ 同上。

⑤ 参见赖源河：《公平交易法新论》，中国政法大学出版杜 2002 年版，第 112—113 页。

⑥ 张江莉：《论反垄断法对政府行为的豁免》，《北大法律评论》2008 年第 2 期，第 408 页。

⑦ Douglas Melamed, *Network Industries and Antitrust*, Harvard Journal of Law and Public Policy, Vol. 23, No. 1(1999), p. 14.

制及由此导致的企业限制竞争仍将豁免承担反垄断责任。毕竟管制在特定条件下的存在是必要的。

二、反垄断执法的条件

企业在面对反垄断指控时，常常以存在管制法律的依据或履行了管制法的义务为由，主张反垄断责任豁免，这在反垄断法理论上被称为"管制行为抗辩"(Regulated Conduct Defence)。管制法确实经常做出与反垄断法冲突的制度安排，[①]甚至直接豁免企业的反竞争行为。例如，管制机构可能批准市场内为数不多的几家企业间的合并、限制企业定价的上限、设定过高的阻碍潜在竞争者进入市场的审批标准，从而为部分企业的反竞争行为提供便利；还可能直接要求企业在一定的价格水平上定价，限制企业间的价格竞争。

在管制自身合理性经常存在疑问的前提下，[②]如果完全认可企业管制行为抗辩的效力，很可能会导致部分企业的反竞争行为逃脱了反垄断制裁；如果完全否定企业管制抗辩的效力，又可能削弱政府弥补市场失灵所进行的管制的效力、危及管制法的确定性。因此，从哪些角度或依据哪些基本因素来确定管制行为抗辩是否具有反垄断合规效力，对于尊重管制效力和维护管制领域的有效竞争秩序都至关重要。

(一) 管制本身是否存在缺陷

在竞争的优势得到普遍认知、竞争机制作为资源配置的核心已经成为

---

① 管制法是体现政府为纠正市场失灵直接干预经济运行的各种法律规范的总称。反垄断法是通过禁止排除、限制竞争行为来维护有效竞争秩序，最大限度地发挥市场在资源配置中的决定性作用的法律规范的总称。尽管都是为了社会整体福利增进，但前者以干预和弥补市场机制的不足为基础，后者是为发挥市场机制的作用为核心。本书以这样的区分为基础，研究反垄断法在管制领域的适用。

② 一般而言，为纠正外部性、信息不对称、公共物品短缺等市场失灵，禁止令人生厌的交易，寻求福利分配的公平，进行管制是必需的。(See Sidney A. Shapiro, Joseph P. Tomain, *Regulatory Law and Policy: Cases and Materials*, Lexis Nexis Law, 2003, p. 21.)问题是，由于政府被"俘获"或自身知识局限等原因，限制常常超过必要的限度。对电信、电力、国际贸易、公共采购等领域的管制经常被证明是极大地限制了企业竞争。See James C. Cooper, William E. Kovacic, *U. S. Convergence with International Competition Norms: Antitrust Law and Public Restraints on Competition*, Boston University Law Review, Vol. 90, No. 4(2010), pp. 1558－1559.

广泛共识的前提下，政府管制必须满足严格的条件。首先，管制必须限于弥补市场失灵的需要，而且，将对竞争的损害降到最低；其次，管制必须具有合法的形式。如果管制不能满足上述合理、合法的条件，企业依据管制法实施的反竞争行为就不能豁免反垄断责任。

1. 管制是否能实现反竞争效果最小化

在现代市场经济条件下，竞争一般是实现资源配置的最佳方式，管制只在弥补市场失灵的前提下才具有合理性，而且，管制常常不可避免地限制企业竞争。因此，要发挥市场在资源配置中的决定性作用，必须确保政府管制的反竞争效果最小化。这实际上是对管制自身合理性的要求。

管制的反竞争效果最小化，一方面是指，即使基于弥补市场失灵的需要，管制对竞争的限制不得不为，也必须采取对竞争损害最小的制度方案。例如，管制设置了准入障碍、阻碍了潜在竞争者参与市场竞争，就必须严格约束在位企业的行为，避免其滥用市场支配地位或达成垄断协议。否则，如果管制仅仅是赋予企业垄断经营权，这样的管制就不具有合规抗辩的效力，在位企业的反竞争行为就必须受到反垄断法的规制。又如，政府限定了企业价格上限，但企业在上限之下仍享有一定的自主定价权，其定价行为如果违反反垄断法的禁止性规定，也必须受到反垄断制裁。再如，如果管制机构批准市场内本就为数不多的在位企业之间的合并，就必须存在对企业滥用市场支配地位、达成垄断协议行为的规制设计。

管制的反竞争效果最小化，另一方面是指，在不危及管制目标实现的前提下，管制机构必须以最有利于竞争（或对竞争损害最小）的方式解释、实施管制规则。如果管制规则存在着有利于竞争的解释空间（方案），就必须按照这样的解释实施。例如，即使管制法律允许企业达成固定价格协议，但没有规定具体价格水平，管制机构仍应按照类似于竞争存在的标准或最有利于消费者的标准，评价、监督企业制定的价格协议的合理性。①

总之，管制的反竞争效果最小化要求管制规则的制定、解释和实施都必须充分考虑竞争因素，最大限度地降低对竞争的损害。只要管制没有将对竞争的损害降到最低，或者说，管制制度制定、实施不合理、不充分，管制下的企业存在竞争空间而未竞争，反垄断法对管制之下的企业反竞争行为就存在适用的空间。

---

① FTC, In the Matter of Kentucky Household Goods Carriers Association, Inc. Docket No. 9309, http://www. ftc. gov/os/adjpro/d9309/050622opinionofthecommission. pdf, last visit on Jun. 20, 2019.

2. 管制是否具备合法性

管制的合法性强调的是，按照宪法的要求，采取适当的法律形式体现实现反竞争效果最小化的管制内容。它包括两层含义：

首先，只有狭义上的法律才能限制竞争。因为，基本权利的核心是自由，而管制往往限制了市场主体的竞争自由。这就意味着，管制一般会限制基本权利。例如，授予排他性经营的垄断权就涉及到对公民执业自由的限制。按照法律保留原则的要求，对基本权利限制属于专属立法的事项，必须由立法机关通过法律做出。而且，授予某一(类)企业垄断权是重大的经济决策，是对基本经济制度("社会主义市场经济")的改变，根据《立法法》的规定，应由立法机关立法设立。行政机关设立的垄断权，是对潜在竞争者的经济自由权和消费者选择权的限制，违反了法律保留原则。[①]

其次，行政机构必须在法律授权的范围内制定行政规定，在法律授权的范围内细化限制企业竞争行为或增大企业反竞争行为风险的规定。如果行政机构滥用行政权力或超出法律授权的范围，制定排除、限制企业竞争的规定，这样的规定本身就会因违宪、违反垄断法而无效。这实际上是法律位阶制度的要求。按照法律位阶制度，从高级规范到低级规范的法律效力是层层赋予的。狭义上的管制法可以基于弥补市场失灵的需要限制竞争，但作为其下位法的管制规则对竞争的负面影响必须严格限制在上位法确定的边界之内，否则就是无效的。

总之，受到管制的企业反竞争行为能否豁免反垄断责任，这很大程度取决于管制自身是否具有合理性、合法性。如果不满足这两个条件，而自身存在缺陷，就存在对管制领域企业反竞争行为执法的空间。

(二) 反垄断执法是否违背法律的确定性要求

对管制领域企业反竞争行为的执法除了考虑管制自身是否存在缺陷外，还必须考虑执法是否满足法律的确定性要求。法律确定性主要是人们对其行为和后果之间的可预见性。[②] 管制往往以法律的形式存在，追究管制之下企业反竞争行为的反垄断责任，不能损害企业基于管制法对自己行

---

① 吴伟达：《滥用立法权限制竞争的法律规制》，《浙江学刊》2015年第1期，第160页。

② 法律的确定性意味着法律规定了一定行为与一定后果之间稳定的因果关系，法律因此具有可预见性。人们在行为之前即可预见法律对自己的态度，从而根据法律趋利避害地设计自己的行为。法律若失去确定性，人们将因不能预料自己行为的法律后果而无所适从。参见徐国栋：《民法基本原则解释——成文法局限性之克服》，中国政法大学出版社2001年版，第237页。

为效果的预期。在实践中，主要考虑以下三个方面：

1. 企业的反竞争行为是否属于明确豁免范围

一般而言，对于管制法明确豁免的企业反竞争行为，反垄断法再追究其责任很容易危及管制法的确定性。因此，管制行为抗辩在明确豁免的情况下更容易成立。

美国明确豁免反垄断责任的立法超过了30项，这些立法集中在农业、渔业、海洋和铁路运输领域，银行、保险和金融服务领域，体育联盟、出口卡特尔、劳动、卫生和教育领域，以及专业服务领域。[①] 例如，1984年的《航运法》(Shipping Act)明确禁止对航洋运输领域内的行为提起私人反垄断诉讼。[②] 同样，管制铁路和货车运输的联邦法律允许企业制定共同费率，而无需承担反垄断责任。[③] 但是，反垄断现代化委员会再三呼吁减少这种法定的豁免，“只有基于满足某些特定社会目标所必需的情况下，才能明确给予相关反竞争行为反垄断责任豁免。”[④]

欧盟的竞争规则适用于所有企业，即使是公共机构，只要其以盈利为目的而提供产品或服务也被认定为企业。欧盟的竞争规则几乎适用于所有经济领域，仅豁免下列几种情形：第一，农业、铁路、公路和内陆水运领域的某些协议豁免适用《欧盟运作条约》(TFEU)第101条。第二，欧盟委员会(EC)在机动车、保险以及(海上、航空)运输领域采用了少量的批量豁免(block exemptions)。在这些领域竞争规则都是适用的，但相关协议如果满足EC设定的条件就将根据TFEU第101(3)自动豁免。此外，还存在针对不同领域水平协议(如研发、专业化)、纵向协议和技术转让协议的豁免。[⑤] 第三，根据TFEU第106条第2款规定，竞争规则并不适用于为提供普遍经济服务(SGEIs)所必须的经济行为。但这一豁免的解释和适

---

① See Antitrust Modernization Commission, *Report and Recommendations*, 2007, pp. 347 - 356. http://govinfo. library. unt. edu/amc/report_recommendation/amc final_report. pdf, last visit on Jun. 20, 2019.

② 46 U. S. C. A. § 1706. See United States v. Gosselin World Wide Moving, N. V., 333 F. Supp. 2d 497 (E. D. Va. 2004)

③ Motor Carrier Act of 1980, 49 U. S. C. A. — 10706(b)(“一家铁路运输企业参加一项由两家或两家以上铁路运输企业达成的……关于费率……的协议，则该企业应当向委员会提出申请，请求批准这个协议。……如果委员会批准了这项协议，则对于该协议的制定或者实施问题，……《谢尔曼法》、《克莱顿法》和《联邦贸易委员会法》……均不适用。”)；Staggers Rail Act of 1980, 49 U. S. C. A. § 10706(a).

④ OECD, *Regulated Conduct Defence*, 2011, p. 28。

⑤ http://ec. europa. eu/competition/antitrust/legislation/legislation. html, last visit on Jun. 20, 2019.

用是非常严格的。[①]

在不存在明确豁免的情况下，反垄断机构对管制领域企业反竞争行为的执法很少面临违反法律确定性要求的问题。在管制没有明确豁免规定的情况下，只是因为管制做出了与反垄断法冲突的制度安排（默示豁免），就主张反垄断责任豁免，是很难被认可的。除非这种对企业行为的管制满足了严格的要求。在美国这样的要求包括四个方面：第一，管制机构确实对相关行为进行了监管；第二，管制机构确实对相关行为进行了足够审慎的监管，包括对该行为在充分审查后进行了批准；第三，反垄断法和管制的适用存在明显的冲突；第四，相关行为属于受到管制的范围。[②] 基于严格限制默示豁免的目的，反托拉斯法院在适当的情形下，对于联邦机构对法律的解释和对事实的认定都可以予以推翻。[③]

实践中，真正基于"默示豁免"原则免于承担反垄断责任的情形极其有限。在美国，仅限于受到证券监管机构监管的企业行为，而且必须满足上述条件。[④] 此外，根据"申报价格原则"（filed rate doctrine），[⑤]如果供应商已经按时地向管制机构进行了申报而管制机构也没有禁止，那么就不再允许购买方以供应商之间的价格固定为由提起反垄断诉讼。法院也不会认定相关行为违反反垄断法而适用 3 倍于损失额的罚款。

2. 企业的反竞争行为是否是自主做出

对管制领域企业反竞争行为的执法，要以管制法律规则是否赋予企业自由决策空间为基础。一般而言，管制体制对市场运行的干预越少，反垄断法适用的空间就越大。[⑥] 那么，要对特定行为免于反托拉斯审查，这种行为受到的管制需要达到何种程度？

---

① See Chalmers D., Davies G., Monti G., *European Union Law*, 2[ed], Cambridge University Press, 2010, p. 1030.

② National Gerimedical Hospital v. Blue Cross of Kansas City 452 U. S. 378,388(1981); Silver v. NYSE 373 U. S. 341; Gordon v. New York Stock Exchange, 373U. S. 659 (1975); Credit Suisse Securities (USA) v. Billing 551U. S. 264(2007).

③ 例如，在 Coal Exporters Ass'n of U. S. v. United States, 745 F. 2d 76 (D. C. Cir. 1984), cert. denied, 471 U. S. 1072,105 S. Ct. 2151(1985)案中，法院推翻了州际商业委员会（即现在的陆上运输委员会）自己所宣称的有权授予豁免的说法。在 Arizona Pub. Serv. Co. v. United States, 742 F. 2d 644 (D. C. Cir. 1984)案中，法院推翻了州际商业委员会做出的不存在市场支配地位的事实认定。

④ OECD, Regulated Conduct Defence, 2011, p. 28.

⑤ Keogh v. Chicago & Northwestern Railway, 260 U. S. 156(1922).

⑥ ［美］霍温坎普：《联邦反托拉斯政策：竞争法律及其实践》（第 3 版），许光耀，江山，王晨译，法律出版社 2009 年版，第 783 页。

各个法域的要求并不一致。美国在确定管制本身得到了适当授权而且其行使并未超出授权范围后，就可以认定对该企业行为的审查也达到了适当的注意程度，从而可以豁免企业的反垄断责任。① 按照“举轻以明重”的原理，企业的反竞争行为受到了政府的强制而没有任何决策自由，自然更无需承担反垄断责任。也就是说，联邦反托拉斯法一般关注的是私人发起的限制竞争行为，而不是由政府强制的或者由政府有效控制的限制竞争行为。②

欧盟更强调竞争法在构建欧盟统一大市场中的作用，严格禁止不当削弱竞争法效力的管制。如果管制法只是引导(encourage)或授权(authorise)企业自行决定是否进行反竞争行为，最终的行为决策由企业自己做出，这样的行为就不能得到反垄断豁免。在这种情形下，反垄断机构追究企业反竞争行为并不危及管制法的确定性。但这样的管制可以作为减轻反垄断责任的要素。EC 在对反竞争行为的罚款指南中规定“企业的反竞争行为得到了政府的授权或受到了政府机构管制(立法)的引导”，可以作为减轻其罚款的因素。③ 在德国电信(DT)滥用市场支配地位案件中，EC 就据此减轻了对德国电信 10%的罚款。除了欧盟之外，经济合作与发展组织(OECD)的很多成员国也都存在类似的规定。④ 只有成员国管制法律直接强制(impose)企业从事某种反竞争行为，企业没有任何自主决策的空间，才会得到反垄断豁免。在这种情况下，反垄断机构要制裁企业的反竞争行为可能导致管制法的效力处于不确定状态。⑤ 当然也有例外，在塞尔维亚和土耳其，政府鼓励之下的行为都可以得到反垄断豁免。⑥

中国《反垄断法》第 36 条禁止行政机关和法律、法规授权的具有管理公共事务职能的组织滥用行政权力，强制经营者从事垄断行为。对于相关

---

① 按照霍温坎普教授的观点，美国联邦反托拉斯法和联邦管制政策之间的关系，以及联邦反托拉斯法和州与地方政府管制政策之间关系的主要区别，在于其原则表述的方式不同。这两种关系在实质上通常是非常相似的。See H. Hovenkamp, *The Antitrust Enterprise: Principle and Execution*, Ch. 10(2005).

② [美]霍温坎普：《联邦反托拉斯政策：竞争法律及其实践》(第 3 版)，许光耀，江山，王晨译，法律出版社 2009 年版，第 810 页。

③ Guidelines on the Method of Setting Fines Imposed Pursuant to Article 23(2)(A) of Regulation No 1/2003,(2006/C 210/02).

④ OECD, *Regulated Conduct Defence*, 2011, p. 11, 36 - 37.

⑤ Case C - 359/95P Commission and France v. Ladbroke, ECR [1995] I - 6265, para. 33; C - 52/09 Konkurrensverket v. TeliaSonera ECR [2011]I - 0000, para. 49 - 50

⑥ See Eleanor M. Fox, Deborah Healey, *When the State Harms Competition: The Role for Competition Law*, Antitrust Law Journal, Vol. 79, No. 3(2014), p. 804.

企业反竞争行为的执法，也要考虑其受到政府行为影响的程度。这里“强制”被限定在排除了经营者“可供取舍的可能性”的情形①。

尽管各法域豁免要求不同，但有一点是肯定的，仅仅以管制体制的“普遍性”作为理由，不足以对那些自主实施的行为赋予反托拉斯豁免。② 因受到管制而完全没有决策自主权的企业所从事的反竞争行为，最有可能获得反垄断豁免。

3. 执法是否违反法律位阶制度

一般而言，按照法律位阶制度的要求，与反垄断法冲突的下位法不能排除反垄断法的适用，企业据此实施的反竞争行为也很难主张反垄断责任豁免，但是，在美国和欧盟，当管制是一种主权行为的体现时，则存在例外。

根据美国宪法最高效力条款(supremacy clause)，联邦反垄断法的效力优于州管制法，③基于州管制法的抗辩很难成立。但是，只要能够审慎地设计管制制度并且在管制过程中尽到充分的注意义务，州及其下级机构确实享有在管制领域内“排除(repeal)”反托拉斯法的广泛权利。④ 州政府享有很大的自治权，可以基于管理经济的需要，用自己的名义以私人不被允许的反竞争方式从事管制行为，这就是“州行为原则”。⑤ 为了防止企业利用该原则规避反垄断责任，联邦最高法院在司法实践中逐渐确立了被管制企业行为豁免反垄断责任的两个条件：“明确表述”和“积极管制”。⑥ 所谓“明确表述”，是州法律明确规定企业反竞争行为不受反垄断法约束，而且，只有州的立法机构、州最高法院的法律、判例才能做出类似的规定。州政府的组成机构、下属机构的规定，并不足以排除反垄断法的适用。所谓“积极管制”，是该行为受到了管制机构积极、有效的管制，确保该行为的反竞争效果没有超出州法律的授权。如果满足这两个条件，反垄断机构就不会追究相关企业反竞争行为的责任。也就是说，反垄断豁免只要求相关行

---

① 张晨颖：《行政性垄断中经营者责任缺位的反思》，《中外法学》2018 年第 6 期，第 1652 页。

② MCI Communic. Corp. v. AT & T, 708 F. 2d 1081(7th Cir. 1983), cert. denied, 464 U. S. 891,104 S. Ct. 234(1983). 中国在“维生素 C 案”中就被指控固定价格行为的管制抗辩失败，一定程度上也说明了这一问题。参见彭岳：《论美国跨境反垄断诉讼中的主权抗辩——从“维生素 C 案”谈起》，《法商研究》2014 年第 1 期，第 22—30 页。

③ U. S. Const. Art. VI, § 2.

④ [美]霍温坎普：《联邦反托拉斯政策：竞争法律及其实践》(第 3 版)，许光耀，江山，王晨译，法律出版社 2009 年版，第 782 页。

⑤ Parkerv. Brown, 317 U. S. 341,350 - 51(1943).

⑥ 参见郑鹏程：《美国规制地方保护主义法律制度研究》，《中国法学》2010 年第 2 期，第 100—101 页。

为得到州法律授权，而不要求受到州管制的强制。[①] “州行为原则”导致各州不合理地限制竞争的管制盛行，危及了市场有效竞争秩序。因此，美国最高法院和反垄断机构在适用中，越来越倾向于对“州行为原则”进行更为严格的解释。[②]

在欧盟范围内，TFEU 的效力优于所有成员国的国内法；[③]而且按照《欧洲联盟条约》(TEU)第四条第三款的规定，成员国政府(立法、行政和管制)机构不能制定、实施削弱欧盟竞争规则效果的管制。这样的管制措施包括：不能促进或加强企业垄断协议或垄断行为；不能给予企业进行自我管制的权力(政企不分)；不能要求企业从事与 TFEU 第 101—102 条相冲突的行为；不能使企业不可避免地违反上述条款。例如，管制机构不能批准或授权企业之间签订、实施任何为 TFEU 第 101 条所禁止的固定价格协议或任何为 TFEU 第 102 条所禁止的超高定价。但是，即便成员国政府没有完全履行这一义务，迫使企业从事了竞争法禁止的反竞争行为，而且也并非是提供普遍服务所必须，管制行为抗辩仍然可能成立。这主要就是基于维护法律确定性的考虑。但只限于企业因为受到管制而没有任何决策自主权的情形，而且，相关成员国法律并没有被 EC 或国家有关机构宣布与欧盟法律相冲突。[④]

尽管美国和欧盟规定了下位管制规则排除反垄断法适用的例外，但只限于确保州(成员国)独立管制本州(国)经济事务的情形。相关行为必须受到管制机构的强制或至少受到管制机构积极有效的监管。相比较而言，欧盟规定的条件更为严格。美国通过州行为原则限制反竞争的管制，但“不审查州是否满足某种规范性标准”，而只是在程序上审查州的管制是否对企业行为做出独立、充分的判断和控制。[⑤]

总之，各法域的反垄断机构对管制领域企业反竞争行为的执法条件不一致，但是，审查是否存在明示豁免、企业行为是否存在自由决策空间、是否满足法律位阶制度，都是要最大限度确保作为法治一般原则的法律确定性的要求。对管制领域企业反竞争行为的执法，不能造成所有与竞争法冲突的管制法律处于一种效力不确定的状态，影响到企业依据管制法对自己

---

① Southern Motor Carriers Rate Conference Inc. v. United States, 471 U. S. 48(1985).

② 美国限制“州行为原则”的适用，实质就要最大限度地禁止地方保护主义性质的管制，详细分析参见郑鹏程：《美国规制地方保护主义法律制度研究》，《中国法学》2010 年第 2 期，第 101 页。

③ Case 6/64 Flaminio Costa Contre E. N. E. L. , [1964]ECR 1141.

④ OECD, *Regulated Conduct Defence*, 2011, pp. 10－11,34－35.

⑤ FTC v. Ticor Tile Ins. Co. ,504 U. S. 621,635(1992).

行为后果的判断。

（三）基本考量维度在不同类型案件执法过程中的适用

只有管制自身存在缺陷，才会有反垄断法对企业管制之下的反竞争行为适用的前提，进而才需要考虑执法是否违背法律确定性要求的问题。反垄断机构对管制领域反竞争行为的执法普遍遵循这样的思路。反垄断法主要对三类企业反竞争行为进行规制：经营者集中、垄断协议和滥用市场支配地位。前者属于事前规制；后两者属于事后规制。下文遵循上述执法思路，针对不同案件类型分别展开分析。

1. 事前规制类型案件

反垄断法对于经营者集中的规制属于事前规制，根据集中可能造成的竞争影响做出是否批准的决定。企业集中需要经过反垄断机构审查，是因为集中可能导致市场力量的产生或加强。在这类案件中，企业会以集中得到了管制机构的批准为由主张豁免或要求减轻反垄断审查的标准；或者主张虽然集中可能产生市场力量，但是准入、价格管制的存在已经可以消除滥用市场支配地位的可能，足以确保这种即将产生的市场力量不会损害竞争。

从管制对竞争的影响考虑，管制机构对企业集中审查标准以及对可能产生的市场力量的规制，决定了该项集中能否豁免或有利于通过反垄断审查。一般而言，竞争法与管制法审查企业合并的标准并不完全一致：前者一般依据“效率标准”或“竞争影响标准”，禁止明显削弱竞争的经营者集中；后者一般依据的是更宽泛的“公共利益标准”，禁止不符合公共利益要求的经营者集中。公共利益标准的含义因产业不同而有所差异，可能包含效率因素，但更多是指诸如促进本行业利益或本地区利益等其他因素。只有在其他法律追求的目标与竞争法的目标一致并且也规制企业可能的反竞争行为时，竞争机构在做出是否允许相关集中的决定过程中才会考虑管制机构对该合并的态度。

从法律确定性角度考虑，一定规模的企业做出的集中决定，一般需要事先向管制机构进行申报。管制机构的批准只是意味着基于公共利益标准的审查态度，并不能取代反垄断机构依据竞争标准的审查。申言之，反垄断机构对管制机构批准的企业集中申报做出禁止集中的决定，只是对管制机构没有（充分）考虑到的竞争影响进行分析、评价的结果，而不是完全推翻管制机构决定，也就不会导致管制法的不确定性。当然，在管制机构强制企业集中的情况下，反垄断机构的禁止决定就会产生类似问题。

EC在对经营者集中的反垄断审查过程中，会将相关企业受到管制的情况作为事实的一部分来重点考虑。在认定行业管制已经足以阻止合并后可能存在的反竞争行为(或效果)的情况下，EC将不会禁止该项合并，或者不会再对该合并施加竞争法上的救济。例如，EC批准T-Mobile/Orange合并的一个重要原因就是，考虑到荷兰电信管制机构对合并双方移动终端费率的管制已经足以防止合并后的企业排斥竞争对手的风险。[①] 在西班牙，由于准入管制足以阻止合并后的滥用市场支配地位的行为，电力、天然气领域的合并都明确得到了竞争法上的认可。[②] 相反，如果EC认为管制无法阻止合并可能的反竞争影响，就会禁止该项合并或再施加竞争法上的救济。例如，在TeliaSonera案中，EC认为欧盟、芬兰和瑞典的管制只是对具有限制市场力量的企业进行财务上的拆分，而不是结构上的拆分，也没有强制开放本地回路，不能有效阻止基于合并的纵向效果可能产生的反竞争行为。因此，EC对该项合并附加了限制条件：资产剥离，而且，合并各方还必须对固定和移动网络服务进行合理拆分。[③]

2. 事后规制类型案件

在滥用市场支配地位、垄断协议案件中，仅仅以存在对该行为的管制为理由就主张反垄断责任豁免，一般很难得到支持。反垄断机构还必须对管制自身对竞争的影响以及执法对管制法确定性的影响进行分析。从管制自身对竞争的影响考虑，要看管制法律是否存在对相关反竞争行为的规制。如果根本没有类似管制规则，就必须受到反垄断法的约束；如果有类似管制规则，还要进一步审查该规则是否真的可以避免企业相关行为或纠正相关行为的影响。从法律的确定性角度考虑，除非管制之下的企业没有任何决策自由，否则，反垄断机构对其反竞争行为的执法都不会导致不确定性问题。毕竟，企业自己本可以避免违反反垄断法。

在Californa Retail Liquor Dealers v. Mideal Aluminum垄断协议案中，美国最高法院指出，即便葡萄酒的生产商和批发商固定零售价的行为符合加利福尼亚州的法律规定，但不能排除《谢尔曼法》的适用。因为“加州仅是许可当事人商定价格，许可他们实施这个商定了的价格，而州政府本身没有规定具体价格，也没有审查这个被固定了的价格方案的合理性。

① Commission Decision of 20 August 2007, Case M. 4748 T-Mobile/Orange Netherlands, para. 49.

② OECD, *Regulated Conduct Defence*, 2011, p. 12.

③ Commission Decision of 10 July 2002, Case M. 2803, Telia/Sonera.

也就是说,州政府没有对这个限制竞争行为进行实质性审查。”[①]由于州法的管制没有将对竞争的损害降到最低,美国最高法院拒绝豁免这个限制竞争行为。该案的判决明确地揭示了最高法院的态度,即,要制止那些打着国家的幌子,排除反垄断法适用、谋取垄断利益的行为。

在“云南省通信管理局滥用行政权力排除限制竞争”一案中,云南省通信管理局牵头组织中国移动通信集团云南分公司、中国电信股份有限公司云南分公司、中国联合网络通信有限公司云南分公司和中国铁通集团有限公司云南分公司多次会议协商,于2009年底达成《云南基础电信运营企业规范各类赠送活动的协议》。执法机构认为,云南省通讯管理局牵头对赠送等活动进行约定,以及后来下发整改通知书的行为构成了“强制”的手段,其所要求的争议解决规则维持了电信运营商的垄断协议,损害了电信运营商之间的竞争、影响了彼此之间的竞争动力,导致价格上升,影响消费者福利。最终认定云南省通信管理局的做法属于第36条所列“滥用行政权力,强制经营者从事本法规定的垄断行为”,并“对参与达成并实施垄断协议的”各经营者也根据《反垄断法》第46条给予行政处罚。

在DT滥用市场支配地位案中,EC认为,德国电信法一定程度上限制了企业竞争,但没有完全消除企业竞争的空间,因此,DT必须接受欧盟竞争法的制裁。DT作为德国电信网络基础设施的运营商,既要向作为其竞争对手的其他电信运营商提供“批发服务”,又要向其普通用户提供“零售服务”。尽管它向竞争对手开放了宽带网络,但其宽带批发价大大高于零售价,导致宽带批发商在与DT竞争的下游市场不能收回成本。EC认定DT的价格挤压行为违反了TFEU第102条,构成滥用市场支配地位,对其罚款1260万欧元。DT向欧盟初审法院提起诉讼,主张自身的行为受到了德国电信法的管制,理应豁免。初审法院采纳了EC的意见。DT的宽带批发、零售环节确实都受到了管制,但在零售方面,政府只是规定了一个最高限价。DT本可以在法律允许的范围内提高零售价,避免价格挤压;但偏偏制定了一个大大低于最高限价的零售价,导致对批发商的“价格挤压”。这个行为排除竞争的意图非常明显,以至于EC根本不需要举证证明。[②] 由于管制本身没有纠正DT的反竞争行为影响,因此,必须通过竞争执法制裁相关违法行为。

---

① 445 U.S. 97(1980).

② Case T-271/03, Deutsche Telecom v. Commission, Judgement of 10 April 2008.

三、反垄断执法的特殊性

管制行业中的反垄断法适用与普通的竞争性市场中的反垄断法适用在技术细节上略有不同。管制体制的存在,可能会对如何衡量市场力量或进入壁垒产生极大的影响。某些实体性的原则,例如关键设施原则,在管制市场中的作用似乎比在非管制市场中要大。

第一,管制市场中市场力量的衡量之所以复杂,传统的衡量市场力量标准并不适用,这主要有两个原因。一个原因是,管制市场通常是自然垄断的,而自然垄断的边际成本非常低,因而对于企业来说,按边际成本定价是无利可图的。在这种情况下,就反托拉斯政策而言,诸如勒纳(Lerner)指数这类技术性的公式不能够很好地反映市场力量。① Lerner 指数假定当价格等于边际成本的时候,就会产生健康的竞争。但在自然垄断市场中,价格会比边际成本高,因而指数的结果是正数,但这个企业仍然可能在亏损,因为它无法收回其固定成本。另一个原因是,管制自身的存在。管制的存在可能会引起以下两种情况。其一,它可能会赋予某个企业在某个地区进行交易的排他性权利。其二,管制还可能会指定企业的销售价格,要求企业必须采用。一方面,按照反垄断法的一般原理,市场力量的衡量是看在相关市场上有没有支配性的市场份额;但另一方面,市场力量本质反应的是企业"控制价格"的能力。根据市场份额标准,一家受价格管制的公用企业可能会被认为拥有重大的市场力量,但是根据"控制价格的能力"标准,则可能根本没有市场力量。因此,美国在司法实践中认定,在评估受管制的公用企业的市场力量时,"支配性的市场份额"不像评价一般支配企业时那么重要。② 但是,这些受管制的领域存在对价格的限制,而价格管制可以大大限制企业制定价格的权力。美国第五巡回法院就指出,在特定情况下,如果企业间缺乏竞争,则价格管制可以充当这种竞争的"适当的替

① 勒纳指数(Lerner Index)就是采用边际成本来衡量市场力量的尝试。关于这一指数的计算参见[美]霍温坎普:《联邦反托拉斯政策:竞争法律及其实践》(第 3 版),许光耀,江山,王晨译,法律出版社 2009 年版,第 85—86 页。

② MCI Communic. Corp. v. AT & T, 708 F. 2d 1081, 1106 - 1108 (7th Cir.), cert. denied, 464 U. S. 891, 104 S. Ct. 234(1983). (用市场份额来衡量受管制垄断企业的市场力量,是一种"不准确的或具有误导性"的机制。)

代物”。[①] 但对后一个结论需要进行如下补充。价格管制很少使价格趋向边际成本。在许多价格受管制的行业，按边际成本定价是无利可图的，因为在这种价格上将得不到足够的收益来回收固定成本。如果公用企业的价格高于边际成本，该公用企业就有动力损害竞争者来扩张自己的市场份额，即使这种扩张是无效率的——也就是说，即使该企业并不是向新地域供应产品的供应商中成本最低的，或者扩张会使其他企业所拥有的有同等效率的工厂倒闭，它也会这样做。[②] 也就是说，公用企业可以在管制价格上扩大其服务地区，从而进行“垄断化”，而不是以提高价格的方式来进行“垄断化”。因此，在反托拉斯意义上，评估市场力量的最有意义的衡量标准通常是“排除竞争的力量”。[③] 例如，在 AT&T 分拆之前，对其提起的大多数反托拉斯诉讼，都是受价格管制市场中的互联互通案件。AT&T 的“排挤性行为”的效果，就是在管制价格上扩大其活动的范围。[④] 也可以说，结构性指标并不能证明确实存在市场力量，有的时候需要从行为性指标来寻找证据。例如，检测发电厂商的真实行为，是确定其是否存在市场力量的最主要的方式。[⑤]

重要的是，即使是“被管制”的企业，也并不是说其运营中的所有方面都受管制。例如，尽管电力传输的零售绝大部分仍属于价格管制，但是发电和电力批发环节是相当具有竞争性的，因此，这两个环节的市场力量可

---

① AImeda Mall v. Houston Lighting & Power Co., 615 F. 2d 343, 354 (Sth Cir.), cert. denied, 449 U. S. 870, 101 S. Ct. 208(1980).

② See H. Averch, L. L. Johnson, *Behavior of the Firm Under Regulatory Constraint*, American Economic Review, Vol. 52, No. 5(1962), p. 1052; A. Kahn, *The Economics of Regulation: Principles and Institutions*, The MIT Press, 1988, pp. 106 - 108. 所谓的“阿弗奇一约翰逊(Averch-Johnson)”效应在经验考察上的合理性，一直是有争议的。关于经验考察的一个概述，see K. Train, *Optimal Regulation: the Economic Theory of Natural Monopoly*, The MIT Press, 1991, pp. 61 - 67. 在该案中，法院认定，经验考察表明这一理论是很站得住脚的，并且总体上认定，在价格受到管制的企业中所进行的资本投资是过度的；关于其他的研究，see R. Sherman, *The Averch and Johnson Analysis of Public Utility Regulation Twenty Years Later*, Review of Industrial Organization, Vol. 2, No. 2(1985), p. 178.

③ See Illinois ex rel. Hartigan v. Panhandle E. Pipe Line Co., 730 F. Supp. 826, 904 - 907 (C. D. Ill. 1990), affirmed 935 F. 2d 1469(7th Cir. 1991) cert. denied, 502 U. S. 1094, 112 S. Ct. 1169(1992)(基于企业有能力拒绝其他人接入其管道，认定该企业具有市场力量)。

④ See Sound, Inc. v. AT & T, 631 F. 2d 1324(8th Cir. 1980)(拒绝与受价格管制的产品进行互联互通)；MCI Communic. Corp. v. AT & T, 708 F. 2d 1081(7th Cir.), cert. denied, 464 U. S. 891, 104 S. Ct. 234(1983)(same).

⑤ 参见杜立民：《电力竞争与我国电力产业市场化改革》，浙江大学出版社 2010 年版，第 46 页。

以采用传统的标准来衡量。[①]

第二，在管制框架下，进入壁垒也值得特别关注。政府的限制仍然是造成进入壁垒的最普遍的原因之一，其形式多种多样，包括对市场进入的绝对限制、要求提供存在市场需求的证明以及许可证要求等等。这些进入限制说明了垄断化案件，"关键设施"原则在受管制市场上适用非常广泛。管制只需要对进入进行限制，即可造成关键设施。实际上，在针对 AT&T 而提起的无数诉讼中，关键设施原则是(原告)所依据的理论基础之一，也是最终对该电话公司予以拆分的理论基础之一。[②] 例如，在 MCI 案中，原告指控 AT&T 拒绝向 MCI 提供某种互联互通服务，这种做法使 MCI 不能将其长途通讯接入全国性的电话网络。法院认定，AT&T 的拒绝交易行为受关键设施原则支配："这类拒绝交易之所以可能违法，是因为垄断者对关键设施的控制可以将垄断力量从一个生产阶段扩展到另一个生产阶段，从一个市场扩展到另一个市场。因此，反托拉斯法对控制着关键设施的企业施加一项义务，令其将该设施以非歧视性的条件供他人使用。"[③]

判决 MCI 案的法院进一步明确，提起关键设施诉讼请求有四个必需的要素，这四个要素都是针对(连接着更具竞争性的市场的)垄断性设施的经营者而言的：(1)关键设施被一个垄断者所控制；(2)竞争者无法现实地或合理地对该设施进行复制；(3)拒绝允许竞争者使用该设施；(4)该设施是可以提供的。[④] 关键设施原则已经被适用于如下情形：列入为制作电话号码簿而整理的电话清单，[⑤]与电话线路枢纽设备的连接，[⑥]与铁路线路的

---

① See Town of Concord v. Boston Edison Co., 915 F. 2d 17(1st Cir. 1990), cert. denied, 499 U. S. 931, 111 S. Ct. 1337, rehearing denied, 500 U. S. 930, 111 S. Ct. 2047(1991). 拒绝根据该企业在零售环节拥有自然垄断的事实，推断其在发电环节也具有市场力量。

② United States v. AT & T, 552 F. Supp. 131 (D. D. C. 1982), affirmed mem. sub nom., Maryland v. United States, 460 U. S. 1001, 103 S. Ct. 1240(1983).

③ MCI Communic. Corp. v. AT & T, 708 F. 2d 1081, 1132(7th Cir.), cert. denied, 464 U. S. 891, 104 S. Ct. 234(1983).

④ MCI Communic. Corp. v. AT & T, 708 F. 2d 1081, 1132 - 1133(7th Cir.), cert. denied, 464 U. S. 891, 104 S. Ct. 234(1983).

⑤ Bellsouth Advertising & Publishing Corp. v. Don Information Pub., 719 F. Supp. 1551 (S. D. Fla. 1988), ed, 933 F. 2d 952(11th Cir. 1991)(不同意进行即决判决), reversed after remand on nonantitrusts 999 F. 2d 1436 (llth Cir. 1993).

⑥ United States v. Western Elec. Co., 673 F. Supp. D. C. (1987)(只要地区电话公司仍然保有对网络(网络本身就是一种关键设施)的支配性控制，法院就拒绝撤销在之前达成的合意判决中所设定的商业限制).

连接，[①]以及与电力输送线路的连接。[②] 然而，在1999年，最高法院拒绝就如下问题做出判决：根据1996年《电信法》来认定一家支配性电话局的互联互通义务时，采用反托拉斯法上的关键设施原则作为标准是否正确。[③]所有这些案件的一个共同点就是，管制政策——不论是历史上曾经采用过的管制政策还是正在实施的管制政策——均是争议所涉的设施被指控为关键设施的原因。

四、企业反垄断责任的承担

在管制之下的企业反垄断案件中，管制机关和企业之间的关系不同，导致了反垄断法责任的不同。一般而言，有下列三种情形：[④]

第一，政企合谋限制竞争。这是指私人主体和管制机构协同一致限制竞争，二者成为共同行为人，彼此之间存在一定的"合意"。在这种情况下共同承担反垄断法责任。

第二，政府强制下私人限制竞争。这被视为政府机构的单方行为，企业行为仅仅是政府行为的后果。此时企业仅需要停止违法行为，无需承担其他责任；而政府则有可能承担民事、行政甚至刑事责任。

第三，政企各自实施但存在一定关联的限制竞争。二者之间不存在合意，但对于有关行为都存在限制竞争的积极动机和行动，此时要分别评价，适用不同的条款。例如，在欧共体委员会(EC)审查的一个案件中，因为意大利政府对糖类进口征收了附加费，一个生产糖的企业限制了进口数量，固定了进口价格。一方面，EC认为该糖生产企业虽受政府影响，但并未受政府强制，违反了条约第101条第(1)款；另一方面欧洲法院认为政府的行为实质性地降低了进出口双方价格磋商的空间，而这一价格本应由市场供求决定。在这一案件中，意大利企业和政府被视为不同行为，适用了不同

① Delaware & Hudson Rwy. Co. v. Consolidated Rail 2902 F 2d 174，180(2d Cir. 1990)(不同意进行即决判决).

② See City of Malden，Mo. v. Union Elec. Co. 887 7(8th Cir. 1989)(按被告的受到管制的费率进行交易是不现实的，因此法院认定不承担法律责任).

③ AT& T Corp. v. Iowa Utilities Board，525 U. S. 9S. . Ct. 721(1999). 1996年的《电信法》要求具有支配地位的运营商实施互联互通，但是何时要求互联互通，以及互联互通的条件，则都交由FCC来决定。

④ 参见张江莉：《反垄断制度与政府管制》，北京师范大学出版社2011年版，第218—221页。

的法律。[1]

第四节 对管制之下的企业反竞争行为执法的程序问题

本节主要是研究如何在程序设置上确保反垄断法在尊重必要的管制前提下，追究管制下的企业限制竞争行为的责任，以免其借助公权力庇护逃脱反垄断制裁。为此，首先，从反垄断执法机构的角度，抽象出追究管制之下的企业反竞争行为的反垄断责任的路径。这实际上是为了突出如何最大限度地排除管制对违法企业的不必要、不合理的庇护。其次，从受管制的企业视角，分析反垄断执法的步骤。这实际上为了便于企业预测自己行为的反垄断法结果。最后，将阐述如何在面对个案时选择、优化执法路径与流程。

一、规制路径

基于前文的分析，从反垄断执法机构角度看，对于政府限制竞争行为的反垄断法规制，各国在实践中存在两条基本的路径(参见图七-1)。其一，反排除路径。通过对管制法的制定、实施的竞争评估，最大限度地防止存在竞争改善空间的立法、执法排除竞争法的适用安排。其二，直接适用路径(执法路径)。反垄断法直接适用于管制之下的企业限制竞争行为，与管制机构对此类行为共同管辖，通过协商合作，共同做出有利于竞争的决定。一旦两类机构无法达成一致，通过司法途径解决。

两条路径可能是交织适用的，根本目的都是防止管制不恰当地庇护从事反竞争行为的企业；都以反垄断法对于管制领域的企业限制竞争问题享有普遍管辖权为前提。不同的是，反排除路径需要以健全的竞争评估机制为基础，建立在政府制定、实施法律行为的竞争影响评价的基础上；直接适

---

① Government v. Entrepreneurial Distortions of Competition: sugar v. congnac(ECJ Dec. 15,1975 CR 1663, PARA. 68). Lennart Ritter, w. David Braun, Francis Rawlinson: *EC Competition Law: A Practitioner's Guide*, Kluwer Law Intenational, 2000, p. 753. 转引自张江莉:《反垄断制度与政府管制》,北京师范大学出版社 2011 年版,第 219 页。

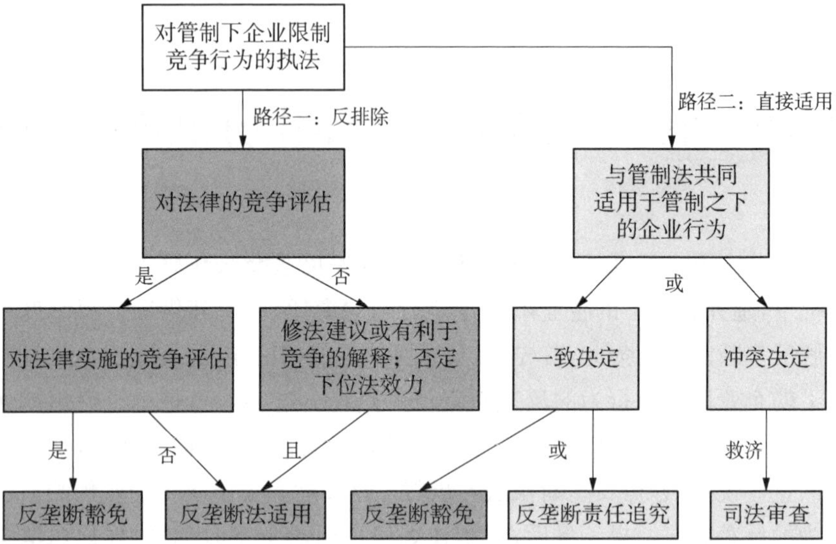

图七-1　管制之下的企业反竞争行为的规制路径[①]

用路径依赖反垄断执法机构与管制机构的良好沟通机制，并不对政府行为的竞争影响作出直接或者正式的评价。

美国在成文法上虽然没有系统的竞争评估制度，但是，在实践中，反垄断法对于管制法的制定和实施的约束作用却是无处不在的。在Trinko案中，反垄断执法机构之所以并不追究涉案企业的反垄断责任，是因为电信法中存在着诸多促进竞争的制度要求，“这些要求甚至超过了反垄断法”，[②]“极大降低了可能产生的竞争损害风险”[③]；而且管制机构已经从有利于竞争的角度追究了违法企业的法律责任，救济了受害企业。也就是说，虽然在该案中，反垄断执法机构没有真正动用其执法权，但是反垄断法的要求已经得到了管制机构很好的执行，此时反垄断法再行介入而“对竞争产生进一步改善的可能性几乎不存在”[④]。进而言之，按照反排除路径来说，该案中无论是对电信法内容，还是对其实施，都得到了肯定答案，最终管制机构对该案的处理结果得到了反垄断执法机构的认可（反垄断法不再介入）。

① 这两条路径是根据对各国制度实践经验的总结而形成。

② Verizon Communications Inc. v. Law Offices of Curtis V. Trinko, LLP, 540 U. S. (2004), p. 16.

③ Ibid. ,p:12.

④ Ibid.

同样，美国的反垄断机构与管制机构也存在着良好的沟通机制，Trinko案也可以通过直接适用的路径得到解释。由于电信法第601条保留条款的存在，FTC对于电信领域限制竞争案件享有普遍管辖权。本案中，FTC和DOJ与FCC对案件的处理意见一致，认可其对涉案企业反垄断责任的追究。所以，FTC并未真正实施其对案件的执法权。设想，如果FCC的处理结果限制了竞争，FTC介入可以显著提升竞争，那么，FTC很可能会动用它的执法权。

二、适用流程

从受管制的企业角度看，其限制竞争行为的反垄断法适用与否可以根据图七-2来判断。这些企业的限制竞争行为，如果不存在明确的其他法律依据，就理应被反垄断法禁止。如果存在其他法律依据，则要对该其他法律进行竞争评估。如果法律本身的内容通过竞争评估，则要进一步评估

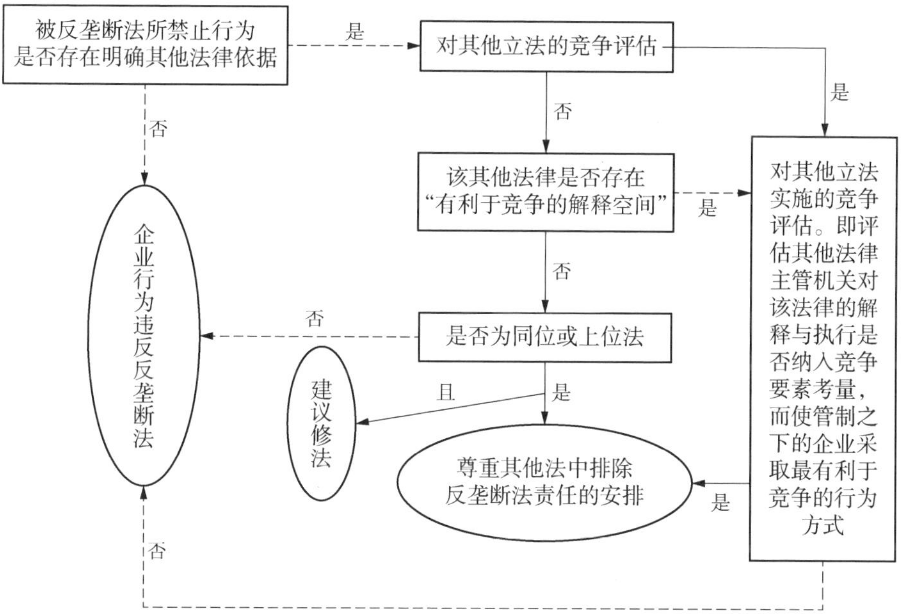

图七-2 管制之下企业限制行为的反垄断法适用流程[①]

① 本流程主要是以竞争评估制度为基础，根据本书界定的反垄断法对政府限制竞争行为规制目标，并结合各个国家(地区)相关制度经验，所做的应然设计。

其实施，如果都没有竞争改善空间，则反垄断法承认其排除反垄断责任的安排。如果对法律内容的竞争评估答案是否定的，则要看其有无有利于竞争的解释空间；如果有进一步评估其实施是否真的按照有益于竞争的方式进行，答案是肯定的，反垄断法承认其排除反垄断责任的安排。如果没有竞争解释的空间，则要看其他法律的位阶：是反垄断法下位法的话，反垄断法直接排除其适用，制裁违法企业；是反垄断法上位法的话，只能承认其排除反垄断责任的安排，但同时建议修改该法律。

尽管从促进竞争的角度强调反垄断法对于管制之下企业限制竞争行为的适用，但是这是以尊重管制的边界，也就是政府基于社会公共福利限制竞争的边界为前提的。“反垄断法的主要任务是规制没有被政府有效控制的私人反竞争行为。”①

三、优化适用

反垄断法对管制下的企业限制竞争行为的规制路径的选取，取决于各国自己的制度基础。德国和我国台湾地区因为没有建立正式的竞争评估制度，侧重直接适用的路径；而韩国、美国因为存在较为健全的竞争评估机制，侧重于反排除路径。比较理想的情况当然是，两种路径同时存在。这有利于最大限度减少政府限制竞争可能对企业的庇护。

当然，这两条路径的区分是相对的。在实践中，可能交织适用。反垄断法直接适用于管制之下的企业限制竞争行为，反垄断执法机构做出决定还是基于对管制法律制定和实施的竞争评估的结果。只不过这种评估是非正式的，通过反垄断机构和管制机构的良好沟通、协调来实现。如果管制法制定、实施已经充分考虑了竞争因素，也就不需要反垄断执法机构的实际执法行为了。之所以需要反垄断法对管制领域享有普遍管辖权，是因为管制机制自身弊端的存在决定了如果缺乏反垄断法的约束，管制就很难将其对竞争的限制局限在必要、合理的范围内。

在对受管制的企业限制竞争行为适用反垄断法时，如果企业行为所依据的管制法是反垄断法的平行法或同位法，且其不存在任何有利于竞争的解释和适用空间，反垄断法不能否定其效力。否则管制法将处于不确定的状

---

① Phillip E. Areeda, Herbert Hovenkamp, *Fundamentals of antitrust law*, Aspen, 2010, p. 5.

态，有违法治原则要求的管制确定、可预期原则。

总之，对于管制下的企业限制竞争行为反垄断规制的程序设计，旨在最大限度地排除政府反竞争行为的影响。由于我国目前没有健全的竞争评估机制，要建立正式竞争评估制度也需要一个较为漫长的过程。因此，可以考虑先从建立直接适用的路径着手。这种方式比较灵活，待反垄断机构与政府管制机构积累了一定的协调经验后，加之管制机构的竞争意识得到提升，再加大竞争评估的力度。

第八章　规制建议：中国反垄断法框架下的制度方案

经验表明，政府反竞争行为是对竞争最为有效和持久的限制。[①] 政府对竞争造成的损害，市场机制根本无法克服。[②] 作为转型经济国家，我国在《反垄断法》中专门界定和规制了行政性垄断，体现了对这一问题的高度重视和独特的解决方案。“公权力破坏市场竞争”的行为与政治制度无关，在其他市场经济发达的国家同样存在，但很少像中国这样赋予“公权力限制竞争”以“行政垄断”这一特定的概念和涵义。[③]《反垄断法》实施已经超过了 10 年，这种独特制度设计实际效果如何，如何进一步完善？本章在前文分析的基础上，侧重从对反垄断法的价值定位、法律的授权环境、机构能力等方面进行反思，提出相应的对策方案。

第一节　中国行政性垄断的规制现状及问题

中国反垄断法在十年的实施中只查处了 183 起行政垄断案件。无论是相对于现实突出的规制需求，还是与俄罗斯这样的转型经济体执法情况的对比，专门规制行政垄断的制度设计只是“看起来很美”，效果并不理想。

---

① FTC, *The FTC in 2007: A Champion for Consumer and Competition*, 2007, p. 18. http://www. ftc. gov/os/2007/04/ChairmansReport2007. pdf, last visit on Jun. 20, 2019.

② See R. Hewitt Pate, *Competition and Politics*, 2005, pp. 7 - 8. http://www. usdoj. gov/atr/public/speeches/201522. Pdf, last visit on Jun. 20, 2019.

③ 曲创，石传明，臧旭恒：《我国行政垄断的形成：垄断平移与政企合谋》，《经济学动态》2010 年第 12 期，第 36 页。

一、目前的规制现状

（一）法律规范架构

公权力对竞争的损害，涉及的范围非常广泛，包括市场准入、价格管制、政府采购、国有企业和特权企业等多种问题。中国反垄断法上并没有直接使用行政垄断的概念，而是以“滥用行政权力排除、限制竞争”来代替，但其实二者是一致的。按照《反垄断法》第 8 条的界定，行政垄断是指行政机关和法律、法规授权的具有管理公共事务职能的组织滥用行政权力，实施排除、限制竞争的行为。

《反垄断法》建立了专门的规制体系，包括第 8 条对行政垄断的界定、第 32 条至第 37 条对所禁止的行为的列举，以及第 51 条的规制权限和法律责任设置，共计 8 个条文。《反垄断法》总共才 57 个条文，其中却用 8 个条文对行政垄断作出专门规定，足见行政垄断规制在《反垄断法》中的重要性。

反垄断法实施以后，原国家工商行政管理总局又先后制定了《工商行政管理机关制止滥用行政权力排除、限制竞争行为程序规定》和《制止滥用行政权力排除、限制竞争行为的规定》等配套规章，对反行政垄断立法进行细化。为从源头上解决政府行为排除限制竞争的问题，国务院出台了《公平竞争审查意见》，以列举的方式规定了十八项审查标准，要求政策制定机关在制定涉及市场主体经济活动的规章、规范性文件和其他政策措施时，应进行公平竞争审查，评估对市场竞争的影响，以防止含有排除、限制竞争的政策措施出台。这标志着我国禁止行政垄断行为制度建设进入新阶段。①

（二）个案实施情况

根据执法机构公布的数据，截至 2018 年 6 月底，行政执法机构共查结滥用行政权力排除、限制竞争案 183 件，②但是很遗憾的是执法机构并未给

---

① 时建中：《打破行政性垄断　使市场在资源配置中起决定性作用——纪念〈中华人民共和国反垄断法〉实施十周年》，《价格理论与实践》2018 年第 8 期，第 10 页。

② 林丽鹂：《反垄断 有效维护市场公平竞争》，《人民日报》2018 年 8 月 2 日，第 10 版。

出具体的案例清单。而实际上，根据公开渠道可查到的行政垄断行政执法案例只有 66 个；[①]司法机关处理行政垄断案件共有 8 起。[②]

就行为类型而言，在公开可获得的 66 个行政执法案例中，除了违反第 35 条（排斥或限制外地经营者在本地投资或设立分支机构）尚未出现相关案例之外，法律禁止的其他情形都有涉及。其中违反第 32 条行政性限定交易案件 42 起；违反第 33 条妨碍商品自由流通案件 7 起；违反第 34 条限制外地经营者参与招投标的案件 5 起；违反第 36 条强制经营者从事反垄断法所禁止行为的案件 3 起；违反第 37 条抽象行政垄断行为 5 起。在 8 起司法案例中，有 7 起案件是违反第 32 条（行政性限定交易），有 1 起案件是违反第 33 条（地区封锁），其他类型的违法行为并无涉及。

这些案件的处理显示了中国政府规制行政垄断的决心。哪怕是政府部门在提供公共服务的过程中滥用行政权力，违反《反垄断法》同样要受到惩处。2016 年发现的“十二个省份相关政府部门在‘新居配’建设中滥用行政权力排除限制竞争案”就是典型。本案涉及 12 个省份在“新居配”建设市场中颁布的 2 部省政府令、2 份省级政府办公厅文件、8 份省政府部门文件。因产生排除、限制竞争效果，这些文件先后被废止、停止执行或修改，“新居配”建设市场的公平竞争秩序得以恢复。[③]

这些案件的处理也显示了中国政府对维护消费者权益的重视。禁止行政垄断必然触动行业巨擘、政府部门的垄断利益，但也必将有利于改善消费者的福利。在公布的案件中，绝大多数涉及到燃气、供电、供水、电信、黄金饰品、乳粉等民生领域价格垄断行为。新成立的国家市场监督管理总局负责反垄断事务的甘霖副局长强调，“未来要进一步提高反垄断执法效能。坚持维护消费者利益，对教育、医疗、公共事业等民生领域加强执法，更好服务人民群众日益增长的美好生活需要。”[④]

（三）竞争政策基础性地位的确立

一直以来，在中国产业政策相对于竞争政策处于更强势的地位，这也

① 时建中，焦海涛，戴龙编：《反垄断行政执法典型案件分析与解读（2008—2018）》，中国政法大学出版社 2018 年版，第 535 页。

② 时建中，戴龙，焦海涛编：《反垄断诉讼典型案件分析与解读（2008—2018）》，中国政法大学出版社 2018 年版，第 332 页。

③ “新居配”中排除限制竞争的行为得以纠正，案件来源国家发展和改革委员会价格监督检查与反垄断局网站，http://jjs.ndrc.gov.cn/gzdt/201612/t20161229_833273.html，最后访问时间：2019 年 6 月 20 日。

④ 林丽鹂：《反垄断 有效维护市场公平竞争》，《人民日报》2018 年 8 月 2 日，第 10 版。

正是行政性垄断问题最主要的根源。竞争政策基础性地位确立的过程，就是处理政府和市场关系和深化经济体制改革、打破行政性垄断的过程。[①]十年来，反垄断法实施最主要的成就也就是推动这一情况逐渐发生了转变，竞争政策基础性地位逐渐确立。

竞争政策的基础性地位，是市场经济发展到一定阶段的产物，是与市场在资源配置中发挥决定性作用相匹配的。在计划经济体制下，企业生产什么、生产多少、销售给谁、以何价格销售，皆由政府决定。企业没有竞争的空间，也就不需要竞争政策的存在。2007 年 8 月 30 日通过的《反垄断法》第九条引入“竞争政策”这一概念，标志着我国竞争政策的形成。2008 年 8 月 1 日《反垄断法》开始实施，禁止行政机关具体的或者抽象的排除限制竞争的行为，意味着竞争政策的地位逐步提升。

沿着《中共中央关于全面深化改革若干重大问题的决定》确立的“使市场在资源配置中起决定性作用和更好发挥政府作用”的改革方向，《中华人民共和国国民经济和社会发展第十三个五年规划纲要》提出，“清理废除妨碍统一市场和公平竞争的各种规定和做法”。《中共中央国务院关于推进价格机制改革的若干意见》(中发[2015]28 号)进一步明确“逐步确立竞争政策的基础性地位”。直至《公平竞争审查意见》，明确规定 2016 年 7 月 1 日起政府出台政策措施要进行公平竞争审查。按照主管这项工作的李青局长的观点，“至此时刻，竞争政策与产业政策谁为优先，竞争政策与产业政策如何协调，已无需讨论，共识已经形成，原则已经明确。”[②]

在此基础上，《国务院关于印发“十三五”市场管制规划的通知》(国发〔2017〕6 号)第一次在顶层设计层面提出了政府行为“竞争中立”的概念，将对政府行为竞争影响的要求纳入了国际通行的话语体系；同时，进一步提出“强化竞争政策基础性地位”的主张，并将落实在国家层面的整体制度构建以及区域性试点建设之中。[③]

---

① 《中共中央关于全面深化改革若干重大问题的决定》指出，“经济体制改革是全面深化改革的重点，核心问题是处理好政府和市场的关系，使市场在资源配置中起决定性作用和更好发挥政府作用”。

② 李青：《中国竞争政策的回顾与展望》，《竞争政策研究》2018 年第 2 期，第 7 页。

③ 参见《2019 年主要政策取向中央经济工作会议在北京举行 习近平李克强作重要讲话》，《第十三届全国人民代表大会第二次会议关于 2018 年国民经济和社会发展计划执行情况与 2019 年国民经济和社会发展计划的决议》(2019.3.15)、《工商总局关于贯彻落实国务院〈“十三五”市场监管规划〉的通知》(工商综字[2017]224 号)(2017.11.23)、《国家市场监督管理总局、国家药品监督管理局、国家知识产权局关于支持中国(海南)自由贸易试验区建设的若干意见》(国市监注[2018]219 号)(2018.11.15)、《国务院关于全面推进北京市服务业扩大开放综合试点工作方案的批复》(2019.1.31)。

竞争政策基础性地位，在政策层面体现的是竞争政策在整个国家经济政策体系中的地位，以及与其他经济政策的衔接、冲突的处理；从制度上讲，主要涉及到反垄断法对政府反竞争行为的评价，以及规制路径、规制工具。确立和强化竞争政策的基础性地位，意味着作为竞争政策核心的反垄断法真正具有了“经济宪法”地位，具有了依据竞争影响评价政府行为的合法性，并为其通过恰当的制度路径和制度工具约束政府干预经济的边界和干预方式，最大程度地降低其对竞争的损害奠定了基础。

二、存在的主要问题

(一) 查处案件的数量很有限

就官方公布的数据而言，相对于行政性垄断问题的普遍性和损害程度的严重性，中国行政垄断的案件的查处力度并不大。我们注意到俄罗斯仅2012年就调查了4000多件对政府行为的投诉。[①] 而同样作为大的转型经济国家，中国十年才查处183件行政垄断案件，这个数字显然并不理想。一些政府对竞争的损害根本没有得到有效的解决，政府损害竞争问题还比较严重。正如学者所言，在所有可能影响市场运行的因素中，政府的行政权力仍然长期地、有力地、大幅度地扭曲、撕裂、分割和限制市场。[②]

其一，政府歧视性政策仍大量存在。从内容上看，包括歧视性税收优惠、歧视性政府补贴、歧视性政府采购安排、歧视性融资(信贷)政策、歧视性能源环境政策和歧视性政府定价政策等。从设置标准上看，包括地域歧视、行业歧视、所有制歧视、规模歧视。就地域歧视而言，往往表现为政府在对企业实施财政补贴或奖励时，按照地域进行划分，把企业分为三六九等，有的补贴，有的不补贴；有的补贴多，有的补贴少。就所有制歧视而言，往往表现为政府在制订政策时，在财税、金融、土地、环保等各个方面都向公有制企业倾斜，挤压了非公有制企业的生存空间，违背了公平竞争原则。就规模歧视而言，表现为一些部门希望通过政策支持来扶持行业内的大企

---

① Report of the Federal Antimonopoly Service[of Russia] on Compe-tition Policy in 2012, sec. 2. 3. 1., http://en. fas. gov. ru/reports-and-analytics/reports-and-analytics_30982. html, last visit on Jun. 20,2019.

② 参见刘志彪：《建设统一市场是中国经济“开放的第二季”》，《学习与探索》2013年第12期，第5页。

业，进而由龙头企业来带动整个行业发展。

其二，政府直接限制竞争的行政行为仍时有发生。一些部门在制定政策时，利用有形之手直接干预，限制市场主体之间的公平竞争，表现为禁止交易、指定交易、捆绑交易等。禁止交易是政府以行政权力禁止市场主体参与某一类型或具体某项市场交易。指定交易是指滥用行政权力，限定或者变相限定单位或者个人经营、购买、使用其指定的经营者提供的商品或服务。[①] 捆绑交易是指政府没有正当理由以政策或文件在某项交易中搭售商品，或者在交易时附加其他不合理的交易条件。

（二）案件执法专业性的欠缺

从已公布的案件来看，绝大部分案件的处理专业性比较差。国家工商总局处理的利乐案，行政处罚决定书长达 47 页，从相关市场界定、市场支配地位认定、竞争效果分析，到行为违法性认定，严格遵循了反垄断法的分析步骤，还包含了复杂的经济分析。而在一些行政垄断案件的处理中，执法机构根本没有严格遵循反垄断法的一般分析框架，并未提及相关市场、市场力量等对行为定性至关重要的法律概念，甚至没有论证违法行为究竟产生了哪些限制、排除竞争效果，更有甚者连具体违反了《反垄断法》哪些规定都未列出。[②] 这固然可能与涉案行为的违法性明显相关，但哪怕是对法律明确禁止的反竞争行为的处罚，也应该遵循反垄断法的固有分析框架，唯一的区别只是竞争分析的复杂程度不同而已，关键的限制、排除竞争效果的论证更必不可少。这是确保执法权威、具有说服力，以及对未来行为提供指引的关键。

在经司法程序处理的行政垄断案件中，法官在相关案件中体现出的专业水准，也很令人担忧。在“云南盈鼎公司诉中石化公司拒绝交易案”中，重审法院以原告没有发出要约，正式交易尚未开始，就不存在拒绝交易为由，判决驳回原告诉讼请求。[③] 这种依据《合同法》对交易的界定来判断一种垄断行为明显存在问题，[④]说明法官对反垄断法基本分析框架还缺乏认识。

---

① 参见《制止滥用行政权力排除、限制竞争行为暂行规定》第四条。

② 参见内蒙古发改委纠正乌海市住房和城乡建设委员会滥用行政权力排除、限制竞争行为，案件来源内蒙古发展和改革委员会网站，http://www.nmgfgw.gov.cn/fggz/jgjdj/201801/t20180109_144309.htmal，最后访问时间：2019 年 6 月 20 日。

③ 云南省昆明市中级人民法院(2015)昆知民重字第 3 号民事判决书。

④ 参见陈兴华：《推进能源替代的司法路径——从生物柴油民企诉中石化拒绝交易案谈起》，《郑州大学学报(哲学社会科学版)》2018 年第 1 期，第 37 页。

（三）反垄断机构规制权限的不足

在已处理的行政垄断行政执法案件中，案件本身其实并不复杂，几乎都是法律明确禁止的行为，违法性很容易确定。查处案件的主要难度往往来自于违法主体本身的强势地位以及背后各种保护力量。在“内蒙古公安厅滥用行政权力排除、限制竞争案”中，内蒙古自治区公安厅通过发文件的形式，要求全区刻章企业统一向金丰公司采购公章的章材、芯片以及配套硬件设备，明显构成了《反垄断法》第32条所禁止的“限定或者变相限定单位或者个人经营、购买、使用其指定的经营者提供的商品”的行为。国家市场监管总局最先是要求自治区公安厅停止违法行为，但区公安厅“未开展实质性整改工作”，所以市场监管总局向其上级主管机关发函，建议内蒙古自治区政府责令公安厅改正相关行为。

这个案件引起了人们的极大关注，是因为实施违法行为的主体是非常强势的省级公安厅，也正因为其在现有体制下极其特殊的地位，在执法部门要求整改后，它表面上表示愿意而实际上并没有采取实际行动。最后市场监管总局直接向其上级主管机关发出违法行为纠正建议函，[①]并将整个案件公开，展示了强烈的规制相关违法行为的决心和勇气。但是这种建议函能发挥多大效力其实并不确定，案件的实际效果可能更多地依赖来自行政系统内部的压力，[②]以及案件公开后的社会舆论压力。

根据反垄断法第51条的规定，“行政机关和法律、法规授权的具有管理公共事务职能的组织滥用行政权力，实施排除、限制竞争行为的，由上级机关责令改正；对直接负责的主管人员和其他直接责任人员依法给予处分。反垄断执法机构可以向有关上级机关提出依法处理的建议”，这等于是构建了由“反垄断执法机构提出处理建议”和“上级机关责令下级改正或究责”两部分组成的制度框架，试图以此在政府体系内部实现对行政垄断的规制。国务院在《公平竞争审查意见》当中，也重申了这一执法监督机制的重要性。然而，这种规制的实际效果并不非常令人满意，“反垄断法在面对行政垄断时像一只没有牙齿的老虎”。[③] 这种执法体制本质上是一种在行政系统内自我纠偏的路径。隔靴抓痒的制度设计极大地限制了竞争法律对于政府经济权力运行的有效规制。这种行政系统内自我纠偏的路径

① 参见市监价监函〔2018〕412号。

② 在这个案件中，市场监管总局坚决的态度可能与内蒙古公安厅的行为本身也违反了公安部颁行的《加强和改革印章刻制业治安管理工作实施方案》等文件的要求有关。

③ 王晓晔：《〈中华人民共和国反垄断法〉析评》，《法学研究》2008年第4期，第79页。

的局限性包括：

第一，规制效果的不确定性。行政垄断更多的是权力寻租、管制俘获所致，其行政属性和经济属性同时显现。在这种情形下，期待政府自我革命具有极大的不确定性。第二，对权力的过度依赖。在行政系统内自我纠偏的规制路径是通过行政强制的方式纠正权力主体，实际上是权力之间的直接冲突。这一方面会使被纠正的权力主体（往往是改革的主导者本身）产生负面的激励，因削减权力而导致改革动力下降；另一方面，对政府权力的依赖过重会导致权力的进一步诉求，规制者将更加强化权力依赖。第三，不利于竞争法的有效实施。反垄断执法机构对行政垄断行为享有调查权、定性权和建议权。尤其是建议权，在一些案例中也取得了积极的效果，但最终执法机构只能“督促”违法主体自我纠正滥用权力的行为，如果对方拒不接受整改建议或不实际履行整改承诺，执法机构其实并没有什么好的办法。估计这也正是目前只是公布部分案例，而且所查处的案例违法主体普遍层级并不高的主要原因①。

第二节　导致问题的原因

中国行政性垄断规制效果不佳，主要源于对法律价值定位、原理本身把握不准，以及现有立法上的缺陷。这些问题是交织在一起的，正是前者的存在才导致法律规则设计、解释和实用上的问题。

一、公共价值定位偏低

从广泛意义上看，反垄断法公共价值涉及了反垄断法利用不同的实施工具，处理不同的限制（来自政府或来自私人）竞争行为问题，所应采取的目标策略（目标的选择）。尽管我国《反垄断法》实施已有 10 年多时间，但对这部法律应该做什么和能够做什么的问题，特别是反垄断法对政府限制

① 在数年的执法实践中出现，除了“内蒙古公安厅滥用行政权力限制、排除竞争案”，“基本没有办理过涉及省部级的案件”。参见段宏磊：《全球反行政垄断立法类型论》，《理论月刊》2015 年第 8 期，第 184 页。

竞争行为的作用认识还很有限。

其一，对政府行为的规制主要局限于专门立法的适用。目前通过《反垄断法》对政府反竞争行为的规制，主要是适用该法的第五章，而忽略了法律本身固有的对政府行为规制的功能，忽略了其他规范资源的挖掘。而且，对政府反竞争行为的规制主要是事后救济，缺乏事前的介入。在削减不合理市场准入、不合理的企业行为管制等方面，无法发挥应有的作用。尽管公平竞争审查制度开始实施，一定程度拓展了对政府行为竞争影响的约束，但是对这一制度本身在反垄断法上的定位仍存在不同的认识，很多时候被外化于反垄断法而单独存在。

其二，对于管制之下的企业限制竞争是否适用反垄断法、适用的程度，还存在认识上的分歧。这一点集中体现在对《反垄断法》第 7 条的理解上。① 对于《反垄断法》第 7 条的规定，现有的认识存在比较大的分歧，主要有三种观点：第一，该条构成《反垄断法》在这些行业中的适用除外，这些行业不适用《反垄断法》的市场竞争规则，而是依靠监管机关的管制来决定资源配置；第二，这是对国有大型企业或自然垄断企业的反垄断法豁免；第三，这并不是对这些行业的豁免，对上述行业的经营者"依法"实施监管和调控主要是指依据反垄断法进行的监管和调控。② 这种认识上的分歧进而导致了，反垄断法在处理管制之下企业（尤其是大型国企）反竞争行为方面表现乏力。

总之，目前我国对《反垄断法》的定位偏低，低估了其在规制政府反竞争行为方面所能发挥的作用，与其固有的价值定位、与人们的期待和现实的需求存在很大差距。

二、规制范围的局限

（一）在直接规制层面

在行为主体层面，限制竞争的政府机构除行政机关及法律、法规授权

---

① 《反垄断法》第 7 条规定：国有经济占控制地位的关系国民经济命脉和国家安全的行业以及实行专营专卖的行业，国家对其经营者的合法经营活动予以保护，并对经营者的经营行为及其商品和服务的价格依法实施监管和调控，维护消费者利益，促进技术进步。前款规定行业的经营者应当依法经营，诚实守信，严格自律，接受社会公众的监督，不得利用其控制地位或者专营专卖地位损害消费者利益。

② 黄勇：《管制行业与反垄断法的适用》，《国际商报》2007 年 10 月 26 日，第 5 版。

的具有管理公共事务职能的组织外，还包括立法机关，[①]但现有的规制架构显然忽略了立法机关对竞争的损害；[②]在行为方式层面，诸如向特定经营者低价转让土地、向特定经营者提供国家担保和国家援助等都可能会损害竞争，但并不属于专门列举的范畴。

在行为类型层面，我国反垄断法虽然设立了专章规制行政垄断行为，但其规制对象限于有明确违法性的强制性地排除、限制竞争的行为，而对于政府通过柔性的行政指导行为触发的卡特尔行为却没有作出规定。这种政府以更为隐蔽的方式引发的企业反竞争行为在实践中更为常见，在中国的特殊国情下对企业行为的影响同样显著。最重要的是，按照其对竞争的影响完全可以从其他政府行为中识别出来，但却无法纳入现有法律的规制范围。

《反垄断法》对行政垄断的界定是相对狭隘的，导致了反垄断法在规制行政垄断时的诸多无奈。例如，《反垄断法》适用于行政垄断主要是针对“地区性垄断”，但是随着改革的深入，行业性垄断成为行政垄断的主要领域，然而《反垄断法》对此却缺乏明确的规定，导致执法空白和困境。向特定经营者低价转让土地、向特定经营者提供国家担保和国家援助等都可能会损害竞争，都不属于专门列举的范畴。

再比如，我国的行政垄断制度的不完善还在于没有规制政府以维护公共安全和社会秩序的名义进行的特许经营行为。[③] 政府以维护公共安全和社会秩序的名义宣布某行业实施特许经营等，往往不被认为是在滥用行政权力，而被认为是政府经济管理权的正当行使，实践中不与行政垄断挂钩，从法律上也很难认定是行政垄断。但这些行为的性质与前述行政垄断行为并无二致，排斥、限制市场竞争的效果并不比那些被明文宣布为行政垄断的行为轻微。

（二）在间接规制层面

反垄断法禁止的只是企业自主决策的反竞争行为，若政府行为影响了企业竞争，企业会在面临反垄断制裁时以政府行为的影响作为抗辩因素。[④]

---

① 参见翟巍：《欧盟国家限制竞争行为反垄断规制及对我国启示——基于公共经济利益服务研究视域》，法律出版社 2016 年版，第 12 页。

② 郑鹏程：《对政府规制的规制——市场统一法律制度研究》，法律出版社 2012 年版，第 218—220 页。

③ 刘桂清：《产业政策失效法律治理的优先路径——“产业政策内容法律化”路径的反思》，《法商研究》2015 年第 2 期，第 120—129 页。

④ See Daniel A. Crane, *Judicial Review of Anticompetitive State Action: Two* （转下页）

EC在依据TFEU第101条和第102条规制企业反竞争行为时，会评估成员国立法对企业行为的影响，查明其是否必然导致反竞争行为的发生或构成其诱因，抑或加强其反竞争效果。[①] 如果企业能够证明该行为是国家法律所强制的，或国家创制了一个消除任何竞争可能性的法律框架，就可能豁免企业的反垄断责任。同时，TFEU第4条第3款禁止成员国政府(包括立法、行政和管制机构)采取任何有损于欧盟一体化目标实现的公共政策。[②] 如果企业实施了TFEU第101条与第102条禁止的反竞争行为，而促使企业实施反竞争行为的原因是政府行为，那么这类政府行为本身由于损害了TFEU第101条与第102条的实际效力，就会被禁止。[③] 由是可见，导致企业反竞争行为的政府行为一般都不被允许。

此时，企业的反竞争行为是政府行为的结果，也是政府行为的延伸。对企业行为反竞争行为的禁止是对政府行为的间接规制。在这一意义上，企业反竞争行为本身虽不是行政垄断，却是理解和解决行政垄断问题的另一个面向。换一个视角来看，现代市场经济更多的是政府与市场混合作用的结果，企业行为在很多情况下都受到政府的干预。这一点在中国转型经济背景下更具现实意义，规制企业反竞争行为尤其离不开对政府行为竞争影响的考察。中国越来越强调统一大市场的构建，促进生产要素的自由流动，这与欧盟法促进商品、服务、资本和人员自由流动、禁止成员国保护本国企业的目标具有内在的一致性，因此，欧盟法的制度设计对中国具有很强的借鉴意义。

中国反垄断法对行政垄断的专章禁止很大程度上割裂了政府与企业反竞争行为间的内在联系，使得大量的政府扭曲脱离了反垄断法的约束。在专门规制的范围内，即便在规制企业反竞争行为时会将政府干预因素纳入考量范围，但也仅限于禁止企业以行政机关和法律、法规授权的具有管理公共事务职能的组织的“行政限定”“行政授权”和“行政规定”为由，达

(接上页)*Models in Comparative Perspective*, Journal of Antitrust Enforcement, Vol. 1, No. 2(2013), pp. 418 - 436. 在竞争法上这被称为“政府行为抗辩”。

① Joined Cases C-359/95 P. (1997); Commission and France v. Ladbroke Racing.

② 这样的“措施”指国家以法律、法规、行政规章、行政惯例的形式制定、实施的所有制度，包括促成或加强企业垄断协议或垄断行为；给予企业进行自我管制的权利(政企不分)；要求企业从事与《欧盟运行条约》(TFEU)第101—102条相冲突的行为；使企业不可避免地违反上述条款。See OECD, *Regulated Conduct Defence*, 2011, p. 11, http://www.oecd.org/competition/mergers/48606639.pdf, last visit on Jan. 22, 2018.

③ 成员国的政府机构(包括竞争主管机构、法院、其他政府机构)都有义务避免实施损害欧盟竞争规则效力的国内法。Vgl. Lange, Die Anwendung des europäischen Kartellverbots auf staatliche Eingriffe in das Marktgeschehen, in: EuR, 2008, S. 3, S. 22 f.

成、实施垄断协议和滥用市场支配地位。[1] 其实，政府损害竞争的制度安排远不限于此。立法机关制定的法律、地方性法规、行政法规和规章都可能不合理地阻碍企业进入市场、赋予企业垄断权、限制企业定价或豁免企业反竞争行为的责任。《反垄断法》对这些政府扭曲的禁止还无能为力。

三、规制标准的错位

《反垄断法》关于行政垄断的规定及国家工商行政管理总局制定的规章中都采用了行政权的"滥用"这个前提。而对符合行政权力滥用的条件，相关法条中却没有作具体规定。虽然全国人大的立法者解释了判断行政权滥用应当具备的两个条件：第一，具有排除、限制竞争的效果；第二，没有法律或政策上的依据。[2] 这一标准至少带来两个严重的问题：

（一）"滥用行政权力"在解释上的困难

具有了怎样的法律依据才不属于权力"滥用"？例如，行政指导虽没有具体的法律依据，但是具备了一般的行政权限的抽象的依据，是否就不属于权力的滥用？实践中，这种由没有具体的法律依据的行政指导行为引发的限制竞争行为频繁地出现。这样的行为是否属于行政垄断的规制对象，从法律规范及全国人大立法者的解释中还不能予以肯定。

（二）"滥用行政权力"对规制范围上的限缩

按照目前的界定，行政垄断是"滥用行政权力"且"导致不合理限制竞争"的政府行为。"滥用行政权力"以主观故意为前提，而实践表明，政府对竞争的不合理限制可能并非出于其本意，而往往是源于政府自身缺乏对竞争重要性的认知和对政策后果估计的不足。以"滥用行政权力"为前提规制政府排除、限制竞争行为，等于无端地增加了行政法上的制约，极大地缩减了反垄断法对政府权力反竞争影响的约束范围。很多不构成行政权力

---

① 参见《工商行政管理机关制止滥用行政权力排除、限制竞争行为的规定》第 5 条。

② 中国人大常委会法制工作委员会经济法室编：《〈中华人民共和国反垄断法〉条文说明、立法理由及相关规定》，北京大学出版社 2007 年版，第 39 页。

滥用但又不必要、不合理地限制竞争的公权行为，无法通过反垄断法进行规制。[1]

从另一个角度看，是否构成滥用，是行政法上判断标准，必须依据赋予被审查主体行政权力的其他法律来判定。行政法上的“合法性标准”与反垄断法上的“竞争效果标准”二者可能存在冲突。依据行政法上的合法性标准，只要垄断行为具有合法依据(比如法律、法规或规章授权的行为)，哪怕其造成了限制竞争的效果，也具有合法性。但是，如果依据反垄断法上的效果标准，只要可能产生限制竞争的效果，就应当认定为其不具有合法性。[2]

由于行政垄断行为更多地被看作是一种行政行为，判断行政垄断是否违法的标准主要是行政法上的“合法性标准”。这就导致限制机关很容易借助“程序合理性”否定“实质合理性”，将形式上符合要求的垄断行为排除在法律规制之外。只要行政行为具有合法依据，哪怕造成限制竞争的效果，也具有正当抗辩理由。但依据反垄断法的市场竞争效果标准，导致排除、限制竞争效果的政府行为都可能被认为具有违法性。[3]

总的来看，在中国一直存在这样一种占据优势地位的观点，强调基于行政力量和行政性安排过度存在的基本社会现实，中国反垄断立法必须更多地从中国国情而不是西方现成经验中寻找制度的根基。[4] 这样一种立法理念，导致了中国行政垄断现有的专门立法的模式。但如上所述，这种专门立法模式只是“看上去很美”，[5]耗尽立法资源拟定相应条款，但效果不尽如人意。

专门立法模式对立法技术存在极高要求，目前规定只是我国实践中广泛存在的行政垄断行为的类型化梳理，很大程度上撇开了欧盟等先进法域成熟的规制经验。由于现有的类型化分类的不成熟、不合理，又缺乏必要的弹性，很大程度上导致只是列举了一些支离破碎的损害竞争行为，漏掉了很多同样危害严重的反竞争行为。

---

① 张占江：《行政性垄断的反垄断法规制架构重构》，《华东政法大学学报》2015 年第 4 期，第 42 页。

② 参见应品广：《竞争政策视角下行政性垄断规制新模式：从“事后救济”到“事前控制”》，《江西财经大学学报》2016 年第 4 期，第 120 页。

③ 徐士英：《竞争政策视野下行政性垄断行为规制路径新探》，《华东政法大学学报》2015 年第 4 期，第 37 页。

④ 叶卫平：《竞争立法与竞争秩序建构——以行政垄断规制必要性为中心》，《深圳大学学报(人文社会科学版)》2007 年第 1 期，第 107 页。

⑤ 段宏磊：《全球反行政垄断立法类型论》，《理论月刊》2015 年第 8 期，第 184 页。

对反竞争行为的类型化本就是各国长期的理论和实践经验的总结，其中很大一部分是市场经济发展中要共同面对的问题。市场经济发展的过程就是政府与市场关系不断协调均衡的过程，政府对竞争的损害在各个国家都或多或少地存在，只是方式不同而已。实际上，先进法域的反垄断法在这方面积累了很多成功的经验。中国的行政垄断立法理应在尊重各法域基本共识和反垄断法一般框架的基础上融入自己的特性，才能够确保规制的效果。中国专门立法模式最大的问题在于颠倒了特殊性与一般性的关系。克服对政府行为规制的局限，最重要的是应回归到欧盟等先进法域所建立起的反垄断法一般制度框架上。在此基础上，才是针对中国政府损害竞争的特殊性设置特殊的规则。

四、其他法律障碍

除了我国反垄断法自身的不足，实践中反垄断法规制政府限制竞争还面临其他法律障碍。现有的法律中存在着诸多或明或暗排除反垄断法适用，或者与竞争规则相冲突的制度安排。

我国《反垄断法》由全国人民代表大会常务委员会制定，位于宪法及由全国人民代表大会制定的基本法律之下。这就导致了基本法律和与《反垄断法》同位阶的法律（包括管制行业法）中或明或暗地存在着的限制竞争的制度安排，可以排除反垄断法的适用。例如，修订后的《邮政法》中对外资企业从事信件业务的限制规定，[①]限制了外资企业在更广泛的快递市场上参与竞争的可能，从而降低了现有企业提高服务水平的积极性，限制了消费者的选择。尽管《邮政法》的规定表面上没有违反《反垄断法》，[②]但是这样的限制显然是与反垄断法的精神相悖的。如果对《反垄断法》第 1 条、第 4 条按照“是否有利于竞争的标准”进行解释和适用，[③]那么，这样的规定涉

---

① 我国《邮政法》第 51 条规定，外商不得投资经营信件的国内快递业务。

② 参见《邮政法限制外资从事信件业务未违反〈反垄断法〉?》，http://finance.21cn.com/stock/2009/04/26/6195577.shtml，最后访问时间：2019 年 6 月 20 日。

③ 《反垄断法》第 1 条规定：为了预防和制止垄断行为，保护市场公平竞争，提高经济运行效率，维护消费者利益和社会公共利益，促进社会主义市场经济健康发展，制定本法。第 4 条规定：国家制定和实施与社会主义市场经济相适应的竞争规则，完善宏观调控，健全统一、开放、竞争、有序的市场体系。

嫌违反《反垄断法》,与社会主义市场经济不相适应。①

除了或明或暗地排除反垄断法适用,很多行业管制法本身的立法目的并未明确促进竞争价值。而在管制法中明确促进竞争的立法目的,不仅指引整个法律制度的构建充分考量竞争因素,更重要的是为反垄断法依据竞争原则对其进行评估,向着竞争方向解释,甚至介入电信领域限制竞争案件,排除制度障碍。例如,一旦电信法的某些规定造成了对竞争不合理的限制,反垄断法可以根据管制法对竞争原则的确认,排除其适用。

我国《邮政法》的立法目的对于其与竞争的关系只字未提,也很难奢求管制机构对该法律的实施能主动考虑促进竞争。反观德国邮政领域在引入竞争过程中,明确规定其管制机构联邦网络管理局(BNetzA)的主要职责之一就是维护公平竞争和消费者权益。② 在现有经济技术条件下,各国普遍开始在电信领域引入竞争,且按照有利于竞争的原则制定、修改电信法。美国1996年电信法的立法目的就是为了"减少管制、鼓励竞争",放开所有领域(尤其是市话)的竞争。英国2003年通信法第3条在OFCOM主要义务的规定中,明确指出,OFCOM需要通过促进竞争来增进消费者利益。德国1996年电信法第1条明确规定,电信法的立法目的是通过管制电信市场,促进竞争,保障电信服务。③ 我国2006年电信法草案征求意见稿较2003年征求意见稿和《中华人民共和国电信条例》一个显著的变化就是,在第1条加入"促进公平竞争"的规定。这是一种进步。

总之,现实中与反垄断法平行的法律,尤其是行业管制法很可能存在或明或暗地排除反垄断法适用的情形,或与反垄断法冲突的制度安排,而反垄断法对于这类情况,只能通过向有利于竞争的方向进行解释。如果不存在竞争解释空间,例如,管制法本身就没有促进竞争原则,现在的反垄断法作用就要大打折扣。如果反垄断法是其上位法,就可能根据《立法法》规则直接排除下位法的适用。④

---

① 事实上,正是基于这种限制对竞争的损害,政府似乎开始要在这方面有所改善。2010年国家邮政局召集了四大快递进行了一场座谈,两者之间首次进行直接沟通,这或许在一定程度上也意味着一直"受困"的外资快递迎来了"松绑"的信号。《邮政局密召四大快递公司:初显限外令松绑信号》,《中国经营报》2010年02月28日。

② BNetzA, *Anuual Report*, 2010, p. 218.

③ 参见周汉华:《对电信法的十点建议》,http://iolaw.org.cn/showArticle.aspx?id=1118,最后访问时间:2019年6月21日。

④ 参见《立法法》第87条。

第三节　宪法授权环境的厘清

法治背景下,反垄断法对政府反竞争行为规制的作用空间,肯定首先取决于宪法的授权,其次才是反垄断法自身规则的完善问题。本节侧重分析前者,第四和第五节集中于后一个问题。

一、规制空间的预留

作为社会契约的宪法,[①]确定了公权力与私权利的界限。只有经过宪法授权的公权力才是合法有效的。“宪法”与“法治”的结合,是反垄断法规制政府限制竞争行为的正当性和合法性的关键。

现代市场经济是市场机制与政府干预以不同方式结合起来的混合经济,最好的经济体制只能是“在不完善的市场和不完善的政府以及二者之间不尽完善的组合间的选择”。[②] 宪法是市场经济发展的产物,但不是国家政策,不应该规定经济制度的细节。[③] 这就决定了宪法在维护自由竞争的反垄断与限制自由决策的管制之间,没有固定的取舍;竞争与管制之间的优势变化,取决于具体经济形势的变化。

我国《宪法》第15条规定“国家实行社会主义市场经济”,也就肯定了以维护市场有效运行为直接目标的反垄断法的普遍适用性;[④]同时也规定“国家完善宏观调控”、“宪法禁止任何组织或者个人扰乱社会经济秩序”,确认了政府干预的合法性。

在维护自由的反垄断法与限制自由的政府干预之间,《宪法》没有做出固定的取舍,但是,总体来看,前者间接被宪法赋予了更为一般性的地位和

---

① 社会契约论“把宪法看作公民与政府之间的一种社会关系,一份契约,类似于设定市场交换条件的契约”。[美]奥德舒克:《立宪原则的比较研究》,程洁译,载刘军宁等编:《市场社会与公共秩序》,上海三联书店1996年版,第128页。

② [美]查尔斯·沃尔夫:《市场或政府——权衡两种不完善的选择/兰德公司的一项研究》,谢旭译,中国发展出版社1994年版,第1页。

③ 张千帆:《宪法不应该规定什么》,《华东政法学院学报》2005年第3期,第25页。

④ 方小敏:《论反垄断法对国有经济的适用性——兼论我国〈反垄断法〉第7条的理解和适用》,《南京大学法律评论》2009年第1期,第131页。

更为广阔的作用空间。前者的适用是普遍的、无条件的，而后者的适用是例外性的，是有条件的。这是因为：从一般意义上讲这符合人性的基本特点，也符合经济生活的常态；更重要的是符合宪法对公民基本权利（工作权、财产权、营业自由、契约自由等）保护的基本原则。宪法维护公民基本权利，由此，作为市场主体的基本权利之一的竞争自由，在没有充分且正当理由的情况下，不能被公权限制。从经济宪法的角度来看，我国宪法包含着市场竞争为主导、国家管制为补充的原则。[①]

反垄断法被比喻为"经济宪法"，并非表征反垄断法在效力上具有宪法的地位，而是反映出反垄断法对宪法的接近趋势，或者说是反垄断法联结宪法的趋势。[②] 宪法与反垄断法都划定政府与市场的界限。在民主与市场经济背景下，"大多数宪法包括对公共活动范围的约束条款：具体规定了政府可以或不可以做什么的规则"。[③] 现代反垄断法也越来越倾向于将政府干预市场的权力边界纳入规制范围，降低不当限制竞争的风险。总之，我国《宪法》为反垄断法规制政府限制竞争预留了空间。

二、规范上的衔接

对《宪法》第 15 条的理解，构成了解释《反垄断法》第 4 条的基础。《反垄断法》第 4 条规定，国家制定和实施与社会主义市场经济相适应的竞争规则，完善宏观调控，健全统一、开放、竞争、有序的市场体系。从正向来理解，本条确认了《反垄断法》与竞争政策在市场经济建设中的地位；从反向来理解，本条实际上也对国家制定法律规则提出了要求：国家不能制定和实施与社会主义市场经济不相适应的规则。反向理解当然不是绝对否认国家在特定情况下限制竞争的权力，关键是这种限制必须与市场经济的发展相适应。进一步而言，这可以被理解为是对反垄断主管机构对政府制定、实施法律行为进行竞争评估的权力授予。限于反垄断法自身位阶，对于比其位阶更高、或同位阶的法律限制竞争的内容，反垄断主管机构并不能直接否定其效力，只能在可能的情况下做有利于竞争的解释。而对

① 参见吴越：《经济宪法学导论——转型中国经济权利与权力之博弈》，法律出版社 2007 年版，第 85—87 页。

② 李国海：《经济民主：反垄断法的宪政价值》，《经济法论丛》2011 年第 1 期，第 30 页。

③ [澳]布伦南，[美]布坎南：《宪政经济学》，冯克利等译，中国社会科学出版社 2004 年版，第 6 页。

《反垄断法》第 4 条的合理解释能够为对法律的竞争审查提供依据。

《反垄断法》第 9 条规定国务院设立反垄断委员会负责研究拟订有关竞争政策。这里竞争政策宜作广义解释，包括对竞争产生影响的所有政府干预规则的制定。① 在这些规则的制定过程中，必须事先征求反垄断委员会的意见，反垄断委员会就其对竞争影响的判断具有最大的权威。这有利于最大限度地促进竞争，确保反垄断法得到统一、有效的实施。尤其是在我国竞争法律文化薄弱，其他政府机构对竞争规律和竞争法认知、认同有限的情况下，这一点尤为重要。②

发展中国家和转型经济国家多采用某一政府机构既负责法律执行又参与竞争政策的制定与协调的反垄断法实施模式。这种模式的一个明显优点是，反垄断机构可以参与政府内部相关经济政策以及法律制度制订和改革的讨论，有利于强化政府政策的竞争观念，维护竞争政策在国家经济政策体系中的基础性地位，同时也有利于将竞争政策统一于国家经济政策的总体目标之下，在充分博弈之后实现与产业政策的沟通协调。③

我国采用的是将竞争法律执行与竞争政策的制定、协调分开而设立的模式。反垄断法执行呈现一种 1＋X 分散格局：在国家市场监管总局作为反垄断执法机构之外，还有一批行业管制机构也承担着部分反垄断执法职能，必然会出现管辖权的交叉、重叠或空白等现象。这种情况下，对反垄断委员会的协调需求更为迫切。然而，一个新的问题又产生了，由于各执法机构并不需要对反垄断委员会负责，反垄断委员会的协调工作能够发挥作用吗？即使能够发挥作用，恐怕也要花费许多额外的行政成本。④ 在短时间内不能实现执法与竞争政策拟定职能相统一的情况下，一个务实的选择

---

① 广义的竞争政策，是指所有那些为保护和促进市场竞争而采取的行动措施、制定的法规条例的总和，包括放松经济管制、促进竞争自由和市场开放的各项政策措施；狭义的竞争政策往往被认为等同于竞争法，主要是指各国竞争法所体现出的为维护公平竞争，而对企业间的限制竞争或滥用市场支配地位等行为进行规制的一套规则体系。

② 据学者研究，从是否参与广义竞争政策角度划分，现存国家或地区的反垄断主管机构可分为两类：一类是不参与广义竞争政策的拟订、讨论或决策，主要只是一个法律执行机关，如美国 FTC、日本 JFTC 和德国联邦卡特尔局等；另一类是政府内的某一机构同时兼具反垄断执法和竞争政策决定职能，如我国台湾地区的“公平交易委员会”、韩国的 KFTC 和俄罗斯联邦反垄断局，20 世纪 90 年代后立法的转型国家和发展中国家，如波兰、匈牙利、乌克兰、巴西、智利、印尼等，也属于这一类。参见刘桂清：《反垄断执法机构新论——竞争政策与产业政策协调发展的视角》，《天津法学》2010 年第 2 期，第 97 页。

③ 参见刘桂清：《反垄断执法机构新论——竞争政策与产业政策协调发展的视角》，《天津法学》2010 年第 2 期，第 98 页。

④ 参见刘桂清：《反垄断执法机构新论——竞争政策与产业政策协调发展的视角》，《天津法学》2010 年第 2 期，第 99 页。

是通过加强沟通充分发挥反垄断委员会的作用，将其内部成员沟通机制制度化。

第四节　回归反垄断法的一般规制框架

由于对反垄断法制度机理缺乏深入和准确的把握，中国在借鉴和适用反垄断规则方面存在明显的偏差。尽管专门规制行政垄断的制度设计凸显了中国规制政府损害竞争行为的决心，但所发挥的作用极其有限，固守此一制度藩篱无异于作茧自缚。要全面、有效地禁止政府对竞争的损害，必须通过法解释重塑反垄断法的规则体系，完善直接和间接规制互为补充的一般规制架构。该框架立足于反垄断法的内在机理和先进法域的制度经验，给予反垄断执法机构规制政府反竞争行为的普遍授权。本部分旨在说明这个一般框架对于解决中国问题的有效性。

一、一般规制框架的证成

从原理上讲，反垄断法以“保护竞争过程不受扭曲”为主线禁止市场力量的形成和滥用。[①] 市场力量是企业行为或政府行为单独或共同作用的结果。在市场化的领域内，企业市场力量的形成和滥用多源于其自身的决策；在非市场化领域内，则既可能源于政府的直接授权，也可能源于政府的间接帮助。在禁止企业反竞争行为时，反垄断法不可避免地涉及对其背后的政府行为的审查。因此，规制政府反竞争行为，不仅要禁止政府直接给予企业市场力量，还间接禁止政府为企业反竞争行为提供便利。申言之，在禁止市场力量的形成和滥用这一制度机理下，反垄断法自身包含着一个对政府行为直接与间接规制并存的一般框架(参见图八-1)。

市场经济体制本身并不能天然地排除政府对竞争的损害。即便是发达市场经济体也存在政府对竞争的扭曲。对政府损害竞争行为的反垄断

---

① 参见[德]瓦尔特·欧肯：《经济政策的原则》，李道斌等译，中国社会科学出版社 2014 年版，译校序，第 1 页、第 15 页。

法规制绝非中国或转型经济体的特性，而是各法域的普遍选择，[①]但其发挥作用的程度与具体的经济环境密切相关。

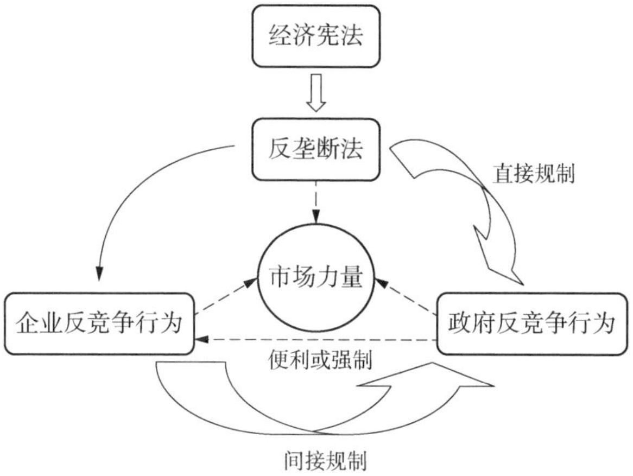

图八-1　政府反竞争行为反垄断法规制框架

美国反垄断法一直以对企业反竞争行为的成功规制著称，但在禁止政府扭曲方面也绝非毫无作为。法院曾以损害竞争为由判决加州针对其他州企业在本州提供验光服务设置准入障碍的行为非法。[②] 在另一起案件中，联邦最高法院判决北卡罗来纳州牙医协会禁止没有牙医执业资格的人从事牙齿美白服务的行为非法。[③] 但悠久的竞争文化使得美国政府机构具有很强的自觉保护竞争的意识，[④]政府扭曲竞争问题一度并不明显，[⑤]其反

---

① See Eleanor M. Fox, Deborah Healey, *When the State Harms Competition: The Role for Competition Law*, Antitrust Law Journal, Vol. 79, No. 3(2014), pp. 769-798;［澳］艾伦·费尔斯:《行政垄断的规制——中国、澳大利亚、美国和欧盟之比较》,叶高芬译,载王晓晔编:《反垄断法实施中的重大问题》,社会科学文献出版社 2010 年版,第 309 页。

② See National Ass'n of Optometrists & Opticians v. Lockyer, 463 F. Supp. 2d 1116 (E. D. Cal. 2006).

③ See North Carolina State Bd. of Dental Examiners v. F. T. C., 135 S. Ct. 1101(2015).

④ 美国的监管机构往往会在"公共利益标准"中考虑其行为对竞争的影响，只要导致垄断就会被认定阻碍了公共利益的实现。参见［美］威廉·科瓦西奇、［英］林至人，［英］德里克·莫里斯:《以竞争促增长:国际视角》,中信出版集团 2017 年版,第 11 页。

⑤ 1890 年美国反垄断法产生之际，市场一体化进展得非常顺利，这与 1957 年欧共体所面临的情况截然不同。当时欧共体成员国之间的各种关税、非关税壁垒非常严重。See Marquis M., *The State of State Action in EU Competition Law (Post-Greek Lignite) and a National Competition Strategy for China*, in: Niels Philipsen etc. (eds), Market Integration, *The EU Experience and Implications for Regulatory Reform in China*, Springer Berlin Heidelberg, 2016, p. 44.

垄断法在此方面的作用亦不突出。[①] 但是随着政府扭曲问题的日益凸显，美国越来越强调要像欧盟那样加强和完善反垄断法对政府扭曲的禁止。[②] 反观欧盟竞争法，其从一开始就深深植根于解决成员国政府损害竞争、地方保护、区域平衡发展问题，[③]通过竞争法规范公权力的行使已经成为其最鲜明的特色。[④]

经济转型强化了反垄断法对政府扭曲的规制功能。经济转型本身需要一个法律体系提供切实可行的减少政府干预的标准，排除市场化障碍和巩固改革成果。反垄断法是市场经济的产物，也是经济体制转型的"推进剂"。[⑤] 在计划经济体制下，企业生产什么、生产多少、销售给谁、以何价格销售，皆由政府决定，企业既然无竞争的空间，也就不需要反垄断法的存在。而市场经济是自由经济、竞争经济，[⑥]投资自由、决策自由、营业自由、合同自由、消费自由是其灵魂。从现实来看，反垄断法保护竞争不受扭曲，最主要就是应该减少政府对自由竞争的损害，排除经济变革或发展的障碍。[⑦] 正如 Eleanor M. Fox 教授所言，"它绝非单纯对那些破坏竞争过程

---

① 美国反垄断法对政府行为一直是一种程序性规制，主要是审查相关法律规则是否明确授权政府机构排除、限制竞争以及相关政府机构是否按照相应的法律规则进行了积极、有效的监管；而欧盟则是一种是实体性规制。See Marquis M. , *The State of State Action in EU Competition Law* (*Post-Greek Lignite*) *and a National Competition Strategy for China*, in: Niels Philipsen etc. (eds), Market Integration, *The EU Experience and Implications for Regulatory Reform in China*, Springer Berlin Heidelberg, 2016, p. 44; [美]霍温坎普：《联邦反托拉斯政策：竞争法律及其实践》(第 3 版)，许光耀，江山，王晨译，法律出版社 2009 年版，第 816—827 页。

② See James C. Cooper, William E. Kovacic, *U. S. Convergence with International Competition Norms*: *Antitrust Law and Public Restraints on Competition*, Boston University Law Review, Vol. 90, No. 4(2010), pp. 1556 - 1557.

③ See Jacob S. Schneider, *Administrative Monopoly and China's New Anti-Monopoly Law*: *Lessons from Europe's State Aid Doctrine*, Washington University Law Review, Vol. 87, No. 4(2010), p. 884.

④ See Alison Jones, Brenda Sufrin, *EC Competition Law*, Oxford University Press, 2004, p. 530.

⑤ See Michal S. Gal, Eleanor M. Fox, *Drafting Competition Law for Developing Jurisdictions*: *Learning from Experience*, in Michal S. Gal etc. (eds.), The Economic Characteristics of Developing Jurisdictions, Edward Elgar Publishing, 2015, pp. 296 - 356.

⑥ 参见王克稳：《我国行政审批制度的改革及其法律规制》，《法学研究》2014 年第 2 期，第 5 页。

⑦ 保护竞争包含四层含义：(1)促进经济发展(资源最优配置和财富最大化)；(2)保护市场主体的经济自由；(3)阻止市场力量的滥用；(4)减少经济发展的障碍。但从现实角度来看，对竞争的最大阻碍不是企业而是政府，反垄断法在排除经济发展障碍方面的作用越来越突出。在已经制定竞争法的一百多个国家中，除了已有的市场经济国家，剩下的四分之三是正在进行市场化改革的国家。[美]戴维 J. 格伯尔：《二十世纪欧洲的 (转下页)

的大企业所采取的措施，而是同时将政府采购行为、市场分割（或地方保护主义）行为等政府扭曲纳入规制体系。”[①]立陶宛竞争法甚至明确规定：“在从事国内经济调节活动相关任务时，公共管理机构必须确保公平竞争的自由。禁止作出授予任何一个或者几个市场主体特权或者对之设定歧视性规定，以及其他导致或可能导致市场主体在相关市场竞争中处于不同地位的法律行为或其他决定，除非这种竞争地位上的差别是无法避免的。竞争委员会有权要求国家机关取消或修改违反规定的措施以确保其符合市场竞争规则。”[②]在此层面，竞争法被视为一种建设性的社会力量，它创造和维护竞争的必要条件，而不限于消除反竞争行为。但这并不是改变反垄断本身的制度机理，而是对固有制度框架对政府行为规制功能的强化。

二、竞争效果标准的确立

在《宪法》第 15 条第 1 款确立市场经济体制的前提下，最大程度地保护竞争、避免对竞争的扭曲理应成为所有制度构造的共同价值取向，政府任何损害竞争的行为原则上都是对宪法市场经济体制规定及其理念的违反。[③] 竞争是市场经济秩序的本质特征，《宪法》第 15 条第 3 款“禁止任何组织或者个人扰乱社会经济秩序”，也就是禁止各类政府部门或相关组织机构，违法从事影响市场统一开放、公平竞争的市场秩序的行为。[④]

与《宪法》规定的市场经济体制相适应，保护竞争秩序的反垄断法在整个市场经济法律体系中取得了核心地位，具有了约束政府行为的合理、合法性。从法政策的角度看，这也与竞争政策在经济政策体系中的基础性地位的含义相一致。

将政府行为纳入反垄断法的一般规制框架，意味着调整目前行政垄断

（接上页）法律与竞争》，冯克利，魏志梅译，中国社会科学出版社 2004 年版，第 5—6 页；Diane R. Hazel, *Competition in Context: The Limitations of Using Competition Law as a Vehicle for Social Policy in the Developing World*, Houston Journal of International Law, Vol. 37, No. 2(2015), p. 275.

① Eleanor M. Fox, Deborah Healey, *When the State Harms Competition: The Role for Competition Law*, Antitrust Law Journal, Vol. 79, No. 3(2014), pp. 778 - 809.

② Ibid., pp. 780 - 781.

③ 张守文教授认为：“无论政府或市场主体，只要其行为妨害公平竞争，就违背了宪法规定及相关理念。”张守文：《公平竞争审查制度的经济法解析》，《政治与法律》2017 年第 11 期，第 7 页。

④ 张守文：《公平竞争审查制度的经济法解析》，《政治与法律》2017 年第 11 期，第 8 页。

的规制标准突破合法性审查的框架，凸显合理性审查的要求。也就是，以市场机制是否受到损害为基本标准，根据行为的“竞争效果”判断政府行为的合法性，注重市场结构、竞争影响等因素分析。[①] 市场效果为衡量标准的最大优势就在于，用量化的工具去权衡政府权力在经济领域中运行的正当性，从而具备直观性、规范性和科学性。[②]

行政垄断的认定摒弃传统行政法意义上的合法性标准，转而采纳反垄断法意义上的结果标准。这一判断标准的调整有利于行政执法机关对行政垄断行为的“处罚建议权”的行使。经验证明，并非所有限制竞争的政府行为都是不正当的，它也需要以市场的效果进行检验；同时，判断标准的调整也有利于“上级主管部门”的处理和最终的司法审查。[③]

第五节　反垄断机构规制权限的优化

作为转型经济国家，反垄断法不仅仅要救济违法行为，更要主动构建竞争制度环境，提升政府干预市场的质量。而《反垄断法》并未赋予主管机构相应的权限，似乎并未兑现规制政府限制竞争的诺言。[④] 本节主要分析我国反垄断机构规制政府限制竞争的能力局限，提出提升我国反垄断机构能力(完善执法权限、工具)和优化适用反垄断法实施工具的建议。

根据反垄断法第 51 条的规定，我国反垄断执法机构对相关行为有调查权、定性权、处理建议权，最终仍需由行政机关的上级机关责令改正。反垄断执法机构只能“督促”相关地方政府或行政部门在行政系统内部自我

① 参见徐士英：《竞争政策视野下行政性垄断行为规制路径新探》，《华东政法大学学报》2015 年第 4 期，第 37 页。

② 事实上，在中国一直存在这样一种将政府行为纳入反垄断法一般制度框架的一体规制观点，强调反垄断法并不因为行政垄断和企业垄断市场力量的来源不同而区别对待。这样做的原因是反垄断法并不过多关注垄断行为的形成过程，只要该行为产生了排除或者限制市场竞争秩序的后果，就当然受到反垄断法的规制。参见邓保同：《论行政性垄断》，《法学评论》1998 年第 4 期，第 65 页；许光耀：《行政垄断的反垄断法规制》，《中国法学》2004 年第 6 期，第 127 页；王欣新，王斐民：《中国反垄断法调整范围的立法思考与建议》，《法学杂志》2005 年第 1 期，第 32 页；史际春，赵忠龙：《行政垄断及其规制的再审视》，《社会科学》2011 年第 9 期，第 93 页。

③ 徐士英：《竞争政策视野下行政性垄断行为规制路径新探》，《华东政法大学学报》2015 年第 4 期，第 37 页。

④ See Eleano M. Fox, *An Anti-Monopoly Law For China-Scaling the Walls of Government Restraints*, Antitrust Law Journal, Vol. 75, No. 1(2008), p. 181.

纠正滥用权力的行为。这样的制度安排实际上只是赋予反垄断执法机构就政府限制竞争规制的倡导权(工商机关以行政建议书和行政告诫书提出对相关行为的态度和意见),没有赋予其处罚权。反垄断执法机构提出的建议,如果上级机关不同意,或者因为地区利益、行业利益而置之不理,在现行体制下执法机构几乎没有办法。这种行政系统内部处理的方式使得对于行政垄断的规制效果大打折扣。从这个意义上讲,建议权因为缺少强制力很容易成为空文。①

而且,上级部门在下级部门与其他的地方企业发生争议时,很难保持中立。即使不考虑行政机关内部可能存在的相互维护与姑息包容,"上级机关"对于复杂的行政垄断进行监管在执法专业性上也存在很大的疑问。② "上级机关"既非专门机关,也不是特定的机关,更不是特定的司法机关,这些机关的工作人员不会有很强的反垄断意识,不会对反垄断法有深刻的理解,必然缺乏处理市场竞争案件的能力。③ 显而易见,现有的行政垄断执法机制面对各种政府损害竞争行为是"力不从心"的。④

因此,将政府对竞争的损害纳入反垄断法规制框架,还必须赋予反垄断执法机构统一的授权,建立系统化的规制手段,形成一个可操作、可兑现的规制体系(图八-2)。

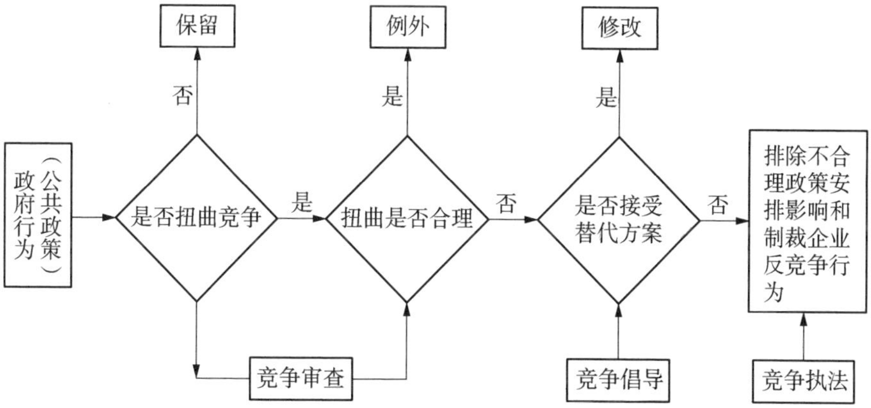

图八-2 政府行为的反垄断法规制体系

① 胡兰玲:《论我国〈反垄断法〉中行政责任的完善》,《前沿》2011年第7期,第95页。
② 黄勇:《当行政垄断遭遇法律"挑战"》,《中国报道》2008年第8期,第93页。
③ 胡兰玲:《论我国〈反垄断法〉中行政责任的完善》,《前沿》2011年第7期,第95页。
④ 史际春,赵忠龙:《行政垄断及其规制的再审视》,《社会科学》2011年第9期,第89页。

这一框架以反垄断法的内在机理（而非《反垄断法》第五章的专门规定）为依据，给予反垄断执法机构规制政府行为竞争影响的普遍授权。这一框架有两层意义，其一，它为竞争机构规制政府反竞争行为提供了一个完整的工具包。虽然每个案件不一定全部适用，但对任何一个相关指控，竞争机构可以据此做出合理的选择。（并不是每个案件都会用到所有的工具。具体案件需要哪些工具取决于具体案情。例如，有些政府行为如果通过公平竞争审查没有扭曲竞争，就不需要竞争倡导以及竞争执法）。其二，竞争机构遵循这个框架所确立的判断逻辑，可以更加有效地将政府对竞争的损害压缩在最小范围内，提高法律实施的可预期性。

一、关于竞争评估机制

（一）确立反垄断机构在公共政策制定中竞争评估的主导权

就国际经验和趋势而言，竞争审查权内嵌在反垄断法实施体制之内，统一由法律实施机构所享有。比如，韩国《规制垄断与公平交易法》第 63 条规定，有关政府机构在建议制定或者修订以决定价格、不正当的共同行为等限制竞争事项为内容的法律时，必须事先咨询 KFTC 的意见。又如，意大利《竞争法》第 24 条规定，为更有效地保护市场和竞争，只要竞争主管部门认为法律、条令或政府规范性文件中的条款对竞争造成了扭曲，或者影响了市场的正常运行，并且这种扭曲或影响不是基于公共利益而作出，就有权向制定该条款的议会或者政府机构发出通报，同时，就如何消除上述条款对竞争带来的不利影响，向议会提出意见或建议。

中国公平竞争审查存在两个很大的问题。其一，审查主要是政策制定机构的自我审查，由包括国家发改委在内的部际联席会议进行宏观的协调和指导。[①] 自我审查只是一种初步的审查，以便在政策制定初期就考虑到竞争影响，但缺乏充分保护竞争的自觉性和竞争评估的专业知识，政策制定机构自我审查效果令人担忧。虽然韩国也像中国一样建立了专门的竞

---

① 我国《公平竞争审查制度实施细则（暂行）》第 4 条规定，国家发展改革委、国务院法制办、财政部、商务部、工商总局会同有关部门，建立公平竞争审查工作部际联席会议制度，统筹协调推进公平竞争审查相关工作，对实施公平竞争审查制度进行宏观指导。地方各级人民政府建立的公平竞争审查联席会议或者相应的工作协调机制，负责统筹协调本地区公平竞争审查工作。

争审查制度，而且同样是由政策制定机构进行初步审查，但审查结果必须经过韩国公平交易委员会(KFTC)的复查。这不仅是专业性的要求，也是客观性的保障。KFTC 如果对初步审查结果有异议，可自行或会同初步审查机构重新审查。[①] 在此过程中，政策制定机构有义务向竞争机构证明其扭曲竞争的正当性，并听取竞争主管机关的意见和建议。

其二，中国公平竞争审查制度自身并没有规定反垄断法上的依据，实践中经常被与反垄断法并列或者外化于反垄断法来理解。由于规定这一制度的规范文件本身层级很低，而且所列举的禁止情形并不包括限制消费者获得足够信息及转换供应商的政府行为。这就导致其地位大幅降低、涵盖的范围也极其有限，所能发挥的作用受到很大制约。

解决上述问题的关键在于，将其定位为反垄断法对政府行为进行竞争审查的一种操作性指引，厘清其在《反垄断法》上的地位，明晰其在《反垄断法》上的依据，进而将其嵌入反垄断法的一般框架。而且，全面评价一项公共政策或政府行为对竞争的影响，除了审查其是否具备《公平竞争审查意见》明确列举的损害竞争的情形外，还要回到"保护竞争"的制度机理本身，尤其要关注政府行为对消费者利益的影响。纳入反垄断法的一般框架，更大的是实体法上的意义，对于政府行为评价由"滥用行政权力"标准转变为"竞争效果"标准。这种竞争审查只是基于竞争角度对公共政策的评价，审查仍然是依据反垄断法一贯的分析方法，并最终落脚于与分析企业反竞争行为一致的竞争关注，这一点从竞争审查的具体标准可以看出来。也正是因为这种专业性上的要求，以及竞争主管机构在这方面的经验和优势，竞争审查的主导权理应归于竞争主管机构。[②]

但必须明确的是，反垄断法的地位很大程度上取决于市场经济竞争的重要性。由于市场失灵时有发生，在一定条件下政府干预竞争是合理的。只是，这种干预对竞争的危害必须被限定在最轻微的程度上。由于反垄断机构在竞争保护方面的专业知识和权威，才被授权审查政府行为的竞争效果。这种审查的重点是保护竞争，而不是质疑其他政府干预所追求的社会目标。考虑这些社会目标的合理性是立法者的任务，而不是竞争机构的任务。

《反垄断法》缺乏明确的竞争审查依据，但可通过对现有条款的合理解释来确立。该法第 9 条规定，由反垄断委员会负责研究拟定有关竞争政

① 参见张占江：《中国法律竞争评估制度的建构》，《法学》2015 年第 4 期，第 81 页。
② 同上文，第 81—83 页。

策、评估市场总体竞争状况。广义的竞争政策涵盖所有促进或限制企业行为和产业组织结构的政府措施，其中对市场竞争状况影响最大的就是政府干预经济的公共政策，上述规定实际上是确立了反垄断委员会在审查公共政策竞争影响及拟定竞争政策中的权威性。这种权威性按照国际反垄断立法经验体现为：全面审查其他公共政策对竞争的影响，并提出修改意见的权力；抑或其他机构在制定、修改影响竞争的公共政策时优先咨询其意见的义务。这一解释正与发挥市场在资源配置中的决定性作用，建设统一开放、竞争有序的现代市场体系的要求相适应。

由此，形成"以反垄断委员会为主、法律制定机构为辅"的竞争评估机制(见图八-3)。公共政策的制定机构初步评估认为可能对竞争机制产生不利影响，将直接由反垄断委员会进行深入评估；反之，初步评估认为政策不会对竞争机制产生不利影响，则由反垄断委员会对评估结果进行审核以决定是否还需要继续进行深入评估。如果反垄断委员会的结论是不需要，那么评估程序终止，法律可以通过或发布；如果反垄断委员会认为初步判断不够客观，还需要进一步的深入评估，那么，它将会同法律制定机构共同进行深入评估，以利于消除二者存在的分歧。[①]

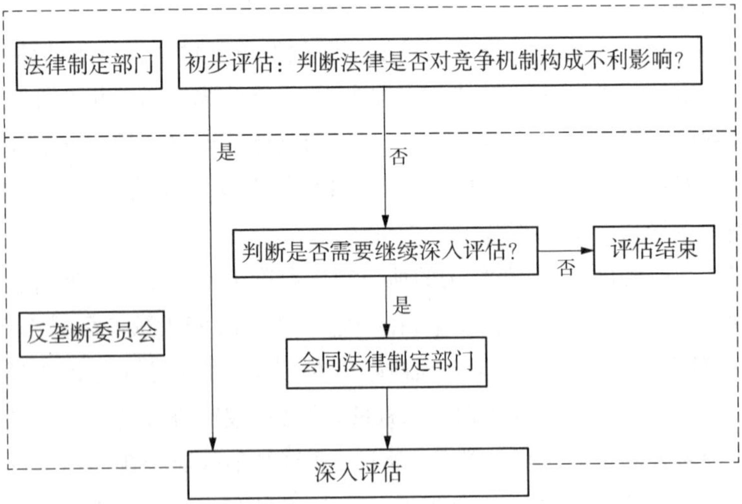

图八-3 竞争评估机制

以反垄断委员会为主构造竞争审查机制，还有能力上的考虑。对公共政策的竞争评估是对竞争制度环境的评估，是一项重要的基础性工作。反

---

① 张占江：《中国法律竞争评估制度的建构》，《法学》2015年第4期，第82页。

垄断委员会作为我国反垄断工作的最高管理机构，对反垄断工作进行全面组织、协调和指导，能够从更深层次研究市场竞争中存在的问题，形成报告并提出建议，供有关部门参考。而且，反垄断委员会不承担具体、繁重的执法工作，其组成成员包括了专门反垄断执法机构及行业管制机构，熟悉公共政策对市场竞争的影响，也有各个领域的权威专家作为咨询成员，有足够的时间和能力展开竞争评估，可以确保评估具有足够的专业性和权威性。①

由法律、政策拟订机构在提交法律、政策草案时，向竞争机构提交初步的竞争评估报告，证明限制竞争的合理性，是考虑到评估的效率和反垄断委员会自身的资源限制。这至少存在三点好处：(1)有利于减轻反垄断委员会的工作负担，也有利于发挥政策拟订机构，尤其是专门管制机构对本行业、本领域知识、信息上的优势。(2)有利于将所有影响竞争的法律的制定纳入评估范围，并且在法律制定的最初阶段考虑对竞争的影响。因为，法律制定部门承担初步评估的职责，一旦意识到对竞争产生了限制，就必须权衡该限制的合理性。如果没有足够的理由，就可能在接下来的深入评估中受到竞争机构的否定评价，影响法律的顺利通过，这等于在一定程度上把证明法律对竞争限制合理性的责任转移给了法律制定机构。(3)有利于建立法律制定机构和反垄断机构制度化的沟通机制，减少制度冲突。两类机构完成评估的过程就是其意见达成一致的过程，从而最大限度地实现维护竞争问题上的统一。②

(二) 赋予反垄断机构在公共政策实施中的竞争评估权力

为了确保竞争机构评估权的实施，建议反垄断法修订中明确规定：企业有关竞争行为，另有其它法律规定的，在不抵触本法立法宗旨的范围内，优先适用该其他法律的规定。这样不仅在反垄断法中明确了其经济基本法的地位，更赋予了反垄断机构对其他法律适用进行竞争评估和对其他法律规制领域在必要条件下介入的权力。当然，此规定不能被理解为，其他法律就不能限制竞争，而是强调其必须最大限度地避免对竞争的损害。

只有经过评估确定，其他法律的实施产生的竞争限制没有超出所要追求法益所必需的限度，反垄断法才不介入，其他法律优于反垄断法适用。若审查结果是适用竞争法(反垄断法决定介入管制领域)，则与管制机构权

---

① 参见张占江：《中国法律竞争评估制度的建构》，《法学》2015 年第 4 期，第 81—83 页。
② 同上。

限产生冲突，并非当然地排除其他法律适用，而是由两类机构共同合作，以求做出最大程度促进竞争的决定，共同承担协调竞争政策与产业政策的任务[①]。为此，在反垄断法实施细则中还要规定：本法规定事项，涉及其他机构职权的，由反垄断执法机构与其他机构协商处理。这样能够很好地与竞争倡导制度的设计相衔接。

（三）明确其他机构自我竞争评估的激励

我国要想真正有效地推进竞争评估，最好将各种措施综合运用，最大限度提供评估激励。我国正在积极推进政府绩效改革，完全可以考虑将对竞争的推进，尤其是减少限制竞争行为的公共干预程度作为一项重要的指标来评价政府绩效，并作为官员政绩考核的一项重要指标。而且，中央政府为了提高地方政府的积极性，可以根据其主动减少竞争政策障碍和执行国家反垄断机构评估建议的程度和效果给予其财政奖励。[②] 同时，可以由反垄断官员或竞争法专家对政策制定、执行的部门和人员进行竞争法的知识培训，增加其对限制竞争危害、可能限制竞争政策手段的认知，提高其自觉避免限制竞争的意识。[③]

二、关于竞争倡导机制

竞争机构通过竞争审查发现公共政策或政府行为不合理扭曲竞争，提出修改建议，要说服其接受改进方案亦非易事。这就要依赖合理的制度设计，确保反垄断机构与其他政府机构进行有效的沟通，以最大限度地避免或纠正政府对竞争的扭曲，形成有利于竞争的监管体系。这种执法之外的新的反垄断法实施方式被称为竞争倡导（Competition advocacy），它是直接规制政府扭曲的最主要工具。[④] 竞争审查是竞争倡导的基础，竞争倡导则是竞争审查的延续。

中国反垄断机构就行政垄断的执法建议被认为权威性和威慑力不足，

---

① 参见吴秀明：《竞争法制之发轫与展开》，元照出版有限公司 2004 年版，第 379 页。

② 王健，汪望宇：《美国竞争倡导制度研究——兼论我国如何导入竞争倡导制度》，《经济法论丛》2014 年第 2 期，第 310 页。

③ 黄勇：《竞争政策的功能与实施路径》，《中国价格监管与反垄断》2016 年第 6 期，第 29 页。

④ See D. Daniel Sokol, *Limiting Anti-Competitive Government Interventions That Benefit Special Interests*, George Mason Law Review, Vol. 17, No. 1(2009), pp. 144 - 145.

但是通过案件公开仍然可以对行政主体声誉造成一定影响，而且实践证明也取得了一定的效果。[①] 所以，反垄断执法建议要想进一步发挥作用，必须依托于完整、有效和透明的竞争倡导机制的建立。

（一）竞争事项优先咨询

在现有的反垄断法框架内，在考虑通过对《反垄断法》第 9 条的竞争政策做广义解释、赋予反垄断委员会制定竞争政策的主导权的同时，对《反垄断法》第 4 条进行反向解释，任何影响竞争的法律的制定都要经过反垄断委员会的竞争影响评估。这样的解释最好由全国人民代表大会常务委员会做出。[②] 人大常委会的解释与法律具有同等效力，[③]在效力等级上不会低于各行业管制法，能够更有效地约束管制法的制定和实施。

国务院法制办 2005 年 7 月 27 日提出的反垄断法草案征求意见稿中规定，“反垄断法执法机构有权对其他部门拟定的涉及反垄断法事项的政策和规章提出修改建议。”但《反垄断法》最终取消了这一规定。立法事先咨询有利于使竞争主管机构尽量广泛、充分地在相关法律、政策制定中表达自己的观点和意见，最大限度地降低相关法律规则限制竞争的风险。[④]

立法优先咨询制度最重要的是，在程序上确保所有可能明显影响竞争的立法都必须在制定前及时、充分、全面地咨询竞争主管机构的意见。而且，在程序上对这种优先咨询做出强制性的规定。但是，不宜规定竞争主管机构降低相关立法对竞争影响的意见或建议具有强制力。因为，这不利于政府机构在竞争与其他价值之间的权衡。为了增强竞争主管机构意见或建议的效果，确保竞争被立法充分考虑，可以在程序上强制要求相关主体（尤其是行政法规制定机构、地方立法机构等）就不接受竞争机构的意见或建议的原因做出充分说明，并予以公开，以便全社会对其进行讨论和监督。

（二）垄断行为制止

执法机构可积极运用行政指导的方式，以行政建议书和行政告诫书的形式，制止行政垄断行为。对提出行政建议和行政告诫仍不改正的，应充分发挥新闻媒体和社会舆论的监督作用和影响，通过新闻媒体曝光的方式

---

① 时建中：《强化公平竞争审查制度的若干问题》，《行政管理改革》2017 年第 1 期，第 46 页。

② 参见《立法法》第 42 条。

③ 参见《立法法》第 47 条。

④ 参见张占江：《竞争倡导研究》，《法学研究》2010 年第 5 期，第 124 页。

来制止行政垄断行为。[①] 在这方面，执法者本身必须打破自身的顾虑。中国很多的行政垄断案件并没有公布，很可能没有取得实际效果，或者违法主体拒不执行有关建议，执法机构担心一旦公布会影响自身的权威性。其实及时公布案件本身就是一种决心、一种权威的体现，而且有助于通过各方的监督，确保执法取得实质效果；而不予公布给外界留下了太多的“庇护”、缺乏“刚性”的想象空间。

由于我国目前还没有稳定、清晰和可预期的行政垄断案件信息传递机制，行政机构可以更加“安全无忧”地实施或纵容他人实施垄断行为，对行政垄断的规制威慑力很有限。[②] 因此，除了提升个案信息的透明度，还要对与行政垄断相关的执法、守法、审查信息进行及时全面的收集反馈和统计分析，形成反映特定行政机构竞争合规状况的量化数据，并且最终使其成为评价和任免干部的参考因素，这将显著提升行政机构保护竞争的主动性、自觉性。只要有足够的透明度保障，执法建议仍不失为一种有效的事前预防、事后监督保障机制。

（三）管制程序参与

竞争主管机构对于公共政策的竞争评估要想真正取得期望的效果，必须确保竞争主管机构参与管制程序的广泛性。这有利于竞争主管机构全面了解各个领域的竞争现状，及时、充分、持续地给出关于竞争的意见。因此，建议在作为管制依据的《电力法》等行业法中规定：行业管制机构在制定、修订以限制竞争事项为内容的规章制度时，必须事先与反垄断执法机构进行协商，给予其发表意见或建议的机会。既赋予反垄断机构对相关行业立法的建议权，又要求行业管制机构在相关规则制定前征询竞争主管机关的意见，可以最大限度实现反垄断法在各领域的一致适用，促进管制领域的竞争。管制机构如果要拒绝接受相关意见或建议，或不能采取相应举措，必须给出合理的解释或是证明其行为的正当性。为确保管制机构优势的发挥，宜在反垄断法实施细则中规定，反垄断执法机构在对电力、电信等管制领域滥用市场支配地位、价格歧视和不公平阻碍行为进行规制时，在做出决定前也需给予行业监管机构发表意见的机会。

---

① 吴宏伟，吴长军：《行政垄断的规制与反思》，《河北法学》2011 年第 6 期，第 2—8 页。

② 参见李俊峰：《公平竞争自我审查的困局及其破解》，《华东政法大学学报》2017 年第 1 期，第 125 页。

（四）减少适用除外

反垄断机构在限制超出实现公共利益的需要而限制竞争的豁免或除外方面发挥着重要作用。[①] 反垄断法适用除外范围的缩小必须与市场竞争实际相吻合，既不能一蹴而就，也不能滞后，否则都会损及经济效率。德国邮政领域除外适用范围的逐渐缩减，充分体现了这一原则。德国在1998年1月1日颁布实施的新邮政法中制订了渐进式开放市场的时间表，大致分四个步骤：1998年至2002年，德国邮政公司对单件重量为200克以内且5倍基本邮资以内的信件以及重量在50克以下的广告信件邮递业务的垄断经营不适用GWB，[②]这一阶段只开放了23%的市场；2003年至2005年单件重量为100克以内且3倍基本邮资以内的信件邮递业务的垄断经营不适用GWB，这一阶段市场开放的规模达到33%；从2006年至2007年单件重量为50克以内且2.5倍基本邮资以内的信件邮递业务不适用GWB，这一阶段市场开放的规模为41%；从2008年德国面向欧盟全面开放邮政市场。从2008年1月1日起，邮政市场完全开放，全面适用GWB。[③]

我国邮政、铁路等行业引入竞争的需求尽管迫切，但推动反垄断法适用范围的扩大，必须循序渐进。同时，为提高推动反垄断法适用范围扩大的科学性，使其推进行为更具说服力，可以借鉴日本的做法，成立由学者、行业管制机构、消费者等组成的专门研究机构，深入调查研究，广泛听取意见，在形成广泛共识后再提出相关建议。或者借鉴美国的做法，由反垄断执法机构对现存豁免或者除外领域存在的必要性、合理性进行深入的研究，公布有关报告，形成广泛社会共识，并逐步修改有关规定或对其进行窄化的解释。

（五）引导企业合规

针对政府限制竞争问题的竞争倡导，主要是面向公权力机构。当然，对于企业竞争倡导也很重要，企业主动遵守竞争法会大大降低寻求政府限制竞争的风险。

---

① See Michal S. Gal, Inbal Faibish, *Six Principles for Limiting Government-Facilitated Restraints on Competition*, Common Market Law Review, Vol. 44, No. 1(2007), p. 86.

② 《关于德国、西班牙、意大利邮政体制改革及标准化考察报告》，《世界标准信息》2008年第5期，第39页。

③ See BkartA, *Activity Report*, 2006, p. 23.

随着我国《反垄断法》的实施，以及参与国内、国际市场竞争的频繁，企业要想在竞争中赢得最有利的地位，降低垄断违法风险，建立规范的反垄断合规制度是必然的选择。但企业自身对竞争法认知有限，更缺乏主动遵守的意愿，[①]还极力寻求政府权力帮助自己限制竞争或利用政府权力为自己限制竞争提供庇护，[②]因此，迫切需要反垄断主管机构能够最大限度发挥自身优势，协助企业构建符合国内、国际竞争法规范的合规制度。因此，建议反垄断主管机构抓紧制定和颁布企业合规一般程序的示范文本，为企业提供指引，推进企业规范竞争行为；同时，为企业建立合规制度提供适当激励，例如，对于建立合规制度的企业给予豁免资格的优先考虑，或者对其违法行为从轻处罚。

三、关于反竞争行为执法机制

（一）针对政府反竞争行为执法

行政性垄断由其上级机关“责令改正”，使得追究行政性垄断的法律责任制度一开始就呈现出疲软态势。责令改正并非是法律责任形式，必须借助于行政协助、行政合作以及行政复议、行政诉讼等程序才能真正落实行政性垄断的法律责任。[③]

上级机关要发现和有效地查处涉嫌违反反垄断法的行政性滥用行为，单纯依赖反垄断执法机构是不够的，还需要激励受害消费者和企业就相关涉嫌违法行为进行举报、投诉。建议借鉴欧盟竞争法对“企业”和美国反垄断法对“人”的解释方法，对第 12 条、第 50 条中的“经营者”做扩大解释，确

---

① 例如，根据国家发改委的调查，2009 年 10 月 17 日，在我国绿豆主产区吉林省洮南市召开的“第一届全国绿豆市场产销行情研讨会”实际上就是串通涨价、哄抬绿豆价格的会议。有关企业在会上毫不掩饰地呼吁与会的绿豆经销企业“不要卖出绿豆，要卖也要少卖”；并宣称“价格上涨已成必然”。如此赤裸裸的反竞争价格协调行为显然与企业自身缺乏对竞争法认知和遵守意愿相关。

② 例如，中国电信、中国联通为自己涉嫌违反反垄断法的歧视性定价辩护的理由就是，自己的定价行为遵守了《电信条例》的规定。这明显是拿《电信条例》作为自己限制竞争的“挡箭牌”。

③ 魏琼：《追究行政性垄断法律责任的对策——从“责令改正”谈起》，《政治与法律》2009 年第 11 期，第 66 页。

定政府滥用行政权限制竞争应承担民事责任。[①] 在这种情况下，能够极大提升受到损害的消费者和企业发现违法行为、竞争执法机构迅速启动执法的激励。

当然，这并没有排除反垄断执法机构的调查权和违法认定权。[②] 反垄断执法机构也可以适度追究违法者的行政责任。在现有的反垄断法框架内，通过公开的方式来追究行政机关的声誉责任。无论是政府机构还是企业，舆论或商誉对它们来说都至关重要，公布其涉嫌垄断行为及执法机构的态度，也是对行为主体的一种责任追究。为此，可以对第 44 条做扩大解释，将其“涉嫌垄断行为”定义为私人限制和政府限制。[③] 由反垄断执法机构将政府限制竞争的调查结果及违法性认定情况向社会公布，形成强大的舆论压力，来迫使行政机关主动更正自己的违法行为，同时对上级行政机关而言也是一个很大的压力，可以促使其依法作出处理决定，从而达到有效追究法律责任的目的。[④]

从更长远的角度看，必须对政府限制竞争行为规定更为完善的反垄断责任体系。[⑤]《反垄断法》第 51 条第 2 款为通过其他法律、行政法规（包括反垄断实施细则）来补充甚至重构行政垄断法律责任预留了空间。

此外，就反垄断机构“在什么样的时机”提出处理行政机关和法律、法规授权的具有管理公共事务职能的组织滥用行政权力，实施排除、限制竞争行为的意见和建议，只要可能产生限制竞争风险，不要求出现限制竞争结果，就可以提出替代方案和处理建议。

对于不当限制竞争的《反垄断法》的下位法，建议赋予反垄断机构直接认定其无效的权力。对于不当限制竞争的《反垄断法》的平行法或上位法，建议赋予反垄断机构提出替代方案，并提请有关机构向着有利于竞争方向解释和修改的权力。

反垄断委员会还可以考虑建立区域封锁而限制竞争的数据库。如果

---

① 参见王健：《行政垄断法律责任追究的困境与解决思路》，《法治论丛》2010 年第 1 期，第 12—13 页。

② 同上文，第 13 页。

③ 《反垄断法》第 44 条规定：反垄断执法机构对涉嫌垄断行为调查核实后，认为构成垄断行为的，应当依法做出处理决定，并可以向社会公布。

④ 王健：《行政垄断法律责任追究的困境与解决思路》，《法治论丛》2010 年第 1 期，第 14 页。

⑤ 在这方面，更为详细的分析请参见王健：《行政垄断法律责任追究的困境与解决思路》，《法治论丛》2010 年第 1 期，第 14—16 页；魏琼：《追究行政性垄断法律责任的对策——从“责令改正”谈起》，《政治与法律》2009 年第 11 期，第 71—75 页。

将地区封锁造成经济成本及对竞争损害的相关数据汇总和公布，这本身就产生了一种深化经济改革、促进竞争的激励效应。① 事实上，现有的经济学研究已经为建立这样的数据库提供了可能。②

(二) 政府行为抗辩之否定

竞争倡导不能全部避免限制、扭曲竞争的制度安排。但经过竞争审查，除非基于维护公共利益所必需，任何侵害企业自由竞争、公平竞争权利的制度安排都面临违宪的风险。③ 企业如果以此作为反竞争行为的抗辩依据，一般都无法得到反垄断豁免。

政府不合理扭曲竞争的制度安排经常为特定企业实施反竞争行为提供便利或庇护。企业在面临反垄断处罚时也多以相关反竞争行为得到政府的授权、默许、强制等为由主张豁免。针对这类企业的反竞争行为执法，是事后排除反竞争制度安排影响的重要路径。④ 哪怕是欧盟这样拥有严格的直接禁止政府扭曲制度路径的法域，也很难完全避免成员国类似的制度安排，必须在对企业反竞争行为执法时排除其背后政府扭曲的影响。在此情形下，执法机构实际上适用了一个双层分析架构：在表层上，审查企业行为是否违反了反垄断法的禁止性规定；在深层次上，审查政府行为是否为企业反竞争行为提供了“便利”或“强制”，构成了不合理的政府扭曲。只有同时满足这两个条件，反垄断机构才会在追究企业反垄断责任的同时，对政府扭曲行为作出否定性评价并提出相应的处理建议。两个层次中，最关键的步骤是通过竞争审查确认政府扭曲的不法性。

在国家发改委最近指导查处的一起行政垄断案件中，云南省通信管理局滥用行政权力组织四家电信企业达成了价格垄断协议，明显限制、排除

---

① See Eleano M. Fox, *An Anti-Monopoly Law For China-Scaling the Walls of Government Restraints*, Antitrust Law Journal, Vol. 75, No. 1(2008), p. 190.

② 参见樊纲等：《中国各地区市场化相对进程报告》，《经济研究》2003 年第 3 期，第 9—18 页；白重恩等：《地方保护主义及产业地区集中度的决定因素和变动趋势》，《经济研究》2004 年第 4 期，第 29—40 页；于良春，余东华：《中国地区性行政垄断程度的测度研究》，《经济研究》2009 年第 2 期，第 119—131 页。

③ 张守文：《公平竞争审查制度的经济法解析》，《政治与法律》2017 年第 11 期，第 7 页。

④ 在“TeliaSonera 案”中，欧委会认为，欧盟、芬兰和瑞典的管制只是对具有市场力量的企业进行财务上的分离，而不进行结构拆分，也不强制开放本地回路，不能有效阻止合并可能产生的反竞争效果。因此，欧委会对该项合并附加了两项限制条件，一是资产剥离，二是合并各方必须对固定和移动网络服务进行合理拆分。这样做的真正目的是在欧盟范围内对所有企业集中的竞争影响判断都贯彻统一的竞争法标准。See Commission Decision of 10 July 2002, Case M. 2803, Telia Sonera.

了相关市场的竞争。四家企业的反竞争行为并未因云南省通信管理局出面组织而得到豁免，仍被处以上一年度相关市场销售额2%的罚款。[①] 同时，云南省通信管理局也被认定违反了《反垄断法》第36条"滥用行政权力，强制经营者从事本法规定的垄断行为。"

强有力的竞争执法的目的在于最大程度地否定不合理损害竞争的制度安排的效力。法律、地方性法规、行政法规和规章只是为企业从事反竞争行为提供了可能，最终的行为决策仍由企业自己做出，不能成为企业豁免反垄断责任的依据。只有法律强制企业从事反竞争行为时，企业才可能得到反垄断豁免。判断"强制"的核心，是经营者是否具有"可供取舍的可能性"[②]。按照学者的解释，如果经营者不服从行政主体的要求，将会面临严重的利益损害，此时经营者就不具备可供取舍的可能性，应当认定强制的存在。[③] 在实际认定中，应当侧重对企业决策的实际影响，而不是拘泥于政府行为的具体表现形式。只要证据能够支持经营者没有"可供取舍的可能性"，即便某些非强制性的行政行为——比如行政指导也可以构成强制。[④]

否定不合理损害竞争的制度安排，必须以尊重法治原则为前提，不能违背法律的确定性和法律位阶制度的要求。《反垄断法》仅仅是全国人大常委会制定的法律，执法机构要突破背离竞争损害最小化要求的更高位阶的法律制度安排时，会遇到极大的合法性拷问。[⑤] 即便是不合理地扭曲竞

---

① 参见"云南省通信管理局滥用行政权力排除限制竞争案"，案件来源国家发展和改革委员会网站，http://www.ndrc.gov.cn/fzgggz/jgjdyfld/jjszhdt/201506/t20150602_694802.html，最后访问时间：2019年6月20日。

② 张晨颖：《行政性垄断中经营者责任缺位的反思》，《中外法学》2018年第6期，第1652页。

③ 参见张晨颖：《行政性垄断中经营者责任缺位的反思》，《中外法学》2018年第6期，第1652页。

④ 从实践角度考察，行政机关处于天然的强势地位，行政指导会对行政相对方产生一定程度的精神、心理压力或自上而下的驱使。压力不仅是心理上的，如果不服从行政指导，经营者可能会被"穿小鞋"，在长期和政府交往的过程中处于不利的地位。特别是行政机关针对特定相对人做出的具体行政指导，无论自愿与否，相对人往往都会接受。故而经营者服从行政指导也不是完全出于自觉自愿。承认部分行政指导的事实强制性，既是对行政实践的尊重，更体现了对行政指导予以规范化和可救济性的必要。在一般情况下，因为行政行为以国家强制力作为后盾，具有直接支配行政相对人的力量，行政相对人必须接受并服从行政权力的支配，其强制性较容易证明。张晨颖：《行政性垄断中经营者责任缺位的反思》，《中外法学》2018年第6期，第1652页。

⑤ 只有由全国人大制定的规范重要的具有全局性社会关系的法律才属于基本法（参见韩大元：《全国人大常委会新法能否优于全国人大旧法》，《法学》2008年第10期，第3页）。竞争是市场经济的核心，维护竞争的反垄断法理应是经济基本法，但我国反垄断法由全国人大常委会制定，严格说并不属于基本法。仅考虑法律位阶，反垄断法缺乏排除基本法及很多同位阶的法律中反竞争中立制度安排影响的合法性。而建立与宪法的联系，可以很大程度上弥补这一局限。

争，一些狭义上的法律所作出的制度安排因未给予企业任何自主决策空间，仍可能屏蔽竞争执法，只有修改这些法律才能最终解决问题。

四、各种实施工具的适用逻辑

竞争评估、竞争倡导和竞争执法作为规制政府反竞争行为的三条基本路径，在功能上紧密联系，在适用上依次展开（见图八-2）。尽管，各法域基于各自制度环境的不同，可能会各有侧重，也不是所有个案中都会用到这三种路径，[①]但是，就整体趋势而言，建立将各种路径优势最大化和彼此衔接的适用机制至关重要。

（一）各种路径的优势与局限

竞争评估、竞争执法和竞争倡导各有其独特的优势，很难相互取代。竞争评估旨在运用竞争法的分析框架，判断各种政策措施潜在或已经存在的竞争限制的合理性。它是前置性、基础性的制度机制。反垄断机构要说服政府机构接受有利于竞争的方案，或追究实施反竞争行为政府机构的反垄断责任，都要以对法律对竞争影响的评估为基础。缺少了详细、准确的竞争评估，针对政府反竞争行为的竞争倡导很难发挥作用，强硬的执法也很可能引发机构之间的对立、冲突。

竞争执法虽然最具强制性和威慑力，但也有其局限。首先，传统反垄断执法，主要针对企业反竞争行为，不包括政府公权行为。即使现代反垄断执法，也很难涵盖所有政府及其授权组织的反竞争行为。在法治条件下，如果高位阶法律包含不合理限制竞争的规定，且不能向着有利于竞争的方向解释、实施，反垄断法只能尊重其制度安排的效力。这就导致无法通过执法追究以此为依据的企业反竞争行为的反垄断责任。其次，反垄断执法强调统一的效率目标指引，很难兼顾到效率之外的其他目标的实现。如果竞争机构过多考虑非效率目标，将“产生不确定和模糊”。[②] 再者，除了事前禁止反竞争的经营者集中外，主要作为事后救济手段的反垄断执

---

① 例如，在 Trinko 案中，基于竞争评估的判断和反垄断机构与管制机构的良好沟通，管制充分考虑了竞争，所以反垄断执法无需再介入。Verizon Communications Inc. v. Law Offices of Curtis V. Trinko, LLP, (02-682)540 U.S. 398(2004).

② Robert H. Bork, *The Antitrust Paradox: A Policy at War with Itself*, Free Press, 1993, pp. 114-115.

法，无法有效事前避免政府对竞争的损害。最后，反垄断执法具有复杂性、不可逆转性。执法过程中任何一个环节出现偏差，其结果都可能造成无法弥补的损害，危及竞争机构的声誉。

竞争倡导有利于克服竞争执法在规制政府反竞争行为中的局限。它本身就是完善和更新竞争法律实施手段的产物。[①] 其一，竞争倡导解决问题的方法是跳出竞争执法的藩篱，回到立法过程，追求有利于竞争的体制环境的建立。阻碍垄断性行业市场化改革的往往就是政府不合理限制竞争的制度安排，此时竞争倡导的作用尤为显著。JFTC 通过减少电力产业限制竞争的管制政策，在三年时间内就使得日本的电费降低了 10%，而这期间 JFTC 并没有采取针对日本电力的司法调查或起诉手段。[②] 其二，在高位阶的反竞争法律已经明确排除竞争法适用的情况下，说服政府修改有关法律是唯一的规制途径。其三，竞争倡导更容易实施。因为它是面向其他政府机构的对话、沟通机制，寻求各方利益的表达与均衡，试图构建的是一种多元化的政策目标实现机制。

当然，竞争机构向其他政府机构提出的意见、建议往往并不具有约束力，倡导的效果很大程度依赖于竞争机构提出的方案是否有详细论证、令人信服的数据分析，以及整个沟通过程的透明、强有力的公众监督。这其中竞争机构自身的独立性、专业性和权威发挥着至关重要的作用。而竞争机构上述声誉的建立源于准确和卓有成效的执法，及带来的实实在在的经济绩效的改善。

（二）各种路径的选择和衔接

实践中，每个法域对政府反竞争行为规制路径各有侧重。例如，美国主要依赖竞争评估和竞争倡导，竞争执法相对较弱。从 FTC 公布的数据来看，2008—2012 年委员会平均每年向联邦或州管制机构、立法机构等提出有关竞争倡导意见函多达 15 件以上。[③] 而反垄断执法存在很大的局限，只能在尊重“州行为原则”的前提下展开。竞争倡导的突出作用是与美国作为联邦制国家、宪法约束及其发达的市场经济、根深蒂固的竞争文化相联系的。很多美国管制法制度设计及其实施，已经充分进行了竞争因素的考量。而且，管制机构也比较容易接受竞争主管机构的意见。因此，对竞

---

① See ICN, *Advocacy Toolkit*, 2011, p. 3.

② 参见向立力：《竞争推进的理论与制度研究》，华东政法大学 2012 年博士学位论文，第 48 页。

③ 数据来源于美国 FTC 网站发布的相关统计，http://www.ftc.gov/opp/advocacy_date.shtm#2013，最后访问时间：2019 年 6 月 20 日。

争执法的要求并不非常突出。我国作为转型经济国家的竞争文化非常薄弱，政府机构也并非都完全认同竞争的价值和了解竞争法的规则，更难期望其主动在立法、执法中充分考虑竞争因素。因此，必须完整地赋予我国反垄断机构竞争评估、竞争倡导和竞争执法的权限，健全反垄断法实施机制。

在各种路径中，竞争评估普遍被放在最突出的位置。澳大利亚通过竞争评估减少竞争制度障碍最为坚决。一项法律制度"除非能证明对竞争限制的总体收益大于成本，且非经此项限制无法达到政策目标，否则对竞争的限制就是不合理的。"[①]目前我国经济体制改革的重点是消除阻碍市场经济发展的体制性障碍，充分发挥竞争机制的作用。而这些体制性障碍往往表现为各个地方实施市场分割的法律规范、过多限制竞争的行政许可，以及垄断行业不合理的管制政策。因此，通过竞争评估，清理、修改不利于竞争的法律、政策的需求尤为迫切。

在竞争倡导与竞争执法之间，各国竞争机构普遍将工作重心放在竞争倡导方面，在此基础上循序渐进地展开竞争执法。我国也应该遵循这样的思路。这是因为：第一，从现实需求的角度考虑，我国市场经济体制的建立和完善需要制定大量的制度规则，竞争倡导可以在其间发挥重要作用，减少反竞争法律的产生。第二，从实施难度角度考虑，竞争案件的解决可能需要很长的时间，竞争执法可能会面临精疲力竭和危及其自身声誉的风险。而竞争倡导不需要像执法一样的精确分析，更容易展开。第三，从实用性的角度考虑，我国正在经历对自然垄断性行业等关键领域放松管制的过程，在促进这些领域由垄断向竞争转变的过程中，一个克服执法所面临的技术难题的重要途径就是充分发挥竞争倡导的作用。第四，从成本的角度考虑，倡导行为并非像执法一样针对个案，它的成本可以分摊到对类似问题的分析、评价和处理过程中。一旦对一种限制竞争行为分析的固定成本已经发生，随后针对同样或类似问题的边际成本就非常低了。

综上，反垄断法规制政府反竞争行为的三条路径是有机联系的整体：竞争评估发现问题，寻找替代方案；竞争倡导和竞争执法将替代方案付诸实施。其中，前者是事前防范机制，说服政府机构接受其替代方案；后者是事后救济机制，最大限度排除违法行为不利影响。三条路径依次组成一个协调运转的规制机制。强调各种规制路径的优化适用，并不是要将其截然分开，而是明确在现有资源制约、客观需求下的工作重点。实际上，现实中很多问题的解决都是各种路径交织发挥作用的结果。

---

① See Guideline for NCP LR, pp. 6 - 7.

结语

在美国联邦贸易委员会办公大楼两侧各摆放着一尊巨大的大理石雕塑：一名勇士奋力紧拽缰绳拉住一匹正欲狂奔的烈马，烈马奋蹄嘶啸却无法动弹。这对雕塑的名称是“驯服贸易者”(Man Controlling Trade)。在政府反竞争危害并不比私人限制竞争逊色，甚至更甚于后者的情况下，这两幅雕像更有了一层新的含义：反垄断法既要驯服私人限制竞争的烈马，又要驯服政府限制竞争的烈马。

反垄断法自诞生以来，一直与各类限制竞争行为进行斗争，不断探索新的执法方法，[①]并且勇于开拓新的执法领域，[②]因此，在反垄断法理论和实践的发展过程中，一定能够找到有效规制政府限制竞争的路径和方法，而且，已经取得了极大进展。但是，我们还是需要谨记：“反垄断法的主要任务是规制没有被政府有效控制的私人反竞争行为。”[③]也就是说，反垄断法尊重政府基于社会公共利益需要的限制竞争安排。

回应本书引入反垄断规制策略模型，研究政府限制竞争期待解决的问题。[④]

反垄断法是市场经济的基本法，它不仅要维护竞争秩序，更要建立竞争环境；它主要是通过维护竞争，促进社会公共福利；宪法为反垄断法预留了规制政府限制竞争行为的空间，但必须打通宪法到反垄断法的通道，完善现有反垄断机构权限和健全其实施工具。

法律的功能和规制面向被现实所塑造。反垄断法规制政府反竞争的行为的功能与中国深化经济体制改革的顶层战略部署具有内在的一致性。

---

① 例如，FTC v. Staples Inc. and Office Depot Inc.，Case No. 1：97 CV00701 (District of the District of Columbia，该案中美国联邦贸易委员会首次采用了价格对比等直接证据，证明并购所造成的竞争损害。

② 例如，对于传统上属于豁免领域的自然垄断性行业的适用。

③ Phillip E. Areeda，Herbert Hovenkamp，*Fundamentals of Antitrust Law*，Aspen，2010，p. 5.

④ 参见前文绪论。

中央提出“强化竞争政策的基础性地位”，[①]实际上就是基于竞争政策限定政府干预的边界和干预方式，最大程度发挥竞争机制的作用。在制度上，体现为反垄断法作为整个竞争政策的核心，提供了一种制度构造的价值导向、合法性标准和一系列完整的推进实施的工具，并且在政策冲突的处理中具有主动性、权威性。更深层次上，反垄断法是与市场逻辑相一致的工具，其骨子里渗透着法的客观性、稳定性以及方法论特征。[②] 它必将成为驱动整个国家经济治理现代化的“发动机”和“领航员”。[③]

中国的行政性垄断依然存在，而且愈加严峻。这不是否定法律实施的成绩，而是因为市场经济本身的深化，使其显得更加格格不入。尽管我们一直将反垄断法誉为“经济宪法”，却极大地低估了它对政府反竞争行为的规制作用。要克服中国反垄断法对行政垄断的规制局限，最重要的是完善其一般规制框架，并赋予反垄断机构统一的、健全的执法权限；而专门的规制框架只能作为不完全的列举，并不能取代一般规制框架更为广泛、全面的规制作用。当然，我们强调反垄断法对政府行为的规制作用，必须立足于竞争效果标准本身，绝不能逾越竞争标准而直接探讨政府行为的合理性、合法性。民主语境下政府权力的行使有许多缺陷，但是解决这些缺陷并不是反垄断法的首要任务。[④]

---

① 《国务院关于印发“十三五”市场监管规划的通知》(国发[2017]6 号)

② 参见[美]戴维·格伯尔：《全球竞争：法律、市场和全球化》，陈若鸿译，中国法制出版社 2012 年版，第 87 页。

③ 正如反垄断法制定过程中，将行政性垄断纳入规制范围曾遭遇重重障碍而最终得以克服一样，反垄断法也一定能实现对整个政府反竞争行为进行全面、有效的规制，成为整个经济高质量发展的内在驱动力量。See Eleano M. Fox, *An Anti-Monopoly Law For China-Scaling the Walls of Government Restraints*, Antitrust Law Journal, Vol. 75, No. 1(2008), p. 194.

④ [美]霍温坎普：《联邦反托拉斯政策：竞争法律及其实践》(第 3 版)，许光耀，江山，王晨译，法律出版社 2009 年版，第 759 页。

参考文献

一、中文：

(一) 著作

[1] 王晓晔：《欧共体竞争法》，中国社会科学出版社2007年版

[2] 王晓晔：《反垄断法实施中的重大问题》，社会科学文献出版社2010年版

[3] 王晓晔：《反垄断法》，法律出版社2011年版

[4] 王先林：《竞争法学》，中国人民大学出版社2009年版

[5] 黄勇、董灵：《反垄断法经典判例解析》，人民法院出版社2002年版

[6] 苏永钦：《走入新世纪的私法自治》，中国政法大学出版社2002年版

[7] 时建中：《三十一国竞争法典》，中国政法大学出版社2009年版

[8] 时建中、戴龙、焦海涛编：《反垄断诉讼典型案件分析与解读(2008—2018)》，中国政法大学出版社2018年版

[9] 郑鹏程：《行政垄断的法律控制研究》，北京大学出版社2002年版

[10] 郑鹏程：《对政府规制的规制：市场统一法律问题研究》，法律出版社2012年版

[11] 许光耀：《欧共体竞争法通论》，武汉大学出版社2006年版

[12] 吴秀明：《竞争法研究》，元照出版有限公司2010年版

[13] 肖竹：《竞争政策与政府规制——关系、协调及竞争法的制度构建》，中国法制出版社2009年版

[14] 中国世界贸易组织研究会竞争政策与法律专业委员会编：《中国竞争法律与政策研究报告2010年》，法律出版社2010年版

[15] 李福川：《俄罗斯反垄断政策》，社会科学文献出版社2010年版

[16] 夏大慰：《产业组织：竞争与规制》，上海财经大学出版社2002年版

[17] 吴越：《经济宪法学导论——转型中国经济权利与权力之博弈》，法律出版社2007年版

[18] 赖源河：《公平交易法新论》，中国政法大学出版社2002年版

[19] 辜海笑：《美国反托拉斯理论与政策》，中国经济出版社2005年版

[20] 王俊豪：《中国垄断性产业结构重组分类管制与协调政策》，商务印书馆2005年版

[21] 中国人大常委会法制工作委员会经济法室编：《〈中华人民共和国反垄断法〉条文说明、立法理由及相关规定》，北京大学出版社2007年版

[22] 姚中秋主编：《自发秩序与理性》，浙江大学出版社2008年版

[23] 刘华美：《竞争法与能源法》，元照出版有限公司2009年版

[24] 方小敏：《竞争法视野中的欧洲法律统一》，中国大百科全书出版社2010年版

[25] 张江莉:《反垄断制度与政府管制》,北京师范大学出版社 2011 年版
[26] 孙彦红:《欧盟产业政策研究》,社会科学文献出版社 2012 年版
[27] 邓志松:《行政垄断的成因、特点及法律规制》,法律出版社 2017 年版
[28] 张维迎、林毅夫等:《政府的边界》,民主与建设出版社 2017 年版
[29] 翟巍:《欧盟国家限制竞争行为反垄断规制及对我国启示——基于公共经济利益服务研究视域》,法律出版社 2016 年版
[30] 翟巍:《欧盟公平竞争审查制度研究》,中国政法大学出版社 2019 年版
[31] [美]丹尼尔·F·史普博:《管制与市场》,余晖等译,上海三联书店 2003 年版
[32] [美]凯斯·R·桑斯坦:《权利革命之后:重塑规制国》,钟瑞华译,中国人民大学出版社 2008 年版
[33] [美]查尔斯·沃尔夫:《市场或政府——权衡两种不完善的选择/兰德公司的一项研究》,谢旭译,中国发展出版社 1994 年版
[34] [美]G. J. 斯蒂格勒:《产业组织和政府管制》,潘振民译,上海三联书店 1989 年版
[35] [比]保罗·纽尔:《竞争与法律:权力机构、企业和消费者所处的地位》,刘利译,法律出版社 2004 年版
[36] [德]格尔哈德·帕普克:《知识、自由与秩序》,黄冰源等译,社会科学出版社 2001 年版
[37] [美]霍温坎普:《联邦反托拉斯政策:竞争法律及其实践》(第 3 版),许光耀,江山,王晨译,法律出版社 2009 年版
[38] [美]波斯纳:《反托拉斯法》,孙秋宁译,中国政法大学出版社 2002 年版
[39] [美]盖尔霍恩、科瓦契奇、卡尔金斯:《反垄断法与经济学》(第 5 版),任勇,邓志松,尹建平译,法律出版社 2009 年版
[40] [美]马赫·M. 达芭:《反垄断政策的国际化研究》,肖兴志,丁宁等译,东北财经大学出版社 2008 年版
[41] [英]弗里德利希·冯·哈耶克:《自由秩序原理》(上、下),邓正来译,生活·读书·新知三联书店 1997 年版
[42] [英]弗里德利希·冯·哈耶克:《法律、立法与自由》(第一卷),邓正来等译,中国大百科全书出版社 2000 年版
[43] [美]斯蒂芬·马丁:《高级产业经济学》,史东辉等译,上海财经大学出版社 2003 年版
[44] [美]戴维 J. 格伯尔:《二十世纪欧洲的法律与竞争》,冯克利,魏志梅译,中国社会科学出版社 2004 年版
[45] [日]根岸哲、舟田正之:《日本禁止垄断法概论》,王为农,陈杰译,中国法制出版 2007 年版
[46] [德]路德维希·艾哈德:《来自竞争的繁荣》,祝世康,穆家骥译,商务印书馆 1983 年版
[47] [美]奥利弗·威廉姆森:《反托拉斯经济学——兼并、协约和策略行为》,张群群,黄涛译,经济科学出版社 1999 年版
[48] [德]何梦笔:《秩序自由主义——德国秩序政策论集》,董靖等译,中国社会科学文献出版社 2002 年版
[49] [澳]布伦南、[美]布坎南:《宪政经济学》,冯克利等译,中国社会科学出版社 2004 年版
[50] [日]金泽良雄:《经济法概论》,满达人译,中国法制出版社 2005 年版

[51] [美]杰伊·皮尔·乔伊主编：《反垄断研究新进展：理论与证据》，张嫚，崔文杰译，东北财经大学出版社 2008 年版
[52] [爱尔兰]伯纳德特·安德鲁索、戴维·雅克布森：《产业经济学与组织——一个欧洲的视角》第 2 版，王立平等译，经济科学出版社 2009 年版
[53] [美]戴维·格伯尔：《全球竞争：法律、市场和全球化》，陈若鸿译，中国法制出版社 2012 年版
[54] [德]罗尔夫·施托贝尔：《经济宪法与经济行政法》，谢立斌译，商务印书馆 2008 年版
[55] [英]冯·哈耶克：《作为一种发现过程的竞争——哈耶克的经济学、历史学论文集》，邓正来译，首都经济贸易大学出版社 2014 年版
[56] [德]瓦尔特·欧肯：《经济秩序的原则》，李道斌等译，中国社会科学出版社 2014 年版
[57] [美]威廉·科瓦西奇、[英]林至人、[英]德里克·莫里斯：《以竞争促增长：国际视角》，中信出版集团 2017 年版

(二) 论文

[1] 王先林：《论反垄断民事诉讼与行政执法的衔接与协调》，《江西财经大学学报》2010 年第 3 期
[2] 王晓晔：《〈中华人民共和国反垄断法〉析评》，《法学研究》2008 年第 4 期
[3] 黄勇：《当行政垄断遭遇法律"挑战"》，《中国报道》2008 年第 8 期
[4] 史际春，赵忠龙：《行政垄断及其规制的再审视》，《社会科学》2011 年第 9 期
[5] 徐士英：《我国〈反垄断法〉的实施及其完善》，《华东政法大学学报》2011 年第 2 期
[6] 王健：《行政垄断法律责任追究的困境与解决思路》，《法治论丛》2010 年第 1 期
[7] 李剑：《论结构性要素在我国〈反垄断法〉中的基础地位——相对优势地位滥用理论之否定》，《政治与法律》2009 年第 10 期
[8] 王轶：《民法价值判断问题的实体性论证规则——以中国民法学的学术实践为背景》，《中国社会科学》2004 年第 6 期
[9] 吕政，曹建海：《竞争总是有效率的吗？——兼论过度竞争的理论基础》，《中国社会科学》2000 年第 6 期
[10] 赵世义：《经济宪法学基本问题》，《法学研究》2001 年第 4 期
[11] 李国海：《经济民主：反垄断法的宪政价值》，《经济法论丛》2011 年第 1 期
[12] 王锡锌：《中国行政执法困境的个案解读》，《法学研究》2005 年第 3 期
[13] 钟瑞华：《从绝对权利到风险管理：美国的德莱尼条款之争及其启示》，《中外法学》2009 年第 4 期
[14] 于良春，余东华：《中国地区性行政垄断程度的测度研究》，《经济研究》2009 年第 2 期
[15] 汤吉军：《可竞争市场理论及其对我国自然垄断行业改革的启示》，《产业经济评论》2010 年第 2 期
[16] 倪子靖：《规制俘获理论的变迁》，《制度经济学研究》2008 年第 3 期
[17] 闫星宇：《可竞争市场理论综述》，《产业经济研究》2009 年第 1 期
[18] 王建明，李颖灏：《价格上限管制的应用：理论基础、关键问题和实施对策》，《经济评论》2006 年第 5 期
[19] 臧旭恒，王立平：《规制经济理论的最新发展综述》，《产业经济评论》2004 年第

1 期
[20] 于立，于左：《美国收益率规制与英国价格上限规制的比较》，《产业经济研究》2003 年第 1 期
[21] 许光耀：《行政垄断的反垄断法规制》，《中国法学》2004 年第 6 期
[22] 李靖堃：《欧洲经济宪法的发展及其对共同市场的规制——以自由竞争与自由流动为例》，《欧洲研究》2007 年第 6 期
[23] 王廷惠：《市场过程理论的过程竞争：与新古典经济学完全竞争的对比》，《上海经济研究》2005 年第 1 期
[24] 张粒子，张集：《电力市场中的价格上限管制》，《电力需求侧管理》2006 年第 3 期
[25] 王先甲、韩东、王广民：《基于可竞争市场理论的输电市场管制机制设计》，《系统工程理论与实践》2007 年第 6 期
[26] 夏俊：《管制者：别被"俘获"》，《中国电信业》2005 年第 5 期
[27] 卢正刚，赵定涛：《转轨国家政府俘获理论与中国公共管理变革》，《北京行政学院学报》2005 年第 5 期
[28] 臧旭恒：《从哈佛学派、芝加哥学派到后芝加哥学派—反托拉斯与竞争政策的产业经济学理论基础的发展与展望》，《东岳论丛》2007 年第 1 期
[29] 李亮国，王艳林：《农业在反垄断法中的适用除外研究(上)——中国反垄断法第五十六条之解释》，《河南政法干部管理学院学报》2008 年第 4 期
[30] 焦海涛：《公权限制竞争行为的反垄断法规制模式》，《经济法论丛》2008 年第 2 期
[31] 魏琼：《追究行政性垄断法律责任的对策——从"责令改正"谈起》，《政治与法律》2009 年第 11 期
[32] 廖贤洲：《从 Verizon v. Trinko 案看电信市场之管制与竞争》，《公平交易季刊》2005 年第 3 期
[33] 虞国兴，康世芳，胡名雯：《我国自来水市场解除管制可行性研究》，《公平交易季刊》2003 年第 4 期
[34] 秦国荣：《劳动权的权利属性及其内涵》，《环球法律评论》2010 年第 1 期
[35] 郑鹏程：《美国规制地方保护主义法律制度研究》，《中国法学》2010 年第 2 期
[36] 夏大慰，王步芳：《新奥地利学派：产业组织学的行为流派》，《山西财经大学学报》2004 年第 5 期
[37] 李龙，李小萍：《论宪法中人民主权与基本人权原则的沟通——以哈贝马斯的宪法有效性理论为视角》，《法律科学》2008 年第 1 期
[38] 干春晖，姚瑜琳：《策略性行为理论研究》，《中国工业经济》2005 年第 11 期
[39] 于良春，张伟：《中国行业性行政垄断的强度与效率损失研究》，《经济研究》2010 年第 3 期
[40] 陈文生，陈丰津，陈家荣：《浮动油价调整机制与涉及联合行为提义之探讨》，《公平交易季刊》2011 年第 2 期
[41] 刘桂清：《反垄断执法机构新论——竞争政策与产业政策协调发展的视角》，《天津法学》2010 年第 2 期
[42] 张志伟，应品广：《反垄断法思维下的行政性垄断新探》，《江西财经大学学报》2013 年第 4 期
[43] Colin Scott：《作为规制与治理工具的行政许可》，《法学研究》2014 年第 2 期
[44] 王克稳：《我国行政审批制度的改革及其法律规制》，《法学研究》2014 年第 2 期
[45] 冯兴元：《弗莱堡学派代表人物欧肯其人及其经济思想》，《学术界》2014 年第 3 期

[46] 胡改蓉:《竞争中立对我国国有企业的影响及其法制应对》,《法律科学》2014 年第 6 期
[47] 翟巍:《欧盟公共企业领域的反垄断法律制度》,《法学》2014 年第 6 期
[48] 徐士英:《竞争政策视野下行政性垄断行为规制路径新探》,《华东政法大学学报》2015 年第 4 期
[49] 黄先海,宋学印,诸竹君:《中国产业政策的最优实施空间界定——补贴效应、竞争兼容与过剩破解》,《中国工业经济》2015 年第 4 期
[50] 应品广:《竞争政策视角下行政性垄断规制新模式:从"事后救济"到"事前控制"》,《江西财经大学学报》2016 年第 4 期
[51] 何海波:《论行政行为"明显不当"》,《法学研究》2016 年第 3 期
[52] 张守文:《公平竞争审查制度的经济法解析》,《政治与法律》2017 年第 11 期
[53] 时建中:《打破行政性垄断　使市场在资源配置中起决定性作用——纪念〈中华人民共和国反垄断法〉实施十周年》,《价格理论与实践》2018 年第 8 期
[54] 李青:《中国竞争政策的回顾与展望》,《竞争政策研究》2018 年第 2 期
[55] 陈兴华:《推进能源替代的司法路径——从生物柴油民企诉中石化拒绝交易案谈起》,《郑州大学学报(哲学社会科学版)》2018 年第 1 期
[56] 叶卫平:《竞争立法与竞争秩序建构——以行政垄断规制必要性为中心》,《深圳大学学报(人文社会科学版)》2007 年第 1 期
[57] 段宏磊:《全球反行政垄断立法类型论》,《理论月刊》2015 年第 8 期
[58] 张晨颖:《行政性垄断中经营者责任缺位的反思》,《中外法学》2018 年第 6 期
[59] [美]乔尔·S. 赫尔曼:《转型经济中对抗政府俘获和行政腐败的策略》,叶谦、宾建成译,《经济社会体制比较》2009 年第 2 期
[60] [德]乌尔夫·伯格:《德国法中的滥用市场支配地位行为》,董文勇译,《环球法律评论》2003 年第 1 期
[61] [日]栗田诚:《反垄断法的民事救济制度》,张军建译,《经济法论丛》2001 年第 2 期

二、英文

(一) 著作

[1] Robert H. Bork, *The Antitrust Paradox: A Policy at War with Itself*, Free Press, 1993
[2] Richard A. Posner, *Antitrust Law*, The University of Chicago Press, 2001
[3] Herbert Hovenkamp, *The Antitrust Enterprise: Principle and Execution*, Harvard University Press, 2008
[4] Phillip E. Areeda, Herbert Hovenkamp, *Fundamentals of Antitrust Law*, Aspen, 2010
[5] American Bar Association, *ABA Section of Antitrust Law, Federal Statutory Exemptions from Antitrust Law*, 2007
[6] Areeda P. and Kaplow L., *Antitrust Analysis: Problems, Text, Cases*, Aspen Publishers, 2004
[7] William Holmes, *Antitrust Law Handbook*, West Group, 2001
[8] Ky P. Ewing, Jr., *Competition Rules for the 21st Century: Principles from America's Experience*, Kluwer Law International, 2006

[9] Colin Robinson, *Utility Regulation and Competition Policy*, Edward Elgar Publishing, 2002
[10] Lewis, W, *The Power of Productivity: Wealth, Poverty and the Threat to Global Stability*, University of Chicago Press, 2004
[11] Aghion, P. and Griffith, *Competition and Growth: Reconciling Theory and Evidence*, The MIT Press, 2005
[12] Benjamin M. Friedman, *The Moral Consequences of Economic Growth*, Knopf, 2005
[13] Mancur Olson, *The Logic of Collective Action*, Harvard University Press, 1965
[14] Robert D. Tollison, Robert D. Congleten, *The Economic Analysis of Rent Seeking*, Edward Elgar Publishing Company, 1995
[15] Charles Wolf, *A Theory of Non-Market Failure: Framework for Implementation Analysis*, University of Chicago Press, 1978
[16] Hayek, F. A, *New Studies in Philosophy Politics Economics and the History of Ideas*, Routledge & Kegan Paul, 1978
[17] W. Kip Viscusi, John M. Vernon, Joseph E. Harrington, Jr. , *Economics of Regulation and Antitrust*, MIT Press, 2000
[18] D. Farber, P. Frickey, *Law and Public Choice: A Critical Introduction*, University of Chicago Press, 1991
[19] Jean Tirole, *The Theory of Industrial Organization*, The MIT Press, 1988
[20] Robert Warren Crandall, Jerome Ellig, *Economic Deregulation and Customer Choice: Lessons for the Electric Industry*, George Mason University, 1997
[21] F. A. Hayek, *The road to serfdom: Text and Documents*, University of Chicago Press, 2007
[22] Alison Jones, Brenda Sufrin, *EC Competition Law*, Oxford University Press, 2004
[23] Francois Lévěque, *Antitrust and Regulation in the EU and US*, Edward Elgar, 2009
[24] Liza Lovdahl Gormsen, *A principled Approach to Abuse of Dominance in European Competition Law*, Cambridge University Press, 2010
[25] Herbert Hovenkamp, *Federal Antitrust Policy: The Law of Competition and Its Practice*, West Publishing Company, 2011
[26] Niamh Dunne, *Competition Law and Economic Regulation*, Cambridge University Press, 2015
[27] ABA, *Handbook on the Scope of Antitrust*, American Bar Association, Section of Antitrust Law, 2015

(二) 论文

[1] D. Daniel Sokol, *Limiting Anti-Competitive Government Interventions that Benefit Special Interests*, George Mason Law Review, Vol. 17, No. 1(2009)
[2] Allan Fels, *A Model of Antitrust Regulatory Strategy*, Loyola University Chicago Law Journal, Vol. 41, No. 3(2010)
[3] Timothy J. Muris, *Looking Forward: The Federal Trade Commission and the*

Future Development of U. S. Competition Policy, Columbia Business Law Review, Vol. 2003, No. 2(2003)

[4] Timothy J. Muris, *Principles for a Successful Competition Agency*, University of Chicago Law Review, Vol. 72, No. 1(2005)

[5] Michal S. Galand Inbal Faibish, *SixPrinciples for Limiting Government-Facilitated Restraints on Competition*, Common Market Law Review, Vol. 44, No. 1(2007)

[6] Daniel Oliver, *Anticompetitive Government Regulation: FTC Chairman's Views*, Trade Regulation Report, Vol. 50(1986)

[7] Eleanor M. Fox, *An Anti-Monopoly Law for China — Scaling the Walls of Government Restraint*s, Antitrust Law Journal, Vol. 75, No. 1(2008).

[8] Maurice E. Stucke, *Better Competition Advocacy*, St. John's Law Review, Vol. 82, No. 3,(2008)

[9] Maurice E. Stucke, *Morality and Antitrust*, Columbia Business Law Review, Vol. 2006, No. 3(2006)

[10] James C. Cooper, William E. Kovacic, *U. S. Convergence with International Competition Norms: Antitrust Law and Public Restraints on Competition*, Boston University Law Review, Vol. 90, No. 4(2010)

[11] William E. Kovacic, *Getting Started: Creating New Competition Policy Institutions in Transition Economies*, Brooklyn Journal of International Law, Vol. 23, No. 2(1997)

[12] Richard A. Posner, *The Chicago School of Antitrust Analysis*, University of Pennsylvania Law Review, Vol. 127, No. 4(1979)

[13] Richard A. Posner, *Theories of Economic regulation*, The Bell Journal of Economics and Management Science, Vol. 5, No. 2(1974)

[14] Herbert Hovenkamp, *Antitrust and the Regulatory Enterprise*, Columbia Business Law Review, Vol. 2004, No. 2(2004)

[15] Michal S. Gal, Reality ites (or Bits): *The Political Economy of Competition Policy in Small Economies*, in: Barry Hawk (ed.), *International Antitrust Law and Policy*, Juris Publishing, 2002

[16] Herbert Hovenkamp, *Distributive Justice and the Antitrust Laws*, George Washington Law Review, Vol. 51, No. 1(1982)

[17] Herbert Hovenkamp, *Antitrust Violations in Securities Markets*, The Journal of Corporation Law, Vol. 28, No. 7(2003)

[18] Gordon Tullock, *The Welfare Costs of Tariffs, Monopolies, and Theft*, Journal of Reprints for Antitrust Law and Economics, Vol. 16, No. 2(1986)

[19] Raghuram G. Rajan, Luigi Zingales, *The Great Reversals: The Politics of Financial Development in the 20th Century*, Journal of Financial Economics, Vol. 69, No. 1(2003)

[20] Pietro Crocioni, *Can State Aid Policy Become more Economic Friendly*? World Competition, Vol. 29, No. 1(2006)

[21] R. Richard Geddes, *Pricing by State-Owned Enterprises: The Case of Postal Services*, Managerial and Decision Economics, Vol. 29, No. 7(2008)

[22] Marc Hansen, Anne van Ysendyck, Susanne Zuhlke, *The Coming of Age of EC State Aid Law: A Review of the Principal Developmentsin* 2002 *and* 2003, European Competition and Regulatory Law Review, Vol 202, No. 4(2004)

[23] M. T. Maloney, R. E. McCormick, *A Positive Theory of Environmental Quality Regulation*, Journal of Law & Economics, Vol. 25, No. 1(1982)

[24] G. R. Neumann, J. P. Nelson, *Safety Regulation and Firm Size: Effects of the Coal Mine Health and Safety Act of 1969*, Journal of Law & Economics, Vol. 25, No. 2(1982)

[25] P. Pashigian, *The Effect of Environmental Regulation on Optimal Plant Size and Factor Shares*, Journal of Law & Economics, Vol. 27, No. 1(1984)

[26] A. Bartel, L. Thomas, *Direct and Indirect Effects of Regulation: A New Look at OSHA's Impact*, Journal of Law & Economics, Vol. 28, No. 1(1985)

[27] George Stigler, *The Theory of Economic Regulation*, The Bell Journal of Economics and Management Science, Vol. 2, No. 1(1971)

[28] Laffont, J. J. and Jean Tirole, *Using Cost Observation to Regulate Firms*, The Journal of Political Economy, Vo1. 94, No. 3(1986)

[29] Edward L. Glaeser, Andrei Shleifer, *The Rise of the Regulatory State*, Journal of Economic Literature, Vol. 41, No, 2(2003)

[30] Harold Demsetz, *Why Regulate Utilities*? Journal of Law and Economics, Vol. 11, No. 1(1968)

[31] Sam Peltzman, *Toward a More General Theory of Regulation*, Journal of Law & Economics, Vol. 19, No. 2(1976)

[32] George K. Yin, *Temporary-Effect Legislation, Political Accountability, and Fiscal Restraint*, New York University Law Review, Vol. 84, No. 1(2009)

[33] Steven C. Salop &David T. Scheffman, *Raising Rival's Costs*, The American Economic Review, Vol. 73, No. 2(1983)

[34] Fernando Castillo de la Torre, *State Action Defence in EC Competition Law*, World Competition, Vol. 28, No. 4(2005)

[35] John T. Delacourt &Todd J. Zywicki, *The FTC and State Action: Evolving Views on the ProperRole of Government*, Antitrust Law Journal, Vol. 72, No. 3 (2005)

[36] Cohen, *The Antitrust Implications of Airline Deregulation*, Antitrust Bulletin, Vol. 28, No. 1(1983)

[37] Haskel, J., *Imperfect Competition, Work Practices and Productivity Growth*, Oxford Bulletin of Economics and Statistics, August, Vol. 53, No. 3(1991)

[38] Nickell, S. J., *Competition and Corporate Performance*, Journal of Political Economy, Vol. 104, No. 4(1996)

[39] Baker, J. B., *The Case for Antitrust Enforcement*, Journal of Economic Perspectives, Vol. 17, No. 4(2003)

[40] Becker, R. and v. Henderson, *Effects of Air Quality Regulation on Polluting Industries*, Journal of Political Economy Vol. 108, No. 2(2000)

[41] Robert H. Lande, *Professor Waller's Un-American Approach to Antitrust*, Loyola University Chicago Law Journal, Vol. 32, No. 1(2000)

[42] Douglas Melamed, *Network Industries and Antitrust*, Harvard Journal of Law and Public Policy, Vol. 23, No. 1(1999)

[43] R. Sherman, *The Averch and Johnson Analysis of Public Utility Regulation Twenty Years Later*, Review of Industrial Organization, Vol. 2, No. 2(1985)

[44] F. A. Hayek, *The Use of Knowledge in Society*, American Economic Review, Vol. 35, No. 4(1945)

[45] Oliver E. Williamson, *The New Institutional Economics: Taking Stock, Looking Ahead*, J. Econ. Literature, Vol. 38, No. 2(2000)

[46] R Hayward, Markus Kemmelmeier, *How Competition Is Viewed Across Cultures: A Test of Four Theories*, Cross-Cultural Research, Vol. 41, No. 4 (2007)

[47] Michael H. Riordan and Steven C. Salop, *Evaluating Vertical Mergers: A Post-Chicago Approach*, Antitrust Law Journal, Vol. 63, No. 2(1995)

[48] François Moreau, *The Role of the State in Evolutionary Economics*, Cambridge J. Econ. Vol. 14, No. 6(2004)

[49] C. Mantzavinos, *The Institutional-Evolutionary Antitrust Model*, European Journal of Law and Economics, Vol. 22, No. 3(2006)

[50] John W. Clark, Clark, *Competition Advocacy: Challenges for Developing Countries*, OECD Journal of Competition Law and Policy, Vol. 6, No. 4(2005)

[51] Michael Wise, *Competition Law and Policy in Germany*, OECD Journal of Competition Law and Policy, Vol. 7, No. 2(2005)

[52] A E Rodriguez, M B Coate, *Competition Policy in Transition Economies: The Role of Competition Advocacy*, Brooklyn Journal of International Law, Vol. 23, No. 2(1997)

[53] Frank H. Easterbrook, *Antitrust and the Economics of Federalism*, The Journal of Law and Economics, Vol. 26, No. 1(1983)

[54] John Shepard Wiley, *A Capture Theory of Antitrust Federalism*, Harv. L. Rev. Vol. 99, No. 4(1986)

[55] Eleanor M. Fox, Deborah Healey, *When the State Harms Competition: The Role for Competition Law*, Antitrust Law Journal, Vol. 79, No. 3(2014)

[56] Diane R. Hazel, *Competition in Context: The Limitations of Using Competition Law as a Vehicle for Social Policy in the Developing World*, Houston Journal of International Law, Vol. 37, No. 2(2015)

[57] Howard Shelanski, *Antitrust and Deregulation*, The Yale Law Journal, Vol. 127, No. 7(2018)

图书在版编目(CIP)数据

政府反竞争行为的反垄断法规制研究/张占江著.—上海：上海三联书店，2020.7
ISBN 978-7-5426-6995-7

Ⅰ.①政… Ⅱ.①张… Ⅲ.①反垄断法-研究 Ⅳ.①D912.290.4

中国版本图书馆 CIP 数据核字(2020)第 042695 号

政府反竞争行为的反垄断法规制研究

著　　者 / 张占江

责任编辑 / 郑秀艳
装帧设计 / 一本好书
监　　制 / 姚　军
责任校对 / 张大伟

出版发行 / 上海三联书店
(200030)中国上海市漕溪北路 331 号 A 座 6 楼
邮购电话 / 021-22895540
印　　刷 / 上海惠敦印务科技有限公司

版　　次 / 2020 年 7 月第 1 版
印　　次 / 2020 年 7 月第 1 次印刷
开　　本 / 710×1000　1/16
字　　数 / 300 千字
印　　张 / 19
书　　号 / ISBN 978-7-5426-6995-7/D・446
定　　价 / 68.00 元

敬启读者，如发现本书有印装质量问题，请与印刷厂联系 021-63779028